湖里年鉴

2019

湖里区地方志编纂委员会办公室　编

方志出版社
Publishing House of Local Records

湖里区地图

集美区
龙舟池
厦门大桥
杏林大桥
高集海堤
集美区
海沧区
宝珠屿
鳄屿
猫屿
镜台屿
狗头山
朝阳水库
海沧海底隧道(在建)
象屿码头
象屿保税区
海沧大桥
海沧湾公园
火烧屿
大兔屿
东渡码头
东渡港区
国际邮轮码头
厦门
西港
海湾公园
高崎站
厦门高崎国际机场
高崎中埔长途汽车站
航空港医疗急救中心
博林学
市水利局
禾欣
安兜社区
北站
神山
高殿
殿前
长乐
超强学校
寨上
寨上小学
殿前街道
马垅长途汽车站
马垅
厦门火炬高技术产业开发区
小东山
徐厝
兴华
怡景
湖里街道
后埔
马垅
兴园
兴隆
塘边
塘边小学
湖里区检察院
湖里
村里
海天
湖里公园
湖里中心小学
康乐
康泰
松柏山
江头
商所
乌石浦小学
园山
江村
江头街道
吕厝
康晖
南山
湖里区招生委员会办公室
厦门出入境检验检疫局
仙岳公园
仙岳山
仙岳山公园
仙岳山隧道
濠头
和通
市港务局
东渡小学
金鼎
东荣
东渡
新港
狐尾山公园
狐尾山
厦门市
筼筜街道
嘉莲街道
筼筜湖
思明
梧村街道
梧村隧道
开元街道
厦门站

同安区
翔安区
浔江港
大离浦屿
五缘湾
五缘大桥
天圆大桥
日圆大桥
五缘湾音乐岛
五缘湾湿地公园
五通客运码头
中交二航局
五通灯塔公园
翔安隧道
厦门厦金湾直升机场
湖里区
禾山街道
金山街道
莲前街道
禾缘
五缘学
厦门五缘实验学校
墩上
骑马山
围里
县后
县后小学
钟宅
湖里区禾山司法所
钟宅民族小学
五缘第二实验学校
坂尚
岭下
湖里区教师进修学校
下忠
坊湖
湖里实中
禾盛
湖里区国税局
禾山
穆厝
蔡坑
厦门海事法院
虎头山公园
薛岭山
薛岭山公园
市司法局
西潘
金山
金山小学
后坑
祥店
禾山中学
后埔
后坑社
金尚
金尚中学
曙光医院
蔡塘
蔡塘学校
惠和石文化公园
北大生物园
忠仑公园
东芳山
金海
黄厝
凤头
坂美
厦大附属音乐学校
五通
乐安小学
五通
泥金
浦口
厦金湾渔
金林
西村
高林
高林卫生所
东黄厝
金安
林边
高林中心小学
前头
田里
洪水头
高林第五卫生所
星光小学
湖边
下湖
林边学校
莲山头
东宅
金林
鸡山
虎仔山
上湖
洪塘
金湖
厦门九三技术学校
古地石
光华学校
运中心
区
图例
设区市行政中心
区行政中心
街道办事处
社区居委会
自然村
医院
学校
汽车站
主要企事业单位
山峰
码头
机场
县级行政区域界
街道界
铁路及车站
一级道路
二级道路
三级道路
在建街道
隧道
水库及河流
体育场
公园
街区
比例尺：1:62 000
审图号：闽S(2017) 5号
（注：本图资料截至2016年8月 行政区域界线仅作参考，不作划界依据）

数字湖里

- 湖里区下辖 5 个街道、53 个社区居委会，年末户籍总人口 339133 人。
- 地区生产总值 1035.84 亿元，第二产业增加值 452.90 亿元，第三产业 582.94 亿元，三次产业的比重为 0 ：43.7 ：56.3。
- 全区规模以上工业企业 236 家，现价工业总产值 1807.95 亿元，实现现价增加值 379.21 亿元。
- 财政总收入 201.36 亿元，其中区级财政收入 47.48 亿元。
- 社会消费品零售总额 333.28 亿元。
- 合同利用外资 120.75 亿元，实际利用外资 10.34 亿元。
- 金融保险业实现增加值 66.87 亿元。
- 城镇居民人均可支配收入 53661 元。
- 普通高中 2 所，在校生 2498 人。
- 普通初中及小学 50 所，在校生 77610 人。
- 幼儿园 112 所，在园 29420 人。

《湖里年鉴（2019）》主编、副主编成员

主　　编　洪志伟
副 主 编　胡振强
执行副主编　张宪敏

《湖里年鉴（2019）》编辑室成员

总　　纂　张宪敏
编　　辑　张宪敏　陈端蓉

《湖里年鉴（2019）》图照提供单位

中共厦门市湖里区委员会
厦门市湖里区人民代表大会常务委员会
厦门市湖里区人民政府
政协厦门市湖里区委员会
党派群团
驻区科研、教育、医疗等单位

编辑说明

一、《湖里年鉴（2019）》以马克思列宁主义、毛泽东思想、邓小平理论、“三个代表”重要思想、科学发展观、习近平新时代中国特色社会主义思想为指导，坚持辩证唯物主义和历史唯物主义的立场、观点和方法。

二、《湖里年鉴（2019》主要记载 2018 年 1 月 1 日至 12 月 31 日湖里区政治、经济、文化、社会的发展情况。主体内容分为类目、分目、子目、条目 4 个层次，部分分目下设次分目，以条目为记述的基本形式。全书条目标题统一用黑体加方头括号【 】标示，个别条目包含多方面资料，用楷体加层次性小标题。

三、《湖里年鉴（2019）》采用类目编辑法。全书由三个部分组成，卷首设特载，大事记，区情综述；卷中设中共厦门市湖里区委员会，厦门市湖里区人民代表大会常务委员会，厦门市湖里区人民政府，政协厦门市湖里区委员会，法治，军事，民主党派，社会团体，城市建设与管理・环境保护，招商引资・商贸服务业，工业・交通・信息业，经济管理与监督，财政・税务，教育，科技，文化・体育・旅游，卫生，社会事务管理，街道，人物与荣誉 20 个栏目；卷尾设附录，索引。

四、《湖里年鉴（2019）》辑录的湖里区级领导人、区直机关、社会团体、街道、工业园区管委会、国有企业等领导干部名录均由区委组织部提供。先进人物和先进集体表收录 2018 年被授予市级以上表彰的先进个人和先进集体。

五、《湖里年鉴（2019）》文字稿和图片由湖里区辖内各单位提供，文字稿经由各单位审核并加盖公章。各单位报送的文字稿中的数据与统计数据不一致时，以统计数据为准。

六、《湖里年鉴（2019）》配备双重检索系统，书前刊有目录，书后配有索引。索引按汉语拼音字母顺序排列。

目 录

特 载

大 事 记

区情综述

中共厦门市湖里区委员会

厦门市湖里区人民代表大会常务委员会

厦门市湖里区人民政府

政协厦门市湖里区委员会

法　　治

军　事

民主党派

社会团体

城市建设与管理　环境保护

招商引资　商贸服务业

工业　交通　信息业

经济管理与监督

财政　税务

教 育

科 技

文化　体育　旅游

卫　生

社会事务管理

街　道

人物与荣誉

附　　录

索　　引

政府工作报告

——2018 年 12 月 28 日在湖里区第八届人民代表大会第三次会议上

湖里区人民政府区长　林重阳

各位代表：

现在，我代表湖里区人民政府向大会报告工作，请予审议，并请区政协委员和各位列席同志提出意见。

一、2018 年工作回顾

2018 年，我们以习近平新时代中国特色社会主义思想为指导，全面落实市委、市政府和区委各项工作部署，扎实推进“双千亿”工作[1]，深入实施“2+4+N”发展战略[2]，有效应对外部环境深刻变化，实现经济社会平稳健康发展。

这一年，是改革开放 40 周年，也是我区迎难而上、拼搏奋进的一年。我们全力推动高质量发展落实赶超，1—11 月，实现地区生产总值 946.8 亿元，增长 8%；财政总收入 186.6 亿元，增长 6.1%，区级财政收入 44.2 亿元，增长 11%；批发零售贸易业销售额增长 4.7%；固定资产投资增长 19.6%；预计全年地区生产总值将首次突破千亿元，财政总收入将首次突破两百亿元。我们主动谋划东部旧村整村改造，得到市委、市政府的全力支持，上升为全市“双千亿”重点工程，掀开湖里建设高素质、高颜值现代化中心城区的新篇章。我们深化改革创新，深入开展小区治理和“大城管”工作，加快补齐民生短板，获评全国社会治理创新优秀城区、全国中小学校责任督学挂牌督导创新区、全国流动人口基本公共卫生计生服务均等化示范区、全省首批教育强区和“两项督导”[3]考核优秀单位，高分通过全国健康促进区考评。

一年来的主要工作和成效：

（一）经济发展稳中有进、稳中提质

片区联动日见成效。加强与火炬高新区、自贸试验区的招商联动、政策协同、空间共享，形成“两区一地”融合发展新局面。1—11 月，火炬湖里片区实现工业增加值 296.1 亿元，增长 12.6%，占全区 GDP 的 31.3%；自贸区湖里片区蓬勃发展，新增注册企业 2172 家，注册资本 238.6 亿元；两大片区贡献税收 47.8 亿元，占全区财政总收入比重达 25.6%。

主导产业日益壮大。坚持精准施策，出台或修订鼓励企业高质量增长、加强园区产业引导、促进金融业发展等一系列惠企措施和产业政策，着力抓龙头、铸链条、建集群。高端制造业稳步增长，1—11 月，航空维修业产值增长 10.9%，计算机、通讯和其他电子设备制造

业产值增长17.8%，新增30家国家级高新技术企业。商贸物流业持续提升，新开业国贸美岁城、天虹购物中心，销售额超300亿元的商贸企业增加至3家。新兴金融业加速发展，五通金融商务区加快开发建设，金融业增加值占第三产业增加值达11.8%。创意创新产业加快培育，旅游会展总收入273.4亿元，接待国内外游客1933.8万人次；红点设计博物馆正式开业，中国故事短视频基地落户“特区·1980”创意产业园；湖里创新园已入驻企业6800多家，就业人数6.6万人；全区估值超亿元“双百企业”达到13家。

重点项目有力推进。深化“大发改”工作机制[4]，成立区土地房屋储备管理中心，滚动生成137个“双千亿”项目，成功出让7幅商住、总部等用地。深入开展“五个一批”[5]项目攻坚，湖里体育公园、“八山两水”[6]十字绿廊等一批重大项目落地实施，国际航材保障中心、湖里青年创业园等32个项目如期开工，跨境电商产业园、璞尚酒店等23个项目全面竣工，西海湾邮轮城、厦航总部大厦等57个项目加快建设。

招商引资成果丰硕。出台《促进总部经济发展实施意见》，区级总部企业达82家。加大“走出去”力度，聚焦主导产业加强主动招商、联动招商，引进沙特阿美中国区域化工总部、中金资本、京东金融、壳牌福建区域总部、影儿集团东南结算总部、亚马逊全球开店、激光陀螺研发生产基地等一批大项目、好项目。预计全年合同利用外资18.6亿美元，引进内资1000亿元。

（二）城区建管持续加强、品质提升

旧村改造提升双翼并进。全力谋划推进东部旧村整村改造，按照“政府主导、国企运作、片区平衡”改造模式，组建七大片区指挥部和项目公司，积极推动东部片区规划调整，紧锣密鼓开展各项前期工作，高林—金林片区一期先行区进展顺利，钟宅旧村改造正式启动。部署实施西部旧村整村更新提升试点工作，明确“政府引导、民企合作、共同缔造、循序渐进、综合提升”的原则，在湖里、塘边等6个社区启动试点工作。

基础设施日益完善。完成征地51.39万联平方米，房屋征收79.3万平方米，有力推进地铁2号、3号线和两岸金融中心等重大交通设施和片区开发建设。开展第二轮城市改造提升和福厦铁路沿线环境综合整治，实施嘉禾路沿线地铁口周边等街区立面整治、火炬片区等道路提升改造、南山新村等4个老旧小区改造。保障健康步道开工建设，打通五缘湾片区纵一路等3条断头路，建成13个公共停车场、新增2457个停车位，新开通2条社区公交。新建4座、改造26座公厕。

城区管理得到加强。坚持和完善“大城管”工作机制，建成开放式的“数字湖里”公共管理集成平台，实行驻街城管执法中队双重管理，设立区—街—社区—网格管理四级“路长”，坚持每周三下午路巡制度，推动城区管理常态化、长效化。严管严控新增“两违”[7]，拆除历史“两违”37.8万平方米。完善市政园林行业国企化管养，对243条市政道路实施“以克论净”量化考核[8]。扎实推进生活垃圾分类，我区做法获评中国城市环境卫生协会示范案例。

生态环境持续改善。认真抓好中央和省环保督察整改，打好污染防治攻坚战。完成全国第二次污染源普查。绿化补植5.8万平方米，改造提升仙岳公园等6个公园。开展“蓝天百日攻坚专项行动计划”，设立10个空气质量微型监测站，加强空气质量联防联控，空气优良率达97%。努力改善水环境质量，全面实行河（湖）长制，开展黑臭水体综合治理，整治关停68家石材加工企业，完成凤头、金湖路等17处截污点建设。

（三）民生保障力度加大、成果共享

公共服务优化提升。教育事业不断进步，中考学业质量位居全市各区前列；开办国贸殿前幼儿园、和宁里幼儿园，新建、续建厦门火炬国际学校、湖边小学等9个教育项目；对辖区无证幼儿园实行全纳管理，开展清理整治专项工作。文体事业持续繁荣，成功举办湖里区第四届运动会，继续办好社区文化艺术节、城市诵读节，支持举办中国俱乐部杯帆船挑战赛、厦门国际时尚周等高端赛事和文化活动。健康湖里深入创建，人均期望寿命[9]达到82.88岁，厦门弘爱医院、厦门眼科中心五缘院区、莲花医院后埔分院正式开业，创新设立4家小区卫生服务站、32家小区医生工作室，龙湖花园小区卫生服务站全市首家获批接通医保服务。蔡塘金厝边养老院、弘爱养护院、兰馨颐养院开业运营。

社会保障不断加强。新增就业1.58万人。发放社会救助金3410万元。积极推进社区发展用地“富民工程”建设，枋湖社区发展中心全面投入使用，高林—金林社区发展中心以协议出让方式取得供地。加大拆迁安置工作力度，下大力气解决返迁安置历史遗留问题，推动美仑花园一期、金林湾花园B区安置房开工建设，完成返迁安置2127人、安置房1760套、总安置面积15万平方米。扎实开展东西部扶贫协作及省内对口帮扶，共拨付资金4730万元，与甘肃东乡县共建扶

贫车间做法被国务院扶贫办收录为典型案例，对口帮扶浦城县取得新进展。

基层治理取得成效。圆满完成社区换届选举。深入推进社区管理体制改革和小区治理，推动1099名小区调解员、323名小区秘书、205名小区医生、145名小区律师、139名小区警察下沉小区，实现服务沉到家门口。成立区级多元化纠纷解决服务中心，全面铺开小区调委会建设，有效化解2件国家信访局交办的信访积案，排查调处各类矛盾纠纷3313件。出台我区“惠台23条”，发出全市第一张台湾居民居住证，办好福德文化节，6500多人次参加了两岸人文、宗亲、青年等双向交流活动。同时，妇女儿童、民族宗教、外事侨务、人事、统计、方志、档案等工作不断加强，国防动员、双拥优抚、民兵预备役、老龄老干、残疾人、红十字、慈善等各项事业取得了新成效。

社会保持安定稳定。深入开展扫黑除恶专项斗争，严厉打击“套路贷”、欺行霸市、非法占地等涉黑涉恶涉乱行为，打掉涉恶团伙59个，成功收回长期被非法侵占的已征国有土地12.7万平方米，破获全市首起利用老人协会敲诈勒索案，全面规范“村改居”社区涉老组织管理。维护意识形态领域安全，加强阵地建设和舆情处置。大力实施“五安工程”[10]建设，防治结合加强禁毒、防诈骗、交通安全等社会治安综合治理，扎实推进安全生产领域改革发展，严格落实食品安全监管责任，从严整治旅游市场乱象，1—11月，110刑事警情下降29%，火灾事故下降19.4%，群众安全感进一步提升。

（四）从严治政全面加强、效能提高

依法行政扎实推进。修订政府工作规则，坚持政府学法制度，出台行政执法公示、执法全过程记录、重大执法决定法制审查三项制度，推进政府法律顾问三级全覆盖，不断提高依法行政水平。坚持重大事项向人大报告、向政协通报协商，认真办理区人大代表建议96件、政协提案83件，满意率和基本满意率达100%。

服务效能得到提升。深入推进“放管服”改革[11]，取消67项证明材料、10项审批服务事项，“最多跑一趟”和“一趟不用跑”事项占比提高至96.7%，企业开办时间压缩至3个环节5个工作日内。开展“文山会海”“为官不为”等群众反映强烈问题专项治理，给予效能问责34人次。坚持每月举办区政府专业能力学习讲座，建立工作“六定”[12]项目化责任制，实行项目上墙、挂图作战，政府工作不断提质增效。

廉政建设不断强化。加强政府系统党的建设，持续兴起习近平新时代中国特色社会主义思想“大学习”热潮，严格抓好巡视整改工作。认真落实中央“八项规定”精神，“三公”经费和会议费支出同比减少25%，顺利完成事业单位和国企公车改革。进一步加强财政资金、国有资产、公共资源监管，审计查出管理不规范资金3.43亿元，持续加大源头治腐工作力度。

各位代表！过去一年成绩的取得，是市委、市政府和区委正确领导，人大、政协有效监督支持，全区人民齐心协力、拼搏奋斗的结果。在此，我谨代表区人民政府，向全区人民，向全体人大代表和政协委员，向各民主党派、工商联、人民团体、无党派人士、离退休老同志，向辖区省部属、市属单位和部队、武警官兵、公安干警，向所有关心支持和参与湖里建设发展的社会各界人士，表示衷心的感谢和崇高的敬意！

同时，我们也清醒地认识到，我区的发展正处于爬坡过坎、新旧动能转换的攻坚期，经济社会发展还存在不少困难和问题。主要有：一是经济快速增长压力加大。今年预计地区生产总值、批发零售贸易业销售额等经济指标未能达到年初预期；在外部环境复杂多变的形势下，明年保持高基数高增长难度较大。二是高质量发展还有差距。实体经济发展仍面临一些难题；财政收入对房地产的依赖度依然较高；工业增长主要依靠存量企业拉动；新兴产业规模不大，创新能力还不强。三是公共服务不够优质均衡。教育、文体、健康、养老等民生社会事业领域的短板还比较明显，总量、质量、结构、布局尚不能满足人民群众多层次的不同需求。四是城市提升任务艰巨迫切。旧村基础设施薄弱、安全隐患突出，改造提升的规模大、任务重；精细化管理还有差距，公共停车位不足、背街小巷脏乱差、污水管网不完善等突出问题有待下大力气解决。五是维护安全稳定的压力较大。特殊人口结构增加了管理服务难度，快速发展累积的历史遗留问题有待进一步解决，劳资纠纷、拆迁安置等各类矛盾问题时有发生，安全生产、食品安全、社会治安等领域的风险隐患不容忽视。六是一些公职人员主动担当不够，改革创新锐气不足，工作作风和专业能力有待提高，个别干部违纪违法还时有发生。对于这些问题，我们要高度重视，切实推动解决。

二、2019年主要工作

2019年是新中国成立70周年，是全面建成小康社会关键之年。我国仍处于发展的重要战略机遇期，同时，外部环境复杂严峻，经济面

临下行压力。我们要把握时代发展机遇，高举改革开放伟大旗帜，振奋精神、接续奋斗，变压力为动力，努力开创政府工作新局面。

政府工作总体要求是：以习近平新时代中国特色社会主义思想为指导，深入学习贯彻党的十九大和十九届二中、三中全会精神，认真贯彻落实习近平总书记对福建、厦门工作的重要指示精神，统筹推进“五位一体”总体布局，协调推进“四个全面”战略布局，坚持稳中求进工作总基调，坚持新发展理念，坚持以供给侧结构性改革为主线，坚持深化市场化改革、扩大高水平开放，紧紧围绕高质量发展落实赶超，全力落实“双千亿”工作，深入实施“2+4+N”发展战略，统筹推进稳增长、促改革、调结构、惠民生、防风险工作，保持经济持续健康发展和社会大局稳定，全面建设高素质高颜值的现代化中心城区，以优异成绩庆祝中华人民共和国成立70周年。

经济社会发展主要预期目标为：地区生产总值增长8.1%，财政总收入和区级财政收入分别增长1.53%、1.04%，批发零售贸易业销售额增长4%，固定资产投资增长10%，城镇居民人均可支配收入与经济同步增长，完成省和市下达的节能减排任务。

重点做好六个方面工作：

（一）着力产业升级，构建现代化经济体系

坚持强化创新驱动。不断优化创新创业生态，发挥企业创新主体作用，鼓励企业加大研发投入，支持建设企业研发中心、公共技术服务平台，力争新增市级高新技术企业50家、国家级高新技术企业30家。实施“智汇湖里”人才强区战略，吸引聚集各类人才在湖里创业兴业。

加快发展优势产业。扎实推进“双千亿”工作，主动融入自贸片区、自创片区、综改试验区“三区联动”，高质量培育发展高端制造业、新兴产业和现代服务业。积极推动戴尔收购EMC后续项目、激光陀螺研发生产基地等项目落地投产，发展壮大平板显示、计算机与通讯设备制造、航空维修等高端制造业集群。大力推动互联网、大数据、人工智能同实体经济深度融合，加快建设厦门火炬人工智能产业园先行启动区。努力打造总部经济集聚区，推进中金资本南方区域总部、邮轮运营总部落地，扶持欣贺股份等上市后备企业加快上市。建设区域性消费中心，加快推进西海湾邮轮城、华信明天广场、SM三期、四期建设。扶持发展供应链管理、跨境电商、城际城市配送物流新业态。打造五缘湾旅游度假区，建设凤头渔村特色小镇，推动海峡新岸旅游会展中心投入使用，促进旅游会展业蓬勃发展。

大力扶持实体经济。认真落实供给侧结构性改革[13]降成本行动，切实为企业减税降费、减负降本。做好第四次全国经济普查，用好湖里区企业大数据系统，更有针对性地推出重点行业和企业精准帮扶政策措施，增强企业的政策获得感。帮助企业开拓市场，鼓励产业链上下游互采互用，支持企业参加境内外各类展会。深化政银企合作，打造“财税—金融机构—企业”综合金融服务平台，用好市应急转贷资金、政策性融资担保和纾困基金，为企业发展提供更充裕的资金保障。建立健全区领导挂钩联系企业、党政领导与企业家恳谈会、民营企业诉求受理处置等制度机制，及时解决企业难题，增强企业发展信心。

（二）扩大有效投资，夯实高质量发展支撑

不断深化项目带动。狠抓“五个一批”项目，提升投资规模质量效益。产业投资要突出千亿产业链的填平补齐项目，力争完成投资175亿元；民生投资要聚焦民生社会事业补短板项目，力争完成投资20亿元；基础设施投资要重点推动城市更新和重大交通基础设施项目，力争完成投资93亿元。坚持重点项目“一季一督查、一月一调度、一周一协调”，加强正向激励，强化要素保障，力促中建四局南方总部等10个项目开工建设，厦航总部大厦等49个在建项目加快进度，万华金融中心等32个项目竣工投用，加快培育发展新动能。

加快提升园区平台。坚持高起点规划布局、高标准建设配套、高质量引进项目，提升产业园区载体，促进产业聚集发展。湖里创新园要积极推动园区产业用地出让，着力引进一批龙头企业，加快飞鱼科技、博宏科技等项目建设。“特区·1980”创意产业园要加快联发18号、19号和安联厂房改造，积极引进西泠印社等新一批项目，促进规模化、品牌化发展。五通金融商务区要加快开发建设，推进英蓝国际金融中心等6个在建项目，推动厦门农商行、厦门银行等项目落地，建成湖里基金空间，用好天地金融港等招商载体，大力引进新兴金融项目。两岸集成电路产业园要进一步完善“管委会+公司”运作模式，坚持差异化、特色化发展，提升芯片研发服务、技术产品交易等配套服务能力。

有效盘活发展空间。大力推行土地要素保障全流程工作程序及招商空间一张图工作机制，强化城市空间统筹管理，提高土地资源利用效益。加快土地出让，对46幅可出让地块按照成熟度逐一策划推动。强化土地监管，加快“批而未供、供而未用”用地处置，推动闲置土地动工建设。充分发挥区土地

房屋储备中心作用，加强闲置空间清理，积极做好坂美公园东侧等26宗土地收储利用。主动对接火炬管委会盘活ABB、厦华等企业外迁释放的空间资源，鼓励企业利用现有工业用地发展高端制造项目。

（三）加快城市更新，促进产城融合发展

全面推进东部旧村改造。按照“成熟一个、推进一个”的思路，以先行启动区高林—金林片区一期旧村改造为带动，加快钟宅、马厝、莲山头、洪水头、上湖、忠仑、仑后等整村拆迁改造，形成七大片区旧村改造齐头并进的良好态势。坚持规划引领，优先落实安置房和社区发展用地，高标准做好公建配套，引进高端产业，打造宜居宜业东部新城。

有序开展西部旧村提升。探索“综合整治+统租运营+物业管理”模式，加快6个试点社区更新提升，统筹实施市政管线、消防安全、公共配套等综合性改造，因地制宜培育特色产业，促进城中村旧貌换新颜和生产生活方式显著改变。在旧村更新提升中加强文物古迹、民俗文化保护，传承好闽南特色文化遗产，让城市留下记忆，让人们记住乡愁。

加快完善城区基础设施。全力推进征地拆迁，服务保障地铁2号线开通运营、3号线全线洞通和第二东、西通道加快建设。抓紧完成第二轮城市改造提升收尾工作。推动建成投用健康步道，打造贯穿厦门岛东西向的山海步行走廊。完成福厦铁路沿线（杏林大桥—吕岭路段）环境综合整治工作，实施区环卫处北侧、兴隆路周边景观绿化提升工程。制定农贸市场规划，健全建设和监管机制，改造提升湖里、江头、金尚等农贸市场。新建6座人行天桥，新建或改造23座公厕，建设金山西里林荫停车场、湖边小学地下停车库等12个公共停车项目。

（四）深化改革开放，激发新动能新活力

推进重点领域改革。坚持优化协同高效，推进机构改革各项任务平稳落地。深化财税改革，全面实行预算绩效管理，调整优化财政支出结构。推进国资国企改革，健全国企法人治理结构，完善“党建+董监高”[14]治理体系，促进国企做大做强。抓好集体产权制度改革，出台“村改居”社区“三资”[15]管理指导意见，完成股权设置分配，促进集体经济健康有序发展。

全面加大开放协作。主动服务高水平建设自贸试验区，发挥“保税+”“金融+”等综合优势，提升航空维修、跨境电商、融资租赁等重点平台，以贸易和投资自由化便利化带动更高水平扩大开放。抓好外引内联，强化龙头招商、园区招商、精准招商，提高对外经贸合作水平。打造对台产业合作载体，积极引进台湾百大项目，吸引更多台湾青年来湖里就业创业，加强两岸社区和文化交流，营造两岸同胞融合的温馨家园。积极参与闽西南协同发展区建设，加快建设厦门泉州（安溪）经济合作区湖里园。

不断优化营商环境。全力支持民营经济发展，认真落实我市促进民营经济发展的若干意见，让各种所有制经济依法平等使用生产要素、公平参与市场竞争、同等受到法律保护。支持民间资本进入教育、医疗、养老等领域，为民营经济发展提供广阔舞台。持续推进“放管服”工作，深化“多证合一”“证照分离”以及工程建设领域审批制度改革，加大政务服务“一门一窗一网”[16]工作力度，推动更多事项马上办、网上办、就近办、一次办，实现更多事项“一趟不用跑，最多跑一趟”。构建亲清新型政商关系，做到有求必应、无事不扰，激发和弘扬优秀企业家精神，发展更多优质企业。

（五）加强民生改善，繁荣发展社会事业

大力发展教育事业。立足区情实际，鼓励多元化教育供给，大力发展优质普惠性校园，加快教育扩量提质。编制校园建设发展规划，坚持学校与新城、幼儿园与住宅同步规划建设，积极挖潜扩容，鼓励利用闲置地块、闲置厂房改造建设教育项目。开办区进修二附小二期、金林湾幼儿园，推动南山学校、金尚学校、穆厝幼儿园等新一批教育项目建设。建立办学绩效考核机制，扶持发展特色学校，实施中小学名师名校长培养工程，培育高素质专业化教师队伍，打造一批现代化优质品牌学校。全面实施小学幼儿园课后延时服务工作，为广大家长分忧。坚决整治无证幼儿园，6月底基本消除无证办园现象。

促进文化繁荣发展。广泛开展群众性精神文明创建活动，培育和践行社会主义核心价值观，不断提升市民文明素养和社会文明程度。加快区文化馆、图书馆新馆建设和总分馆制建设，完成第五批基层综合文化服务中心达标建设，推出一批具有湖里特色的文艺精品，提升文化惠民实效。办好海峡文博会湖里分会场、厦门国际影视文化产业论坛、厦门国际时尚周，提升城区文化软实力。培育扶持体育品牌赛事，因地制宜增设一批家门口的体育设施，广泛开展全民健身活动。

积极打造健康湖里。巩固提升创建全国健康促进区成果，完善“大医院—街道卫生服务中心—小区卫生服务站（工作室）”三级医疗服务体系，推动市心血管病医院、殿前街道社区卫生服务中心建成运营，加快弘爱妇产医院、禾山街道社区卫生服务中心新址建设，

实施原湖里医院改造，筹建金山街道社区卫生服务中心，新增一批小区卫生服务站和小区医生工作室。健全分级诊疗体系，提升家庭医生签约服务水平。建成投用区社会福利中心、爱鹭老年养护中心，加快建设街道日间照料中心，设立一批小区居家养老护理站，探索医养教结合模式，提升养老服务水平。

扎实做好民生保障。完善就业帮扶政策，多渠道促进就业。认真落实社会保险政策，推进参保人员全覆盖。加快建设全省和谐劳动关系综合试验区，大力开展“治欠保支”[17]工作。开工建设高林—金林、后埔二期等社区发展用地项目。加快乌石浦花园、枋湖—梧桐等10个安置房项目建设，推动金浦花园等安置房早日开工。重视困难群众帮扶，突出因病因残致贫家庭的兜底保障，发挥慈善会等公益组织作用，提升帮扶救助水平。加大对甘肃东乡县的资金支持、产业合作、劳务协作和社会帮扶力度，多措并举促进稳步脱贫，同时要加强与省内浦城县、连城县、长泰县的对口帮扶、山海协作。

（六）狠抓精细管理，提升城区治理水平

持续提升城区管理。打造“大城管”深化版，启用“数字湖里”公共管理集成平台，实现指挥调度精准高效。深化提升“路长制”，加快推行“门前三包”，持续开展停车秩序整治，加强行政执法、环卫保洁、路巡员等城市管理队伍专业化建设，完善各项考核评价体系，促进城区管理标准化、规范化、精细化。保持“两违”治理高压态势，实现新增违建“零形成”、历史违建“减存量”。全面消除生活垃圾分类盲点区域，力争生活垃圾直运量达到70%，确保生活垃圾分类工作走在全省全市前列。

加强污染防治攻坚。牢固树立和践行绿水青山就是金山银山的理念，全面落实生态环境保护责任。推动绿色空港海港建设，整治“散乱污”企业，加强扬尘污染管控，推动空气质量整体提升；落实河（湖）长制，加强水源地保护、黑臭水体治理、近岸海域污染和“城中村”雨污混流整治，加快南山路、兴湖路和鼻子沟等截污泵站建设，推进五缘湾污水截流二期工程，保护好水环境；落实土壤污染防治行动计划，实施治理与修复规划，防范土壤污染风险。

深化社会治理创新。全面铺开社区管理体制改革，出台社区工作职责清单，制定统一的社区工作考评办法，减少对社区的检查考核；落实社区工作人员“六统一”[18]，科学定岗定责定人，实行扁平化科学管理，实现社区减负、人员整合、力量下沉、服务增效。深化小区治理，落实“1+4+N”文件[19]要求，充分发挥小区党支部、小区秘书、业主委员会等作用，把更多服务资源放到小区。做好民族宗教工作，加强宗教场所、民间信仰点管理。加强国防动员，深化双拥共建，做好退役军人管理服务，促进军民融合。更好发挥工青妇等群团组织服务推动中心工作的作用。

坚决守住安全底线。积极防范化解金融风险，加强网络借贷等专项整治，严厉打击非法集资等违法活动。纵深推进扫黑除恶专项斗争，在各项工作难点、痛点中深入查找线索，狠抓乱点乱象治理，彻底铲除黑恶势力赖以滋生的土壤。加快社会综合管理视频监控系统和雪亮社区[20]建设，构建立体化、智能化、社会化治安防控体系，深入排查化解各类矛盾纠纷。加强粮食工作，保障粮食安全。坚持源头严防、过程严管、风险严控，创建国家食品安全示范城市。全面压实安全生产党政领导责任、部门监管责任、企业主体责任，坚持联合执法、严管重罚，严防重特大安全生产事故发生。健全应急管理体制机制，完善防灾减灾救灾体系，提高应急救援能力，守护人民群众生命财产安全。

三、建设新时代人民满意政府

始终把习近平新时代中国特色社会主义思想落实到政府工作的各个方面，坚持从严治政、依法行政，全面加强政府自身建设，建设为民、务实、担当、廉洁的人民满意政府

坚持以政治建设为统领。始终把党的政治建设摆在首位，牢固树立“四个意识”，坚定“四个自信”，坚决做到“两个维护”，在思想上、政治上、行动上始终同以习近平同志为核心的党中央保持高度一致。自觉在区委的领导下开展工作，持之以恒落实中央“八项规定”精神，力戒形式主义、官僚主义，不折不扣地把党中央和省、市、区委的各项决策部署落到实处。提高政治站位，坚持标本兼治，严格落实上级巡视、督察、审计整改工作，坚决防止问题反弹回潮。

坚持以狠抓落实体现责任担当。崇尚实干、攻坚克难，宽容干部在改革创新中的失误错误，旗帜鲜明为敢于担当的干部撑腰鼓劲。坚持区政府每月一次专业能力学习讲座、部门两周一次业务学习会制度，提高专业思维和专业素养，涵养担当作为的底气和勇气。将“马上就办、真抓实干”落实到具体工作中，坚持“六定”项目化责任制，强化治庸问责，形成工作落实闭环，着力解决管人“宽松软”与管事“粗疏漏”的问题。开展督查检查考核专项清理，大力整治“文山会海”，让基层干部从一些无谓的事务中解脱出来，集中精力抓工

作落实。

坚持以人民为中心共享发展成果。把为人民谋幸福作为检验改革发展成效的标准，解决好事关人民群众生存发展的“头等大事”和影响人民群众日常生活的“关键小事”。树牢过“紧日子”的思想，压缩一般性支出，严控“三公”经费，严格预算追加，把更多的财力用于为民办实事上。加强一线调查研究，找准民生短板弱项，尽力而为满足实际需求，量力而行保障有效供给，精准发力解决历史遗留问题、群众反映强烈的突出问题，使人民获得感、幸福感、安全感更加充实、更有保障、更可持续。

坚持以严实要求加强政府自身建设。坚决落实全面从严治党主体责任，切实加强政府系统党的建设，自觉践行“三严三实”，不断增强政治定力、纪律定力、道德定力、抵腐定力，守住做人、处事、用权红线，营造风清气正良好政治生态。严格落实意识形态工作责任制，唱响主旋律，筑牢主阵地。坚持厉行法治，认真落实国家工作人员宪法宣誓制度，全面推行行政执法三项制度，把政府各项工作纳入法治轨道。落实政府重大决策出台前向人大报告制度，依法接受区人大及其常委会的监督，自觉接受区政协的民主监督，高质量办好建议和提案，广开言路、广纳众智，主动接受社会监督、舆论监督。

各位代表！志不求易，事不避难。让我们在市委、市政府和区委的坚强领导下，发扬“团结一心、敢于担当、埋头实干、拼搏创新”的湖里精神，坚持高质量发展落实赶超，为全面建设高素质高颜值的现代化中心城区而努力奋斗。

名词解释

［1］**“双千亿”工作：**打造千亿产业链群，实施千亿投资工程。

［2］**“2+4+N”发展战略：**“2”是指积极对接、全面服务自贸试验区、火炬高新区2个国家级重大片区，“4”是指优先发展高端制造、商贸物流、新兴金融、创意创新4大产业，“N”是指实施若干重大项目（事项）。

［3］**两项督导：**县级政府教育工作督导评估和县级党政主要领导干部教育实绩督导考核。

［4］**“大发改”工作机制：**优化区发改局对接市国土、规划部门职能，不断健全策划、生产、落地、建设、投产全生命周期的项目统筹推进机制。

［5］**五个一批：**谋划一批、签约一批、开工一批、投产一批、增资一批项目。

［6］**八山两水：**八山是指狐尾山、仙岳山、园山、薛岭山、虎头山、虎仔山、金山、东芳山，两水指五缘湾、湖边水库。

［7］**两违：**违法占地、违法建设。

［8］**“以克论净”量化考核：**以每平方米内尘土、垃圾的实际重量作为衡量路面干净程度的一种考核办法。

［9］**人均期望寿命：**联合国人类发展指数三大核心指标之一，反映了一个国家或城市的整体健康水平，其增长依赖于社会的全面进步。

［10］**五安工程：**家安、路安、食安、业安、心安。

［11］**“放管服”改革：**简政放权、放管结合、优化服务。

［12］**六定：**定落实事项、定目标任务、定责任领导和责任单位、定办结时间、定工作要求、定督促反馈。

［13］**供给侧结构性改革：**从提高供给质量出发，用改革的办法推进结构调整，矫正要素配置扭曲，扩大有效供给，提高供给结构对需求变化的适应性和灵活性，促进经济社会健康发展。

［14］**董监高：**“董”是指公司的董事；“监”是指公司的监事；“高”是指公司的高级管理人员，包括公司的经理、副经理、财务负责人、上市公司董事会秘书等。

［15］**三资：**农村集体经济中的资金、资产、资源。

［16］**一门一窗一网：**政务服务线下“只进一扇门、一窗受理”，线上“一网通办”。

［17］**治欠保支：**治理拖欠农民工工资行为，保证农民工工资支付到位。

［18］**六统一：**统一身份、统一编配、统一招聘、统一管理、统一考核、统一待遇。

［19］**“1+4+N”文件：**是指小区治理系列文件，包括1个总体指导性意见，4个重点框架性文件，N个配套规范性方案。

［20］**雪亮社区：**依托视频专网、政务外网和互联网，结合视频智能应用和大数据技术，融合智能门禁等物联网数据，实现社区视频监控全覆盖。

大事记

1月

2日　上午，湖里区人民政府全体成员（扩大）会议召开。

5日　巴西伊瓜苏市环保局局长一行到禾山社区实地考察垃圾分类工作。

6日　全市首家居民入股建设的医养结合养老院——厦门市蔡塘金厝边养老院开业。金厝边养老院占地11333平方米，建筑面积11000平方米，总投资4000万元，涵盖了养老院、社区卫生服务中心等配套设施，设立床位230张，是一座集生活、休闲、医疗、保健、养生、文化娱乐等功能的复合型中高端养老院。

8日　复旦大学附属中山医院厦门医院（以下简称复旦中山厦门医院）开业，27个临床科室、8个医技科室全部开放，9个病区328张床位同步启用。复旦中山厦门医院有18个国家临床重点专科，3个上海市重中之重的医学中心。该医院位于湖里区金湖路，为厦门重大民生工程建设项目，由厦门市政府全额投资，由复旦中山医院全面运营管理，总建筑面积约17.5万平方米，按照三级综合性医院标准规划建设，定位为非营利性公立医院。

17日　湖里区旧村改造项目金枋至尊安置房交房，300多户被征迁居民入住。

18日　2018年厦门国际影视文化产业交流论坛举行，本次活动由区委宣传部、区文体出版旅游局、厦门登嘉投资管理有限公司联合主办。以“远见·先行”为核心主题。论坛邀请了寰亚文化传播（中国）有限公司行政总裁朱任之，《前任3》制片人、新圣堂影业合伙人朱先庆，爱奇艺副总裁王世颖等行业一线的企业家、实践家，共同探讨IP与影视创作的深度融合。

18日　上午，厦门市社区书院建设现场会在湖里区召开，现场会全面总结厦门市社区书院建设成效，推广湖里区“1+5”工作经验。

22日　全省法院首个“律师法律服务工作站”在湖里法院正式挂牌成立。该站整合市律师协会和区法律援助中心的律师资源，承担为未被拘押的犯罪嫌疑人和被告人提供法律帮助、参与代理和化解涉法涉诉信访案件、律师调解、开展诉讼指引、参与公益服务等职能。

23日　下午，湖里区综治教育培训中心在万翔国际商城2号楼北楼举行揭牌仪式。该培训中心由区综治牵头、公安主管，为全市首创，为辅警、安保人员提供统一、专业的培训场地。

是月　福建省首批体育产业示范基地名单出炉。湖里区推荐的厦门奥林匹克·诺斯蒂文化体育公园上榜，该公园是湖里首家全民营打造的“综合性、公益性”文化体育公园。

2月

2日　上午，区卫计局、区文明办、区红十字会、区机关事务管理局联合举办“贯彻十九大，创建当先锋，献血我先行”无偿献血活动，有174人无偿献血，献血总量达到51260毫升。

10日　区图书馆组织艺术团，携带闽南话版散文诗诵读《中国梦》，应邀参加马来西亚春晚，获“传播中华文化文化先锋”称号。

15—21日　春节期间，湖里区接待国内外游客72.21万人次，占厦门市总接待人数的35.45%，比上年上涨17.51%。旅游总收入7.51亿元，占厦门市旅游收入的33.35%，比上年上涨23.76%。

3月

2日　金安社区获评第四批“全国学雷锋示范点”。

13日　下午，湖里区召开第四批拔尖人才表彰座谈会。会上，区委组织部副部长曹荣宝宣读了《中共湖里区委　湖里区人民政府关于授予湖里区第四批拔尖人才称号的决定》。区委常委、组织部部长胡鹏程为18位拔尖人才颁发证书。

19日　国务院安委办专项督导组一行由国家煤矿安监局监察司司长刘云涛带队，对位于湖里辖区的中国航空油料有限责任公司厦门分公司开展安全生产专项督导。市安委办主任王飞、副区长陈仲谋、区安委办主任黄木清陪同检查。

20日　上午，省委常委、市委书记裴金佳率领市委检查组一行，检查湖里区委全面从严治党主体责任落实情况。检查组通报了前期检查情况，并进行集体约谈。

28日　下午，区四套班子领导一行走访了辖区5个公园，检查城市综合管理及文明创建工作情况。

4月

1日　双十中学枋湖校区公共停车库对外试运营，停车库总建筑面积近3万平方米，有558个停车位，其中一部分规划成新能源车充电停车位。

15日　下午，由特区·1980厦门联发天地园区开发有限公司主办的“联发·东南天地招商中心启动暨厦门影视文化交流论坛”举办。

24日　福建省首家“全国家长学校建设实验基地”——厦门市湖里区“全国家长学校建设实验基地”授牌仪式暨厦门市中小学家长学校骨干培训在厦门市金尚中学举行。厦门市示范家长学校代表、各区妇联代表、区各公民办中小学（幼儿园）家庭教育工作分管领导等近400人参会。

28日　厦门火炬高新区管委会、湖里区政府与中版昆仑文化传媒有限公司、北京字节跳动科技有限公司、福建金银海文化传媒股份有限公司举行签约仪式，中国短视频产业基地正式签约落户厦门火炬高新区。

5月

25日　上午，由湖里区总工会打造的全市首个共享职工之家——湖里区“创新园共享职工之家”正式投入使用。

6月

5—11日　《湖里区贯彻落实〈关于进一步深化厦台经济社会文化交流合作的若干措施〉实施办法》发布，23条惠台实施细则出炉，覆盖经济交流合作、社会文化交流、台湾同胞就学以及就业创业、居住生活等多个方面。

8日　江头街道人大工委组织辖区30余位人大代表，对辖区社会综合治理情况，尤其是辖区戒毒（康复）工作开展集中视察。代表们实地察看了江头派出所、厦门司法强制隔离戒毒所、江头街道社区戒毒（康复）管理工作站开展工作的情况，并走进厦门信息学校与师生互动，开展禁毒宣传。

11日　厦门自贸片区（云创智谷）海外人才离岸创新创业基地正式揭牌，这是福建省内首个在自贸试验区建立的海外人才离岸创新创业基地。

14日　全国住建系统精神文明建设工作现场会暨全国文明单位创建工作经验交流会200位与会嘉宾到湖里实验小学考察垃圾分类做法。学生们向参观者展示了厦门如何进行“垃圾分类进校园”，还现场制作酵素。

17—21日　在为期5天的第十六届中国海峡项目成果交易会上，区发改局推荐4家技术企业参展。

19日　司法部、国家网信办、全国普法办联合发出《关于公布第十四届全国法治动漫微电影作品征集展播（映）活动获奖名单的通知》，区司法局创作的“社区矫正动漫”获得“宣传、微视频、公益类”三等奖，由区人民法院创作的《彼此》获得“微电影类”二等奖。

26日　全市首个协议出让的社区新发展用地项目——高林—金林社区发展中心项目取得《国有建设用地使用权出让合同》，标志着全市首宗以协议出让（限制性）方式供地的社区新发展用地项目正式获得批准。该项目位于湖里万达广场以东，金钟路以北，总用地面积24869平方米，计容建筑面积13.8万平方米，拟规划建设商业、办公、酒店、外口公寓。

30日　湖里区小区治理公益行全面启动，第一站走进金山街道湖边社区湖边花园。

是月　一套由湖里区司法局原创编写的《湖娃说法》普法丛书发

行。区依法治区办原创编写89个案例，由辖区草根普法达人徐新济原创插画89幅，主要分为“征地拆迁篇、扫黑除恶篇、缠访闹访篇、小区纠纷篇、医患纠纷篇、行政执法篇、社区换届选举篇”等，通过司法宣传吉祥物“湖娃”解说贴近时下热点的法律问题。

是月　湖里区全面开展群众反映强烈问题专项治理，明确整治“文山会海”、检查散滥、“为官不为”、项目脱离实际、歪风陋习、民生资金监管、“村改居”社区集体“三资”管理、旧村改造中征地拆迁、教育领域、计生领域、环保领域等11个方面问题，并细化为56项重点检查内容。此次专项治理行动分制定方案、自查自纠、督促检查、建章立制四个阶段进行。

7月

2日　湖里法院在全省法院系统中率先在送达类诉讼文书中添加防伪水印和二维码形式的“文书识别码”。该“文书识别码”依托于此前携手纵横集团开发的“全在线”诉讼平台，以“一案一码”的形式，打通线上、线下审判信息沟通渠道。

3日　厦门湖里区蔡塘片区旧村改造指挥部法律咨询服务工作站举行揭牌仪式。工作站设立站长1名，由辖区司法所助理员担任，副站长1名，由社区“两委”成员担任，成员由律师、公证员、人民调解员、退休法官或退休检察官、居民小组长、老人协会会长、乡贤等若干名组成。

6日　由湖里区政府支持、“特区・1980”湖里创意产业园主办、观澜财经承办的“2018MADCon中国互联网优化大会”在联发华美空间举行，国内数百位互联网精英参会。

11日　湖里法院举行互联网法庭“全在线”诉讼平台建设情况新闻发布会，并在线审理一起民间借贷纠纷案。

31日　由区扫黑办牵头，区城市管理行政执法局、禾山街道等有关部门联合行动，收回被非法占有的富贵门三期项目土地。

8月

1日　湖里区五通灯塔公园社会主义核心价值观主题雕塑亮相。该雕塑由国内著名设计师闵一鸣设计，包括党徽、世界地图、时钟刻度、船舵、灯塔、核心价值观和橄榄枝等图案，既涵盖了厦门的历史和城市特色，又注入了海洋文化等元素。

9日　湖里区新一届社区党组织和居委会班子成员全部产生，率先在全市以“两个100%”全面完成社区组织换届选举工作。

14日　湖里区金湖路“门前三包”标准街创建工作全面启动动员部署会在枋湖路军梦双拥军创空间召开。会上，禾山街道、禾山社区就创建工作进行部署，市城管执法局二大队提出相关要求，市城管执法局协调处党支部与禾山社区党委启动共建签约仪式。

18日　“我爱传统文化”湖里区台胞、台商子女夏令营在仙岳书院开营，31名6—16岁的台胞、台商子女参加夏令营。

20日　湖里法院正式启用微信平台——“湖里法院互联网法庭”预约立案功能。

9月

4日　全市首个公安驻法院执行警务室——“厦门市公安局湖里分局驻法院执行警务室”在湖里法院成立。

5日　湖里区新一届社区“两委”干部培训班开班，460多人参加培训。

20—21日　2018年创客中国智能制造创新创业大赛第二届人工智能（湖里）高峰论坛在湖里区举行。来自中国、美国、英国、德国、以色列、韩国等6个国家的人工智能领域优秀专家学者、企业家齐聚一堂，分享、交流人工智能领域的创新成果，共同推动技术研究和项目对接。

20日　第十四届中国俱乐部杯帆船挑战赛在厦门五缘湾开赛。来自全国各地的45支代表队参加比赛。赛事分为竞技组、社会组、女子组3个组别，分两个阶段在厦门五缘湾决出冠亚季军，其中社会组、女子组另设组别奖杯。挑战赛第一阶段比赛于9月20—23日举行，决出11强队伍。第二阶段比赛于11月1—5日举行，由第一阶段的11强及上届冠军组成的12支队伍进行循环对抗赛。比赛采用一对一“单挑”赛制。Sailingin帆船队获得对抗赛第一名，并向上一届俱乐部杯获得者北京航海中心男子队发起挑战。最终北京航海中心男子队获胜，并在明星挑战赛中获冠军，成为“双料冠军”。

是月　枋湖—梧桐就地安置房奠基典礼正式举行。该安置房项目东临纵六路、南临枋湖路、北临规划横二路，周边配套成熟，地理位置优越。项目合计建设724套安置房，并配有地下停车位967个，总建筑面积超过12万平方米。

10月

12日　湖里区委在行政中心东附楼召开八届八次全会。会上分析总结了当前经济形势，对于湖里区新一年的经济工作进行安排部署。

17日　下午，湖里区53个社区的2600多名干部职工、社区工作者和志愿者共同行动，开展“洁净家园、共促文明”全区环境卫生大整治行动。

24日　区发改局举行第二批“湖里区价格争议调解处理工作站”授牌仪式。区发改局物价所所长黄永龙分别为湖里街道的海天路和华昌路，殿前街道的长虹路和兴隆路，江头街道的祥店路和蔡塘诚信文明街，禾山街道的金湖路和枋湖东四路，金山街道的后坑前社路和金海五缘湾道等10条诚信经营示范街的价格争议调解处理工作站代表授牌。至此，湖里区有4个大型综合商场和12个社区设立价格争议调解处理工作站。

25日　湖里区城管执法局金山中队依法对后坑社区一市民开具简易程序处罚决定书，罚款50元。这是厦门市首例经由监控探头取证的未施行垃圾分类处罚案例。

是月　湖里区2018年度“改革创新奖”揭晓。评选出《创新设立小区调委会，打造新时代特区版“枫桥经验”》《推行常态化机动式考察》等100个“改革创新奖”，其中一等奖15个，二等奖35个，三等奖50个。9月起，湖里区委、区政府开展2018年度“改革创新奖”评选活动，湖里区各单位围绕全面建设厦门现代化中心城区这一奋斗目标，从城市管理提升、经济转型发展、补齐民生短板、深化基层治理、维护安定稳定、全面从严治党等方面申报改革创新项目202个。

10月26日至12月1日　湖里区举办了第四届全民运动会，本次运动会设成年组、青少年组、老年组三个组别，田径、游泳、球类、体育舞蹈等30个比赛项目，9个代表团3450名运动员参赛。

11月

2日　在中国城市环境卫生协会主办的“2018年度公厕和垃圾分类示范案例”评比活动中，由湖里区委、区政府主导，湖里建发集团参与指导的“厦门市湖里区公厕项目”与“生活垃圾分类的湖里模式”分别获评“公共厕所示范案例”和“生活垃圾分类示范案例”。

4日　2018“全民阅读家·湖里文化季”在“特区·1980”湖里文化创意产业园开启。文化季由湖里区委宣传部指导，湖里街道党工委、壹壹生活美学馆等共同举办，分为书香文创、家居设计、艺术文创、生活美学四大板块。

7日　湖里法院公开审理并宣判全市首起恶势力犯罪集团“套路贷”案件。判处案件主犯陈某龙有期徒刑6年6个月，其他同案犯分别被判处有期徒刑6个月至3年6个月不等的刑期。

8日　由区宣传部组织编写的报告文学集《奋斗》首发式在湖里凤凰木党建中心举行。该书有30多万字、近100张配图，展现改革开放，特别是中共十八大以来，湖里区先行先试走在前的工作纪实。

是月　湖里区委组织部、湖里区“双百”人才商会联合厦门两岸股权交易中心，共同设立了“双百人才企业板”，此举在厦门市尚属首创。

10—13日　福建省第九届少数民族传统体育运动会在三明举行。湖里区钟宅畲族社区代表厦门市参与蹴球、陀螺、射弩3个项目的比赛，获1金2银5铜、4个第四名、1个第五名、2个第六名，另有3名运动员获得道德风尚奖。

17日　由湖里区工业园区管委会主办的为期4天的湖里创新园“企业创新服务周”系列主题活动落下帷幕。惠及园区近7000家企业、近7万人，通过政银企对接会、企业问诊日、专场招聘会等发放企业服务“大礼包”。

26日　湖里区正式印发实施《湖里区落实厦门市人民政府〈进一步促进文化产业发展补充规定〉支持影视产业发展实施意见》。

28日　湖里区在蔡塘广场举办“不忘初心　奋进新时代”文艺活动，庆祝厦门市第27个环卫工人节。

30日　上午，湖里区影视产业政策新闻发布会于联发东南天地招商中心召开。区文发领导小组副组长、区委常委、宣传部长丁红斌主持会议，区文发办副主任、文体出版旅游局局长林秀瑜通报湖里区影视产业发展现状和支持政策。

是月　由区建设局、区建设工程质量安全监督站主办的2018湖里区建设系统扫黑除恶专项斗争知识竞赛落下帷幕。辖区内的106家建筑行业相关企业报名参赛。经过机考预赛，最终，20家成绩最高的企业被分为2组，分别进行一轮半决赛，并由每组成绩最好的5支队伍展开决赛。海峡建工集团有限公司获得扫黑除恶专项斗争知识竞赛第一名。

12 月

2 日　上午，区图书馆金山街道分馆正式开馆并举行揭牌仪式，区领导、街道领导、图书馆负责人等参加揭牌仪式。

3 日　上午，湖里区 2018 年“12 · 4”国家宪法日宣传活动暨“宪法邮路”进万家启动仪式在金尚社区法治文化广场举行。该活动由区依法治区办、区人大法制内司工委、区司法局主办，由中国邮政集团公司厦门市分公司、江头街道办事处、金尚社区承办，区属 40 个部门，市属 7 个部门共同参与。

5 日　湖里区“五缘益 +”志愿服务联盟正式成立。“五缘益 +”志愿服务联盟将统筹全区社会性志愿服务工作、协调开展各类志愿服务活动、定期组织召开志愿服务经验交流会，以促进志愿队伍服务水平的提高。此外，志愿服务联盟每年至少组织 1 场志愿服务骨干培训，并通过开展志愿服务先进评选表彰，完善志愿者嘉许回馈制度，激发全区志愿者的服务热情。

11 日　湖里法院“法律文书概括性委托送达机制”被纳入福建省政府公布的《关于进一步推进中国（福建）自由贸易试验区改革创新三十五条措施的通知》。

27 日　上午，湖里区政协八届三次会议开幕。政协主席林凡代表政协第八届湖里区委员会常务委员会向大会作工作报告。

28 日　厦门市委、市政府批准《湖里区机构改革方案》。

28 日　湖里区第八届人民代表大会第三次会议举行，湖里区人民政府区长林重阳向大会作政府工作报告。

29 日　上午，湖里区委全会暨经济工作会议召开。区委书记林建向全会作主题报告，区委副书记、区长林重阳部署 2019 年经济工作。

区情综述

建置　区划

【位置　面积】 湖里区位于福建东南沿海台湾海峡西岸厦门岛的北部。东面濒临浔江港，与翔安区相对；北面通过高集海堤、厦门大桥与集美区毗邻；西面为厦门西港岸线，借助海沧大桥与海沧区相通；南面与思明区接壤。湖里区与思明区区界线西起湖滨北路西端入海处，向东依次穿越狐尾山、仙岳山、仙洞山山脊，连接嘉禾路后南折，至吕岭路后东进，接金尚路后南行，至东芳山后沿山脊往东，穿越古地石、虎仔山山脊，在五通东宅入海。2018 年，全区陆地面积 73.77 平方千米；海域面积约 30 平方千米。

【行政区划】 2018 年，湖里区下辖湖里、殿前、江头、禾山、金山 5 个街道 53 个社区。区划内容详见表 1。

2018 年湖里区行政区划一览表

表 1

街道名称	社区（个）	社区名称
湖里街道	18	湖里、村里、徐厝、濠头、东渡、塘边、后浦、金鼎、南山、东荣、康乐、康晖、康泰、怡景、和通、新港、海天、兴华
殿前街道	7	兴隆、长乐、北站、神山、高殿、马垅、兴园
江头街道	9	江头、吕厝、吕岭、园山、金尚、江村、蔡塘、后埔、祥店
禾山街道	10	枋湖、坂尚、钟宅、岭下、围里、禾欣、禾盛、禾山、禾缘、五缘北社区
金山街道	9	高林、五通、后坑、金山、金林、金安、湖边、金湖、金海

自然环境

【地质】 湖里区所在的厦门岛是中新生代断块岛，被数条深大断裂从大陆切割出来。湖里区地属厦门岛北部区域，地质构造位置属于“闽东燕山断坳带”的东缘，“闽东南沿海变质带”的西南部。东面濒临台湾海峡中新生代沉降带。辖区基本构架形成于燕山期。规模巨大的中生代燕山运动，改造了古生代华力西—印支运动形成的基底构造。早侏罗世时以褶皱造山运动作用为主，晚侏罗世至白垩世则以断块造山作用为主。喜马拉雅期构造特点以继承性断裂复活活动和断块差异活动较显著。第四纪以来，地壳运动以断块垂直差异升降运动为主。早更新世—中更新世的地壳以上升为主。晚更新世期间，地壳有 2 次升降运动，发生 2 次海进，第一次发生在 3—4 万年前，第二次发生在 1.6 万年前，沉积有上更新统上、下两段海陆过渡相地层，构成第二、三级阶地。全新世境内仍然有两次地壳升降运动，也出现 2 次海进，第一次在 6000—7000 年前，第二次在距今 3000—4000 年前，从而形成下全新统和上全新统海相地层。构成现今的海蚀阶地（台地）及沿海海积阶地和滩涂。台地形成后经过长期风化，形成几米至几十米厚的红色风化壳（红土残积层），即红土台地。

【地貌】 湖里区地貌类型划分原则以形态和成因相结合，根据海拔高度和相对切割深度的差别，可分为 5 种类型。

高丘陵　海拔高度 200—500 米，相对切割深度 100—300 米。分布于辖区南部与思明区交界处，由火山岩和花岗岩构成，受构造和岩性的影响均较明显。由花岗岩构成的高丘陵常呈孤丘状，若地表植被遭受破坏，基岩裸露，山势陡峭。由火山岩构成的高丘陵坡度较为和缓，顶部浑圆，土层较深厚，植被覆盖度也较好。辖区的仙岳山属于火山岩高丘陵，为湖里区唯一的高丘陵。在湖里区与思明区交界处，海拔212米。

低丘陵　海拔高度50—200米，相对切割深度30—100米。辖区内的低丘陵有15座，分别是寨子山、仙洞山、狐尾山、虎山、园山、松柏山、牛头山、石头皮山、赤坡山、薛岭山、金山、风动山、双狮山、安兜山、钟山。

阶地（台地）　海拔高度5—50米，相对切割深度3—30米。广泛分布于海拔高50米以下的山前地带、河谷两侧和沿海地区。辖区有2种类型阶地。二级河流台地高出河流平水位10—15米，分布零散多属基座台地，上部由河流冲积层和残积层组成，下部由基岩构成基座牢固，宜作为工程建设用地如高崎、江头等地的红土台地。

海蚀台地　广泛分布于辖区北部。一般可分为三级：一级海蚀台地的海拔高度为5—10米，分布于沿海地区和平原外侧，如辖区境域的厦门机场就建在一级海蚀台地上；二级海蚀台地海拔高度为10—15米；三级海蚀台地的海拔高度为25—30米。在海蚀台地分布地区，由于流水的侵蚀作用。常形成一些浅坳谷或低洼地，是水土条件较好的耕作区。辖区内台地有15个，分别是马山、神山、鸡山、龙头山、关刀山、百果山、骑马山、虎头山、县后山、大石湖山、后尾山、澳头山、觉性院山、马垅山。

平原　海拔高度2—5米，相对切割深度1—3米。平原分布在钟宅至筼筜港一带。

【土壤类型】　湖里境内土壤类型为砖红壤性红壤、红壤、黄壤、稻土、风沙土、盐土和潮土等7个土类、19个亚类、34个土属、5个土种。境内土壤以红壤为主，分布区域自海拔数米低丘或台地至200米左右高丘陵顶部之波状伏丘陵。此外，另有盐渍土，主要分布于江头、钟宅、高林等地。近山丘周围的地区多覆盖着砂，花岗石风化细矿碎粒形成，主要分布于钟宅、高林、五通等地。个别沿海地带有小片风积沙丘。江头的山麓地带及山沟由于长期受泉水浸润，土层糜烂而层次不明显。

砖红壤性红壤　又名“赤壤”。酸性岩赤红壤分布于狐尾山仙洞山—圆山一带，侵蚀赤红壤分布于低丘台地，海拔小于50米，如五通角和钟宅岸段临岸海蚀红台地。粗骨性砖红壤性红壤，是土成历史较短的幼年土壤。分布于花岗岩构成的中屿、象屿、虎屿由酸性火成岩或陆相碎屑岩构成的小岛，如大兔屿、小兔屿等。赤土是由砖红壤性红壤经人工开垦、耕熟化而成的旱作土壤。分布在马垅、小东山、枋湖、县后、后坑、钟宅、五通、高林等处台地上。

海滨盐土　为盐土属海积相土壤，分布在海岸带的平原海岸、港湾和海岸草木带上，可分为滨海盐土和埭土2个亚类。前者主要分布在辖区沿海原有红树林潮滩上，后者分布在辖区内围垦脱盐及旱作熟化发育的滨海盐土，土体上层已开始脱盐，只有咸土1个属。

风沙土　主要分布在滨海沿岸沙堤、沙丘及沙地上，发育在岛屿迎风浪岸段，是一种非地带性新生土壤，主要分布在五通村浦口、泥金一带至何厝村，长达数公里。该带土壤上生长着以木麻黄为主、台湾相思混交其中的海岸防风沙防护林带。

水稻土　渗育性水稻土主要分布于山地丘陵坡地或岗背上，多系梯田，可分为黄泥田、红土田、白土田、沙质田4个土属。沙质田零星分布在高殿村。潴育型水稻土主要分布在后埔、枋湖、蔡塘、县后、五通等地。盐渍型水稻土分布于北部的海积平原。

【土壤分布】　辖区土壤类型空间分布的组合，从高到低垂直分布差异明显，从厦门岛中部湖里区与思明区交界处高丘陵向海岸呈环带状分布。大部分丘陵区为典型赤红壤和粗骨性赤红壤，耕作土壤有少量赤沙土和黄泥土田、灰泥田。台地低丘土壤带的海拔大多在50米以下，地面呈坡状起伏，向海岸倾斜，土壤以粗骨性赤红壤为主。耕作土壤分布于辖区内的旱作和果园，以赤土亚类为主；水田以渗育型水稻土为主，其中以黄泥沙田和红泥沙田居多，是主要水稻土类型。

【海域】　湖里区海域包括西部海域、同安湾海域、钟宅湾。

西部海域　湖里西部海域属于厦门西部海湾的一部分，北起高集海堤，南至湖滨北路西侧同益码头水闸。该海域集中了厦门市主要的码头，是厦门市开发程度最高的海域，沿岸经济发达，人口密度大，人类活动频繁，承纳排污量大。部分港域出现淤积，有些航段已成为碍航浅滩。

同安湾海域　湖里东部、北部海域南起五通—澳头、北至高崎、钟宅海面，属同安湾海域。该海域地处厦门岛东海岸，海岸较平直，海域开阔。受外海海水影响较大，盐度较高，营养贫乏，浮游生物量较低，风浪较大，属高能环境。辖区所在沿海区域属于岛岸开阔海域，与西海域海湾型海域有明显差异。湖里区在1949—1979年为

“军事要区”，开发程度较低，不少岸段仍保持自然风貌。1980年后厦门东海岸出现开发热潮，滨海旅游资源遭受不同程度的破坏，海岸普遍受到侵蚀，滨岸生态环境也遭到不同程度的污染和破坏。

钟宅湾　位于湖里区东北部为外大内小的漏斗状海湾，海域面积约4平方千米。历史上海水可涨至洪水桥。1958年，在湾内建国营钟宅盐场，占用港湾面积约0.7平方千米。港湾内有厦门岛唯一出露温泉。1978年，前线人民公社钟宅大队在国营盐场之外再建大队盐场，占用港湾面积约1平方千米。20世纪90年代末，钟宅湾被规划为城市湿地公园，更名为五缘湾。

【自然资源】 湖里区主要矿产为花岗岩，有部分锰矿出现于花岗岩中，分布在湖里矿点，钼矿分布在园山矿点，耐火黏土分布在辖区北部和东北部。辖区历史上出现过的陆地野生动物涵盖两栖、爬行、鸟、哺乳四大纲数十种，部分被列入国家重点保护野生动物名录。水生动物较之陆生动物丰富得多，有无脊椎动物，含环节动物、软体动物、节肢动物；脊椎动物，包括鱼等，总计数百种之多。湖里区野生植物主要分布在灌丛和草丛中，灌丛和草丛主要分布在山丘或撂荒地。次生林主要植物群落有马尾松林、相思树林、木麻黄林。野生植物群落红树林已绝迹。

（叶　青）

【气候特征】 辖区气候类型属于南亚热带海洋性季风气候。纬度位置处于北回归线偏北约1°，是亚热带中的最南带，为热带向温带的过渡带，具有热带气候的某些特征。辖区受海洋的影响较为显著，气温年较差小，相对湿度大。以张宝堃按候温划分四季的方法（即以五天候平均气温低于10℃为冬季、10℃—22℃为春秋季、高于22℃为夏季）对辖区进行季节划分：则夏季从5月1日至10月25日，长达178天；春季从2月6日至4月30日，共84天；秋季从10月26日至2月5日，共103天。各季气候特点：夏季长而无酷暑，秋春相连而无冬，全年几乎全是无霜期，气温变化不显著，秋温略高于春温；春夏有锋面雨，夏秋有雷雨台风，日照较长；全年多风，深秋季节偏北风而干冷，夏季偏南风而暖湿。海洋性主要表现在：最热月与最冷月平均气温相差不足16℃，9月、10月、11月平均气温高于5月、4月、3月平均气温，盛夏季节海陆风明显。湖里区2月、3月的气候特点是阴冷，东北季风减弱，冷空气强度虽然不如秋季强盛，但仍不时南下影响华南地区，当新的一股冷空气南下与原先控制华南的变性冷高压相遇时形成锋面降水，由于变性冷高压含水量少，所以雨量不大，但天气较冷。如果冷空气较强，就会出现“春寒”或“倒春寒”的天气。到了4月，南方暖空气势力开始加强，当北方有较强冷空气南下影响辖区时，容易引发诸如大风、暴雨、冰雹、雷暴、龙卷风等强对流天气。1984年4月5日，一次飑线天气过程引起强对流天气，瞬间风速超过12级，东渡港区196吨吊车臂被吹折。在冷空气影响之前还极易产生浓雾天气。5—6月，是辖区的梅雨季，此时强盛的“西南季风”已控制华南及以南地区，由于西南季风含有充足的水汽和热量，当北方南下的冷空气与他交绥时，常常形成暴雨或大暴雨天气。有些年份由于北方冷空气较弱或副热带高压提早北跳，使华南在单一的暖气团控制下，雨量偏少，形成“空梅”，容易产生旱情。梅雨季主要灾害性天气是浓雾和大风、暴雨、冰雹、雷暴、龙卷风等强对流天气。7—9月，辖区在副热带高压控制下，天气晴热少雨，有时午后到上半夜由于热力对流，有局地雷阵雨。7—9月也是台风季，此时在西太平洋和南海经常有台风生成影响。台风虽然破坏力强大，但也给炎热少雨的夏季带来充沛的雨量和凉爽的天气。如果台风影响偏少，便很容易发生夏旱。由于湖里东临大海西接漳州平原，受海陆风影响很大，在海陆风影响下，夜里到中午前吹陆风，午后吹海风，因此最高气温不会太高，7月是辖区最热月，月平均最高气温也只32.6℃。影响辖区的台风每年平均3—4个，严重影响的台风1个左右。台风不仅会带来狂风暴雨、风暴潮等灾害性天气，以及由此引起的次生灾害，而且台风还会破坏海陆风效应，以及台风来临前所引发的“焚风效应”，使之出现36℃—37℃以上的高温天气。辖区极端最高气温38.5℃就是由台风年份引起的。夏季主要灾害性天气是台风、高温、干旱。从10月初开始，高空西风带南压，西太平洋副热带高压已明显南撤，脊线已退回到北纬20°附近，影响辖区的台风已基本结束，但个别年份仍有台风影响，1999年10月9日14号台风在龙海登陆，辖区最大风力达12级以上。到了10月，冷空气从低空向南方移动，占据华南地区，辖区在冷高压控制下，而此时高空仍受副热带高压控制，形成“下冷上暖”，大气层结非常稳定，出现秋高气爽、天高云淡的晴好天气，气温不冷不热，湿度偏小，气候十分宜人。但有些年份，从11月初到12月初冷空气较弱，出现气温较高、湿度较大的“小阳春”天气。12月至翌年1月，蒙古高压占据整个亚洲大陆，中国东部地区盛行东北季风。辖区由于受来自西伯利亚和蒙古干冷气团的影响，气候干燥，降水偏少。如果有强冷空气影响，还会造成“寒潮”天气。辖区由于地处海边，因此即便是深秋，感觉也不是很冷。1月是厦门的最冷月，月平均最低气温为9.9℃，极端最低气温1.8℃。秋季由于受单一的冷气团控制降水稀少。

【气象灾害】 影响辖区的气象灾害有风灾、水灾、旱灾、低温寒害和雹灾等。风灾有台风、冷空气大风、龙卷风、飑线等。对辖区产生影响的大风平均3年左右发生一次，主要出现在6月、7月、8月。1959年8月23日的第03号台风、1999年10月9日第14号台风和2016年的“莫兰蒂”台风为历史上居前三位的大风。龙卷风和飑线主要产生局部性灾害。辖区境域水灾主要由热带风暴和台风带来的暴雨所造成。水灾的发生概率与台风的发生概率基本一致，一般每年发生3—4次，重大水灾一年不到一次。但随着城市化进程的加快，局部地区由于地势低洼，排水设施未能跟上或阻塞，降暴雨时较容易受灾。辖区旱情以夏旱和秋旱为主。冻寒灾害多发生在冬至后“三九”期间。辖区境域冻寒主要是对过冬地瓜、香蕉、龙眼等作物产生影响。低洼地方冷空气容易沉积，故洼地冻害要比坡地、高地严重。3月10日以后出现的日平均气温≤12℃且连续日数≥3天的“倒春寒”，严重影响水稻生产。辖区春季3月、4月发生冰雹的频率最高，7月、8月次之。

（金丰军）

人口状况

【概况】 截至2018年底，湖里区常住人口有103.1万人。其中，户籍人口约10.35户33.91万人。当年出生7202人，出生率2.12‰，其中，男性3836人，女性3366人；全年死亡999人，死亡率0.29‰；自然净增人口2837人。户籍人口中按性别分，男性约16.92万人，女性约17万人，性别比为0.99。按年龄分，18周岁以下77870人，约占22.96%；18—34岁92510人，约占27.27%；35—59岁128164人，约占37.78%；60岁及以上40655人，约占11.99%。2018年湖里区人口情况详见表2。

（湖里公安分局供稿）

2018年湖里区人口及其变动情况统计年报表

表2　　单位：人

项目			厦门市湖里区	其中				
				殿前街道	江头街道	湖里街道	禾山街道	金山街道
年末总户数（户）			103484	10352	22792	29483	22372	18485
年末总人口	合计		339199	41470	68040	100098	75514	54077
	城镇人口		339199	41470	68040	100098	75514	54077
	性别	男	169225	22216	33220	50155	36967	26667
		女	169974	19254	34820	49943	38547	27410
	年龄	0—15岁	73049	7701	12865	19628	20604	12251
		0—17岁	77870	8213	13870	21156	21568	13063
		18—34岁	92510	15150	17409	24685	22662	12604
		35—59岁	128164	13741	27134	40917	24692	21680
		60岁及以上	40655	4366	9627	13340	6592	6730
本年度人口变动	出生	合计	7202	862	1410	1871	1884	1175
		男	3836	442	742	1011	1010	631
		女	3366	420	668	860	874	544
	死亡	合计	999	105	244	316	153	181
		男	593	61	138	209	89	96
		女	406	44	106	107	64	85

续表 2

项目			厦门市湖里区	其　中				
				殿前街道	江头街道	湖里街道	禾山街道	金山街道
本年度人口变动	迁入	省内迁入	21758	2784	3899	5716	6501	2858
		省外迁入	3710	1091	481	1040	761	337
	迁出	迁往省内	9615	1471	2298	2982	1720	1144
		迁往省外	1327	359	179	360	327	102
		多报删除	29	2	4	10	8	5
	区划调整	增加	4077	12	4043	19	0	3
		减少	4077	9	4043	22	0	3

【方言】 湖里区位于厦门岛的西部至北部。原属厦门岛上“禾山区”的一部分，民间旧称“山场”[$sua^{1}tiu^{2}$]，或叫“顶禾山”[$tin^{1}ho^{2}san^{1}$](禾山的上半部)。湖里区本地人所讲的方言属闽南方言的厦门话，与市区的厦门话有一些极小的差异，但跟厦门市区的厦门话能互通无阻，人称厦门话的“禾山腔”。这种“禾山腔”语法与闽南话的厦门话相同，语音与词语略有区别。

语音方面有两个很明显的特点：厦门市区读“i”韵母的一些字，湖里区多数读“u”韵母；厦门市区读“in”韵母的一些字，湖里区读“ai”韵母。词语方面的小差异，也主要表现在两个方面：有一些词语的读音跟市区不同，最明显的是相当一部分人将“母亲”叫作[$au^{3}a^{3}$]，这可能是“阿母仔”[$a^{1}bu^{3}a^{3}$]的合音；有一小部分事物的叫法跟市区不同。湖里区内部的差异更小，大概可分为 4 片：以区政府所在地的枋湖为中心，包括原后埔、江头地区；五通、高林等地区；高殿、寨上等地区；钟宅地区。除钟宅地区外，其他 3 个地区之间的差异几乎不容易看出来。钟宅的百姓多是畲族，但他们却不说畲语，而是说闽南方言。钟宅百姓所说的闽南方言跟湖里区的闽南方言是比较一致的。其差异也不明显，给人们留下比较深刻印象的是钟宅百姓的口音里常带有一个话尾词“搭[tah]”，相当于普通话的“啦”。另外，个别词语的读音或叫法也有一点不同。

（周长楫）

宗教风俗

【宗教和民间信仰】 湖里区宗教有佛教、道教、基督教。佛教活动场所有觉性院、观音寺、天竺岩寺，基督教活动场所有新区堂、寨上堂、钟宅和南山路活动点。湖里区大大小小的民间信仰宫庙 161 座，其中仙岳山土地庙、湖里凤和宫、泥金兴隆宫、濠头濠沙宫为市级民间信仰联系点，辖区内设有闽南文化保生慈济分会。影响较大的宫庙还有龙湫亭、高崎万寿宫、安兜青辰宫、钟宅澜海宫、后埔禾济宫、薛岭龙源宫、乌石浦洞炫宫、殿前东山寺、后门小厅宫、昭塘观音寺、后坑资福院、坂美五郎庙、霞边凤山宫、浦口瑞云宫。宫庙供奉的神灵五花八门，有佛教的如来、观音，道教的太上老君、王母娘娘、玄天大帝、张天师、土地神，历史圣贤五谷仙祖、关公、开闽王、三忠王，池、李、朱、邢、温、孙、赵、康等姓的王爷，本省俗神妈祖、保生大帝、三平祖师、清水祖师、广泽尊王，本地孙姓祖佛真异大师、林姓祖佛林希元，源自本地的俗神白鹤仙祖、耀生伯、三叔公。物灵信仰有虎相公和榕树王等。土地公在当地颇受尊崇，其次是妈祖、王爷、保生大帝、观音。仙岳山土地庙是全国规模最大的土地庙。居民住家多数设有“佛龛”，供奉观音、土地公、灶君。关帝被视为财神，店家供奉为多。当地宫庙建筑俗称“皇宫起”，前后殿之间有天井，大多为三开间燕尾翘脊典型的闽南建筑，少有山门牌坊。保存最完好的古建筑是薛岭龙源宫，最具纪念意义的是五通万人坑祖庙，奉祀被日寇杀害者的亡灵。祖灵信仰深植当地人心。住家中设有祖宗神位，前置香炉、烛台，清明、七月半、冬至和除夕“四节”以及祖宗的忌日进行祭拜。同姓聚居的村落建有陈、林、黄、孙、王、钟等 19 个姓氏的 46 座宗祠，俗称祖厝，奉祀开基祖以及列祖列宗。每年在固定的日子里祭祖，结婚的新人婚后要到祖厝里敬

仙岳山土地公庙（赵建军 摄）

拜。乌石浦萧氏家庙、湖里杨氏宗祠、后浦陈氏宗祠被列为市级涉台文物保护单位，两岸宗亲共同祭拜祖先。民间信仰中，祭品常见的是三牲（猪肉、鸡、鱼）和米龟、米粿。信众以掷筊杯俗称“卜杯”进行占卜，有的宫庙中还备有签枝和签诗。醮事多数是道教的科仪，意在祈福和消灾。许多宫庙在神诞日会组织信众前往祖庙参拜进香，俗称“请火”，奉祀妈祖的三月廿三到湄洲岛或何厝香山妈祖庙请火；奉祀保生大帝的三月十五到白礁、青醮保生大帝慈济宫请火。在元宵节、神诞日或是佐事时，宫庙举办庙会，请出神灵的神像巡游称为“巡境”，接受信众的敬拜，俗称“吃香位”，同时设礼酬神、献戏娱神。其中较有特色的是湖里凤和宫、高崎万寿宫、殿前白鹤寺、后埔禾济宫的庙会，岭下、墩上、尚忠和坂上“王爷公坐任”，高林保安殿“妈婆出巡”，薛岭龙源宫“送王”，枋湖、梧桐“请丈公”。农历十月常有举办王爷佐事，请王爷巡境、敬王爷、送王爷，即“迎王、贡王、送王”。钟宅、枋湖、浦口等地还举行“送王船”活动。海峡两岸有着共同的“神缘”，当地许多民间信仰活动会有台湾信众参加。

【风俗】

食俗 湖里区居民一日三餐以干饭为主。稀饭俗称“糜”，大多是番薯糜。也有用芋头、海蛎煮成或者掺有高丽菜、芥菜、南瓜的“咸糜”。除此之外，待客炒米粉、冬粉，坐月子吃面线，丧事吃咸糜、咸饭、红糟肉，小孩满月吃“戗油饭”，生日吃蛋，做寿吃面，婚嫁吃圆仔，清明吃薄饼，五日节、七月半吃粽子，六月半、冬至吃汤圆；八月半吃红米龟；年兜蒸咸粿、发糕；正月初九吃甜粿。

茶俗 本地把喝茶说成吃茶，茶叶俗称“茶心”，基本是用陶制的茶具泡出的“工夫茶”。家家户户有茶桌（茶几）和一整套茶具，茶盘、小茶壶、茶缸、茶盅、茶杯、茶漏、茶铲。“吃茶”的说法已经被“泡茶”所取代。泡“工夫茶”讲究程序和功夫，大多是用紫砂茶壶、白瓷茶杯，程序有孟臣沐浴、水淹七军、乌龙入宫、高山流水、春风拂面、关公巡城、韩信点兵之讲究。待客的最高礼节是白糖水煮2粒鸡蛋的“鸡蛋茶”。新娘“捧茶”待客时，一般用冬瓜糖、桂圆、枸杞泡的“冬瓜茶”。茶俗还表现在各种祭拜的礼仪当中。年节或神明纪念日，拜神拜佛要敬献3杯“清茶”。平常则在佛龛面前摆放茶叶，以代替日常“敬茶（水）。”

酒俗 本地以酒为礼。订婚办酒席，结婚办喜酒；生儿育女办满月酒；送行有“顺风酒”，迎归喝“接风酒”；祭祖敬神和丧事祭拜都要祭酒。但是饮酒不强求，节制自便为主。饮酒以米酒、高粱酒为主。药酒为大多数人所欢迎，“固本药酒”“万全堂药酒”久盛不衰。不少人用当归、党参、枸杞、桂圆等中药泡制药酒，“吃补”时和着鸡、鸭等食物食用。在霜降、立冬、冬至和妇女坐月子时，所吃的滋补食物一定要掺药酒。

服饰习俗 现在的男女服装呈时装化和个性化。不管穿什么样的衣服都忌反穿，因为会联想到为死去的人“套衫”。妇女在节庆和喜事时头发插着用红线和金箔丝缠扎的“春花”。本地把耳环和戒指称为“耳勾”“手子”年轻女子戴的“耳勾”多是有小垂链的，年长女子的“耳勾”大都镶有珍珠或玉石。多数女子戴圆箍形的戒指，俗称“斗箍”戒指。

称呼习俗 祖先和长辈的名字不能直呼。与长辈名字同音的字也要有所避讳。小辈更不能叫长辈的小名。同事之间一般在姓前冠以“老”“小”。邻里之间称呼，对年长者在名字后加上辈分，如伯、叔、兄、姑；对于已婚女性在其丈夫名后加姆、婶、嫂等；对于同辈和下辈则可直呼其名。除了部队和学校点名，人际称呼一般不连名带姓。

婚嫁习俗 结婚时吃喜饼、喜糖，本地俗称“糖仔饼”。出嫁时携带象征吉利的春谷、大麦、芋子、火炭、生铁等“12项”。结婚

看新娘（赵建军　摄）

当天，新郎、新娘都要进行“上头”。新娘出嫁是用彩带花束装饰的花车。结婚时新房要摆汤圆、米糕，要让小男孩先在新床上“翻床”。喜筵之后，众宾客闹洞房，本地俗称“哗新娘”。婚礼之后新娘向长辈敬茶，长辈回之以礼品，叫“压茶盘”。

生育习俗　妇女怀孕叫“有身”，产前的一个月称“顺月”。婴儿诞生满月，雅称“弥月”，要修剪婴儿的胎发，所以满月俗称“剃头”。婴儿周岁俗称“度晬”，周岁开始，小孩要穿鞋了，所以周岁又叫着“穿鞋”。

丧葬习俗　丧葬习俗实行火葬，习俗由繁及简，但基本延续了旧时的初丧、小殓、大殓、出殡、下葬、孝祀，既烦且费。逝世本地称“过身”，净身后给死者换衣服俗称“张穿”，古称“小殓”。丧眷围在逝者旁过夜，称“守丧”；封棺之后丧眷守灵柩而眠，叫着“守灵”。出殡本地称“出山”，灵柩移到公众场所，接受送葬亲友的祭奠，称为“谢拜”。来年的正月初三，逝者的家中“烧新床”，祭亡灵。之后逝世周年都要祭拜称“做祭”。

岁令节俗　时序节俗中，民谚称春节“初一早，初二早（早早就去拜年），初三困到饱（不宜出门，可以在家睡懒觉），初四接神，初九天公生，十五上元暝。”大年初一不吃稀饭，不洗衣、不扫地，不汲水。初二女儿携女婿回娘家拜年，俗称“查某团日”。初四摆果品和“三牲”，上香“接神”。初九为“天公生日”，敬拜相当隆重。元宵节本地叫作“上元”，观灯而不吃元宵，近年来政府组织元宵文化踩街活动。本地有的在清明节，有的在三月初三“三日节”扫墓、“压墓纸”。钟宅钟姓扫墓之后在祖墓前架灶煮供品供大家分食，叫“吃祖墓”。端午节用粽子祭祖先，在门户上挂艾草、榕叶辟邪。在旧观念中，七月是“鬼月”，忌办喜事、搬新居。七月十五俗称“七月半”，要祭祖，在此前后数日村社轮流“做普度”祭拜鬼神。中秋俗称“八月半”，在家中用红米龟祭拜祖先，近年来本区在仙岳山土地庙举办土地公信仰文化节。立冬和霜降吃药膳补身。冬节隆重地祭祖，主要祭品是汤圆。十二月二十四俗为送神之日。本地称除夕为“廿九暝”。用丰盛的饭菜和发糕、咸粿祭拜祖宗和神灵。吃年饭叫围炉，年饭中要有鱼和血蛤。除夕夜在供桌上摆红柑、春饭、发糕迎春祈福，上面都插红色的“春枝”。

（黄国富）

信徒祭拜（赵建军　摄）

中共厦门市湖里区委员会

区委重要会议

【区委八届八次全体会议】 10月12日，中共湖里区委八届八次全体会议召开。会议主要学习贯彻习近平新时代中国特色社会议思想和中共十九大精神，贯彻落实习近平对福建、厦门工作的重要指示精神。动员全区上下团结一心、敢于担当、埋头实干、拼搏创新，坚持高质量发展落实赶超，全面建设高素质、高颜值的现代化中心城区，奋力谱写新时代特区发祥地发展新篇章。会议听取和讨论了区委副书记、区长林重阳所作的报告，审议通过《关于坚持高质量发展落实赶超全面建设高素质高颜值的现代化中心城区的意见》。

【区委八届九次全体会议暨全区经济工作会议】 12月29日，中共湖里区委八届九次全体会议暨全区经济工作会议召开。会议主要学习习近平在庆祝改革开放40周年大会上的重要讲话精神和中央经济工作会议精神，分析总结了当前经济形势，对湖里区新一年的经济工作进行安排部署。会议听取和讨论了区委书记林建所作的报告，审议通过《中共湖里区委常委会2018年工作报告》，传达《湖里区机构改革方案》。

12月29日，中共湖里区委八届九次全体会议召开（郑菁玮　摄）

【区委常委会议】 区委全年召开39次区委常委会（扩大）会议。会议主要学习习近平在中央政治局会议，中央深改会议、全国组织工作会议、全国生态环境保护大会等会议上发表的重要讲话精神，中共十九届二中、三中全会精神等学习议题83个；专题研究湖里区落实中央第一巡视组关于巡视厦门市专题情况的反馈意见的整改任务与分解方案、2017年市对区全面从严治党主体责任落实情况检查“问题清单”整改任务分工、关于九届省委巡视组暨十二届市委巡察整改落实情况等党风廉政建设和反腐败工作议题27个；听取重大项目建设、“大城管”、东部旧村整村改造、西部旧村整村更新提升、促进总部经济发展、安置房建设与返迁安置、社区集体发展用地建设等重点领域工作情况汇报，研究机构改革、重大项目及责任领导分工方案、事业单位和区属国企公务用车制度改革等相关事宜，讨论通过《湖里区关于推进城市居民小区建设工作的指导意见》《湖里区市政园林行业国企化管养质量考核实施意见》《湖里区关于深化人才发展体制机制改革加快推进“智汇湖里”人才强区战略的意见》《湖里区贯彻落实〈关于进一步深化厦台经济社会文化交流合作的若干措施〉实施意见》等经济社会发展重要议题122个，研究人事议题22个。

【区委工作会议】 2月28日，区委工作会议召开。会议总结2017年湖里区组织、宣传、统战工作，研究部署2018年工作。区委书记林建出席会议并提出三点要求：一要深化思想认识，增强做好新时代党建工作的使命感；二要聚焦重点发力，推动全区党建工作再上新台阶；三要加强组织领导，切实把党建工作责任落到实处。

中共厦门市湖里区委办公室

【文字综合】 2018年，区委办起草区委综合文稿，包括区委八届八次、九次全会主题报告，区委常委会2018年工作要点和工作报告，全区经济运行情况汇报，贯彻落实“双千亿”工作报告，区委领导班子思想政治建设自查报告，年度和巡视整改专题民主生活会对照检查材料等重要文稿，中央扫黑除恶督导、中央信访督察、中央组织部激励干部新担当新作为调研座谈、中央政法委基层治理工作调研、抓基层党建述职等重要汇报材料，以及市委办公厅、政研室要求上报的各项材料。撰写区委主要领导在“大学习”汇报会和专题班、历次区委常委会会议、区“两会”、区委工作会议、组织工作会议、政法工作会议、“双千亿”工作动员部署会、城市管理和生态环保工作动员部署会、文明创建动员大会等重要会议、重要场合讲话材料。撰写“大学习”、“大城管”小区治理、小区调解、返迁安置、社区发展用地建设、两岸同胞融合、社区矫正、调动干部精气神等经验总结材料，分别在《法制日报》《学习时报》《海峡通讯》《福建信访》《厦门通讯》《特区快讯》等报刊杂志刊登，小区治理经验介绍材料在全省城市基层党建工作推进会上作交流。起草把关规范性文件。修订区委工作规则，全年起草各类文稿367篇，发挥了以文辅政的作用。

【党史研究】 年内，区委办配合市党史研究室编撰《厦门改革开放40周年大事》和《厦门改革开放实录》；配合区委宣传部把关报告文学集《奋斗》；协助区档案局开展《峥嵘岁月，奋进时代》档案编研工作。

【抓好党建工作】 2018年，区委办协助落实中央巡视整改工作，起草制定《落实〈中央巡视组关于巡视厦门市专题情况的反馈意见〉的整改任务与分解方案》，向市委巡视整改办上报整改进展和经验信息，牵头撰写上报市委的巡视整改情况报告。牵头制定区委班子主体责任清单，配合做好市对区主体责任落实情况检查和“问题清单”整改工作，起草形成区委主体责任落实情况报告。开展“以政治建设为统领全面推进新时代党的建设”专题调研活动，收集整理党建课题21个，择优向市委党建办报送调研文章。组织向相关区直部门和各街道、社区发放《党建引领脱贫攻坚案例精选》。

【办文办会】 区委办全年收到上级文件1063件，均按规定程序办理，无一漏办。做好区委八届八次全会，区委常委会（扩大）会议等重要会议的统筹协调，配合区直相关部门做好全区性重大会议的会务工作。牵头起草《中共湖里区委办公室、湖里区人民政府办公室关于印发〈湖里区进一步贯彻落实中央八项规定精神执行细则〉》，启动全区性会议和重要活动审批制度。联合区政府办开展“文山会海”专项整治，是年，区委、区委办发文数比上年下降7.5%、办会数下降12.9%。推进党内法规工作，制定《2018年湖里区党内法规工作方案》，从区法院、区检察院和律师事务所聘请6名法律工作者担任区委法律顾问。与区政府办协同开展军民融合发展法规文件清理工作，指定专人从事党内规范性文件审查、备案，全年审核备案规范性文件54件。

【服务保障】 2018年，区委办服务省市老领导和区领导各项调研、检查活动的后勤保障，迎接内蒙古乌海市海勃湾区委办公室到湖里区参观考察。与厦门驻京办、区商务局等单位对接，做好区委主要领导外出考察、到中央党校学习期间的服务保障。做好四川省南部县常委刘卫颖到区委办挂职锻炼期间的保障工作。规范区委办人事、财务和资产管理，牵头制定区经研中心公务用车改革实施方案，推动区经研中心年中完成公车改革。参与湖里区2018年度综合效能考评，牵头制定内参刊物评分标准，完成党群部门内参刊物加分工作。与区政府办对接，做好节假日期间全区值班安排，规范报送紧急信息和节日期间全区重大活动安排。组织党员参观特区纪念馆、征地拆迁指挥部、创建区委办党支部活动室，定期购置图书，丰富支部党员精神生活。

【信息编发及报送】 全年编发《湖里简讯》正刊及各类增刊44期，向上级党委报送信息2100余条，被采用104条。区委办秘书科获评厦门市党委系统信息报送优秀单位，郭歆妮、李舒彦被评为信息工作先进个人，《湖里区“123”工作法力推民营经济发展》被市委办公厅评为2018年度好信息。

【推进全面深化改革开展】 年内，区委办起草制定全面深化改革领导小组工作规则、专项工作小组工作规则、专项工作小组联络员会议制度、办公室工作细则，起草形成区委改革工作年度要点和总结，服务保障召开16次领导小组会议、4次联席会议，做好迎接中央和省改革督察和市对区“改革创新”指标考核工作。制定下发《2018年度湖里区“改革创新”绩效评估指标考评工作方案》，组织开展正向激励指标评分工作。做好全区“我为湖里发展出良策——‘金点子’”80篇、“改革创新奖”100个的汇编发放。《厦门改革情况》专刊登载信息5篇，组织报送的《推动教育供给结构性变革促进湖里教育量质齐升》入选全市改革创新成果评选前15名。

保密工作

【加强保密工作】 5月，区委保密委成员会议召开，根据人事变动情况及时调整区委保密委成员。加强机关内部保密纪律建设，起草《关于进一步严肃内部工作保密纪律的通知》，落实“严密、严格、严肃、严厉”的保密工作责任制。

【保密检查】 2018年，区委保密局持续开展保密自查自评督查工作。5—7月，完成对全区50家机关单位的保密督查，基本实现区直部门保密督查全覆盖。配合区教育局、区招生办开展高考保密检查，通过实地查看，查阅记录本、监控录像等方式，落实保密工作责任制，为湖里区中高考顺利进行保驾护航。

【保密宣传教育】 年内，区委邀请保密局专家授课，为区政府办、区建设局举办保密知识讲座，提升机关干部防范失密泄密技能。开展“七五”保密法治宣传教育活动，利用“12·4”宪法日等重要时间节点开展保密法治宣传，为辖区群众普及保密知识。

档案工作

【楼案管理】 2018年，湖里区通过馆藏档案数字化二期工作，使427.6万幅原文馆藏档案实现100%数字化。启用数字档案馆（室）综合管理系统，局馆与部门的档案实现资源共享。增量档案100%数字化，在全市率先对各单位移交的档案严格按数字化原文接收，接收档案数字化原文31.5万页。全馆797件实物档案100%进行真空封膜保管，馆藏档案实现100%二维码管理。以上4个“百分百”在全省档案执法检查中，均获得档案系统内通报推广。

【档案检查】 年内，湖里区加强对2017年归档工作的监督指导，全年有37个区属单位完成归档工作。通过厦门市双随机系统，随机抽取区统计局等5家单位开展档案安全管理工作执法检查，提高单位档案安全管理水平。

【档案宣传与服务】 2018年，区档案馆开展“6·9”国际档案日和“12·4”国家宪法日档案法制宣传，与市档案局进行国际档案日专版宣传。全年接待984人查档，查阅档案资料2193卷（件），复印9279页。

效能督查

【推进马上就办持续开展】 2018年，区效能办以区委、区政府名义印发《弘扬“马上就办、真抓实干”优良作风强化治庸问责实施意见》，大力推进马上就办，提升服务水平、深化推进“放管服”改革。取消67项证明材料、10项审批服务事项，梳理公布“一趟不用跑、最多跑一趟”事项734项，占全区审批服务事项总数的96.7%，企业开办时间压缩至3个环节5个工作日。

【深化效能督查】 年内，区效能办联合区行政服务中心管委会，规范各街道便民服务大厅及社区便民服务代办点服务标准，提升为群众办实事水平，顺利通过“国务院大督查”。开展每周“路长制”督查，通过刊发《效能通报》，通报湖里区效能建设情况。围绕省、市、区重点项目推进情况开展“一季度一督查”，针对区委、区政府重大决策部署、主要领导批示件开展立项督查。

【效能日常监督】 2018年，湖里区聘请新一届监督员19人，开展明查暗访185人次。利用电子监察系统加大对窗口部门工作纪律巡查力度。整治“不作为、庸作为、懒作为、乱作为”等庸懒散行为，对效能低下、作风不扎实等行为进行严肃处理，是年效能问责35人次。全年受理效能投诉68个，办结率68件。

【督查会议部署、领导及上级机构交办件】 2018年，区委量化分解市委十二届六次全会、全市经济工作会议和区委八届七次、八次全会等重要工作部署，形成跟踪督办任务200余项，督促责任部门对照各自职责抓好工作落实。专项开展市委、市政府督办交办件督查督办，全年承办上级督办交办件10件，办复率100%。滚动督查推动区委主要领导批示交办件，全年共承办区委主要领导批示件249件，下发本级督办单、抄告单96件。跟踪督促2017年度省对市全面从严治党主体责任检查移交问题、市委第二检查组对湖里区全面从严治党主体责任检查“问题清单”的整改工作。按时间节点梳理完成全面从严治党责任落实信息监管平台要求的56项全年工作任务，形成省对市、市对区全面从严治党主体责任落实情况报告。

【各方调研督查保障】 年内，湖里区制定出台《关于进一步加强和改进调查研究的实施办法》。全程保障海峡论坛、省委省政府对湖里区考察点工作检查、省委组织部等现场考察，服务安徽省、内蒙古自治区、西藏自治区、泉州市党政代表团对湖里区的调研考察。保障市委副书记陈秋雄到康乐社区宣讲中共十九大关于社区治理精神，策划区四套班子领导赴仙岳山、忠仑公园和蔡塘金厝边养老院等调研保障，保障湖里创意产业园、创新园、轨道交通沿线区域发展等项目现场调研，组织开展湖里区城市更新、人工智能产业发展等课题调研，编撰12期《研究与参考》简报，呈区领导和相部门以资借鉴。

【专项督查】 2018年，区委办牵头建立“双千亿”工作协调推进机制，专项督查东部旧村整村改造、金林湾花园A区安置房返迁、第二轮城市街区立面综合整治项目等，编发《督查落实专报》44期。加强区13个重大项目调度分析和跟踪落实，常态化开展周督办、旬台账、月汇总通报重大项目进展情况，形成12份专报件呈报区委主要领导。配合区纪委、区委宣传部对区属各党委（党工委）开展全面从严治党主体责任、意识形态工作责任制检查，形成全面从严治党长效机制。健全完善湖里区全面深化改革督查员制度，梳理汇总中共十八大以来中央、省、市、区出台的改革文件116份，以及上一级文件要求颁布出台的73份配套方案，制定年度改革创新任务分解表，督促全面完成涉及市、区级50项改革创新任务。

（吴宗元）

组织工作

【概况】 截至2018年12月31日，湖里区有基层党组织1468个。其中党委68个。全区有党员18651人。其中，女党员8197人，占党员总人数的43.95%；少数民族党员494人，占党员总人数的2.6%；35岁及以下党员有7425人，36—45岁党员有4235人，46—55岁党员有2763人，56—65岁党员有1905人，66岁及以上党员有2323人；党员中有研究生1146人，大学本科9733人，大专3558人，中专1003人，高中、中技1532人，初中及以下1679人。

【学习贯彻新思想】 2018年，湖里区采取领导带学、专家导学、交流促学、党校办学等方式，促进广大党员学深悟透新思想，增强“四个意识”（政治意识、大局意识、核心意识、看齐意识），坚定“四个自信”（道路自信、理论自信、制度自信、文化自信），坚决做到“两个维护”（坚决维护习近平总书记党中央的核心、全党的核心地位，坚决维护以习近平同志为核心的党中央权威和集中统一领导。）。依托区委党校，开设“深入学习贯彻习近平新时代中国特色社会主义思想”专题班7场，培训党员干部3978人次。各级党委中心组组织学习研讨109场，带动全区各级党组织开展专题研讨1100余场，互动式交流87场。

【开展主题教育】 年内，湖里区开展红色藏品延续展览活动，接待45批1189余人参观。依托“湖里党建”微信平台，开辟“悟初心”“守初心”“践初心”宣传互动专栏。组织“不忘初心跟党走”系列活动。200多名党员领导干部带头上党课；100多个党组织在特区纪念馆寻访特区发展印记；邀请800余名“老特区人”、文史专家讲述特区发祥地往事；征集2196条“寄语新时代”微心语；组织创作26部党员教育微视频。

【开展主题党日活动】 2018年，湖里区聚焦“红心”“爱心”“匠心”等策划党日主题，以知识竞赛、红色分享会、热点评析会、书记“下午茶”等形式，激发基层党建活力。优化党建师资库资源，为700余家党组织开展主题党日活动提供师资支持。开放全区4级207个党群活动中心（站），实现阵地共享。湖里区“三定三抓”规范主题党日做法被《中国组织人事报》宣传报道。

【在专项工作中对干部进行考核评价】 8—12月，湖里区先后对“金林湾花园A区返迁项目”“区环卫处北侧地块整治提升项目”“五缘湾北片区征迁工作”“扫黑除恶专项工作”“浦东社旧村整村征迁工作”“宣传思想文化工作”等开展6轮常态化机动式考察，通过集体座谈、个别谈话、现场走访等方式，总结45个典型事迹和33条先进经验，掌握13个工作成效较好的单位和49名表现比较优秀的干部。9月10日，《人民日报》对湖里区激励干部担当作为的机制做法予以宣传报道。9月15日，湖里区在中组部激励干部新担当新作为座谈会上作典型发言。

【干部统筹调配】 年内，湖里区提任干部79名，其中：处级干部4名，科级干部74名，学校副职1名。对34名居住在湖里区的拟提任干部征求所居住小区党支部的意见。选派116名干部参与征地拆迁、小区治理、“两违”治理等重难点工作。全年有25名干部交流任职。

【干部监管】 2018年，湖里区严格执行领导干部个人有关事项报告和核查制度，全年抽查核实88人，按规定给予18名出现漏报情形的干部批评教育处理，4名出现瞒报情形的干部诫勉处理。办理因公出国（境）政审47人次、因私出国（境）保留党籍597人次。开展干部谈心工作，做到了与街道和部门主官谈1遍、提拔干部谈1遍、挂职干部谈1遍。落实职务与职级并行制度，对3名符合晋升上一职级待遇条件的干部开展测评考核，并按规定办理晋升职级待遇手续。

【干部培训】 2018年，湖里区举办中共十九大专题辅导讲座8场次，培训干部4116人次。举办全区“深入学习贯彻习近平新时代中国特色社会主义思想”专题班，举办6场专题讲座和1次专题研讨交流，轮训培训干部2504人次。年内，区委组织部主办、联办了主体、专题培训班共16个班次，培训学员1901人次。

【小区党建】 年内，湖里区实现全区353个小区党的组织建设全覆盖。全区有49个小区实现党支部书记和业委会主任“一肩挑”，108个小区业委会主任是党员，798名党员担任业委会委员，平均每个业委会党员数超过2名，部分小区实现党支部与业委会“两块牌子、一套人马”。以为人民服务为中心，动员1000余家驻区机关、企事业单位与小区党支部签订共建协议，引导区直各相关部门选好主责主业与小区治理工作的结合点向小区“报到”，选派小区警察、小区秘书、小区医生等6类专业人才2105名，开展志愿服务活动6100余场。湖里区小区党建经验被《人民日报》、中央电视台、《学习时报》等媒体报道，书记林建2次在全省作现场发言。

【推动各领域党建均衡发展】 2018年，湖里区邀请38家驻区单位参加全区城市基层党建工作推进会。全年街道、社区大党（工）委召开联席会、交流会265次，推进解决社会治理问题568个。推动24个“村改居”（城中村）社区涉老组织成立党组织，24名现任社区“两委”担任负责人。汇编机关党建制度，推行机关在职党员到社区当“路长”、到小区报到服务；对标中央巡视反馈意见，召开全区国企党建工作推进会，细化《国有企业党组织考核细则》，为2家区属国企增配2名专职副书记、10名党务干部，推动国企党建大提升。

【非公企业和社会组织党建】 湖里区全年打造了包括互联网企业党建典型在内的20家非公党建典型，12名出资人积极向党组织靠拢，8家入选市级城市党建实训基地，7家获得市级补助。开展“不忘初心”系列征集活动，征集到金点子232条、微故事163篇，湖里非公党建吉祥物18个。培育国宇、科宏等社会组织党建典型，创新推行公民办学校党组织“结对共建”和党建小片区管理模式，破解民办学校党建基础薄弱和社会组织党建发展不平衡难题。

【党支部规范化建设】 2018年，湖里区开展党支部达标创星活动，新成立党组织121个，升格党组织27个，整顿软弱涣散党组织21个，撤销党组织124个，按时换届党组织687个。发展党员247人，处置不合格党员3名，对15名长期失联或移居外国的党员采取停止党籍组织处置；组织开展党费收缴、管理和使用的检查；组织慰问困难党员1038人次。通过“厦门党建e家”平台组织各类活动1万余场次，召开会议7万余场次，接转组织关系5500余人次。基层党务骨干培训成为常态，全年举办各级各类党务培训167场次，培训4895人次。围绕“双千亿”工作，部署开展“不忘初心跟党走，全力奋进新时代”系列活动，在重点工程一线支部中推行“项目＋党建”“征拆＋党建”。

【完善人才政策】 年内，湖里区出台《湖里区关于深化人才发展体制机制改革　加快推进“智汇湖里”人才强区战略的意见》，坚持“不唯论文、不唯职称、不唯学历、不唯奖项”原则。在航空维修等领域试点建立企业自主评价人才机制，将扶持资金打包给企业，让企业自主确定人才奖励方案。全年向太古飞机工程、太古发动机、豪富太古3家航空维修企业发放产业人才扶持资金251.48万元。将“双百”人才创业启动资金提高至最高240万元，将高层次教育人才的安家补贴从45万元提高到100万元，新录用教师的住房补贴从每月1000元提高到1500元，将高层次卫生人才安家补贴从25万元提高到60万元。针对人才住房、金融服务、子女就学等难题，提出具体解决方案，在教育资源短缺的情况下，为高层次创新创业人才、重点产业人才、拔尖人才等11类人才提供子女就学照顾。

【打造服务实体经济和重点企业人才平台】 2018年，湖里区坚持“以产引才、以才促产”，强化重点企业主阵地作用，靶向引进和培育154名高端产业人才，全年新增14个市级以上创新平台，取得3305个知识产权授权。培育全国示范社工服务机构，柔性引进5名高层次社工人才，新培育160名持初级以上职称社工人才，完成社区和小区治理等政府购买服务项目66个，投入财政资金1515万元。突出“论坛、项目、人才、招商、园区、资本”多元素融合，依托清华海峡研究院、中德人工智能研究院等平台，举办2018年“创客中国”智能制造创新创业大赛暨第二届人工智能（湖里）高峰论坛，集聚30多家创客队伍及投融资机构，吸引3000多万元的天使投资基金。1月，率先全市出台《关于完善湖里区园区人才服务站工作制度的意见》，实现“有场所、有人员、有经费、有制度”。实行专人负责制，为人才提供面对面、点对点的“菜单式”服务。实行年度考核制，根据年度考核排名拨付2—6万元不等的工作补贴。实行退出机制，对于发挥作用不好、工作积极性不高的人才服务站，取消资格。全年依托各人才服务站开展400余场活动，服务4.3万余人次。

【提升为双百企业、双百人才服务水平】 2018年，在厦门两岸股权交易中心创设“双百”人才企业板，为14家“双百”人才企业集中挂牌，提供挂牌、辅导改制、交易融资等三位一体的资本市场服务，为2家企业做规范性股份改制。举办政银企系列对接会、区民营企业金融政策宣讲会等7场活动，区担保公司针对“双百”人才推出基金保产品，提供信用担保、保费减免、免抵押等优惠，破解企业融资难题。将优望天地、优望水木、万村人才公寓2000多套纳入人才安居保障供给房源，并提高人才公寓租金减免优惠至每月最高3000元，为535名重点高校毕业生等基础人才发放住房补贴280万元。全年兑现人才扶持资金6833万元，人才专项经费投入约1.5亿元，全区估值超亿元的“双百”企业达到13家。全年扶持培育各类人才1089人，其中，入选市级以上人才计划44人，入选国家“千人计划”1人。

（涂　黎）

宣传工作

【概况】 2018年，湖里区委宣传部（以下简称“区宣传部”）有宣教科、综合科2个科室，以及1个参照公务员法管理的事业单位——通讯报道组，有人员16名。是年，区委宣传部围绕学习宣传贯彻习近平新时代中国特色社会主义思想，牢牢掌握意识形态工作领导权，坚持团结稳定鼓劲、正面宣传为主的方针，大力宣传改革开放40年来湖里区的生动实践和辉煌成就，在全区营造了团结、积极、稳定、向上的社会氛围。

【掀起习近平新时代中国特色社会主义思想“大学习”热潮】 2018年，湖里区制定下发《在全区进一步兴起习近平新时代中国特色社会主义思想“大学习”热潮的通知》《关于认真组织学习〈习近平新时代中国特色社会主义思想三十讲〉的通知》等文件。把习近平新时代中国特色社会主义思想作为重要内容，组织区委中心组开展习近平总书记重要讲话精神等专题学习26次、专题研讨9次，带动全区各级党委中心组学习167次。将新思想学习纳入干部培训计划，举办“深入学习贯彻习近平新时代中国特色社会主义思想”专题培训班。组织全区处级以上干部撰写心得体会和宣讲提纲482份，汇编《湖里区学习习近平新时代中国特色社会主义思想“大学习”活动材料汇编（上、下卷）》。制定下发《关于进一步开展习近平新时代中国特色社会主义思想“大宣讲”工作实施方案》等文件，组建了“区级领导+1个区委宣讲团+1支理论轻骑队+76支宣讲先锋队+11名理论专家”等宣讲队伍，区委书记林建、区长林重阳带头深入社区、企业等基层一线开展宣讲，其他区委中心组成员结合各自工作实际，深入挂钩街道、分管部门和联系企业开展宣讲62场，带动各级领导干部宣讲近千场。面向城市居民开设16个“新市民讲堂”、30个“工地学堂”、54个“湖里星期六”讲堂，开展“新时代新思想新作为”“我眼中的改革开放”等各类宣讲活动921场次。率先在全省打造“湖里文化地图”微信小程序，向市民置顶推荐反映新时代新思想的宣讲活动和文化活动，上线活动466个，点击率18.5万人次，让更多受众能够“时时学”“处处学”。人民网、中国文明网和省委宣传部专刊分别以《推动新思想落地生根——湖里区积极打通基层理论宣讲“最后一公里”》《湖里区推动兴起“大学习”热潮》为题予以宣传推广，湖里区获评“全省理论进基层示范点”。

【举行庆祝改革开放40周年系列活动】 年内，湖里区组建“特区建设者宣讲团”，深入基层开展“我眼中的改革开放”系列理论宣讲活动347场；创作大型交响合唱诗篇《门纳万顷涛》，举办专场音乐会，以音乐形式赞颂特区发祥地爱拼敢赢的奋斗精神和高颜值高素质的城市形象；制作画册《奋进新时代 湖里敢拼会赢》，选录224张新老照片，全方位、多视角展现湖里区改革开放的生动实践和辉煌成就；出版报告文学集《奋斗》，以文字形式记录湖里区改革开放以来取得的丰硕成就；开展“奋进新时代 爱拼才会赢”系列征文活动，摘选40篇优秀作品集结成册；拍摄纪录片《先行先试新风采》，以视频手段展示湖里区在产业转型、社会转型和城市转型中的坚定步伐和创新力量；组织全区广大书画爱好者开展书法、书画作品创作，并从中挑选优秀作品200件，举办“翰墨谱颂歌 丹青绘盛世”书画作品巡展；开展“奋进新时代 爱拼才会赢”重大主题宣传，坚定全区人民将改革开放进行到底的信心和决心。

【掌握意识形态工作领导权】 2018年，湖里区调整充实区意识形态工作领导小组成员，健全完善常委会定期研究意识形态工作和区委宣传部定期向常委会报告情况机制。是年，区委常委会传达学习贯彻习近平关于意识形态工作重要论述以及落实中央、省委、市委关于意识形态工作的决策部署、指示精神，专题研究意识形态工作10次。制定出台《2018年度意识形态工作责任制考核工作方案》，采取“2份基础考核清单、1份宣传思想文化工作项目表、1份特殊成绩界定标准”的“2+1+1”模式，对3种不同考核对象进行科学化、差异化、动态式考核。宣传部联合区纪委监委、区委办、区政府办、区委组织部等部门，对全区11个党（工）委和区直各单位党委（党组）落实意识形态工作责任制情况进行交叉式考核，对江头街道等10家单位开展意识形态工作巡察。中宣部《党建》杂志、党建网、省委宣传部专刊分别以《厦门湖里区意识形态考核工作“三突出”》《舞好“指挥棒” 下活“一盘棋”——湖里区着力提高意识形态工作考核科学化水平》为题刊发湖里区经验做法。

10月29日，湖里区在五缘音乐厅举办《门纳万顷涛》大型组歌交响音乐会（区宣传部供图）

【加强舆情阵地管理】 年内，湖里区调整了区突发舆情应急处置工作领导小组，下发《关于在突发事件敏感舆情应对处置中落实意识形态工作责任制的通知》。举办全区网情工作培训班，开展“清朗”专项行动，对重点敏感舆情关口前移提前预警、重心下沉线下疏导、末端延伸补齐短板。全年收集各类网络舆情信息1000多条，编发《网络舆情专报》50期、《舆情处置专报》9期，稳妥处置招生入学、征地拆迁、城市管理等网络舆情165件，推动解决各类民生问题150多件。落实《湖里区形势报告会和哲学社会科学报告会、研讨会、论坛和讲座管理办法（试行）》，确保各项活动符合正确意识形态方向。加强公共领域宣传载体管理，清查出户外场所固定载体1985个、室内场所固定载体1773个、交通工具载体10个、网站和自媒体250个，发现的问题全部整改到位。开展文化市场安全生产大排查、大整治和扫黑除恶摸排打击工作，持续开展“扫黄打非”专项行动，查扣非法出版物近300册，核查反动言论45条，落地核查42人，取缔2处非法涉韩基督教院校和聚会点，收缴非法宗教书籍232本，金山社区、和通社区、殿前派出所等3个单位被评为“全省扫黄打非进基层示范点”。加强对全区政务网站、微信公众号、微博平台、政务APP和小程序等各类媒体的管理，严格落实先审后发机制，把好宣传口径，确保党的思想旗帜始终在网络空间高高飘扬。

【推进媒体融合发展】 2018年，湖

里区探索建设“报、台、网、端”立体化全媒体传播体系，与人民网、澎湃网、今日头条、厦门网等12家有影响力的媒体签订合作协议，成立“新媒体联合会”，推送湖里区正面题材新闻1500余条，在《人民日报》《新华每日电讯》《中国城市报》《福建日报》等省级以上主流媒体推出涉湖新闻报道2400多篇（条）。挂牌成立“区级融媒体中心”，设立新闻发布中心，建立全区75名宣干人员微信群，构建了“横向到边、纵向到底”的“互联网+”宣传矩阵。利用H5、抖音短视频、漫画等形式开展宣传，制作《新思想·少年说》《我眼中的改革开放·厦门》等宣传视频。

【培育和践行社会主义核心价值观】年内，湖里区开展社会主义核心价值观“六个全覆盖”工作，制定下发《关于深入推进社会主义核心价值观宣传教育“六个全覆盖”建设方案》，结合城区环境大提升、文明创建再提升工作，推动全区20多个主要公园、53个社区、20多条主次干道、50多所中小学校和大中型商场、重点文创园区实现“六个全覆盖”，并打造了一批示范园和28个先行点，涌现出五通灯塔公园、金海社区等一批省、市社会主义核心价值观宣传教育示范点，金尚社区获评全国最美志愿服务社区，金安社区成为全省唯一一家入选“全国学雷锋活动示范点”，高殿社区义务消防队荣登中国好人榜，湖里区蝉联全省文明城区称号。组织参加全市公益广告设计大赛，获金奖1个、铜奖3个、优秀奖8个。推进社区书院“1+5”工作机制，促进社区书院硬件设施的规范统一和信息平台的有效运行，其经验做法在全市推广。开展“基层最美人物”“我推荐、我评议身边好人”“特色最美家庭”等推荐评选。是年，入围国家级好人2名、省级好人8名、市级道德模范3名、市道德模范提名2名。

【文化产业发展】年内，湖里区调整全区文化发展改革领导小组，成立影视文化产业协调小组等产业促进机构，建立文创空间资源库、大师资源库和项目资源库。制定出台《湖里区落实厦门市人民政府〈进一步促进文化产业发展补充规定〉支持影视产业发展实施意见》。与厦门信息学校共建文化产业实践基地。采取“运营平台+产业资源+孵化基金”的“三合一”落地模式，通过政策扶持、流程优化、资源对接等方法，积极支持中国故事短视频产业基地、来来影视基地、爱尚·天地影视产业基地等平台型影视项目落地湖里。红点设计博物馆开馆，凌云玉石博物馆、绮丽珊瑚文化产业园正式开园，五洲汇文创园一期招商入住率超过八成，闽南古镇招商签约率超过60%。吉比特网络科技、趣游科技等8家企业获评2017—2018年度厦门市重点文化企业。区属国企天地文化产业公司成立，发挥国有企业在招商、引商、留商和价值引领上的重要作用。举办“特区·1980”文化产业与城市更新周、2018厦门国际影视文化产业论坛、厦门时尚周湖里分会场等大型活动，组织参加第十一届海峡两岸文博会，开办11个文博会分会场，累计签约（含意向）文化产业项目金额逾11亿元。省委《八闽快讯》刊发《湖里区立足优势扎实做好影视文化产业高质量发展》，推广湖里区影视产业发展经验做法。

【举办群众喜闻乐见的文化活动】年内，湖里区举办文化科技卫生“三下乡”惠民活动，在现场开展新思想宣讲，将社会主义核心价值观内容制作成喜庆的主题红灯笼、年历和“福”字门贴分发，邀请省、市书法家现场书写春联2800多幅和“福”字600多个赠送给观众。多个部门结合自身职能，普及法律、文明、科技常识，邀请专家到现场开展义诊和医疗咨询活动，直接受益群众达20万人。举办第十四届厦门元宵民俗文化节，以“文化+资本”运作和“政府+企业”合作的双核联动模式，组织开展上百场精彩纷呈的庆元宵系列文化惠民活动，实现经济效益和社

1月27日，湖里区举办文化科技卫生“三下乡”惠民活动殿前街道专场演出（区宣传部供图）

会效益双统一、多方共赢的良好局面。举办第十届厦门（湖里）城市诵读节，城市诵读节活动与多项主题活动相结合，实现周周有活动、周周有新意。

（林　颖）

名词解释

六个全覆盖：在公园、社区、主次干道、校园、商场和文创园区全面宣传社会主义核心价值观。

“1+5”工作机制：1个总体工作意见和党建引领、融合发展、运行管理、运行保障、正向激励等5个专项实施意见。

统战工作

【概况】 2018年，湖里区委统战部（以下简称区委统战部）本部有机关干部4名，主要负责分管和联系区台办、民宗局、工商联、侨联等4个部门，厦门市知联会湖里分会、湖里区新的社会阶层人士联谊会、湖里区佛教协会、湖里区福德文化联谊会、湖里区侨乡促进会等5个统战社团，以及湖里区8个民主党派近1300名成员。云创智谷、青瓦创业2个基地获评全市首批10个创新基地。率先在全市实现街道新阶联全覆盖，受到省委统战部、市委统战部主要领导的批示肯定。全年向上级报送各类信息近600篇。是年，在市对区年度统战工作综合考评中，区统战部名列第一。

【举办党外人士学习培训】 5月13—19日，由区委统战部、区委组织部、区委党校联合组织的湖里区2018年党外人士（干部）培训班正式开班。区委常委、统战部长陈岚率各民主党派基层委代表、工商联（商会）、新的社会阶层人士等党外代表人士，以及统战机关干部等近40名学员先后赴西安、延安学习培训。12月2—4日，湖里区新的社会阶层代表人士一行30余人，赴龙岩长汀和江西瑞金学习考察。

【参政议政】 年内，区统战部制定《湖里区2018年度联合议政调研课题计划安排表》，收集整理30个重点调研课题，组织党外人士开展调查研究，提出对策建议，为区委、区政府科学民主决策提供参考。在“我为湖里发展出良策——金点子征集”评选活动中，发动党外各界代表人士积极建言献策、参政议政，有8个金点子获奖。完成3个统战理论课题调研，为推进统战新领域工作提供参考。推荐党外优秀代表担任区政府党外行评员、区纪委特邀纪检监督员、区审计局特约审计员等，在各领域、各部门发挥民主监督作用。

【新的社会阶层人士统战工作】 2018年，湖里区发挥区新阶联席会议指导协调作用，建立“区、街道、园区”纵向贯通，“党组织＋群团＋自组织”横向互联的新阶层统战工作格局。在新阶层集聚区域打造10个区级“新阶统战工作实践创新基地”。6月29日，区委统战部创建的湖里区新阶统战工作实践创新基地专属品牌标识——“一鹭同心·幸湖之家”也在各创新实践基地及街道新阶联正式挂牌运营。印发《关于加强新的社会阶层人士统战工作实践创新基地规范化建设的通知》，指导基层规范化建设。构建“1+2+5+N”新阶联组织模式，率先在全市实现街道新阶联全覆盖，凝聚近10万名新阶人士。

【持续开展“同心”志愿服务活动】 1月24—30日，湖里区统战系统联合多个部门，全面开展“新春送温暖”大走访、大慰问系列活动；协助区级领导与56名党外代表人士开展联谊交友。3月12日，组织系统100多名志愿者赴仙岳山开展“携手护青山·同心铸文明”义务植树活动。6月13日上午，统战部携手工商联（商会）、台办、侨联等区统战系统成员单位主要领导，以及区侨促会代表，深入共建单位——金山社区开展同心志愿服务活动，了解社区建设情况，与社区签订共建协议，和社区4户困难家庭签订帮扶协议。

【举办第二届同心文化季活动】 2018年，湖里区举办第二届同心文化季系列活动。9月28日，由区委统战部举办的“改革开放40年　我与湖里共成长”——湖里区统一战线庆祝改革开放40周年演讲比赛启幕。由湖里区各民主党派、统战社团、各街道以及区统战系统成员单位选送的14名选手参赛，讲述改革开放以来，他们在湖里奋斗、成长的故事和心得，展示统一战线成员在改革开放过程中敢于拼搏、奋发有为的良好精神风貌。举办统战系统气排球比赛等10多项同心文化系列活动。组织统战“同心荟萃堂”一线宣讲、专家讲座、集中培训、座谈研讨等多层次学习交流活动。4月17日上午，统战部组织举办了主题为“铭记历史传薪火，同心担当新使命”纪念中共中央“五一口号”发表70周年座谈会暨湖里区“同心荟萃堂”专题宣讲活动，60余人参加专题宣讲活动。12月14日，区委统战部、区文体出版旅游局、工商联（商会）联合举办“2018年湖里同心文化节之‘不忘创业初心·接力改革伟业’健步行活动”，邀请近1000名湖里区工商联民营企业家代表参加本次活动。

【拓展服务企业平台】年内，区委统战部组织部分企业先后赴广州、上海、新疆、龙岩等地，开展精准招商对接工作。先后举办8场次招商推介会，宣传推介湖里区良好营商环境，促进一批重点企业落户湖里。开展“法律三进”系列活动，举办投融资、惠企政策解读等宣讲会10余场，陆续收集并推出15条政策“红包”，受益会员企业达800多家。引导企业家将诚信精神和法治思维融入企业治理，促进民营企业健康发展和民营企业家健康成长。

【助力民营经济发展】2018年，区委统战部开展湖里区民营经济发展状况调查，先后召开6场政企座谈会，收集整理意见建议23条。组织调研并形成《2016—2017年湖里区民营经济发展报告》《加强我区非公经济党建，推动企业良性发展》调研报告，向区委汇报近年来民营经济发展的状况并提出贯彻意见。协助出台3份文件，完善落实5项机制，推动民营经济健康发展。开展大型政策宣讲、走访企业调研、惠企政策宣传等促进民营经济健康发展系列活动，成效显著。

【省委统战部检查组一行调研湖里区新的社会阶层统战工作】9月21日上午，省委统战部副部长陈飞率调研检查组，到湖里区考察新阶统战工作，走访参观了湖里区新阶统战工作实践创新基地——青瓦创业基地，并召开工作汇报会。市委统战部副部长郑秀文，市委统战部新阶处处长林云青，区委副书记卢秀萍，区委常委、统战部部长陈岚等市、区领导和区新阶联会长刘剑锋陪同调研。

【举办第十一届福德文化节】10月26日，第十一届福德文化节在仙岳山土地公庙开幕。来自马来西亚、新加坡等10多个国家和中国台湾地区的1000多名信众，以及两岸专家学者齐聚一堂，共同探讨对优秀传统文化的传承。市委统战部副部长郑秀文，省侨联副主席、市侨联主席潘少銮，市台办副主任谢永福，市文化广电新闻出版局副巡视员叶细致、区人大常委会主任黄炜，区政协主席林凡，区委副书记卢秀萍等领导出席开幕式。

【珠海市委统战部一行到湖里区考察】11月19日，珠海市委统战部副部长李勇带队，到湖里区交流考察新的社会阶层人士、党外知识分子工作等方面的经验和做法。考察团一行参观了湖里区新阶统战工作实践创新基地——青瓦创业基地，并召开工作汇报会。厦门市委统战部副部长郑秀文，市委统战部新阶处处长林云青等陪同考察。

【举办“改革开放四十周年，我与特区共成长”主题读书联谊活动】11月30日，由统战部主办的“改革开放四十周年，我与特区共成长”主题读书联谊活动在仙岳书院举行。来自湖里区各民主党派、湖里区新的社会阶层人士联谊会、厦门党外知识分子联谊会湖里分会、各统战社团等单位的30余名统战系统业务骨干参加读书会。

（刘小繁）

名词解释

“1+2+5+N”新阶联组织模式：“1”完成区新阶联换届工作，“2”指导2个园区、“5”5个街道成立新阶联组织，“N”指导成立N个统战自组织。

纪检　监察

【概况】2018年，全区纪检监察机关推进监察体制改革和派驻机构改革，推动全面从严治党向纵深发展。按照法定程序产生区监委领导班子，召开监委成立大会。区纪委、监委合署办公，履行纪检、监察两项职能，实行一套机构、两个牌子。划转编制24个，实际转隶人员17名，实现一次性转隶到位。干部交叉配备、混合编成，做到每个业务部门都有原纪委和转隶干部，实现优势互补、人员融合。优化内设机构，将原有纪检监察室更名为第一纪检监察室，新设案件监

1月，湖里区纪委监察委员会成立（区纪委监委供图）

督管理室、第二纪检监察室、第三纪检监察室。调整后，设内设机构9个，比合署前机构增加50%。坚持编制向主业集中、向一线部门倾斜，监督执纪、审查调查部门占总机构数的77.8%，人员占总编制数的76.9%。督促各派驻纪检组完善处科级干部廉政档案，建立488名科处级干部、451名社区两委、以及78名区属国企中层以上领导干部廉政档案。

【压实管党治党责任】 2018年，湖里区实行区委书记、区纪委书记党风廉政建设“半月谈”和区委常委会常态化研究党风廉政建设工作制度。开展“半月谈”18次，学习研究党风廉政建设议题25个。由区委常委、党员副区长带队对10个区属党委（党工委）主体责任落实情况开展专项检查，约谈领导干部320人，形成问题清单151条、问责建议7条。提高“两个责任”全程纪实监管水平，将全区16个党委及“一把手”主体责任清单的1158项工作任务、区纪委及6个派驻纪检组的监督责任清单的299项工作任务落实情况纳入信息化监管平台，推动责任常态落实。严肃责任追究，对落实责任制不力的6人予以责任追究。其中，党纪处分3人、诫勉2人，通报批评1人。

【监督全覆盖】 湖里区全年谈话函询219人次，比上年增长71.1%；各级党组织一把手亲自谈话54人次，比上年增长125%。深化监察体制改革，强化纪法贯通、法法衔接，建立与司法机关、执法机关协作机制，发现党员、公职人员违纪、违法线索148条，对非党员监察对象立案7件8人，依法留置涉案人员18名。推动监察工作向基层延伸，向5个街道派出监察组并正式挂牌，赋予部分监察权限。创新监督方式、方法，建立完善“一站两员”工作机制，累计接待党员群众784人次，发现疑似问题线索22条，党纪立案10件10人，开除党籍4人。探索实行“一轮两批”工作模式，全年完成3轮6批，覆盖11个区直部门、2个街道和3个基层单位，首次将社区、基层站（所）纳入巡察对象，移交问题线索19条，党纪政务处分5人。建立区委巡察工作领导小组听取被巡察党组织整改阶段性工作汇报制度，研究制定加强巡察整改日常监督办法，深化拓展巡察成果运用。

【正风肃纪】 湖里区全年查处违反中央“八项规定”精神6起7人，党纪处分6人，通报曝光5起典型问题。围绕文山会海、检查散滥、为官不为、项目脱离实际等4方面25种具体表现，整治形式主义、官僚主义，建立问题线索月排查报告制度，查处10起16人，党纪处分2人，公开曝光2起2人。制定《群众反映强烈问题专项治理方案》，确定15个牵头单位和26个配合单位，明确56项重点检查项目，查处群众反映各类问题13起18人，党纪处分4人。查处补贴发放不规范、政策落实不到位等问题4起11人。推进移风易俗，开展民俗活动大操大办专项治理和领导干部参加封建迷信活动专项检查，督促16个“村改居”社区修订村规民约，遏制歪风陋习蔓延，大力倡导文明新风。

【惩治腐败】 全年受理群众信访举报374件次，对检举控告类初次举报90件100%核实和处理；处置问题线索179个，立案46件58人，比上年增长17.95%。其中，自办案件33件45人，比上年增长65%，处级2件、科级5件，经济大案15件，党纪政务处分31人，移送司法机关9件14人，挽回经济损失900多万元。查处涉黑涉恶腐败和“保护伞”问题，立案8件8人，其中充当“保护伞”6人，党纪政务处分3人，移送司法机关4人。督促发案单位钟宅社区整顿基层党组织涣散、集体资产管理不规范、涉老组织无序运作等问题。开展匿名举报办理情况公开回复和不实举报公开澄清工作，为敢于担当作为的干部撑腰。在建立处科级干部廉政档案的基础上将覆盖面拓展至社区“两委”。

【纪检监察队伍建设】 年内，纪检

8月3—4日，全区纪检监察干部参加业务培训（区纪委监委供图）

监察系统开展“每周一晚”集中学习，推动政治学习常态化、制度化。组织党员干部参观厦门特区纪念馆、重温入党誓词，强化革命传统、理想信念教育。开展纪检监察系统“能力素质提升年”活动，举办8场专题培训和1期全系统综合业务培训班，实现100%参训。建立纪检监察室挂钩联系派驻组制度和青年干部到派驻组驻点工作制度，采取跟班学习、抽调办案、挂职锻炼等方式，提升纪检监察人员综合素质。严管与厚爱相结合，常态化开展干部交心谈心和家访活动，督促干部净化朋友圈、社交圈，关心爱护干部成长。

（黄金蝉）

台湾事务

【概况】 2018年，区台办、台联走访台资企业，与台资企业座谈交流，调研湖里区台资企业发展情况；协助做好全国政协主席汪洋视察湖里区开展同胞融合和社区治理工作；组织台商、台胞开展“三八”妇女节、端午节和“六一”儿童节联谊；举办第三十一次台商中秋联谊；协助“台联小组”开展节日系列活动；协助举办湖里区第十一届福德文化节。推进两岸融合发展，推动两岸青年交流和文化体育交流，引进台湾专才服务湖里区各项建设。全年处理投诉求助案件27起，结案率100%。全年利用“湖里台胞缘地”推送宣传信息26期100余篇。是年，区台办被国台办评为“对台宣传和调研”工作先进单位。

【服务台资企业】 2018年，湖里区走访辖区内30余家台资企业；召开多场座谈会，听取台资企业负责人的意见和建议；陪同省、市台办领导调研湖里区台资企业发展情况，了解企业用工、企业转型以及涉法涉诉等5个方面的问题。5月4—7日，协助“惠和石文化园”赴台北开展以民俗非遗体验传统文化主题活动为亮点的“非遗·民俗”国际观光博览会。向台湾旅行商推介闽南文化和惠和非遗项目。是年，湖里区新增台资企业147家，总投资额12540万美元，合同外资2305万美元；增资台资企业46家，增资总额4866万美元。

【宣传惠台信息】 年内，区台办贯彻落实“惠台政策”和“同胞融合”，获中央电视台新闻联播栏目现场采访并报道。将中央、省、市、区各级“惠台措施”汇编成册，发放到台胞、台商、台青手中。6月8日，《厦门日报》第三版头条以“惠台举措吸引更多台胞来这里圆梦”为题，介绍湖里区的主要做法，起到很好的社会效果。区台办利用报刊媒体、“湖里台胞缘地”“湖里台资企业联络群”和“湖里好康群”适时发布讯息，获得台商、台胞的好评。是年，区台办被国台办评为“对台宣传和调研工作先进单位”，连续9年获湖里区委统战部信息报道先进单位一等奖。

【对台经贸交流与合作】 湖里区全年走访台资企业80余家。6月5日接待参加海峡论坛的台中市国民党党部、台中市逢甲夜市考察团一行25人到区云创智谷考察；台湾中华国际协会一行20人到客家大厦参观，并举办厦台客家文化交流座谈会；6月11日，接待美国乔治伦敦大学青年领袖一行15人到台资益力康生物科技有限公司参观交流。6月11日，市消防协会、湖里区消防大队举办“第二届海峡两岸防灾减灾论坛”，接待台北市消防协会、台北市消防局、新北市消防局、金门消防局等11个单位到湖里区开展义务消防队学习交流。“9·8”国际投资贸易洽谈会期间，邀请台湾考察团2批22人到湖里区参访。组织益力康生物科技有限公司和台青文创企业2家公司参加省台办在福州举办的大陆台资企业文创产品成果展。

【与台湾基层交流】 2018年，兴隆社区和金山社区人员参加厦门市

10月25—27日，第十一届福德文化节在仙岳山土地公庙举办（肖瑞兴　摄）

8月14日，湖里区通过市“双随机一公开”工作督查（王声电　摄）

责事项。取消权责事项43项（子项24项），新增权责事项18项（子项135项），规范权责事项名称48项（子项10项），调整权责事项类型37项（子项5项），并在厦门市权责清单管理系统中进行修改。

【开展“双随机一公开”工作】 年内，区编办（区审改办）组织区直各部门继续做好“双随机一公开”工作。有15家区直部门及区档案局已按要求制定“双随机一公开”工作实施方案，并依托“双随机一公开”网上工作系统进一步规范事中事后监管。

【梳理便民服务事项清单和行政协助事项清单】 2018年，区编办（区审改办）审核并公布湖里区区级便民服务事项清单，包含权责事项269项。其中：公共服务116项，行政许可55项、行政给付30项、行政确认18项、行政奖励1项、其他行政权力49项；梳理并公布第一、第二批行政协助事项清单，涉及行政协助事项68项，规范和健全部门间协助配合机制，提高政府行政效能。

【机构编制服务保障】 年内，湖里区设立4个派驻纪检监察组、2个巡察组，并相应核增正处级领导职数4名、副处级领导职数2名。下达2017年度军转安置机关事业编制4名、其他单位事业编制（含参公编制）43名。调整部分校领导职数，核增厦门市外国语学校湖里分校、厦门市蔡塘学校副校长职数各1名。下达选调生指标7名，争取核准机关跨区、跨系列用编申请8件，社区主干考录公务员用编申请2件。

【调整盘活机构编制资源】 2018年，区编办提请区编委会研究区公共资源市场配置中心更名及职责调整；为选派挂职教师支教和扶持国企办校、集体办园的公办学校核增挂职顶岗专项编制，为开设分园的幼儿园核增分园传帮带专项编制并核增兼职副园长职数；提前按办学计划核增校领导副职职数6名，加强小学、幼儿园领导班子储备力量；根据新学年办学计划，审核区招考教师用编152名。其中：中学23名、小学85名、幼儿园42名、特教2名；审核区妇幼保健院7名招考用编，支持保障医疗卫生事业发展；配合做好忠仑公园下放管理相关移交事宜。

【机构编制日常管理】 年内，湖里区做好机构编制实名制增减编工作，按程序办理相关手续，做好人员信息实名制日常统计，及时更新数据库，确保数据准确有效。是年，办理机关人员实名制增减编53人次，事业单位人员实名制增减编510人次，职务变动129人次，工资审核563人次。

【事业单位登记管理】 2018年，湖

10月17日，区编办到康乐幼儿园塘边分园核编（陈媛婷　摄）

里区推进线上线下一体化办公，继续实行“容缺受理”，提高服务效率；完善事业单位登记管理信息网络公示，规范与市代码证中心之间的数据信息传送，健全登记服务制度。是年，全区事业单位办理年度报告公示121家、变更登记112家、证书补领1家，机关统一社会信用代码变更登记2家、注销1家。

【事业单位负责人信用管理】 年内，湖里区健全完善事业单位负责人信用管理机制，严格执行“限制失信被执行人登记为事业单位法定代表人”规定，落实提拔动议同时进行失信排查的创新举措，打牢信用体系基础。是年，在对全区122家一类、二类事业单位负责人进行全面排查的基础上，对10名拟推荐作为事业单位负责人的人选进行信用核查，强化对事业单位信用监督和管理。

（陈媛婷）

区直机关党工委

【概况】 2018年，区直机关党工委有行政编制2个，在编2人；非在编工作人员3名。有党工委委员5名，所属基层党组织95个。其中：党委7个，党总支3个，党支部90个，有党员1408名。

【党员党性建设】 2月8日，区直机关党工委所属90个党支部组织党员干部观看由省委组织部与广播影视集团联合录制的“六好”评先活动电视特别节目《八闽先锋》，学习先进人物事迹；3月22日，组织所属党组织党员干部92人，参观“红船精神”史料巡展，重温中国共产党的创建历程，为实现“两个一百年”奋斗目标、实现中华民族伟大复兴的中国梦而永远奋斗；7月，号召所属党支部召开党员大会，集中学习“中国共产党关于追授郑德荣等7名同志为“全国优秀共产党员”称号的决定”。

【党组织建设】 2018年，区委宣传部、区委编办、区经信局等19个党支部完成换届选举；区市政园林局党总支、区卫计局党总支、区法院党总支、区人社局党总支4个党总支升格为机关党委；成立中共国家税务总局厦门市湖里区税务局机关委员会，下设10个党支部。在所属党组织中收到入党申请35份，发展党员7名。召开区直机关党组织负责人述职评议会。

【为党员办实事】 年内，区直机关党工委为所属党组织党员发放《党章》《习近平新时代中国特色社会主义思想三十讲》《习近平谈治国理念》等学习村料4460余册；举办一期党务干部培训班，邀请专家学者专题辅导习近平新时代中国特色社会主义思想；走访慰问病困党员80名，发放困难慰问金8.4万元。

【开展“不忘初心、牢记使命”主题教育活动】 2018年，区直机关开展“不忘初心、牢记使命”系列活动。组织区直机关1420名党员参观特区纪念馆，了解厦门经济特区建设奋斗历程，重温入党誓词。90个党支部以“聆听老特区人讲过去的事”为主题，邀请老特区建设者、文史专家上党课或开座谈会。征集“寄语新时代”微心语，收集微心语270条。拍摄4部微视频，选送3部优秀作品参赛。各党支部以“不忘初心跟党走，牢记使命展作为”为主题，以路长制落实、结对共建、在职党员到社区报到服务为内容，开展系列主题党日实践活动。

【用好党建e家平台】 年内，区直机关党工委通报党建e家平台巡查发现的问题，要求各所属党组织高度重视“厦门党建e家平台的管理和使用。利用党支部积分排名，对多个后进支部进行辅导，督促党支部对党员参加学习培训、参加组织生活、主动服务群众、发挥先锋作用等方面进行量化。2月，组织90个党支部党务干部和厦门党建e家平台管理人员103人参加厦门党建e家的业务培训，提升业务水平，规范“三会一订”台账的录入，做好平台积分管理工作；5月17日，组织150人参加厦门党建e家平台管理员业务培训。

【在职党员到小区报到】 2018年，区直机关党工委发动机关在职党员到小区报到服务，有1319名在职党员到小区报到。其中：到湖里区小区报到633名，到其他区小区报到686名；在职党员参与小区文明建设、小区公益活动、小区环境整治、小区治安维护等；在“七一”党的生日期间，借助《海西晨报》“街头巷尾党旗红——庆祝建党97周年特别报道”专刊中，刊登区安监局党支部沈轶、区委组织部连娜、区人大机关党支部谢源豹等9名党员到小区报到服务中的优秀事迹。

（李梅梅）

信访

【概况】 2018年，湖里区信访总量11243批次，其中，群众走访279批1555人次，通过来信、来电、网络表达诉求的有10964件，区级领导干部接待群众来访36批271人次。信访事项及时受理率和按期办结率均达到100%；群众对信访机构满意率96.5%、对有权机关满意率达88.1%；“12345”便民服务平台接收、联系、答复、反馈“四率”均100%，群众满意率98.47%。国信局交办的2件、省信访局交办的1件及市信访局交办的5件重点信访件全部按时办结，视频接访、公开听证、专案评审工作全部按计划完成；全年无人员进京、赴省及到重点会议、活动举办地集体访和非接待场所上访，没有发生因信访问题引发的群体性事件，没有发生因信访问题引起的负面舆论信息。信访工作连续5年在市对区综合绩效考评中获得全市第一名；是年，“12345”便民服务首次组织全市考核，湖里区以100分的成绩位列第一名。

【区委、区政府重视信访工作】2018年，区委常委会、区政府常务会先后5次听取信访工作汇报，区委、区政府主要领导先后29次作出批示指示，并5次带队调研涉访征地拆迁、房地产项目。区委、区政府联合下发《湖里区2018年综治（信访专项工作）责任书》《湖里区“12345”便民服务平台运行管理办法》；召开3次部署会，传达上级信访工作会议精神，研究湖里区贯彻落实习近平对信访工作的重要指示、批示和省委、市委常委会贯彻意见；召开2次信访工作推进会、7次专题会，研究重点疑难信访问题的化解方案，落实责任单位和责任领导。

【信访制度落实】年内，湖里区每月初组织召开市、区主要领导接访件、批示件及重点信访问题办理推进会，促进领导关注、群众关切信访问题及时解决；落实矛盾纠纷排查制度，街道每周、区直单位每半月、全区每月一排查，实现矛盾纠纷排查横向到边、纵向到底；严格执行每月15日区、街主要领导以及每周一和重点时间节点副区长以上领导接待群众来访制度，全年安排区领导接访36批次，解决了县黄路、成功大道拆迁等数个积压多年的信访问题；组织16次实地督导，厘清信访事项的责任划分，防止推诿扯皮，遏制矛盾纠纷上行。

【压实信访责任】2018年，湖里区明确信访联席会议各成员单位年度信访工作职责和目标任务；每月对各成员单位落实信访工作责任的情况以月报的形式进行通报；将年度考评与日常动态考评相结合，并将考评结果作为区综治、综合绩效考评的重要组成部分，与各成员单位利益挂钩。

2018年，区委书记林建接待群众来访（区信访局供图）

【打赢信访“四大”攻坚战】年内，湖里区出台《2018年信访督查工作实施方案》。9月11日，区委召开专题会，逐一落实区联席办梳理出的13件信访积案的包案领导、责任单位。出台《湖里区信访矛盾化解四大攻坚战工作实施方案》，成立区信访矛盾化解攻坚战工作领导小组，下设重点领域、重点人员等4个攻坚工作小组，排查出重点领域3个，重点群体2个，重点问题1个，重点人员7个。

【重要时间节点信访维稳工作】2018年，湖里区做好全国、省、市三级“两会”，海峡论坛，“9·8”国际贸易投资洽谈会等重要节点信访维稳工作。区、街领导加大接待群众来访密度，及时处理群众反映的诉求和建议。区联席办出台《2018年社区换届选举信访工作预案》，保证及时受理、办理社区换届选举方面的信访事项。出台《2018年秋季招生信访工作预案》，针对新学年有近4000个随迁子女无法在湖里区积分入学的现实问题，协调区教育局每日安排人员值班，做好来访家长的接待和政策解释工作，引导其尽快安排子女回户籍地入学，期间未发生因积分入学问题引发的群体性信访事件。

【信访领域扫黑除恶斗争】年内，区信访办制定了《湖里区扫黑除恶专项斗争信访工作实施方案》，利用接访大厅的大型LED显示屏载体每天滚动播放扫黑除恶口号，参加专题宣传活动3次；对近年来缠访闹访、越级进京、赴省到非接待场所上访等案件梳理串并，加强其幕后推手的线索调查以及检举揭发线索的深挖工作，增强扫黑除恶专项斗争的针对性、实效性，做到不漏报、不瞒报；健全扫黑除恶信访工作机制，确保扫黑除恶专项斗争工作打出声威、取得实效。是年，收集移交9件信访投诉件，其中：移交市公安局巡察组3件，移交区纪委2件，移交区扫黑办4件。

【融入“五安”工程创建】2018年，湖里区落实矛盾纠纷排查预警机制，实行“属地管理、分级负责”，发挥区、街、居和企业、行业协会、群团组织“三纵三横”排查网络的作用，下发预警排查通知9份，排查纠纷533起。

【各部门下沉一线化解信访问题】年内，区信访办督促区直各有关部门落实本系统信访重点对象的排查稳控责任。针对当前房地产纠纷，涉众型经济案件，征地拆迁，劳动人事，特别是建筑工地、经营不善企业等矛盾纠纷易发高发领域，进行系统性地甄别、梳理。区人社局组织多部门联合执法，巩固了由区综治、城管、公安、工商、人社、建设、街道等多部门联合执法的工作机制。全年组织宣传活动5场，发放宣传资料1万余份，检查各用人单位284家。区建设局对群众、媒体关注的拖欠农民工工资等劳动关系重难点问题，开展专项整治，下发《湖里区建设工程质量安全监督站关于加强在建工程项目劳务劳资管理的紧急通知》，督促落实辖区房屋建筑和市政基础设施工程项目创建“无欠薪项目部”，加强劳务劳资管理，有效维护劳动者合法权益，源头上预防遏制了矛盾纠纷的产生。各街道、区直各部门结合自身工作特点，建立了各具特色的矛盾纠纷排查机制，实现重点人员不漏管、不失控，重点事项不漏报。在区信访服务大厅、各街道便民服务中心设立自助信访服务终端，群众通过区长信箱提出的投诉请求直接接入省信访信息系统。截至年底，群众通过电话、网络、信函提出的诉求有10964件，占全部信访量的96.96%，实现了“多走网路、少走马路”的信访格局。

【引入社会力量参与信访工作】2018年，湖里区落实区党代表、人大代表、政协委员、媒体记者、律师及社会贤达参加信访事项公开评议听证会和专案评审会议制度，完成4件专案评审、2件公开听证评议、1件视频接访、1次运用疑难问题基金。是年，湖里区无信访人员到北京非接待场所上访，无信访人员到省集体访，重复信访案件比上年下降25.4%，越级走访比上年下降36.8%、集体信访比上年下降15.7%。

【诉访分离】年内，区联合接访大厅设立“诉访分离接访室”，建立信访诉求现场甄别分类、现场分流转交办理等工作机制，全年通过现场接访区分涉法涉诉83件。梳理湖里区法定途径分类处理清单，建立信访成员单位之间统一标准、信息共享、衔接贯通的工作机制。全年分类明确不予受理的案件33件。区法律援助中心聘请专业律师在信访服务大厅值班，为信访群众提供法律服务；聘请律师全程参与领导接访，及时提供法律咨询、解答群众疑虑，确保信访工作依法、依规展开。是年，湖里公安分局根据区信访局的提请，依法对长期上访闹访、采取过激手段表达诉求的江头街道黄某雄给予15日治安拘留处理，全国“两会”前对长期缠访闹访的陈某华予以治安拘留。

【解决信访积案】2018年，湖里区完成上级交办的8件疑难信访问题，区委、区政府又确定13件信访疑难积案。禾山街道富贵门项目三期用地长期被占问题得以解决，连清建、林丽梅等下忠社房屋被征收反映的返迁安置，黄某均反映的雅景花园违建问题均得到解决。

【抓好“12345”平台便民服务工作】1月1日，厦门市“12345”便民服务平台正式上线，湖里区

2018年，区长林重阳（左一）亲切接待信访人员（区信访局供图）

接入单位63个。区信访联席办根据《厦门市“12345”便民服务平台监督管理办法》制定《湖里区“12345”便民服务平台运行管理办法》《湖里区联席办关于落实便民服务事项清单责任部门或兜底部门的通知（征求意见稿）》等系列规范性文件，明确了相关事项的责任部门和兜底单位，确保群众反映的便民服务问题能够得到及时回应。全年3次召开“12345”平台工作专题会。区领导、区信访联席办对9件便民服务事项进行现场督办，联合区效能办进行“12345”便民服务事项督查通报，对1件存在慢作为情况的相关责任人进行效能问责。

【“随手拍”“政企直通车”启用】年内，湖里区推行“随手拍”“政企直通车”两大应用的使用。市民和企业可随时、随地在线参与城市治理，提出咨询、投诉、建议和求助。全年湖里区接收市长专线、政务热线受理群众诉求10232件，及时、就地化解大量矛盾纠纷。

（张　涛）

名词解释

五安：家安、路安、食安、业安、心安

精神文明建设

【概况】2018年，湖里区精神文明建设办公室（以下简称“区文明办”）有行政编制3个，其中：主任1名，科员2名。下辖正科级事业单位“未成年人思想道德建设中心”，有事业编制5个，在编5人。1月，全市社区书院现场推进会在湖里区召开，市文明委转发《湖里区社区书院建设“1+5”工作机制》，省文明网等主要媒体予以刊登报道，为全市社区书院建设提供可复制、可借鉴的经验。殿前街道高殿义务消防队被授予“中国敬业奉献好人”称号；傅其川被授予“福建见义勇为好人”称号。金山街道金安社区被中宣部命名为“全国学雷锋活动示范点”；江头街道金尚社区被授予“全国最美志愿服务社区”称号；禾山街道禾山社区被评为“全省最美志愿服务社区”。

【文明创建】2018年，湖里区开展第十九届区级文明单位（社区、校园）总评和新一届全国、省级、市级文明单位、文明社区、文明校园申报推荐工作。举办多场文明单位、文明社区、互联网企业等系列培训，以考促训，加强指导，提高文明单位创建科学化、规范化水平。印发《湖里区文明单位文明等级动态管理办法》，开发文明单位动态管理系统，通过加强日常情况收集、常态督查点评、制定加分扣分项目清单等手段，强化文明单位常态管理。制定《湖里区文明创建督查机制》，明确一系列检查督查、整改反馈、监督约束的常态创建机制，通过随机抽查、路长巡查、专项检查、联动排查等方式，整合全区创建力量，提升创建实效。全年下发各类督查整改通知514份，督促整改问题1145个。组织召开全区精神文明建设总结暨新一轮文明创建动员大会、全区文明委和城管委会。会同区城管委办，安排每周三下午区领导检查调研，推进路长制与文明创建深度融合。开展互联网企业文明创建工作，走访动员8所市属学校和全区55个省、市驻区单位加入“路长制”。多次召开公益广告、共享单车及农贸市场治理等专题会议，多部门联动，解决文明创建重难点问题。多次号召5100多名“路长”、社区工作者、居民志愿者开展“洁净家园　共促文明”全区环境卫生整治活动，对背街小巷、房前屋后、小区内外、道路两侧等公共城区进行“大清扫”，消灭卫生死角，提升市容环境面貌。

【社区书院工作提升】年内，湖里区完成了社区书院等级评定，9个社区书院被评为市级典范书院，39家社区书院被评为达标书院。组织社区书院管理员培训，邀请市文明办领导及市书院总部老师就社区书院的党建引领、融合发展、规范管理、运行保障、正向激励五个方面和管理平台运行进行专题辅导。全年开展2次社区书院管理员培训，提升一线管理员业务素质，提升书院管理水平。下拨66.5万元经费开展社区书院规范化建设整合，并于5月底开展社区书院规范挂牌及“1+5”工作机制落实情况抽查。收集汇总区直部门向基层投送的资源，充实区级课程资源库。成立社区书院“1+5”工作机制讲师团，到全市各区巡回宣讲，推广湖里区社区书院建设的先进经验。会同区委宣传部开发“湖里文化地图”小程序，将散落在湖里辖区的文化信息集合于一体。联合区图书馆，在9个社区开展图书进社区书院的活动，打造“区图书馆＋社区书院”模式，由区图书馆与社区书院签订共建协议，采用“分点联网”的形式进行统一规范管理。加强社区书院区级指导中心建设，完善运行管理机制。探索购买服务形式，引进专业社工团队人才资源，深入实地走访全区社区书院，根据实际情况制定差异化培育方案，指导各社区书院规范建设，树立品牌。

【树立和关怀道德典型】2018年，湖里区常态化开展“我推荐、我评议身边好人”活动，全年推荐入围

8月21日，全国道德模范提名奖获得者游文晃（右）走进禾盛社区巡讲（刘艺梅　摄）

国家级好人2名、省级好人8名，推选市级道德模范10名。联合区妇联开展寻找“特色最美家庭”活动，评选出47户最美家庭。与《厦门日报》《海西晨报》等4家纸媒体和东南网等多家新媒体建立长期合作，依托各部门、各街道建立110余个官方微信公众号、微信群矩阵，报道道德模范先进事迹，组织安排道德模范深入校园、社区现身说法，形成全社会共同关爱和尊重学习道德典型的良好氛围。《人民日报》、人民网先后专题报道了湖里区道德模范的先进事迹及全区文明创建的典型经验。制定出台《湖里区帮扶和礼遇道德楷模暂行办法》，明确规定了一次性补助资金帮扶、就学困难帮扶、就业创业帮扶等多项帮扶礼遇措施。建立道德模范基础信息库，准确掌握道德模范生活情况，为精准帮扶奠定基础。会同区卫计局协调辖区科宏眼科医院免费为道德模范张春楼进行眼疾手术。“三八”妇女节期间，联合区卫计局、区妇联等组织女性道德模范观看专场电影并安排免费体检。看望生病住院的困难道德模范郭传北和游文晃，给予一次性补助帮扶，为道德模范送上贴心关怀。

【全面升级志愿服务工作】 年内，湖里区开展网络文明“365天天见”活动。加强网络文明志愿者队伍建设，确保全区365名网络志愿者每天至少1人值班。发动志愿者每日转发、评论好人“365”事迹，参与相关网络文明主题活动。配合市文明办开展的“喜阅时光”主题宣传活动，话题阅读量达16.5万人次，数次登上新浪热门话题榜单，数千名网友参与讨论，专题被中国文明网文明传播栏目选登。号召全区各级文明单位、志愿者队伍围绕“守望相助”持续开展志愿服务。12月5日，举办“五缘益+”志愿服务联盟成立大会暨国际志愿者日活动启动仪式，正式成立志愿联盟，一改志愿服务项目“小、松、散”的落后局面，为群众提供“专、精、优”的高品质志愿服务。是年，金山街道金安社区被中宣部命名为“全国学雷锋活动示范点”；江头街道金尚社区被全国宣传推选学雷锋志愿服务“四个100”先进典型活动组委会授予“最美志愿服务社区”称号；禾山街道禾山社区被省委文明办评为“最美志愿服务社区”。12月，志愿者高碧华、谢铮阳被市文明委评为“最美志愿者”；左邻右里志愿服务中心、高殿社区义务消防队被市文明委评为“最美志愿服务组织”；“情驻民工校　爱赋外来娃”支教项目、情暖夕阳志愿服务项目被市文明委评为“最佳志愿服务项目”；江头街道吕岭社区、湖里街道和通社区、殿前街道兴隆社区被市文明委评为“最美志愿服务社区”。

【未成年人思想道德建设】 2018年，湖里区组织开展“扣好人生第一粒扣子”、“清明祭英烈”、优秀

12月5日，“五缘益+”志愿服务联盟成立大会暨国际志愿者日活动启动仪式举行（陈健森　摄）

童谣征集推广、“童心向党”歌咏比赛、“向国旗敬礼”等教育实践活动。区实验小学学生魏芷璇获厦门市2018年“新时代好少年”。在福建省优秀童谣评选中，湖里区获3项成人组、2项未成年人组奖项。童谣《小雨点儿写字》获一等奖，《四季歌》获得三等奖。下发《湖里区2018年全区净化社会环境专项整治行动的通知》。从8月下旬起，开展历时2个月的专项整治行动，整治校园周边售卖“三无”产品、黄色出版物等问题。重点检查经营户128家。检查文化市场经营单位75家（次），受理举报投诉20件（次），责令1家游艺娱乐场所和4家歌舞娱乐场所完成限期整改，为未成年人营造健康安全的成长环境。

【文明交通创建】 年内，湖里区开展“礼让斑马线　守护红绿灯”活动，全区各单位制定具体工作方案，全面部署文明出行活动。区文明办用湖里区公益广告评选作品制成文明交通小扇子，发动各级文明单位干部职工发放倡议书及小扇子，分发5000份倡议书、3000把小扇子。开展2场文明交通宣传活动，营造文明交通出行氛围。年初，区创建办在全区7个重点交通路口设置周末交通督导岗，安排各级文明单位、文明校园开展文明交通督导活动。12月，再次组织全区各级文明单位志愿者开展工作日文明交通劝导志愿服务活动，安排127家单位，370人次参与劝导。每月区创建办分组检查周末文明交通督导情况。将文明交通工作纳入文明单位、文明社区考评的重要内容，严格责任考核。是年，区文明办发动网络文明志愿者队伍每日转发、评论好人“365”事迹，参与相关网络文明交通主题活动。借助微信公众号、微博等新媒体传播优势，利用LED显示屏、工地围挡、宣传栏等加大正面宣传力度，营造文明交通出行氛围。各街道、各社区运用“社区书院”平台，邀请交警主讲文明交通知识课程、开展文明交通宣讲等，宣传交通法规常识，强化教育管理，固化礼让斑马线行动成果，引导人们自觉养成文明交通习惯。

12月4日，区级文明单位——厦门海峡出租汽车股份有限公司工作人员在仙岳路金中华路口进行文明督导（陈健森　摄）

【创建文明小区】 年内，区文明办会同区小区办制定《湖里区关于创建文明小区实施方案》，在多次走访调研的基础上，确定了第一批17个文明小区试点。10月30日，在康乐社区康乐新村二期召开现场会。各试点小区逐步实现小区党支部、业委会、物业公司、小区自治组织、小区居民多方联动格局。小区秘书、律师、医生、警察、城管、调解员均已配备齐全，并发挥作用。各小区积极开展群众性创建活动，组织志愿者开展主题志愿服务活动。充分利用社区书院小区分课堂平台，开展实践活动，延伸文明触角，打通文明创建在基层落细、落实的“最后一百米”。

【开展文明旅游专项行动】 2018年，湖里区结合元旦、春节、“五一”国际劳动节、端午节、国庆节等节日，开展“同倡文明旅游　共建美丽湖里”主题活动，组织志愿者参与义务解说、秩序维护、停车引导、环保宣传等专项行动，营造文明有序的良好氛围。

【开展“我们的节日”主题活动】 年内，湖里区围绕春节、元宵节、清明节、端午节、七夕、重阳节等传统节日，开展传统民俗、经典诵读和文体娱乐活动。宣传普及传统节日知识，推动形成节俭过节、敬老过节、绿色过节的良好风气。

【宣传落实《厦门经济特区促进社会文明若干规定》】 2018年，湖里区下发《厦门经济特区促进社会文明若干规定》宣传册5000份，引导各级文明单位开展主题学习教育活动，并将落实情况纳入区级文明单位测评体系。通过强化教育引导、实践养成、示范引领，不断提升市民文明素质，让参与文明创建、维护城区环境成为全体市民的共同追求和自觉行动。

【移风易俗】 年内，湖里区出台了《湖里区规范民俗及婚丧喜庆活动指导意见》，明确了民俗范围界定、婚丧喜庆的执行标准等。制定下发《移风易俗专项行动倡议书》20余万份，督促各单位组织党员干部签订《移风易俗承诺书》12827份，成立移风易俗劝导队76支和红白理事会57个，督促各社区特别是村改居社区制定移风易俗居民公约。举办《移风易俗大家谈——时代新旋律 宫庙焕新生》电视节目，从破除宫庙落成大操大办的陈规陋习出发，共话宫庙在新时代发挥的新作用，形成移风易俗的良好氛围。督查5个街道开展民俗活动大操大办专项整治工作情况。

【规范公益广告】 2018年，湖里区组织参加全市公益广告设计大赛，获金奖1个，铜奖3个，优秀奖8个。开展公益广告征集推广活动，征集平面公益广告作品691份，评选出获奖作品26件。制作印发公益广告获奖作品集，开展公益广告试点，有效推动了公益广告制作规范化、精品化。推进湾北社区公益广告试点工作。召开进一步做好公益广告宣传部署会，在全区40余条主次干道开展公益广告氛围布置。规范各社区宣传横幅悬挂，汇总固定悬挂宣传横幅的位置。

（张舒黎）

名词解释

“1+5”工作机制：“1”指1个工作意见；“5”指党建引领、融合发展、运行管理、运行保障、正向激励5个专项实施意见。

老干部工作

【概况】 2018年，区委老干部局（以下简称“区老干局”）用心做好离退休干部服务管理工作，激励和引导全区离退休干部为党和人民的事业增添正能量，努力做到“让区委放心、让老干部满意”。

【离退休干部思想政治建设】 2018年，湖里区向离退休老干部分发了《党的十九大报告学习辅导百问》《党的十九大文件汇编》等有关学习材料1000多本；编印《湖里区离退休干部增添正能量工作学习材料汇编》《湖里区离退休党建资料汇编》；组织召开多场会议座谈交流；邀请退休区级领导干部为全区离退休党员上1堂以《不忘初心葆本色，牢记使命跟党走》为主题的党课；在市委党校举办为期3天的全区离退休干部党员增添正能量读书班；组织老党员志愿者宣讲团深入机关、企业、学校、社区宣讲；举办以宣传中共十九大精神为主题的文艺演出、书画摄影展、集邮贴片展等。

【离退休老干部党建】 年内，湖里区成立离退休干部党工委，建立离退休干部党工委运行规则、学习教育指导等工作制度，推进党工委规范化、制度化建设。成立16个社区离退休干部兼合式和临时党支部，成立17个离退休干部党支部，离退休干部党建工作基本上实现了全区覆盖。落实离退休干部党组织学习教育、组织生活、换届选举、分类管理、党内帮扶等工作制度，明确离退休干部党组织活动的基本原则，并给予各离退休干部党支部经费保障。同时，落实了各支部书记和支委的工作补贴。在区离退休干部党支部中发展建立14支老党员志愿服务队，并设立了老党员志愿服务总队；在湖里区老干部活动中心建立湖里区“老党员之家”，形成党工委、党支部、“老党员之家”的离退休干部党建服务共建联动体系。

【离退休干部开展正能量活动】 2018年，湖里区设计“我看湖里新变化”“我为湖里添光彩”活动，离退休干部参观薛岭山公园、蔡塘金厝边养老院、殿前坡屋顶改造提升、高崎立面改造、海堤公园等重点建设项目、民生工程。参观“云上厦门”，开展体验厦门改革开放新变化实地参观系列活动，老同志忆往昔、叙发展、谈变化、献良策。开展“增添正能量，共筑中国梦——纪念改革开放40周年”系列活动，举行歌颂改革开放40周年的大型文艺汇演调演；在市美术

6月19日，区委老干部、离退休干部党工委邀请区级退休领导为全区离退休党员上党课（黄小寒　摄）

馆举办“湖里区离退休老同志纪念改革开放40周年”主题书画摄影作品展，并汇编成画册；举办“纪念改革开放40周年”集邮知识讲座，展现改革开放40年来所取得的伟大成就；举办“纪念改革开放40周年暨‘八一’慰问座谈会”，参加“我看改革开放四十年”厦门市离退休干部书画作品展。老党员志愿服务队开展送春联、送文艺、送宣传进社区，参与社会治理，当好文明创建宣传员、社区平安巡护员、小区治理安全员，在社会广泛传递释放正能量。区关工委动员和组织“五老”开展关心、教育下一代活动，加强青少年思想道德建设。区老年大学深化办学和教学工作的改革和创新，把教学的过程作为传播正能量的过程，将第一课堂的“学、练、乐”与第二课堂的“进社区、进学校、进企业”增添正能量活动有效结合起来。区老体协（老干部活动中心）组织、指导全区老年人（老干部）开展丰富多彩的健身体育文化活动，让广大老同志充分享受到改革发展的成果。

【服务保障离退休干部】 年内，湖里区落实离退休干部政治待遇和生活待遇。举办迎新春座谈会暨区情通报会、国庆重阳节慰问座谈暨区情政情通报会；组织老同志参加区委民主生活会；组织老干部参加全市老干部学习辅导报告会和市地厅级老干部读书班。严格执行离休干部离休费、医药费保障和财政支持机制，完善离退休干部困难帮扶机制，组织离退休干部和区级老领导到中山医院体检，看望慰问生病的老干部、老党员，加强人文关怀和精神慰藉。组织老同志观看爱国电影，为老同志提供更加丰富多彩的文化服务活动，把离退休干部关心好、服务好、保障好。

【推动老干部“四就近”工作开展】 2018年，湖里区积极推进老干部“四就近”工作，先后多次到金山、金尚、金安、禾缘、吕岭、祥店社区调研“四就近”服务示范点情况。为金安、吕岭2个社区“福建省社区服务老干部工作示范点”授牌。发挥金安、吕岭2个社区为离退休干部开展“四就近”服务省级示范点的带动作用，推荐金尚、金山2个社区参评全省社区服务老干部工作示范点。

5月16—18日，区委老干局、离退休干部党工委组织离退休干部在市委党校集中学习培训（黄小寒　摄）

【加强老干部工作宣传】 年内，湖里区先后在党报党刊、《中国老年报》、《福建老年报》、《厦门日报》、《厦门晚报》、《鹭江银潮》等全国、省、市老干部刊物刊发信息30多篇（条），宣传湖里区离退休干部发挥正能量作用的先进典型。引导老同志在主要媒体网站发声，挖掘增添正能量的典型事迹，扩大社会影响，营造良好氛围。

【办好区老年大学】 2018年，区老年大学开设23门课程，开办63个班，常年在校学员1641人，实际参加学习的有2843人次，分别比上年增长37%和23%。制定《教师管理办法》《办公室工作人员工作职责和请销假制度》和《学员守则》等。在庆祝改革开放四十周年活动中，书法班、国画班和摄影班的师生及学校书画爱好者，先后参加了厦门市老干部局、厦门老年大学和湖里区老干局、湖里区老年大学举办的一系列作品展览活动。湖里区老干局在市美术馆举办书画展览，展出55幅书法、国画作品；厦门老年大学在市老年活动中心新展厅举办展览，区老年大学选送诗词书法1幅、国画13幅，摄影作品15幅。

（方丽铃）

名词解释

老干部“四就近”： 就近学习，就近活动，就近得到关心照顾，就近发挥作用。

关心下一代工作

【概况】 2018年，全区关心下一代工作在引领青少年践行社会主义核心价值观，坚定“四个自信”，听党话、跟党走，以及优化青少年健康成长的社会文化环境等方面不断取得新成效，全区关心下一代工作再上新台阶。陈奎明等7位老同志获评“全省关心下一代工作先进工作者”，区关工委、金山街道关工委、区工商联关工委被评为“全省关心下一代工作先进集体”。

【学习宣传工作】 2018年，区关工委联合区委老干局、区离退休干部党工委在市委党校举办2期各3天的“五老”志愿者骨干增添正能量读书班和学习习近平新时代中国特色社会主义思想培训班，全区80多名“五老”和关工委工作者参加培训。区关工委宣讲报告团确定“中共十九大精神”“习近平新时代中国特色社会主义思想”“纪念改革开放40周年”“传承红色基因”等为宣讲的主题。19位老同志准备了70个讲题，走进学校、社区、企业，向广大青少年解读中共十九大精神和习近平新时代中国特色社会主义思想。全年举办各类座谈交流会、宣讲报告会等180场，感染激励青少年1.5万余人。各级关工委抓好活动信息的组织报送，借助省、市刊物，网站和社区宣传专栏，微信公众号等新媒体加强关心下一代工作的宣传，全年在《厦门关爱微报》微信公众号刊登信息近200条，营造有利青少年健康成长的良好舆论氛围。

【关工委开展主题教育活动】 年内，全区各级关工委在青少年中开展“不忘初心，牢记使命”“传承红色基因，争做时代新人”等各具特色的主题教育活动。湖里街道关工委举办“寻找红色印记”青少年体验式生命教育夏令营；殿前街道关工委与高殿社区关工委联合举办“传承红色基因，争做时代新人”夏令营；江头街道吕岭社区关工委组织开展“传承好家规　弘扬好家风　奋进新时代”主题夏令营；禾山街道枋湖社区关工委举办小英雄联盟成长夏令营；金山街道金海社区关工委组织孩子们在五通“万人坑”纪念碑前聆听五老讲述“万人坑遗址纪实”，缅怀被日寇残杀的同胞，感受深刻的爱国主义教育。区教育局、各学校关工委组织第二十一届全国青少年“五好”小公民“红旗飘飘，引我成长”主题教育读书活动，推荐686篇优秀征文参评，其中2篇征文获特等奖，24篇获得一等奖，59篇获得二等奖，101篇获得三等奖。东渡小学曾庆坚指导沈玫琳参加在北京举行的全国主题教育读书活动演讲总决赛，获得三等奖。区教育局关工委连续第八次获得“全国主题教育读书活动先进集体”，并在市教育关工委举行的“红旗飘飘，引我成长”主题教育读书活动阶段交流会上作经验交流。

【参与青少年社会综合治理】 2018年，湖里区开展法治宣传教育，探索加强青少年法治教育、预防青少年犯罪的新途径。开展法律进校园、“零犯罪社区”、“零犯罪学校”创建活动。健康青少年网络文化环境，成立老党员网络宣传队。全区126名“五老”网吧义务监督员，组成63个网吧义务监督小组，配合相关部门，就地、就近对全区63家有证网吧及周边文化环境开展4.3万余次巡查活动，制止网吧内的不文明行为，劝阻223名未成年人进入网吧。区文体局关工委开展以“绿色阅读、文明上网、远离和抵制有害信息”为主题的“绿书签”系列宣传活动，引导未成年人多读书、读好书，远离和抵制非法有害出版物及网络信息。区关工委在社区精神文明建设、垃圾分类、助学助困、“五失”青少年的人文关怀等，主动融入、积极作为。

【关爱青少年平台建设】 湖里区全年组织7万余人次青少年到10个区青少年思想道德建设教育活动示范基地参观学习。各街道、社区创造条件，开办“社区书院”“四点钟学校”“心理咨询室”“少儿图书馆”“科技活动室”，与辖区内单位共建拓展活动平台。区慈善会、各街道关工委动员社会各界投入关爱助学助困，筹集资金177.4万元，资助辖区青少年960人。区政法系统关工委为符合援助条件的未成年申请人提供无偿的法律援助。区文体局关工委举办湖里区第七届外来员工子女艺术夏令营，来自全区各民办小学的65名学生参加。区工业园区关工委携手园区企业向贫困学生捐赠800套校服。区工商联关工委结合民企联村精准扶贫行动，携手民企对口精准扶贫龙岩市白沙镇营边村，捐赠价值万元的图书和体育用品，并向21名贫困学生发放助学金。区建设局关工委组织企业慰问金安社区困难学生家庭。

【关工委自身建设】 2018年，湖里区在社区“两委”换届后及时配齐配强关工委工作班子，社区主要领导兼任关工委主任，并从组织上、制度上和必要的经费保障上给予大力的支持。以“基层工作创新年”为契机，进一步抓好基层关工委建设。在全区范围内推广吕厝社区与市公安局关工委、兴隆社区与市检察院关工委的共建经验，推动区直机关单位关工委与社区关工委共建的组织建设新模式。全区共有10个社区关工委分别同市直、区直机关关工委开展共建活动。区工业园区关工委走访调查，动员园区4家非公企业成立关工委，全区非公企业关工委有81家。

（方丽铃）

厦门市湖里区人民代表大会常务委员会

【概况】 2018年，湖里区人民代表大会常务委员会（简称区人大常委会）召开区人民代表大会1次，常委会会议9次、主任会议14次。组织开展人大代表集中考察26场（次）；听取和审议区政府及其部门、区法院、区检察院专项工作报告14项；作出决议、决定9项；开展1部法律法规执法检查，开展专题调研11项，督促办理代表建议、批评和意见96件，依法任免国家机关工作人员38人（次）。全年受理人民群众信访27件次。

重要会议

【区八届人民代表大会第三次会议】 12月27—29日，区第八届人民代表大会第三次会议召开。会议听取和审议区长林重阳作的《湖里区人民政府工作报告》；书面审议《湖里区2018年预算执行情况和2019年预算草案的报告》，批准湖里区2019年区本级预算；听取和审议区人大常委会主任黄炜作的《湖里区人大常委会工作报告》；听取和审议区人民法院院长高碧青作的《湖里区人民法院工作报告》；听取和审议区人民检察院检察长吴华峰作的《湖里区人民检察院工作报告》，并表决通过各项决议。大会收到代表提出的议案、建议、批评和意见98件。

【政情通报会】 8月2日下午，区人大组织召开2018年上半年政情通报会，全区人大代表参加会议。听取区长林重阳所作的《湖里区人民政府关于2018上半年工作情况和下半年工作安排的报告》以及区法院、区检察院《关于2018年上半年工作情况的书面报告》。

【区八届人大常委会会议】 2018年，区八届人大常委会召开9次常委会议。

区八届人大常委会第12次会议　2月6日，湖里区八届人大常委会召开第12次会议。常委会组成人员27人出席会议，区人民政府区长林重阳、区人大党组副书记陈远志、区人民法院院长高碧青、区人民检察院检察长吴华峰、区人民政府办公室主任洪志伟列席会议。会议表决通过人事任免有关事项。

区八届人大常委会第13次会议　4月19日，湖里区八届人大常委会召开第13次会议。常委会组成人员26人出席会议，区人大党组副书记陈远志，区人民政府副区长黄平南，区监察委员会主任黄绿青，区人民法院院长高碧青，区

12月27—29日，湖里区第八届人民代表大会第三次会议召开（黄绍义　摄）

人民检察院检察长吴华峰，区人民政府办公室副主任张慧勤，区人大代表林桂星、郭灯亮、陈国成、郑光亮、俞礼博列席会议。会议表决通过人事任免有关事项；研究《湖里区人民代表大会常务委员会关于推进城市居民小区治理工作的决定（草案）》；审议《湖里区人民代表大会常务委员会执法检查监督暂行办法（草案）》。

区八届人大常委会第14次会议　7月30日，湖里区八届人大常委会召开第14次会议。常委会组成人员26人出席会议，区人大党组副书记陈远志，区人民政府副区长洪耀同、陈颢颖，区监察委员会主任黄绿青，区人民检察院检察长吴华峰，区人民法院副院长郑金雄，区人民政府办公室副主任章兆民，区财政局局长张金坪，区审计局局长辜琦皇，区卫计局局长王萍，区人大代表陈成斌、张水波、林荣勋、陈喜观、陈瑞华、洪永超、曾清华、王胜珠，区人大财经工委委员谢源豹，区人大科教文卫侨工委委员康淑琴列席会议。会议表决通过人事任免有关事项；听取和审议区政府《关于2017年决算草案报告和关于预算执行和其他财政收支情况的审计报告》，批准2017年决算；听取和审议区政府《关于湖里区民营医疗监管情况的报告》。

区八届人大常委会第15次会议　9月27日，湖里区八届人大常委会召开第15次会议。常委会组成人员25人出席会议，区人民政府副区长黄平南、陈颢颖，区监察委员会副主任郑陆全，区人民法院院长高碧青，区人民检察院检察长吴华峰，区人民政府办公室副主任魏炜，区财政局局长张金坪，区发改局局长黄涛，湖里消防大队大队长黄丰伟，区人大代表杨雅慧、廖玉葵、林淑贞、陈志强、陈衍达，区人大财经工委委员林希、谢源豹，区人大法制内司工委委员吴圣彬、陈晗霖列席会议。会议听取和审议区政府《关于2018年1—8月预算执行情况和预算调整草案的报告》，审查批准预算调整草案；听取和审议区政府《关于湖里区“十三五”规划纲要实施情况中期评估报告》，审查批准规划调整决议；听取和审议区人大常委会执法检查组《关于检查〈中华人民共和国消防法〉〈厦门市消防管理若干规定〉实施情况的报告》；研究审议《湖里区国家工作人员宪法宣誓办法（草案）》；表决通过人事任免有关事项。

区八届人大常委会第16次会议　10月25日，湖里区八届人大常委会召开第16次会议。常委会组成人员24人出席会议，区人民政府副区长林充贺、刘云标，区监察委员会主任黄绿青，区人民法院副院长郑金雄，区人民检察院检察长吴华峰，区人民政府办公室副主任章兆民，区市政园林局副局长王军情，区教育局调研员朱觉，区人大代表林军链、钟建龙、薛志雄、李刚、高明福、黄婉红、叶建力，区人大城建环资工委委员曾子宝，区人大科教文卫侨工委委员康淑琴列席会议。会议听取和审议区政府《关于市政道路建设管理情况的报告》；听取和审议区政府《关于湖里区民办教育发展情况的报告》；表决通过人事任免有关事项；书面审议区政府《关于区人大常委会对2017年决算草案报告和2017年预算执行和其他财政收支情况的审计报告审议意见研究处理情况的报告》。

区八届人大常委会第17次会议　11月16日，湖里区八届人大常委会召开第17次会议。常委会组成人员27人出席会议，区人民政府副区长洪耀同，区监察委员会主任黄绿青，区人民法院院长高碧青，区人民检察院检察长吴华峰，区人民政府办公室副主任章兆民，区人大代表胡朝阳、康少杰、杨坤扬列席会议。会议表决通过区人大代表补选相关事宜；审议区八届人大三次会议有关材料。

区八届人大常委会第18次会议　12月13日，湖里区八届人大常委会召开第18次会议。常委会组成人员27人出席会议，区人民政府副区长洪耀同，区监察委员会主任黄绿青，区人民法院院长高碧青，区人民检察院检察长吴华峰，区人民政府办公室副主任章兆民，区人大代表苏丽珍、纪智琼、陈一梅、陈桂兰、杨江波、张顺在、陈成斌、杨雅慧、陈淑芬列席会议。会议表决通过人事任免有关事项；听取部分市人大代表报告履职情况；听取和审议区人民政府《关于办理区八届人大二次会议代表建议办理工作情况的报告》；审议代表资格审查委员会《关于补选代表资格审查的报告》；审议区八届人大三次会议有关材料。

区八届人大常委会第19次会议　12月20日，湖里区八届人大常委会召开第19次会议。常委会组成人员23人出席会议，区人民政府副区长陈颢颖，区监察委员会副主任高志伟，区人民法院院长高碧青，区人民检察院检察长吴华峰，区人民政府办公室副主任章兆民，区财政局局长张金坪，区人大代表吴进良、张丽华、林荣勋、陈喜观、陈淑芬，区人大财经工委委员谢源豹列席会议。会议听取和初步审查区政府《关于2018年预算执行情况和2019年预算草案编制情况报告》；审议区八届人大三次会议有关材料；研究区人大代表资格变动事宜；书面审议区政府《关于区人大常委会对2018年1—8月预算执行情况和预算调整草案的报

8 月 17 日，区人大常委会党组理论中心组集中学习（黄绍义　摄）

告》《湖里区十三五规划纲要实施情况报告》《检查消防“一法一规定”实施情况审议意见研究处理情况的报告》。

区八届人大常委会第 20 次会议　12 月 29 日，湖里区八届人大常委会召开第 20 次会议。常委会组成人员 28 人出席会议。会议补选叶重耕为厦门市第十五届人民代表大会代表。

【区八届人大常委会主任会议】 湖里区人大常委会全年召开主任会议 14 次。会议主要研究区人大班子领导分工、部分区人大代表补选有关事宜、区八届人大三次会议筹备等重大事项；讨论 2018 年度工作要点；研究确定常委会重点督办代表建议；研究讨论区人大常委会执法检查暂行办法、区国家工作人员宪法宣誓办法等相关制度和区人大代表慰问相关事宜；研究人事任免有关事项；听取“一府两院”有关工作汇报等。其中，3 月 30 日召开的第 19 次主任扩大会议，听取区政府《关于 2017 年度环境状况和环境保护目标完成情况的报告》；8 月 29 日召开的第 23 次主任扩大会议，听取区政府《关于区八届人大二次会议代表建议、批评和意见办理进展情况的报告》；9 月 26 日召开的第 24 次主任扩大会议，听取区人大常委会执法检查组《关于检查〈中华人民共和国消防法〉〈厦门市消防管理若干规定〉实施情况的报告》；10 月 19 日召开的第 25 次主任扩大会议，听取区政府《关于社区管理体制改革情况的报告》；11 月 19 日召开的第 28 次主任扩大会议，听取湖里公安分局《关于扫黑除恶专项工作情况的报告》。

主要工作

【思想政治建设】 2018 年，区人大常委会推进“两学一做”学习教育实践活动常态化、制度化。学习习近平新时代中国特色社会主义思想，组织召开学习贯彻习近平关于坚持和完善人民代表大会制度的重要思想交流会。抓实全面从严治党主体责任，落实党风廉政建设责任和意识形态责任制，落实巡考巡察整改要求，坚持对干部严格教育、严格管理、严格监督，强化勤政廉洁思想意识，增强机关干部职工防腐拒变能力。全年区人大常委会党组理论中心组开展学习 14 场次，有 14 名处级以上党员领导干部为机关干部上党课。

【决定重大事项】 2018 年，区人大常委会全年作出决议、决定 9 项：关于推进城市居民小区治理工作的决定；关于批准 2017 年区本级财政决算、批准湖里区 2018 年预算调整和批准湖里区“十三五”规划指标调整的决议；关于接受王刚、

2018 年，区人大常委会主任黄炜（右八）为新任命人员颁发任命书（黄绍义　摄）

表 3

2018 年区人大常委会任免国家机关工作人员一览表

时间	会议	任免人员
2 月 6 日	区八届人大常委会第 12 次会议	任命：黄锦城为厦门市湖里区人民政府副区长；陈仲谋为厦门市湖里区人民政府副区长；郑金雄为厦门市湖里区人民法院审判员、审判委员会委员、副院长；宋晋勇为厦门市湖里区人民法院审判委员会委员；田炜、刘惠斌、苏镧浠、李林娴、李福清、张占甫、张晓毅、陈慧琳、范功怡、洪华娇、黄佳丽、曹燕霞、曾莉侠、樊珺为厦门市湖里区人民法院审判员；陈向奎为厦门市湖里区人民检察院检察委员会委员；肖亮为厦门市湖里区人民检察院检察员 免去：李伟宏的厦门市湖里区人民政府副区长职务；吴雪蚩的厦门市湖里区人民检察院检察委员会委员、检察员职务；林虹、周智勇的厦门市湖里区人民检察院检察员职务
4 月 19 日	区八届人大常委会第 13 次会议	任命：张树国为厦门市湖里区监察委员会副主任；曾文生为湖里区第八届人大常委会代表资格审查委员会主任委员；陈剑鸣、李榕梅为湖里区人大常委会金山街道工作委员会委员 免去：纪华国的厦门市湖里区监察委员会副主任职务；王金波的厦门市湖里区人民法院立案庭副庭长、审判员职务；曾国建的湖里区第八届人大常委会代表资格审查委员会主任委员职务；陈秀忠、张春红的湖里区人大常委会金山街道工作委员会委员职务
7 月 30 日	区八届人大常委会第 14 次会议	免去：陈国树的厦门市湖里区人民法院刑事审判第二庭副庭长、审判员职务；陈桂兰、张文旗的厦门市湖里区人民法院人民陪审员职务
10 月 25 日	区八届人大常委会第 16 次会议	免去：郑陆全的厦门市湖里区监察委员会副主任职务
12 月 13 日	区八届人大常委会第 18 次会议	任命：高志伟为厦门市湖里区监察委员会副主任

梁美丽辞去市十五届人大代表职务请求和接受梁美丽等辞去区八届人大代表职务请求的决定；2 次关于补选区第八届人民代表大会代表的决定以及关于召开湖里区第八届人民代表大会第三次会议的决定。

【人事任免】 2018 年，区人大常委会依法任免国家机关工作人员 38 人（次）。详见表 3。

【议案建议办理】 年内，区人大常委会利用全省三级人大代表履职活动平台进行代表议案、建议网上交办、答复和意见反馈，首次实现“互联网 +”办理。主任会议确定“关于建设社区养老院的建议”等 6 件代表特别关切的建议作为重点建议，由分管领导重点督办，形成“常委会领导领衔督办、工作机构具体督办、代表参与督办”的工作格局。区八届人大常委会第 18 次会议对该 6 件重点建议的办理情况进行无计名票决，均获满意结果。是年，常委会首次召开人大代表建议选题交流会，邀请区委、区政府及其职能部门向代表通报工作，促进代表对政府工作的进一步了解，使建议的提出更具针对性。常委会收到代表建议 96 件，承办部门均办结并答复代表。通过市人大湖里代表团，向大会提交代表建议 108 件、议案 11 件。

【人大代表考察】 2018 年，省、市、区人大代表对湖里区先进制造业、垃圾分类、社区管理体制改革

5 月 29 日，部分区人大代表实地考察湖里区垃圾分类工作开展情况（黄绍义　摄）

等情况开展考察活动26场次。其中，4月19日，组织市人大湖里代表小组考察湖里区先进制造业发展情况；5月29日，组织部分区人大代表考察湖里区垃圾分类实施情况；9月20日，组织市人大湖里代表小组前往集美区跨区考察集美新城建设情况；10月18日，组织部分区人大代表考察湖里区社区管理体制改革情况；10月30日，组织部分区人大代表考察湖里区创意产业园建设运营情况；12月7日，组织部分省、市、区人大代表联动考察西部旧村整村更新提升情况；12月14日，组织市人大湖里代表小组进行会前考察。

【执法检查组成立】 年内，区人大常委会首次组成由部分常委会组成人员、工委委员、人大代表等组成执法检查组。依法对湖里区贯彻落实《中华人民共和国消防法》《厦门市消防管理若干规定》情况进行执法检查。

【代表资格变动】 9月27日，湖里区八届人大常委会第15次会议接受王刚、梁美丽辞去厦门市第十五届人民代表大会代表职务。12月29日，湖里区八届人大常委会第20次会议补选叶重耕为厦门市第十五届人民代表大会代表。湖里区八届人大常委会第16次会议审议通过《关于补选区八届人民代表大会代表的决定》，决定在第12选区、第34选区等额补选区第八届人民代表大会代表2名。11月24日，湖里区第12、34选区分别组织选民直接投票，补选区委副书记卢秀萍、区委组织部部长胡鹏程为湖里区第八届人民代表大会代表。湖里区八届人大常委会第17次会议审议通过《关于补选区八届人民代表大会代表的决定》，决定在第35选区等额补选区第八届人民代表大会代表1名。12月8日，湖里区第35选区选民直接投票，补选殿前街道党工委书记颜莉莉为湖里区第八届人民代表大会代表。根据《中华人民共和国全国人民代表大会和地方各级人民代表大会代表法》有关规定，经湖里区八届人大常委会第19次会议审议，梁美丽、陈远志、庄海英、郑陆全、林贵乐、陈炎村、钟慧君、刘学军、陈鼎瑜、陈志鸿、肖金海的代表资格终止。截至12月31日，区八届人大代表实有188名。

【人大代表培训】 7月31日至8月3日，区人大常委会组织全体区人大代表参加十九大精神、人民代表大会制度、人大代表履职、宪法、组织法、代表法、监督法等内容的培训。

（蒋惠琼）

厦门市湖里区人民政府

区政府常务会议

【概况】 2018 年，湖里区人民政府召开常务会议 26 次，即八届 21—46 次。会议详情见表 4。

2018 年湖里区人民政府常务会议一览表

表 4

届次	召开日期	参会人员	会议内容
八届第 21 次常务会	1 月 15 日	出席：区长林重阳，常务副区长林充贺，副区长刘云标、黄平南、洪耀同、李伟宏、陈颢颖、许标旗，区长助理徐景峰，政府办主任洪志伟，人武部长刘如山 列席：纪华国（区监察委），黄涛（区发改局），张金坪（区财政局），朱碧蓉（湖里街道办），颜莉莉（殿前街道办），郑朝东（江头街道办），洪志彬（禾山街道办），林长发（金山街道办），章兆民、魏炜、张慧勤（区政府办）	1. 传达学习市长庄稼汉在 2018 年市政府第一次全体会议上的讲话精神 2. 听取区法制办关于 2017 年度行政复议案件审理情况及行政诉讼案件应诉情况的报告 3. 传达省政府办公厅关于保障“两节”期间生产稳定运行有关措施的通知 4. 讨论并原则通过区发改局提交的《湖里区政府投资项目管理办法》 5. 讨论区财政局、区发改局提交的《关于将中建四局第四建筑工程有限公司认定为 2016 年度厦门市总部企业的请示》 6. 讨论并原则通过区财政局提交的《关于区属国企 2016 年度及 2014 至 2016 年阶段性经营业绩考核相关事项的请示》 7. 讨论湖里区国税局提交的《关于申请税务经费补助的请示》
八届第 22 次常务会	1 月 23 日	出席：区长林重阳，常务副区长林充贺，副区长刘云标、黄平南、洪耀同、李伟宏，政府办主任洪志伟，人武部长刘如山 列席：纪华国（区监察委），黄涛（区发改局），张金坪（区财政局），朱碧蓉（湖里街道办），颜莉莉（殿前街道办），郑朝东（江头街道办），洪志彬（禾山街道办），林长发（金山街道办），章兆民、魏炜、张慧勤（区政府办）	1. 研究区城管委办公室提交的《关于湖里区新城管办公楼租金、装修费、物业管理费等相关经费的请示》 2. 讨论并原则通过区市政园林局提交的《湖里区市政园林行业国企化管养质量考核实施意见》《关于开展园山南路与枋湖西路乱停车整治项目建设的请示》 3. 讨论并原则通过湖里区第二轮城市市政设施和园林绿化综合整治提升方案 4. 讨论并原则通过区社区集体发展项目领导小组办公室提交的《湖里区关于加快推进“村改居”社区集体预留发展用地项目建设的实施意见》 5. 讨论并原则通过区建设局提交的《关于湖里区第二轮城市街区立面综合整治提升工作的请示》

续表4

届次	召开日期	参会人员	会议内容
八届第23次常务会	2月24日	出席：区长林重阳，常务副区长林充贺，副区长刘云标、黄平南、陈颢颖、许标旗、黄锦城、陈仲谋，政府办主任洪志伟，人武部长刘如山 列席：王百秋（区监察委），潘南渊（区发改局），张金坪（区财政局）朱碧蓉（湖里街道办），颜莉莉（殿前街道办），郑朝东（江头街道办），洪志彬（禾山街道办），林长发（金山街道办），章兆民、魏炜、张慧勤（区政府办）	1. 研究区安监局提交的《关于推进安全生产领域改革发展的实施意见》 2. 讨论并原则通过区卫计局提交的《关于继续落实计划生育低保户生活补助金的通知》 3. 讨论并原则通过区发改局提交的《湖里区2018年重点项目建议名单（送审稿）》及《2018年第一批政府投资项目年度计划（送审稿）》 4. 会议对2018年全国"两会"期间湖里区信访维稳工作进行部署 5. 讨论并原则通过区征收办提交的《关于表彰湖里区2017年度土地房屋征收与返迁工作先进单位和先进个人的请示》 6. 讨论天地公司提交的《关于减持五通金融商务区开发公司股份的请示》 7. 讨论并原则通过区国资办提交的《关于天地公司申请筹备发行企业债券的请示》
八届第24次常务会	3月15日	出席：区长林重阳，常务副区长林充贺，副区长刘云标、黄平南、陈颢颖、许标旗、刘金明、黄锦城，政府办主任洪志伟，人武部长刘如山 列席：纪华国（区监察委），黄涛（区发改局），张金坪（区财政局），朱碧蓉（湖里街道办），颜莉莉（殿前街道办），郑朝东（江头街道办），洪志彬（禾山街道办），林长发（金山街道办），章兆民、魏炜、张慧勤（区政府办）	1. 讨论并原则通过区文体出版旅游局提交的《关于贯彻落实厦门市民宿管理暂行办法的实施意见》 2. 讨论并原则通过区教育局提交的《湖里区2018年进城务工人员随迁子女小学积分入学办法实施细则》《关于2018年教育系统改善办学条件资金预安排计划的请示》 3. 讨论区发改局提交的《关于2016年度总部企业认定及奖励等有关事项的请示》 4. 讨论并原则通过区经信局提交的《福建自贸试验区厦门片区管委会、湖里区人民政府关于印发2017—2020年航空维修产业人才激励办法的通知》 5. 讨论并原则通过区商务局提交的《湖里区关于做好2018年商贸业稳定增长的指导意见》
八届第25次常务会	3月29日	出席：区长林重阳，常务副区长林充贺，副区长刘云标、黄平南、洪耀同、陈颢颖、许标旗、黄锦城、陈仲谋，政府办主任洪志伟，人武部长刘如山 列席：纪华国（区监察委），黄涛（区发改局），张金坪（区财政局），朱碧蓉（湖里街道办），颜莉莉（殿前街道办），郑朝东（江头街道办），洪志彬（禾山街道办），林长发（金山街道办），魏炜、张慧勤（区政府办）	1. 通报关于湖里区一季度经济工作 2. 讨论并原则通过关于召开2018年区信访工作会议有关事宜 3. 讨论并原则同意区机关事务管理局提交的《关于区行政中心西辅楼装修改造、会议室改造等项目相关经费的请示》

续表 4

届次	召开日期	参会人员	会议内容
八届第 26 次常务会	4 月 20 日	出席：区长林重阳，常务副区长林充贺，副区长刘云标、黄锦城、陈仲谋，工业园区管委会主任黄伟，政府办主任洪志伟 列席：郑陆全（区监察委），曾以勤（区发改局），张金坪（区财政局），朱碧蓉（湖里街道办），颜莉莉（殿前街道办），郑朝东（江头街道办），洪志彬（禾山街道办），林长发（金山街道办），魏炜、张慧勤（区政府办）	1. 讨论并原则通过区征收办提交的《厦门市湖里区安置房配售管理办法》 2. 讨论并原则通过新修订的《湖里区人民政府工作规则》 3. 讨论并原则通过区食安办提交的《湖里区建立完善食品安全责任体系的实施意见》 4. 讨论并原则通过区卫计局提交的《关于送审 2018 年计生工作综合治理责任书的请示》 5. 听取区禁毒办关于湖里区禁毒工作情况的汇报 6. 讨论并原则通过区综治办提交的《关于进行社会综合管理视频监控系统四期建设的请示》 7. 讨论区财政局提交的《关于湖里消防大队、湖里交警大队等 4 家非本级预算单位 2018 年区级财政资金补助的请示》 8. 讨论区经信局提交的《关于给予厦门市首悦精工制造有限公司、联想移动通信科技有限公司奖励的请示》
八届第 27 次常务会	4 月 27 日	出席：区长林重阳，常务副区长林充贺，副区长刘云标、黄平南、洪耀同、黄锦城、陈仲谋，政府办主任洪志伟，人武部长刘如山 列席：韦信斌（湖里公安分局），郑陆全（区监察委）、曾以勤（区发改局），张金坪（区财政局），朱碧蓉（湖里街道办），颜莉莉（殿前街道办），郑朝东（江头街道办），洪志彬（禾山街道办），林长发（金山街道办），魏炜、张慧勤（区政府办）	1. 讨论并原则通过区依法治区办提交的《全面推进法治湖里建设 2018 年工作要点》 2. 讨论并原则通过区法制办提交的《2018 年法治政府建设重点工作安排》《全面推行行政执法公示制度、执法全过程记录制度、重大执法决定法制审核制度工作方案》 3. 讨论并原则通过区文明办提交的《湖里区帮扶和礼遇道德楷模暂行办法》 4. 讨论并原则通过区综治办提交的《关于发放 2017 年综治奖励金的请示》 5. 讨论并原则通过区人社局提交的《关于调整参加城乡居民基本医疗保险补助标准的请示》 6. 讨论湖里街道办提交的《关于申请第二轮环境提升“两违”整治经费的请示》 7. 讨论区市政园林局提交的《关于启动火炬片区提升改造工程的请示》 8. 讨论并原则通过区发改局提交的《湖里区鼓励企业高质量发展实施办法》
八届第 28 次常务会	5 月 10 日	出席：区长林重阳，常务副区长林充贺，副区长刘云标、黄平南、洪耀同、陈颢颖、许标旗、黄锦城、陈仲谋，工业园区管委会主任黄伟，政府办主任洪志伟，人武部长刘如山 列席：郑陆全（区监察委）、黄涛（区发改局），张金坪（区财政局），朱碧蓉（湖里街道办），徐山泉（殿前街道办），郑朝东（江头街道办），洪志彬（禾山街道办），林长发（金山街道办），章兆民、魏炜（区政府办）	1. 传达学习中办、国办印发的《地方党政领导干部安全生产责任制规定》，研究湖里区安全生产工作 2. 讨论并原则通过区台办提交的《湖里区贯彻落实〈关于进一步深化厦台经济社会文化交流合作的若干措施〉实施意见》 3. 讨论区市政园林局提交的《关于“村改居”社区预留发展用地建设项目扶持资金的请示》 4. 研究沙特阿美中国区域结算总部项目落户事宜

续表 4

届次	召开日期	参会人员	会议内容
八届第 29 次常务会	5 月 25 日	出席：区长林重阳，常务副区长林充贺，副区长刘云标、黄平南、洪耀同、黄锦城，政府办主任洪志伟，人武部长刘如山 列席：郑陆全（区监察委），黄涛（区发改局），张金坪（区财政局），朱碧蓉（湖里街道办），颜莉莉（殿前街道办），郑朝东（江头街道办），洪志彬（禾山街道办），林长发（金山街道办），章兆民、魏炜（区政府办）	1. 讨论并原则通过区经信局提交的《湖里区 2018 年度对口帮扶东乡县扶贫协作工作计划》 2. 研究部署全区黑臭水体整治环境保护专项行动迎检工作及河长制有关工作 3. 讨论市国土房产局直属分局提交的《关于 2018 年度工作经费补助的请示》 4. 讨论并原则同意区人武部提交的《关于申请湖里区国防动员民兵训练中心智能化专项资金的请示》 5. 讨论并原则通过区工业园区管委会提交的《厦门两岸集成电路自贸区产业基地管理提升方案》 6. 讨论并原则通过区财政局提交的《关于认定 2017 年度纳税先进企业名单的请示》《关于向市财政局申请 2018 年度新增政府债券额度的请示》 7. 研究亚马逊全球开店项目落户事宜 8. 讨论区食安办提交的《关于增补食品药品监管协管员的请示》 9. 讨论湖里街道办提交的《关于兑现 2016 年度湖里老工业厂房文创园区扶持资金的请示》 10. 讨论区建设局提交的《关于 2018 年老旧小区改造估算的请示》 11. 讨论区教育局提交的《关于金尚中学运动场改造等项目方案审查的请示》 12. 讨论并原则通过殿前街道办提交的《关于筹建国贸殿前幼儿园有关事宜的请示》 13. 讨论并原则通过区发改局提交的《湖里区土地房屋储备管理工作实施方案》 14. 讨论区小区办提交的《关于申请 2018 年小区治理专项工作经费的请示》
八届第 30 次常务会	6 月 8 日	出席：区长林重阳，常务副区长林充贺，副区长刘云标、黄平南、洪耀同、陈颢颖、许标旗、黄锦城，政府办主任洪志伟，人武部长刘如山 列席：张树国（区监察委），黄涛（区发改局），张金坪（区财政局），朱碧蓉（湖里街道办），颜莉莉（殿前街道办），郑朝东（江头街道办），洪志彬（禾山街道办），林长发（金山街道办），章兆民、魏炜（区政府办）	1. 讨论并原则通过区教育局提交的《湖里区开展无证园专项治理工作方案》《湖里区社会资本举办幼儿园审批工作实施细则》 2. 讨论天地集团提交的《关于天地学校、天地幼儿园办学模式的请示》 3. 讨论并原则通过区文体出版旅游局提交的《关于进一步促进会议展览业发展的扶持意见》 4. 听取区商务局关于壳牌福建区域加油站结算总部项目落户事宜的汇报 5. 讨论区科技局提交的《关于加强高新技术企业扶持力度的请示》 6. 讨论并原则同意禾山街道办提交的《关于区环卫处北侧用地整治项目资金的请示》 7. 讨论区商务局提交的《关于签订中国短视频产业基地项目合作协议的请示》 8. 讨论并原则通过区城管委提交的《“数字湖里”公共管理集成平台建设方案》

续表 4

届次	召开日期	参会人员	会议内容
八届第 31 次常务会	6 月 12 日	出席：区长林重阳，常务副区长林充贺，副区长刘云标、洪耀同、陈颢颖、黄锦城、陈仲谋，政府办主任洪志伟，人武部长刘如山 列席：郑陆全（区察监委），黄涛（区发改局），张金坪（区财政局），朱碧蓉（湖里街道办），颜莉莉（殿前街道办），郑朝东（江头街道办），洪志彬（禾山街道办），林长发（金山街道办），章兆民、魏炜（区政府办），潘南渊（区车改办），李剑军（区委办），郭琦玮（区委组织部），许艺艺（区编办），吴丽英（区信访局），黄小寒（区委老干局），刘梓良（区文明办）、向延琼（区人大办），黄伟清（区政协办），林筱丽（区经信局），王萍（区卫计局），吴雪慧（区教育局），马竞生（区科技局），林德才（区民政局）、傅芳槐（区司法局），刘秋生（区人社局），郭晓平（区建设局），林文（区商务局），林秀瑜（区文体出版旅游局），陈正清（区审计局），孙琦（区市政园林局），吴昌年（区机关事务管理局），黄伟（区工业园区管委会），陈文其（区残联），张卫兵（区国投集团），蔡寿飞（天地集团）	讨论并原则通过区车改办提交的《湖里区事业单位公务用车制度改革实施意见》《湖里区区属国有企业公务用车制度改革实施意见》
八届第 32 次常务会	6 月 29 日	出席：区长林重阳，常务副区长林充贺，副区长洪耀同、陈颢颖、黄锦城、陈仲谋，政府办主任洪志伟 列席：许付志（区监察委），黄涛（区发改局），张金坪（区财政局），朱碧蓉（湖里街道办），颜莉莉（殿前街道办），郑朝东（江头街道办），洪志彬（禾山街道办），林长发（金山街道办），章兆民、魏炜（区政府办）	1. 讨论并原则通过区审计提交的《2017 年度区本级预算执行和其他财政收支情况的审计结果报告》 2. 讨论并原则通过区财政局提交的《关于湖里区 2017 年财政决算（草案）的报告》《关于机关事业单位所办企业清理方案的请示》 3. 讨论区国资办提交的《关于国投旅游公司吸收合并水上乐园公司的请示》 4. 讨论并原则通过区经信局提交的《关于同吉工业园审计整改工作的请示》 5. 讨论江头街道办提交的《关于拆分吕厝社区的请示》 6. 听取区商务局关于影儿时尚集团东南结算总部项目落户事宜的汇报、关于中国短视频产业基地项目有关变化情况的报告

续表 4

届次	召开日期	参会人员	会议内容
八届第 33 次常务会	7 月 10 日	出席：区长林重阳，常务副区长林充贺，副区长黄平南、洪耀同、黄锦城、陈仲谋，政府办主任洪志伟，人武部长刘如山 列席：郑陆全（区监察委），黄涛（区发改局），张金坪（区财政局），朱碧蓉（湖里街道办），颜莉莉（殿前街道办），郑朝东（江头街道办），洪志彬（禾山街道办），林长发（金山街道办），章兆民、魏炜（区政府办）	1. 听取并讨论区安委办提交的《关于安全生产上半年工作情况及下半年工作安排》 2. 听取并讨论区食安办提交的《关于全区食品安全上半年工作情况及下半年安排》 3. 讨论并原则通过区司法局提交的《关于加快推进湖里区公证处改革的实施方案》 4. 讨论并原则通过区财政局提交的《关于区属各街道房屋构筑物管理使用情况报告》 5. 讨论并原则通过区文体出版旅游局提交的《关于举办湖里区第四届运动会有关事项的请示》 6. 讨论湖里街道办提交的《关于建设老年人综合服务场所暨塘边社区租赁社区服务中心综合楼作为社区办公用房的请示》 7. 讨论禾山街道办提交的《关于兑现恒力盛泰（厦门）石墨烯科技有限公司扶持资金的请示》
八届第 34 次常务会	7 月 24 日	出席：区长林重阳，常务副区长林充贺，副区长刘云标、黄平南、洪耀同、陈颢颖、许标旗、黄锦城，政府办主任洪志伟，人武部长刘如山 列席：郑陆全（区监察委），黄涛（区发改局），张金坪（区财政局），朱碧蓉（湖里街道办），颜莉莉（殿前街道办），郑朝东（江头街道办），洪志彬（禾山街道办），林长发（金山街道办），章兆民、魏炜（区政府办）	1. 听取并讨论区扫黑办关于扫黑除恶专项斗争工作情况的报告 2. 讨论并原则通过区消防联席办提交的《关于下达 2018 年度消防工作主要责任目标的请示》、听取关于全区消防安全上半年工作情况及下半年工作安排的汇报 3. 讨论区文体出版旅游局提交的《关于湖里区 2018 年旅游厕所建设有关情况的请示》 4. 讨论区市政园林局提交的《关于湖里区街面停车秩序整治工程经费的请示》 5. 讨论区教育局提交的《关于聘请专家团队提升学校办学质量和创立品牌学校项目的请示》 6. 讨论并原则同意区国资办提交的《关于注销厦门市湖里区产业投资有限公司的请示》 7. 讨论区市场监管局提交的《关于提请区政府协调解决优化企业服务登记服务有关问题的请示》

续表 4

届次	召开日期	参会人员	会议内容
八届第 35 次常务会	8 月 9 日	出席：区长林重阳，副区长刘云标、黄平南、洪耀同、陈颢颖、黄锦城、陈仲谋，政府办主任洪志伟 列席：李文龙（区监察委），黄涛（区发改局），张金坪（区财政局），朱碧蓉（湖里街道办），苏春生（殿前街道办），郑朝东（江头街道办），洪志彬（禾山街道办），林长发（金山街道办），章兆民、魏炜（区政府办）	1. 听取和讨论区商务局提交的《关于第二十届“9·8”投洽会湖里区筹备工作情况的汇报》 2. 听取并讨论区卫计局提交的《关于迎接国家卫生城市 2018 年复审工作情况的汇报》 3. 传达学习习近平对防汛抢险救灾工作作出的重要指示精神，研究湖里区贯彻意见 4. 传达学习习近平对吉林长春长生生物疫苗案件重要指示精神和李克强总理重要批示精神，研究湖里区加强疫苗管理工作 5. 讨论湖里消防大队提交的《关于申请社会治安综合治理奖励金补助的报告》 6. 讨论湖里公安分局提交的《关于申请 2018 年度公安业务经费补助的请示》 7. 讨论区财政局提交的《关于给予厦门市公安边防支队业务经费补助的请示》 8. 讨论区国资办提交的《关于环东海域湖里工业园邻里中心、同安工业集中区湖里园办公楼及配套中心、软件园二期公寓三处资产处置相关事宜的请示》 9. 讨论区国投集团提交的《关于湖里区青少年校外体育活动中心管理运营事项的请示》 10. 讨论区教育局提交的《关于配建康乐第二小学艺体楼相关事宜的请示》 11. 讨论并原则同意区人大办提交的《关于解决区人大常委会会议室改造新增项目经费的请示》 12. 讨论福建安溪经济开发区湖里园建设指挥部提交的《关于入驻安溪湖里园第五批企业建议名单的请示》 13. 听取区经信局关于与厦门火炬高新区管委会共同扶持火炬科技新天地项目有关事宜的汇报 14. 听取区商务局提交的关于《中国（福建）自由贸易试验区厦门片区关于进一步激励自贸区人才创新创业的若干措施》涉及湖里区条款事宜
八届第 36 次常务会	8 月 17 日	出席：区长林重阳，常务副区长林充贺，副区长刘云标、黄平南、洪耀同、陈颢颖、许标旗、黄锦城，政府办主任洪志伟 列席：郑陆全（区监察委），张金坪（区财政局），朱碧蓉（湖里街道办），苏春生（殿前街道办），郑朝东（江头街道办），洪志彬（禾山街道办），林长发（金山街道办），章兆民、魏炜（区政府办）	传达学习省、市扫黑除恶专项斗争工作电视电话会议精神，听取区行政执法局、区市政园林局、禾山街道办、天地集团等单位关于历年黑恶案件过程中暴露出政府部门监管漏洞问题整改情况的汇报，研究部署下一步扫黑除恶专项斗争工作

续表4

届次	召开日期	参会人员	会议内容
八届第37次常务会	8月28日	出席：区长林重阳，常务副区长林充贺，副区长刘云标、黄平南、洪耀同、陈颢颖、黄锦城、陈仲谋，政府办主任洪志伟，人武部长刘如山 列席：郑陆全（区监察委），黄涛（区发改局），张金坪（区财政局），朱碧蓉（湖里街道办），颜莉莉（殿前街道办），郑朝东（江头街道办），洪志彬（禾山街道办），林长发（金山街道办），章兆民、张慧勤、魏炜（区政府办）	1. 研究区建设局提交的《湖里区西部旧村整村更新提升试点工作实施方案》 2. 听取区市政园林局提交的《关于湖里区农村集体产权制度改革工作情况的汇报》 3. 讨论区经信局提交的《湖里区开展质量提升行动推动质量强区建设的行动方案》 4. 讨论并原则通过区商务局提交的《湖里区促进总部经济发展的实施意见》 5. 讨论并原则通过区经信局提交的《关于进一步做好2018年湖里区东西部协作、省内山海协作对口帮扶工作的意见》 6. 讨论湖里街道办提交的《关于申请第二轮环境提升"两违"整治经费的请示》 7. 讨论殿前街道办提交的《关于拆分长乐社区并调整部分社区管辖范围的请示》 8. 讨论并原则通过区卫计局提交的《湖里区独生子女家庭奖励扶持办法（修订稿）》 9. 讨论区双拥办提交的《关于支持某部队极限训练场建设经费的请示》 10. 传达全市国务院大督查迎检工作部署会议精神，研究部署湖里区迎检工作 11. 传达全市人员密集场所消防安全工作部署会议精神，研究部署湖里区专项整治工作
八届第38次常务会	8月31日	出席：区长林重阳，常务副区长林充贺，副区长刘云标、黄平南、洪耀同、陈颢颖、黄锦城，政府办主任洪志伟，人武部长刘如山 列席：朱碧蓉（湖里街道办）、颜莉莉（殿前街道办）、郑朝东（江头街道办）、洪志彬（禾山街道办）、林长发（金山街道办）、胡振强（区政府办）	1. 会议通报厦门市原副市长郑云峰、李栋梁严重违纪违法案件 2. 会议研究部署近期几项重点工作

续表 4

届次	召开日期	参会人员	会议内容
八届第 39 次常务会	9 月 10 日	出席：区长林重阳，常务副区长林充贺，副区长黄平南、陈颢颖、许标旗、黄锦城、陈仲谋，政府办主任洪志伟，人武部长刘如山 列席：李文龙（区监察委），黄涛（区发改局），张金坪（区财政局），朱碧蓉（湖里街道办），颜莉莉（殿前街道办），郑朝东（江头街道办），洪志彬（禾山街道办），林长发（金山街道办），章兆民、魏炜、胡振强（区政府办）	1. 会议研究部署扫黑除恶专项斗争工作 2. 会议学习国务院办公厅印发的《消防安全责任制实施办法》，研究部署湖里区消防工作 3. 讨论并原则通过区消防联席办提交的《湖里区小型消防站建设方案》 4. 讨论湖里公安分局提交的《关于申请区财政局支持区级公安民警英烈定向基金募集启动工作的请示》 5. 讨论并原则通过区市政园林局提交的《关于启动江头片区提升改造工作的请示》《关于启动殿前一路提升改造工程的请示》《关于申请塘边社区兴隆路周边景观提升工程费用的请示》 6. 讨论湖里环保局提交的《关于申请 2018 年度环保工作经费追加预算的请示》 7. 讨论并原则通过区统计局提交的《关于湖里区第四次全国经济普查相关保障工作事宜的请示》 8. 讨论区财政局提交的《关于复核华融（福建自贸试验区）投资股份有限公司为 2017 年度厦门市总部企业的请示》 9. 讨论金山街道办提交的《关于厦门银鹭集团有限公司申请兑现扶持政策的请示》《关于恒安公司申请政府专项奖励政策的请示》
八届第 40 次常务会	9 月 21 日	出席：区长林重阳，常务副区长林充贺，副区长黄平南、洪耀同、陈颢颖、黄锦城，政府办主任洪志伟，人武部长刘如山 列席：李文龙（区监察委），黄涛（区发改局），张金坪（区财政局），朱碧蓉（湖里街道办），颜莉莉（殿前街道办），郑朝东（江头街道办），洪志彬（禾山街道办），林长发（金山街道办），张慧勤、胡振强（区政府办）	1. 讨论并原则通过区老龄办、区民政局提交的《关于进一步规范“村改居”（城中村）社区涉老组织管理并发挥涉老组织正向作用的意见（送审稿）》及专项整治工作方案 2. 讨论并原则通过区发改局提交的《湖里区“十三五”规划纲要实施情况中期评估报告（送审稿）》 3. 讨论并原则通过区财政局提交的《湖里区 2018 年 1—8 月财政预算执行情况及年度预算调整（草案）报告（送审稿）》 4. 讨论并原则通过区教育局提交的《湖里区推行小学和幼儿园开展课后延时服务工作实施意见（试行）（送审稿）》 5. 讨论区建设局提交的《关于集鑫 A、马山安置小区形象优化及景观绿化提升工程增加造价的请示》
八届第 41 次常务会	9 月 27 日	出席：区长林重阳，常务副区长林充贺，副区长刘云标、黄平南、洪耀同、黄锦城，政府办主任洪志伟，人武部长刘如山 列席：王百秋（区监察委），黄涛（区发改局），张金坪（区财政局），朱碧蓉（湖里街道办），颜莉莉（殿前街道办），郑朝东（江头街道办），洪志彬（禾山街道办），林长发（金山街道办），张慧勤、胡振强（区政府办）	1. 讨论并原则通过区安委办提交的《关于下达 2018 年安全生产目标责任的通知（送审稿）》 2. 讨论并原则通过区发改局提交的《湖里区促进企业上市实施办法（送审稿）》《关于促进两岸金融中心五通金融商务区招商引资和产业引导的实施办法（送审稿）》《2018 年“五个一批”项目省、市级正向激励奖励资金分配方案》 3. 讨论并原则通过区工业园区管委会提交的《湖里区创新园产业创新发展实施办法（送审稿）》 4. 讨论并原则通过区科技局提交的《湖里区科学技术资金管理办法（送审稿）》 5. 讨论并原则通过区文体出版旅游局提交的《关于修订湖里区促进旅游业发展的扶持奖励办法的请示》 6. 讨论区经信局提交的《关于厦门惯航科技有限公司落户我区有关事宜》 7. 讨论区财政局提交的《关于湖里区财政基本建设投融资项目评审费用相关问题的请示》 8. 讨论区市政园林局提交的《关于申请区环卫处北侧用地景观提升与雨污治理工程费用的请示》

续表 4

届次	召开日期	参会人员	会议内容
八届第 42 次常务会	10 月 18 日	出席：区长林重阳，常务副区长林充贺，副区长刘云标、黄平南、洪耀同、黄锦城、陈仲谋，政府办主任洪志伟 列席：王百秋（区监察委），黄涛（区发改局），张金坪（区财政局），王小帅（湖里街道办），颜莉莉（殿前街道办），郑朝东（江头街道办），洪志彬（禾山街道办），林长发（金山街道办），章兆民、魏炜、张慧勤、胡振强（区政府办）	1. 传达学习统计法律法规及有关文件精神，研究部署湖里区第四次全国经济普查工作 2. 传达学习习近平总书记关于宗教问题和宗教工作的重要论述 3. 讨论金山街道办提交的《关于新设和调整社区管辖范围的请示》 4. 讨论禾山街道办提交的《关于新成立禾美社区和调整禾缘、五缘湾北、钟宅畲族社区管辖范围的请示》 5. 讨论并原则通过区台办提交的《关于举办第十一届福德文化节的报告》 6. 听取区文体出版旅游局提交的《关于第四季度文体旅游重大活动工作情况的汇报》 7. 讨论并原则通过区人社局提交的《关于促进戒毒康复人员就业工作的通知》 8. 讨论并原则通过湖里街道办提交的《关于厦门国贸中顺集团有限公司申请高管个税奖励的请示》《关于湖里街道办公楼（原城管大厦）装修改造项目的请示》
八届第 43 次常务会	11 月 2 日	出席：区长林重阳，常务副区长林充贺，副区长刘云标、黄平南、洪耀同、陈颢颖、黄锦城、陈仲谋，政府办主任洪志伟，人武部长刘如山 列席：许付志（区监察委），黄涛（区发改局），张金坪（区财政局），朱碧蓉（湖里街道办），颜莉莉（殿前街道办），郑朝东（江头街道办），洪志彬（禾山街道办），林长发（金山街道办），章兆民、魏炜、张慧勤、胡振强（区政府办）	1. 传达学习中央扫黑除恶第四督导组督导福建省情况反馈会议精神，研究湖里区贯彻意见 2. 听取区国动委综合办关于湖里区国防动员工作情况的汇报，研究部署湖里区国防动员工作 3. 讨论并原则通过区经信局提交的《湖里区—东乡县东西部扶贫协作三年行动计划（2018—2020）》 4. 讨论并原则通过区文发办提交的《湖里区关于落实〈厦门市人民政府关于印发进一步促进文化产业发展补充规定的通知〉支持影视产业发展的实施意见》 5. 讨论并原则通过区文体出版旅游局提交的《湖里区文化馆图书馆总分馆制建设的实施方案》 6. 讨论并原则通过湖里街道办提交的《关于推进“特区 · 1980”湖里创意产业园发展的扶持办法》 7. 传达学习习近平对禁毒工作的重要指示精神，听取区禁毒办关于全区禁毒工作情况的汇报，研究部署湖里区禁毒工作 8. 讨论并原则通过区教育局提交的《湖里区进一步开展无证园专项整治工作方案》 9. 讨论并原则通过区工业园区管委会提交的《厦门泉州（安溪）经济合作区湖里园运营方案》 10. 听取并讨论区商务局提交的关于首届中国国际进口博览会筹备工作进展情况的汇报、《湖里国投招商服务中心有限公司组建方案》
八届第 44 次常务会	11 月 26 日	出席：区长林重阳，常务副区长林充贺，副区长刘云标、黄平南、洪耀同、陈颢颖、黄锦城、陈仲谋，政府办主任洪志伟 列席：黄涛（区发改局），张金坪（区财政局），章兆民、魏炜、张慧勤、胡振强（区政府办）	1. 通报泉港碳九泄漏事故，部署湖里区安全生产工作 2. 讨论并原则通过区委人才办提交的《湖里区关于深化人才发展体制机制改革，加快推进“智汇湖里”人才强区战略的意见》 3. 讨论并原则通过区科技局提交的《厦门市湖里区人民政府　厦门市科学技术局关于促进厦门两岸集成电路产业园发展的办法》《关于 2018 年区科学技术资金计划安排的请示》 4. 讨论并原则通过区商务局提交的《关于开展 2018 年湖里购物节活动的请示》 5. 讨论区发改局提交的《关于 2017 年度总部企业认定及奖励等有关事项的请示》 6. 讨论区民政局提交的《关于确定湖里区社会福利服务中心（养老机构）运营委托招标办法的请示》 8. 讨论湖里街道办提交的《关于申请第二轮环境提升第五立面改造“两违”整治经费的请示》

续表 4

届次	召开日期	参会人员	会议内容
八届第 45 次常务会	12 月 14 日	出席：区长林重阳，副区长刘云标、黄平南、洪耀同、陈颖颖、黄锦城、陈仲谋，政府办主任洪志伟，人武部长刘如山 列席：黄涛（区发改局），张金坪（区财政局），章兆民、魏炜、张慧勤、胡振强（区政府办）	1. 审议并原则通过区第八届人大第三次会议有关材料 2. 学习省、市党政领导干部安全生产责任制实施细则；研究《湖里区各级党政有关部门安全生产责任清单》；通报市安委会对湖里区安全生产巡查情况的反馈意见，研究部署湖里区整改意见 3. 讨论并原则通过区食安办提交的《湖里区食品安全举报奖励办法》 4. 讨论并原则通过区法制办提交的《关于湖里区行政规范性文件自查自纠清理意见的请示》 5. 讨论并原则通过区人社局提交的《湖里区促进居民就业和服务企业用工工作的若干意见》 6. 听取区商务局关于湖里区落实粮食安全行政省长责任制工作情况汇报 7. 讨论金山街道办提交的《关于五通安置小区产权逾期办理违约金发放事宜的请示》 8. 讨论殿前街道办提交的《关于闽南古镇新建旅游厕所奖励经费的请示》 9. 讨论天地集团提交的《关于拨付湖里创新园（原湖里高新技术园）亿联开闭所电力工程资金的请示》 10. 讨论区经信局提交的《关于共同扶持火炬高新区湖里片区规下转规上企业奖励的请示》 11. 讨论区商务局提交的《关于与京东金融签订京东黄金项目合作协议书的请示》 12. 讨论并原则通过区人社局提交的《关于给予周应兰开除处分的请示》
八届第 46 次常务会	12 月 25 日	出席：区长林重阳，常务副区长林充贺，副区长刘云标、黄平南、洪耀同、陈颖颖、黄锦城、陈仲谋，政府办主任洪志伟 列席：黄涛（区发改局），张金坪（区财政局），章兆民、魏炜、张慧勤、胡振强（区政府办）	1. 讨论并原则通过区安委办提交的《湖里区党政领导干部安全生产责任制实施细则（送审稿）》、《关于市安委会安全生产巡查反馈问题整改情况的报告（送审稿）》 2. 讨论并原则通过湖里环保局提交的《湖里区打赢蓝天保卫战三年行动计划实施方案（送审稿）》《湖里区全面加强生态环境保护坚决打好污染防治攻坚战的实施意见（送审稿）》 3. 讨论区建设局提交的《关于申请延长〈关于促进建筑业发展实施办法〉的请示》 4. 讨论并原则通过区经信局提交的《湖里区促进现代物流业发展实施办法（送审稿）》 5. 讨论并原则通过区人社局提交的《关于修改〈湖里区关于落实东西部扶贫劳务协作若干意见〉的请示》 6. 讨论并原则通过禾山街道办提交的《关于调整钟宅畲族社区管辖范围等相关问题的请示》 7. 讨论湖里街道办提交的《关于在区原检察院办公楼建设幼儿园的请示》

湖里区人民政府办公室

【办文办会】 湖里区人民政府办公室（以下简称区政府办）全年收到流转各类文件6824件，其中保密文件217件。发出会议通知1222个，制发湖府、湖府办公文277件，公文运转做到高效及时、安全保密、规范有序，无一疏漏、误时、误事现象。完成《区政府工作报告》等各类材料100多篇，完成信息报送389条。年内，筹备区政府全体成员会、全区经济运行分析会、区政府系统廉政工作会等会议21场，组织召开区政府常务会议、区政府专题会和现场工作推进会等200多场。

【督查辅政】 2018年，区督查科通过实地督查的方式对乌石浦高压缆线迁改、黑臭水体整治等8项重点工作和2018年市为民办实事工作涉及湖里区任务21项进行专项联合督查。做好省、市、区人大代表建议和政协委员提案的办理，建议、提案的办结满意率和基本满意率均为100%。

【行政审批服务】 2018年，湖里区深化“放管服”改革，推行“双随机一公开”事中、事后监管，建成智慧审批综合平台，部分事项实行24小时和周末无休服务。推动“一趟不用跑”和“最多跑一趟”工作，新增45项审批一趟办结。截至年底，全区“最多跑一趟”和“一趟不用跑”事项734项，占审批服务事项总数的96.7%。推进“一窗受理”改革，整合部门进驻区行政服务中心的办事窗口，完成综合窗口设置，实现“一窗通办”运行模式。

【征地拆迁】 年内，湖里区超额完成4个市对区考核重点项目需征收土地量，截至年底，完成征地2.37万平方米，完成年度任务的139%，完成房屋征收39.3万平方米，完成年度任务的148%。梳理、分类返迁工作，基本完成仙岳路东段、环湾路、环湖里大道、五缘医院、金林湾花园A区等12个征收项目安置返迁工作，返迁555户1427人，交付安置房1397套约10.5万平方米。编制《东部旧村整村改造工作手册》和《湖里区东部旧村整村改造征收补偿安置方案》，推进高林—金林片区一期作为东部旧村整村改造先行区的启动，创新采用“先商谈、预签约、再公告、后选房”的方式。

【应急管理】 2018年，湖里区参与组织处置宸鸿科技（厦门）有限公司劳务派遣工群体性聚集事件、翔鹭“城里”商业办公用房项目买卖合同纠纷事件等80多起突发事件。修订2018年度公共安全管理工作综合效能考评评分指标评估内容和评估标准，录入更新湖里区公共安全基础数据，做好公共安全管理平台相关考评工作。

【推进信息化建设】 年内，湖里区拓展信息公开领域，推进政务公开平台建设和政务公开制度化、规范化，全年制作公开信息1032条，编印分发6期《政府公报》，办理网友诉求100余件。配合区信用办开展社会信用体系建设，推进信用平台建设和优化升级，实现与区智慧审批综合平台、区行政处罚网平台等业务系统的对接。以辖区14万多家注册企业数据为基础，糅合各主管部门掌握的数据，构建便于“政企民”三方使用的企业大数据管理服务系统。强化常态化监管与规范化管理，保障OA协同平台、政府网站、电视电话会议、数据中心等信息平台有序运行。

【《湖里年鉴（2017）》出版】 1月，由区政府主办、区方志办承编的资料性年刊《湖里年鉴（2017）》经由方志出版社出版。全书采用四色印刷，配有光盘。书中卷首设特载、大事记、区情综述，卷中设中共厦门市湖里区委员会、厦门市湖里区人民政府代表大会常务委员会等20个栏目，卷尾设附录、索引，全书72.9万字。

人事人才

【概况】 截至2018年底，区行政机关有在编在职工作人员281人，其中：公务员273人、机关工勤人员8人；参照公务员法管理事业单位有在编在职人员403人，其中：参照公务员法管理工作人员399人、工勤人员4人；其他事业单位有在编在职工作人员3955人，其中：管理人员467人（含“双肩挑”人员161人）、专业技术人员3344人、工勤技能人员144人；纳入湖里区劳务派遣有限公司统一管理的机关事业单位非在编雇用人员589人，编外补充性工作人员1964人。

【人员招聘、转业安置及人才引进】 2018年，湖里区以公开招考为主要方式，为机关事业单位、国有企业补充各类优秀人才。全年公开招考新录用机关公务员1人，公开招考新聘用其他事业单位工作人员5人、非在编雇用人员及编外补充性工作人员254人；接收安置营职以下军转干部70人，其中：安置到党群口参公单位5人、事业单位1人，安置到政府口参公单位63人、事业单位1人。提供2个区属事业单位编内人员岗位定向招聘临夏州建档立卡贫困高校毕业生，赴临夏开展公开招聘笔试、面试、体检。协调区属国有企业提供5个岗位（国投旅游公司）定向招聘5名临夏州建档立卡贫困高校毕业生。办理外地人才调入区属企业170人，其中：硕士17人，本科128人，大专20人，中专5人。

【落实人才政策】 落实《关于鼓励重点高校毕业生到湖里区就业创业的意见》，全年向365名符合条件的重点高校毕业生兑现补贴118.11万元。落实《中共厦门市委组织部厦门市人力资源和社会保障局厦门市财政局关于印发厦门市新引进人才生活补贴实施办法的通知》，全年向225名湖里区企事业单位工作的新引进人才兑现一次性生活补贴679万元。

【人事调配与职务任免】 年内，办理厦门市忠仑公园成建制移交湖里区管理有关人事业务，移交在职人员73人、退休人员113人；因机构改革，办理区社保中心划转到市医保中心4人、区公共资源市场配置中心划转到市公共资源交易中心2人相关手续；行政机关公务员调入本区1人，调出本区1人，退休5人；政府系统参照公务员法管理事业单位工作人员调出本区3人，退休1人；政府系统事业单位调出本区3人，辞职解聘9人，退休45人（其中干部41人，工人4人）；办理新录用机关公务员及参照公务员法管理事业单位工作人员试用期满考核及任职定级2人，事业单位新聘用毕业生见习期满转正63人；办理行政机关及参照公务员法管理事业单位科级及科以下干部职务任免163人次；办理政府系统事业单位岗位设置方案设置或变更申报31家，事业单位工作人员岗位聘任1388人次。

【干部初任培训】 2018年，湖里区组织政府系统2017年经考试新录用公务员和参照公务员法管理事业单位工作人员2名，参加全市行政机关公务员初任培训；举办湖里区新录聘干部培训班，2017年以来经公开招考录（聘）用到党政机关公务员及事业单位编内工作人员19人参加培训。会同区委组织部、区委党校举办公务员职业道德专题培训，处级（含）以下干部每人每年接受职业道德培训的时间不少于8学时。

【考核奖惩】 年内，湖里区严格审核政府系统机关事业单位优秀等次（先进）比例，规范开展年度考核工作：行政机关和参照公务员法管理事业单位682人参加考核，其中，133人被确定为优秀等次；政府系统事业单位3971人参加考核，其中693人被确定为优秀等次。行政机关公务员和参照公务员法管理事业单位工作人员25人因2015—2017年度考核连续三年优秀给予记三等功。给予行政机关公务员开除处分1人。办理机关事业单位工作人员因被采取强制措施和受行政刑事处罚及受处分期间工资待遇处理18人次。组建湖里区事业单位工作人员申诉公正委员会。

【初级职称确认和评审】 2018年，区职改办结合审改办、效能督查办的有关要求，不断简化和规范毕业生初级专业技术职务任职资格确认办理程序，全年确认582人。指导业务主管部门做好教师系列、综合类工程技术系列、土建工程技术系列的初级职务评审工作，有142人通过评审取得相应的初级专业技术职务任职资格。

【工资福利和退休待遇】 年内，湖里区调整机关事业单位工作人员基本工资标准和增加机关事业单位离休人员离休费，本次调资从7月1日起执行，涉及4796名在职人员，2名离休人员。启动2014年10月后退休人员退休待遇重算工作，第一阶段于12月完成，21名合同制工人的退休待遇按“老办法”重算，并移交区社保中心办理。

【人事人才代理】 湖里区全年新增立户企业322家，立户企业总量1944家，全年接收大中专毕业生741人，外地干部调入170人，办理人才流动手续605人次，单纯寄档及个人委托人事代理123人，档案入库2517份，档案出库487份，零星材料归档1041份，借档案材料296人次，政审查档47人次，户口迁出8人，出具证明函件660份，网站访问量228887人次。

【促进毕业生就业】 2018年，湖里区完善毕业生就业登记网络共享平台功能，共享平台数据。完善本地生源毕业生信息库，发动辖区企业参加在市人才中心举办的“厦门市2018年高校毕业生人才交流大会”，协助园区管委会举办“创新园2018年人才招聘会”，加大优惠政策宣传，组织发动辖区企业和未就业毕业生参会。湖里人才微信公众平台发布重要招聘招考信息14条；印发宣传材料3000册。宣传重点高校毕业生就业创业优惠政策，征集上报并通过评审的大中专毕业生创业省级资助项目20个。

（高颖玲）

机关事务管理

【概况】 2018年，区机关事务管理

局内设办公室、机关食堂、机关车队、房产管理、动力设备（物业）管理、会务中心。年内，机关事务管理局先后被国家机关事务管理局、国家发展改革委、财政部评为“公共机构能效领跑者”，被省机关事务管理局、机关事务工作协会授予“福建省机关事务管理系统宣传信息工作先进单位”，被市委、市政府授予市级“文明单位”称号。

【餐饮服务】 2018 年，区机关食堂确保食品安全卫生和就餐环境舒适温馨，让机关干部职工体会到“家”的温暖。在改进菜肴品种、口味、营养、特色上下功夫，提升餐饮服务质量。在编制食谱时，科学合理搭配，定时调整食谱。注重勤俭节约，提倡文明用餐，定期举办厨艺、烹饪比赛，多样化的菜式满足干部职工的用餐需求。在机关食堂大餐厅摆放健康饮食知识宣传展板，每月 2 期，全年展出 24 期。

【会务保障】 年内，会务中心圆满完成各类会议服务 1.7 万场次，其中：大中型会议 807 场次，小型会议 16193 场次，接待参会 84466 人次。完成区两会、中国国际投资贸易洽谈会等重大活动的会务服务保障任务。

【办公用房管理】 2018 年，区机关事务管理局对闲置、空置办公用房优化整合、合理调配，以解决部分单位办公用房紧张的问题。修缮、改造区行政中心办公用房，完成区监察委办公用房、区委巡察办驻点场所、区行政中心主楼与西辅楼连廊的装修改造，装修改造主楼、西辅楼 8 间会议室，更换主楼 4 间会议室的会议系统设备。做好工程项目的筹划、监督、验收和送审工作，确保项目保质、保量完成。

北斗卫星定位系统（区机关事务管理局供图）

【公车管理】 3 月，区机关事务管理局完成封存车辆第三批拍卖，并报废处置车辆 42 辆；2 月、5 月和 10 月，联合区纪委监委检查“节假日”公务车辆使用管理、入库停放等情况，并对全区 101 个事业单位（含学校）114 辆公务车辆信息以及司勤人员进行多次摸底统计、复核。保留特种专业技术用车和业务用车 69 辆，封存、取消 45 辆一般公务用车。区机关事务管理局批复全区事业单位车改方案 26 个，留用车辆的事业单位拟定留用车辆使用管理办法、建立公务交通费用报销总额与单位规模增减相匹配的动态调整机制。建立公务用车管理平台、调度室，车辆纳入全省“一张网”统一管理系统，实现车辆标识化、管理平台化、平台信息化。

【安全保卫】 2018 年，区机关事务管理分期、分批邀请湖里区公安分局治安大队、消防大队、辖区派出所等专业人员对物业保安人员进行法律法规教育和业务培训，并加强应急处突演练，制定应对各种突发事件预案。坚持“人防、技防、物防”三结合，动力设备组协同物业安保维序队员配合信访等部门，对上访人员出现过激行为进行劝导、制止，确保区行政中心安全稳定、正常运行。全年组织学习消防知识

2018 年，区机关事务管理局组织保安开展消防演练（区机关事务管理局供图）

36次，安保维稳实地演练20次，处理大小上访341次1591人，其中，群体性大型上访事件24批次519人，过激上访10批次189人。

【公共机构节能减排】年内，区机关事务管理局紧扣“绿色办公、低碳生活”宣传主题，开展形式多样的节能宣传活动。通过印发宣传画报、宣传手册、节能培训等多种形式，广泛开展节能宣传，营造“人人讲节约、事事讲节约”的良好浓厚氛围。是年，区机关事务管理局通过“能效领跑者”考核验收，并被国管局、发改委、财政部授予“公共机构能效领跑者”称号。

【评选文明办公室】2018年，区机关事务管理局联合区文明办在区行政行政中心办公大楼开展“文明办公室”评选活动，对办公室的办公环境、公益设置、禁烟、节能节电、垃圾分类等工作情况进行评比。是年，评选出41间“文明办公室”。

【绿化美化】2018年，区机关事务管理局加大机关行政办公大楼的绿化美化投入，对大院内进行科学布局规划，督促物业采取专人监督、多人检查的工作制度，安排专业绿化养护人员每天巡查，每月进行虫害消杀、增加肥料等作业。是年，绿化施肥15230公斤，其中复合肥4350公斤，有机肥10880公斤，大院树木整体修剪21次，草坪修剪6次，消杀喷药27次，确保公共区域卫生管理及时到位。

【禁烟控烟】年内，区机关事务管理局推进无烟健康环境创建工作。通过宣传栏、展板、标语等方式，宣传禁烟控烟知识，发出健康促进机关创建倡议书600余份。把禁烟控烟作为文明办公室评优的一项指标，引导全区党政机关干部职工树立公共场所禁烟观念。

【机关垃圾分类】2018年，区机关事务管理局举办垃圾分类培训，助推机关垃圾分类工作。发放宣传册和倡议书，利用宣传栏、电子显示屏等加强垃圾分类宣传。在办公大楼每个楼层设置四类垃圾桶，做好垃圾的分类投放、收集转运工作，加强引导监督。

（薛雅琳）

外事侨务

【概况】2018年，湖里区接待参访团2个12人次；接待和受理涉侨来信、来访、来电19件；走访慰问贫困归侨176人次，发放慰问金10.87万元；落实特困归侨5名，发放补助金1.8万元；配合市外侨办落实低保归侨11名和重病特困归侨户5户，发放补助金4.14万元。调整“区委外事工作领导小组”，加强对全区外事工作的领导。

【出国（境）管理】2018年，湖里区报批因公出国（境）16人次，其中，湖里区自行组团2个12人次，出访目的主要是招商。

【外事接待】年内，湖里区完成2个外事接待任务。1月5日，厦门市友好交流城市巴西伊瓜苏市环保局局长安娜·索拉杰·比赛克·德梅特科一行3人到禾山街道禾山社区参观考察，学习湖里区垃圾分类和垃圾处理的经验做法；4月19日，由纳米比亚人组党总书记沙宁瓦率领的纳米比亚人组党代表团一行9人到金山街道金山社区了解湖里区基层社区党建情况。

【服务侨资企业】2018年，区外侨办走访重点侨资企业16家，了解企业的生产情况和侨商的生活情况，帮助侨企、侨商协调解决存在的困难问题，同时建立常态化联系机制，为侨资企业送服务、送关怀、送政策。“9·8”国际贸易投资洽谈会期间，邀请葡萄牙福建同乡会会长陈增仁一行到湖里区参观考察。会同区商务局统计全区侨资企业，为服务企业提供方便。

4月19日，纳米比亚人组党考察团到湖里区考察（区外侨办供图）

扶良好氛围；强化督查落实，扎实开展帮扶工作等6个方面落实省内山海协作工作。

【出台《湖里区2018年度对口帮扶东乡县扶贫协作工作计划》】 7月2日，湖里区出台《湖里区2018年度对口帮扶东乡县扶贫协作工作计划》。根据工作计划，湖里区在产业开发、基础设施建设、劳务输出、人才支援、资金支持等方面，做好对东乡县的扶贫协作工作，推动区域协调发展、协同发展、共同发展。加强组织领导，深化党政领导互访会商机制，优化扶贫协作和督导机制；强化人才支援，提高专业技术人才选派力度和做好人才支援后勤保障工作；加大资金支持，加大财政资金支持和提升社会帮扶水平；扩展产业合作，提升产业帮扶水平，继续拓展产业合作途径，加大政策支持力度；密切劳务协作，开展建档立卡贫困人员就业培训，拓展劳务就业协作；深化携手奔小康，提高结对帮扶覆盖率，提升结对帮扶成效。

【出台《湖里区—东乡县东西部扶贫协作三年行动计划》】 11月22日，湖里区出台《湖里区—东乡县东西部扶贫协作三年行动计划》。"计划"规定，坚持目标标准，坚持精准施策，强化责任担当、优化结对关系、深化结对帮扶、聚焦脱贫攻坚，健全工作机制，拓展合作领域，助力东乡县到2020年在现行国家脱贫标准下农村贫困人口全面实现脱贫。坚持政府主导、各方参与，优势互补、互利共赢，民生优先、市场运作，人才支撑、持续发展，聚焦重点、精准施策，有限资源、无限情感6项原则。实现加大资金投入、实施人才支援、推进产业协作、强化劳务输转、推进携手奔小康活动、形成大扶贫格局工作目标。着力在加大资金支持，确保精准聚焦；推进产业协作，实现造血脱贫；开展劳务对接，激发内生动力；加强人才交流，打造扶贫队伍；促进社会帮扶，凝聚各方合力；深化结对帮扶，携手脱贫攻坚等6方面开展扶贫工作。

（戴静静）

政协厦门市湖里区委员会

重要会议

【区政协八届三次会议】 12 月 27—29 日，政协第八届三次厦门市湖里区委员会召开。会议审议通过《政协第八届湖里区委员会常务委员会工作报告》《提案工作报告》《提案初审报告》以及大会决议，表彰 2018 年度区政协优秀提案和提案承办先进单位，安排 6 个委员作大会发言。

12 月 27—29 日，政协第八届三次厦门市湖里区委员会召开（区政协供图）

2018 年区政协八届常委会议一览表

表 5

会议名称	会议时间	会议内容
第九次常委会议	2 月 8 日下午	审议区政协常委会 2018 年度工作要点、《中国人民政治协商会议第八届厦门市湖里区委员会不再担任专门委员会委员名单》和《中国人民政治协商会议第八届厦门市湖里区委员会专门委员会增补委员名单》
第十次常委会议	4 月 20 日上午	协商东部旧村改造工作方案及规划思路等；学习《中国人民政治协商会议章程（修正案）》，传达全国、省、市“两会”精神
第十一次常委会议	9 月 20 日上午	协商《关于湖里区 2018 年 1—8 月财政预算执行情况及年度预算调整（草案）的报告（征求意见稿）》；学习《习近平新时代中国特色社会主义思想三十讲之社会主义协商民主广泛多层制度化发展》
第十二次常委会议	11 月 14 日上午	听取城市居民小区治理工作专题民主监督情况说明、湖里区人民政府关于湖里区政协八届二次会议提案办理情况报告
第十三次常委会议	12 月 13 日上午	协商《区政府工作报告（草案）》《关于湖里区 2017 年预算执行情况和 2018 年预算草案的报告》等；审议通过《中国人民政治协商会议第八届厦门市湖里区委员会常务委员会工作报告（草案）》《中国人民政治协商会议第八届湖里区委员会常务委员会提案工作报告（草案）》，区政协八届二次会议决定（草案）、议程（草案）、日程（草案）、委员小组召集人名单和授权主席会议审议八届十三次常委会未尽事宜的决定；会议决定于 12 月 27—29 日在湖里区行政中心召开区政协八届三次会议

表 6

区政协八届主席会议一览表

会议名称	会议时间	会议内容
八届七次主席会议	2 月 2 日上午	会议审议区政协常委会 2018 年工作要点
八届八次主席会议	4 月 16 日上午	学习全国、省、市“两会”精神
八届九次主席会议	6 月 15 日上午	学习传达省、市政协会议精神
八届十次主席会议	7 月 12 日上午	协商《新一轮市容环境整治提升方案》
八届十一次主席会议	11 月 6 日下午	确定区政协 2018 年调研报告篇目
八届十二次主席会议	11 月 29 日上午	研究部署区政协八届三次会议筹备工作
八届十三次主席会议	12 月 6 日上午	会议确定 2018 年优秀提案和提案先进承办单位建议名单
八届十四次主席会议	12 月 14 日上午	审议通过区政协八届三次会议特邀和列席人员名单、委员分组名单、全体会议主持人名单和会议期间提案截止时间
八届十五次主席会议	12 月 18 日上午	收看学习习总书记在纪念改革开放 40 周年大会上的讲话

【区政协八届常委会议】 2018 年，八届区政协共召开 5 次常委会议。内容详见 2018 年区政协八届常委会一览表。

【区政协八届主席会议】 2018 年，八届区政协召开 9 次主席会议。内容详见区政协八届主席会议一览表。

主要工作

【协商议政】 2018 年，区政协常委会议专题协商东部旧村改造工作方案及规划思路，提出立足长远、追求品位、统筹布局、基础优先等方面的优化建议。提出“关于重视解决我区高新技术企业在经济转型中存在问题的建议”“减轻实体企业负担避免二产企业过度外迁”等系列提案。经科建委对“火炬高新区人工智能产业园前期筹办情况”开展对口协商。科技界别、九三界别针对湖里区集成电路企业发展过程中遇到的瓶颈进行把脉会诊、开方出计，共促产业转型升级。区政协主席会议对市容环境整治提升方案及工作进展情况进行专题协商，在业态梳理、功效测评、顶层设计等方面提出优化建议。与市政协协同开展“关于岛内污水治理情况专题视察”，持续借力推动市级相关部门加快辖区污水拦截、处理和排放设施建设。继续跟进垃圾分类工作推进情况，组织开展专项监督性考察。就湖里区西部旧村整村更新提升，从谋篇布局、实施机制等方面提出建言。针对群众反映强烈的停车资源紧缺问题，经科建委、无党派界别开展“利用地下空间建设公共配套设施情况”考察调研，汇聚各界智慧共商破解之道。

【提案工作】 年内，区政协全体委员、各专门委员会、各界别提交提案 126 件，经提案委员会审查，区本级立案提案 86 件。其中，财政经贸提案 19 件，占 22.1%；政法民政方面 8 件，占 9.3%；科教文卫 23 件，占 26.7%；城建城管 36 件，占 41.9%。内容超出区本级权限，转市政协的提案 13 件，转为社情民意信息 27 件，已移交由相关部门办理。截至 5 月 28 日，交办的 29 个承办单位均已向委员作出答复。所有提案均已收到委员反馈意见，其中满意 77 件，占 89.5%，基本满意 9 件，占 10.5%。是年，按照民主推荐、征询评议、协商审定的规范程序，评选出 16 件优秀提案在大会上予以表彰。

【课题调研】 2018 年，区政协组织撰写调研报告 32 篇，其中 22 篇收入《湖里区政协 2018 年度专题调研报告汇编》。围绕区委八届七次全会提出的“加快促进产业转型、加快提升城区品质、加快增进民生福祉”三大方向展开调研，重点就加快发展集成电路产业、数字经济建设、优化中心城区功能、中小学教育、卫生健康事业、养老事业等方面提出 100 多条建议。

【民主监督】 年内，区政协发挥协商式监督的特色和优势，开展多种形式的民主监督。区政协常委会首次设立专题民主监督议题，围绕“城市居民小区治理工作实施意见”等文件精神落实情况开展会议监督。依托政协专委会和部分界别成立 5 个分管领导带队的监督小

3月22日上午，政协主席林凡（右一）带队考察调研殿前街道政协委员工作站建设运行情况（区政协供图）

组，深入街道、社区、小区、居民家中开展监督调研，举办21场座谈会，走访28个社区、51个小区，发放调查问卷40余份，取得大量一手素材，经研讨梳理后通过会议反馈给区委。区政协常委会对湖里创新园的管理提升进行考察监督。加强对“关于鼓励我区社会力量多元化办学的建议”等监督性提案的跟踪督办。推动殿前街道联络组建立“政协委员街道轮值制度”，探索设立委员工作室、委员联络点，打通联系群众的最后100米，消除政协委员与群众的距离感，获得社会广泛关注和群众的好评。全年有50件社情民意信息经分类处理后报市政协信息处，57件直接转送市、区职能部门办理。委员提出的“关于加大力度打击黑车非法营运等交通乱象的建议”“关于提升我市公交服务质量的几点建议”“关于进一步优化我区中小企业融资环境的建议”等信息分别得到市公安交通管理局、公交集团和区财政局等部门重视，促进问题的解决。

【专题考察】 2018年，区政协组织9次专题考察，其中1次常委会专题考察。3月22日上午，主席林凡带队考察调研殿前街道政协委员工作站建设运行情况。3月27日，区政协组织常委、经科建委委员等一行近50人前往万科云玺调研“东部旧村改造规划”，并就规划提出具体的意见建议。3月30日上午，在区政协副主席陈雄辉、黄向阳带领下，社法委员、提案人及机关党员干部就湖里区医养结合健康养老模式推进情况进行实地考察。4月25日，区政协副主席林世裕带领经科建委委员、特邀研究员及部分其他委员考察两岸集成电路自贸区产业园。5月23日上午，区政协组织文史学宣委员及部分特邀研究员前往康乐社区博士山庄、兴华社区三航公寓等几个特色社区示范点考察。5月24日上午，区政协教文卫委员就湖里区社会力量多元化办学情况去钟宅民族幼儿园和厦门天地学校2所民办学校开展考察活动。6月22日，区政协文史学宣委考察欣高林幼儿园、五缘实验幼儿园、五缘第二实验幼儿园。8月21日，副主席林世裕带队对双十中学枋湖校区绿地地下公共停车库和高林学校地下公共停车库建设情况进行实地调研。9月27日，区政协组织致公党、台盟、工商联、民宗、无党派等界别委员，以及台港澳侨委员、部分特邀研究员到厦门惠和股份有限公司考察，并结合《湖里区鼓励和支持台湾青年创业实施办法》实施情况专项监督议题召开座谈会。

【文史宣传工作】 年内，区政协出版含28个主要姓氏、11个少见姓氏源流和分布概况的系列丛书之一——《湖里文史资料·姓氏卷》。

2018年，区政协及市政协相关部门民主监督湖里区的垃圾分类减量工作（区政协供图）

刊出《湖里政协》15期，被省《政协天地》、市《政协信息》、《厦门日报》等刊物采用30余篇（条）。通过网站发布工作动态40多篇，通过微信推送政协信息40多条。

【团结联谊】 2018年，区政协坚持主席会议成员联系民主党派、工商联、无党派人士制度。班子成员先后走访部分委员企业和委员单位，了解民主党派委员从业情况，倾听委员心声。邀请各专委、界别代表和特邀研究员参与暑期研习班和政协常委会，共同探讨协商重大专题。与区委统战部联合研究部署民主党派2018年调研工作。和厦门市建行、区工商联联合举办“建行杯”乒乓球邀请赛，增进共事情感，团结协作氛围日趋浓厚。与市政协相关专委会紧密协作，和市政协农工党厦门市委垃圾分类减量工作民主监督小组共同开展民主监督活动，对湖里区的垃圾分类减量工作情况进行协商。先后和20多批次到本区考察交流的各地各级政协组织，就社区治理、医改及妇幼保健工作、服务基层侨胞、文化环境建设及改善营商环境等方面工作进行深入交流，推介本区经济社会创新发展成就，在互动中促进共识、增进友谊。

【开展界别活动】 5月4日上午，区政协组织台港澳侨委、致公党界别、台盟界别等委员到东渡港务码头参观中国海警“2306”舰。同日下午，区政协农工党界别就“医教联合加强学校传染病防控体系建设的调研”召开课题调研会议。5月17日，区政协科技界别会同九三界别委员就“如何做大做强集成电路保税交易中心，推动我区高端制造高速发展”的课题到厦门两岸集成电路自贸区产业基地实地考察调研。8月1日上午，区政协工青妇界别小组开展湖里区青年创客调研活动。8月17日下午，区政协九三学社界别小组开展“五通社区临海片区渔村发展”调研。8月23日上午，区政协委员金山街道联络组联合民盟湖里基层委等团体开展两岸金融中心五通金融商务区调研活动。9月27日，区政协组织致公党、台盟、工商联、民宗、无党派等界别委员，以及台港澳侨委员、部分特邀研究员到厦门惠和股份有限公司考察，并结合《湖里区鼓励和支持台湾青年创业实施办法》实施情况专项监督议题召开座谈会。10月20日，区政协经济界别和民建界别联合在太古（厦门）飞机维修公司开展中国厦门一站式航空维修产业基地考察活动。10月25日上午，区政协文史学宣委和民盟界别委员到湖里区法院调研诉讼服务工作。11月30日上午，区政协科技界别和九三学社界别在福建省水产研究所开展“参访辖区科研院所，尝试构建服务工作机制”座谈会。

（倪惠敏）

法 治

政法委及综治

【概况】 2018年，湖里区全区政法各单位凝聚合力，坚持防风险、保稳定、促发展，应对综治平安建设面临的新情况、新问题。辖区“110”刑事警情比上年下降27.1%，处置重大突发群体性事件11起，信访积案全部办结8件。连续15年蝉联全市综治考评优秀区，连续3届被评为“全国社会治理创新优秀城区”。

【扫黑除恶专项斗争】 湖里区全年查办恶势力集团4个，恶势力团伙2个，刑拘团伙成员103人；查办七类涉恶团伙24个，刑拘130人；查办套路贷涉恶团伙10个，刑拘45人。批捕团伙成员10件36人，提起公诉团伙成员4件46人。一审判决上级指定管辖的海沧区颜小敏等24人组织、领导、参加黑社会性质组织案，判决恶势力集团案件3件22人，其中，包括厦门市宣判的首起“套路贷”案件，有罪判决率100%。冻结现金存款人民币520余万元，扣押车辆2辆、住宅1套。收到群众举报黑恶线索31条、发放奖励金8.89万元，调动人民群众的积极性。党纪处分禾山街道钟宅社区原党总支副书记、居委会主任钟某胜等3人，对为赌博团伙提供便利、谋取利益的民警高某和2名辅警一审作出有罪判决。破获全市首起利用老人协会敲诈勒索案，查处涉嫌敲诈勒索的五通社区凤头社老人协会会长纪某寿等犯罪嫌疑人2名。

2018年，湖里区在万达广场举办扫黑除恶宣传活动（区政法委供图）

【推进“五安”工程】 2018年，湖里区推进“五安工程”，创建“四无示范社区”，打造10个“最具安全感小区”，影响群众安全感的治安突出问题得到遏制。是年，全区入室盗窃案件比上年下降64.16%、破案率比上年上升27.46%，火灾事故比上年下降23%，新型诈骗案件比上年下降1.04%。因道路交通事故死亡16人。食品安全事件立案117起，案值59.71万元。推进智能化建设，新建一、二类视频监控2577路，接入各类视频资源5519路，“雪亮社区”建设覆盖率22.6%，全年破获刑事案件1843起，其中，“八类”恶性案件95起，3起现行命案均在案发后4小时内破获，侦破长达12年的黄某被杀积案。在全市率先开展“火眼追逃”试点工作，4个月内抓获在逃人员100名。

【创新社会治理模式】 2018年，湖

禾山街道多元化调解中心（区政法委供图）

里区设置小区民警、小区律师、小区调解员、小区公证联络点，推动小区调委会与小区党支部、小区业委会融合，打通政法综治工作联系服务群众的“最后100米”，涌现出10个最具安全感小区，总结形成了“支部建在小区，统领各方力量，就地解决问题，统领跨越发展”的新时代特区版枫桥经验。推动区、街矛盾纠纷多元化解决中心实体化运作，建成行业调委会53家、社区个人调解工作室12家、小区调委会191家，有小区调解员1099名，区、街、社区、小区四级矛盾纠纷调解体系初见规模。是年，全区各类人民调解组织排查调处矛盾纠纷3660起，占全市人民调解案件总量的30%，涉及金额8694.58万元，调解成功率100%。

【为居民购买社会治安综合保险】 年内，湖里区安排财政资金337万元，采取政府统一购买形式，为户籍登记在辖区内的家庭户和在福建省公安治安管理系统中登记在册属于湖里辖区内（含已取得居住证）的流动人口，按每户35元的标准投保为期1年的社会治安综合保险。保险内容涵盖“两抢”救助、重大恶性案件伤害救助、火灾爆炸致家庭财产损失救助、金融诈骗救助、综治人员人身损害救助等10个方面。6月，保险生效，是年发放13笔保险金85万元，其中最大单笔保险金30万元，增强群众获得感、幸福感、安全感。

【综治教育培训中心成立】 1月23日，综治教育培训中心成立。初步建成政法综治系统的政治业务素养培训基地、居民群众的安防知识教育基地和应急处突力量的备勤基地。该中心全年培训、轮训警辅、保安员、街道社区综治力量18期约900人次；承担各类应急处突、夜间重点巡逻、集中整治等应急勤务70余次，出动警力1800余人次。

【深化司法行政体制改革】 2018年，湖里区在全市首创公安驻法院执行警务室，全年执结7043件，执行到位金额4.21亿元，拘留失信被执行人139人，以拒不执行判决、裁定罪追究刑事责任3件3人。区法院自主研发全省首个全流程在线诉讼平台，畅诉讼程序之“起点”，疏“送达难”之“堵点”，扫庭前准备之“盲点”，祛诉讼成本之“痛点”，“智慧法院”建设加快推进。推动区公证处管理机制改革，赋予用人自主权，实行企业化财务管理制度，激发发展活力。

（郑奕昕）

名词解释

五安工程： 指家安、路安、食安、业安、心安。

“四无”示范社区： 指无刑事发案、无邪教活动、无火灾事故、无群体性事件社区。

2018年6月，湖里区为居民购买社会治安综合保险，图为发放理赔金（区政法委供图）

法治政府建设

【清理规范行政审批事项】2018年，湖里区对应取消国务院审改办等11个部门取消的27项中央制定、地方实施的行政审批中介服务和证明材料，不再作为行政审批受理的条件。调整省网上办事大厅、市权责清单管理系统的相关信息。公布取消区级审批特殊环节12项，做好办事指南、服务提供标准、审查工作细则等相关信息的修订完善工作，修改省网上办事大厅、市权责清单管理系统、各审批系统内的相关设置。截至年底，区行政服务中心进驻事项465项。全年受理审批服务事项569074件，办结567429件，其中即办件443992件，即办率78.25%。

【加强事中事后监管】年内，区直部门均制定“双随机一公开”工作实施方案，并依托“双随机一公开”网上工作系统规范事中事后监管。区市场监督管理局通过提取市局相关数据，明确行业受检企业1153户。区人社局、区市政园林局、区文体局、市质监第一分局等部门通过书面检查、实地检查、委托第三方检查等不同方式，开展联合抽查工作。

【落实权责清单制度】2018年，湖里区落实权责清单动态调整，取消权责事项51项（子项38项）、新增权责事项17项（子项49项）、规范权责事项名称48项（子项8项）、调整权责事项类型35项。公布《湖里区企业投资项目管理专项权责清单（2018）》，内容涉及7个部门、24项权责事项、8项子项，在省网上办事大厅、市权责清单系统和部门网站公布。公布区级便民服务权责事项261项。其中，公共服务116项、行政许可51项、行政给付27项、行政确认18项、行政奖励1项、其他行政权力48项。

【开展证明事项清理工作】年内，湖里区开展证明事项清理工作，审核现有的172项证明事项。取消67项无法律、法规依据的证明事项。截至年底，保留区级证明事项105项。

【优化提升行政审批和政务服务软硬件】2018年，湖里区推进“一趟不用跑”和“最多跑一趟”事项清单公布。截至年底，湖里区梳理公布“最多跑一趟”事项361项、“一趟不用跑”事项112项。加速电子证照建设，年内，新增150类证照目录部署配置，完成280类证照目录部署配置；完成湖里区智慧审批综合平台与电子证照库对接工作，事项办结后可自动推送数据至电子证照库，实现电子证照同步生成，全年通过区智慧审批综合平台实时推送证照信息1437件；新增存量电子证照转化25万本，累计完成40万本，完成电子证照入库签章437004件。试点“e证明”项目建设，梳理区经信局、区发改局等24个部门需收取的166项证明材料。推广工程建设领域“自贸区模式”，将告知承诺制推广至全区所有工程建设项目。通过启动“代办窗口”、推进“一窗受理”改革、持续提升“全程网办”，创新推行“靠前联办”等方式，提升审批服务效能。截至年底，湖里区“全程网办”事项147项、“靠前联办”事项9项。

【完善依法行政制度体系】年内，湖里区健全行政规范性文件备案监督制度，做到有件必备、有备必审、有错必纠。是年，区法制办审查通过并依法公布规范性文件13件，均向上级政府和区人大常委会备案。先后开展限制公平竞争、产权保护、军民融合、证明事项等专项清理工作。对现行有效的规范性文件进行自查自纠，经清理，截至年底，有规范性文件52件，保留35件、修订5件、废止或宣布失效12件。

【开展重大行政决策后评估工作】2018年，湖里区对有效的39件涉及财政性资金扶持政策的文件开展决策后评估。对区政府重大决策实施的基本情况、取得的成效、实施过程中遇到的主要问题、能否有效解决实际问题并实现预期目的等进行评估并提出对策建议。经评估，有3件规范性文件因法律、法规修订或政策调整，予以废止或失效；有7件规范性文件因存在扶持措施不科学、政策效果不明显等问题予以修订，其中5件完成修订。

【健全政府法律顾问工作制度】年内，在区政府、部门（街道）、社区三级层面，实现法律顾问全覆盖。加强对区政府法律顾问工作的统筹领导，定期召开区政府法律顾问座谈会，区政府领导听取法律顾问对法治政府建设的意见和建议。设立征地拆迁指挥部法律咨询服务工作站，发挥法律服务在征地拆迁工作中的保障作用；健全完善“村里人”公共法律服务站，集中受理和解决群众的法律服务事项，使群众能在一个平台上，享受“综合性、一站式、便捷化”的法律服务。

【全面推行行政执法三项制度】年内，湖里区制定《湖里区关于全面推行行政执法公示制度、执法全过程记录制度、重大执法决定法制审核制度实施方案》，梳理和汇总全区各行政执法部门的执法人员、法制审核人员、音像记录设备、执法公示平台等执法信息。各执法部门开展细化完善本部门有关制度、清单、服务指南等工作。区执法局湖里中队被推荐为住建部“城管执法队伍强基础转作风树形象”工作的观摩单位；区卫计局采用信息化手段进行行政执法全过程记录，并在厦门市卫计委推行三项制度实施情况现场会上作经验介绍。

【加强行政执法监督管理】 2018年，湖里区定期开展案卷质量评查，抽查各行政执法部门的行政处罚、行政许可案卷，评查结果计入依法行政绩效评估考核内容。全年检查10个部门的31份行政案卷。其中，行政处罚11件、行政许可20件。实行重大行政处罚备案审查制度，全年审查区行政执法局、区安监局报送的重大行政处罚案件119件。加强行政执法人员资格管理，定期清理因退休、工作调整调离执法岗位的执法人员，报请市法制局注销执法资格；组织47名行政执法队员参加市法制局的执法证培训和考试，有42人通过考试，取得执法证。编印《行政诉讼败诉案例选编》，分析败诉原因、提示法律风险，规范行政执法行为。

【依法接受监督】 年内，区人民政府依法接受区人大及其常委会的监督，接受区政协的民主监督，接受社会监督、舆论监督。健全与代表委员见面沟通机制，建立办理结果公开制度，建议、提案答复函在区政府网站公开，全年公开人大代表建议答复函134份，公开政协委员提案答复函113份。是年，办理市人大代表议案1件、建议48件，市政协提案58件，均已按期完成办理答复，代表委员均反馈满意或基本满意；办理区人大建议95件、区政协提案83件，代表委员反馈满意或基本满意100%。

【提升政府信息公开效能】 2018年，湖里区公开部门预算及部门决算45家；推进重大建设项目批准和实施领域政府信息公开，公开立项审批25件，备案147件；做好突发事件舆情回应工作，截至年底，收集网络信息约1000条，处置网络舆情163件；在区政府门户网站上设立“咨询投诉”栏目，对网民的咨询投诉件及时处理并反馈，截至年底，收到群众咨询投诉290件，均已办结。

【完善“两法衔接”机制】 年内，区市场监督管理局与区检察院共同制定《湖里区食品药品行政执法与刑事司法衔接工作实施细则》，成立驻市场监督管理局检察工作室。团区委、区教育局与区检察院联合开展《湖里区未成年人亲职教育之探索——以区检察院未成年人犯罪实例及区学校问卷调查实例为基础》专题调研，探索建立家校一体化网络亲职教育模式。定期开展府院互动，分别与湖里法院、集美法院召开府院座谈会，加强与法院的沟通、交流与配合。通报行政机关履行法院生效判决情况，化解行政争议，推进依法行政进程。

【提高行政复议案件审理透明度】 年内，湖里区完善行政复议案件审理方式，对重大疑难的行政复议案件实行听证审理，提高行政复议办案质量。是年，收到行政复议申请62件。其中，不予受理3件，受理40件，转送19件。截至年底，审理办结37件，审结率92.5%；调解结案13件。

【行政应诉】 2018年，湖里区对区政府作为被告的诉讼案件，提出应诉建议，明确应诉责任单位，并在向法院递交答辩状前，召集涉案单位相关人员和委托代理律师，进行专题研究，掌握案件事实，对行政行为中可能存在的问题提前预判，商讨解决方案，做好出庭应诉准备。加强对各街道、各部门行政应诉工作的组织、协调、指导，编写《2018年度行政诉讼案件应诉情况报告》，分析是年行政应诉案件的主要特点，分析败诉案件情况，查找存在问题，提出法制建议。年内，以区政府为被告的诉讼案件有21件，开庭6件，区政府分管领导或工作人员均出庭应诉。在已审结的一审案件中，一审裁定驳回起诉6件、裁定准予撤诉2件、撤销1件。

【多元化矛盾纠纷解决】 年内，湖里区多元化矛盾纠纷解决服务中心，完善诉调对接、检调对接、公调对接等多元调处机制。截至年底，全区各类人民调解组织排查矛盾纠纷3313起，成功调处矛盾纠纷3313起，调解成功率100%，涉及金额8242.99万元，涉及当事人6907人，达成书面协议778起，司法确认案件62起。《法制日报》《厦门日报》《海西晨报》《法治厦门》等新闻媒体、中央电视台《小区大事》栏目，报道了湖里区的人民调解工作。

【信访工作纳入法治化轨道】 2018年，区委、区政府确定13件信访疑难积案，依法化解9件。群众通过电话、网络、信函提出的信访诉求有8268件，占全部信访量的96.96%，实现群众信访“多走网路、少走马路”。

【提高政府工作人员法治思维和依法行政能力】 年内，领导干部带头学习《宪法》，组织全区干部学习《宪法》专题讲座6场，印制《宪法》读本1万册，做到全区干部人手1册。建立国家工作人员《宪法》宣誓制度，全年组织干部任前《宪法》宣誓2次。更新普法清单，把《宪法》纳入年度“谁执法谁普法”责任清单，把《宪法》宣传作为各部门各行业的共同任务。举办2期领导干部法治专题培训班。组织全区公务员、参照公务员法管理的事业单位全体干部、区管企事业单位负责人和社区主官606人参加《学习党的十九大精神，全面推进依法治国》的专题培训；组织全区处级以上领导干部参加《“扫黑除恶”背景下黑社会性质组织相关犯罪的依法治理》的专题培训。举办法治政府建设专题讲座。区政府常务会先后专题学习《中华人民共和国宪法》《中华人民共和国行政诉讼法》《中华人民共和国消防法》《中华人民共和国统计法》等相关法律法规，邀请法律专家为政府部门主要负责人授课辅导。

【落实法治政府建设保障机制】 2018年，湖里区制定《湖里区2018年法治政府建设重点工作安排》，从8个方面对本年度法治政府建设的38项重点工作进行任务分解，明确目标责任，并要求各街道、各部门对照学习，制定本单位法治政府建设年度工作计划。把法治政府建设成效作为衡量领导班子和领导干部工作实绩的重要内容，纳入政绩考核指标体系。定期对各街道、各部门落实法治政府建设年度重点工作情况进行督查。

（张宪敏）

公 安

【综述】 2018年，湖里公安分局有13个内设机构，下辖7个派出所（5个行政所，2个边防所），有民警525人、警辅1559人。是年，分局以完善防控体系、打造平安高地为主线，以深化公安改革、创新社会治理为动力，以升级现代科技、构建智慧警务为支撑，以打造法治公安、建设过硬队伍为保障，推进各项公安工作和队伍建设。年内，完成“两节”、“两会”、海峡论坛、数字中国、中非合作论坛北京峰会等重大安保任务。命案侦破、反邪教、打击“盗抢骗”、治安问题清理整治等多项工作在全市领先，扫黑除恶专项斗争工作赢得中央督导组及市局肯定，缉毒执法工作打赢“翻身仗”，驻法院执行警务室、“平安湖里e家”等创新举措全市首创并被推广，综治考评公安项目、差异化考评全市第一。全年刑事警情比上年下降27.1%。是年，分局全年受到各类表彰奖励的集体有8个、个人有192人，3个集体立三等功，15人立三等功。

惩罚犯罪

【概况】 2018年，湖里公安分局以“要案必破、黑恶必除、毒患必扫、盗抢必打”为导向，破刑事案件2718起，抓获刑事作案成员2647人，比上年上升12.16%，打掉犯罪团伙82个，比上年上升13.89%；全区3起现行命案均在案发4小时内快速破获，侦破12年命案积案，打响全市命案积案攻坚会战第一枪；“八类”案件发案111起，破案率99.1%、比上年提升7.56%。其中“两抢”案件破案率100%；打掉电信网络诈骗窝点48个、团伙63个，破获10万元以上诈骗案件8起；“火眼追逃”全市率先试点，4个月内抓获在逃人员142名，位居全市第一。

【开展扫黑除恶专项斗争】 2018年，湖里公安分局在全市率先完成中央督导组、部、省、市平台下发线索核查办结率100%目标，侦办全市首起利用老人协会敲诈勒索案、全市首个“套路贷”团伙和首个医疗领域敲诈勒索犯罪团伙等一批群众关注度高、社会影响恶劣的黑恶势力犯罪案件。全年打掉涉恶团伙67个、恶势力犯罪集团3个、恶势力犯罪团伙2个，其中已判决恶势力犯罪集团3个。会同海事局、市场监督管理局等部门联动开展非法采砂、富贵门小区征拆、“私宰肉”乱象等热点整治及社会综合治理，推动扫黑除恶专项斗争纵深发展。

【开展禁毒工作】 年内，湖里公安分局抓获毒品犯罪嫌疑人399人、查处吸毒人员901人、缴获各类毒品276.27千克，破获部督案件3起、省督案件4起，摧毁厦门市1处大麻种植窝点，协助北京警方收网1起特大毒品走私案，是近年来厦门市警方侦破缴获可卡因数量最多的涉毒案件。“飓风肃毒2018”专项成绩排名全省第二、全市第一，缉毒执法工作在年度差异化考评、综治考评中未被扣分，年内辖区未发生涉麻制毒案件，未被外地查获制麻制毒工厂案（事）件。

【打击侵财犯罪】 湖里公安分局全年累计打掉电信网络诈骗窝点48个、团伙63个，破获10万元以上诈骗案件8起。通过完善五侦同步经营的“一案一组，包案到组”新侦查工作机制，精准打流窜、控警情，辖区“盗抢”侵财案件在发案比上年下降50.77%的情况下，破案率比上年上升8.47%。

治安管理

【概况】 2018年，湖里公安分局坚持系统治理、源头治理相结合，通过完善治安岗卡勤务机制、加密视频监控网络、加强科技信息支撑，推进立体化、信息化社会治安防控体系建设，掌握治安主动权。辖区刑事警情比上年下降27.1%，其中日均接警量比上年下降18%，辖区群众安全感、满意率、获得感提升。

【治安热点问题整治】 2018年，湖里公安分局紧盯市、区两级确定的国际邮轮码头、五缘湾游艇码头、万达商圈、钟宅社区、蔡塘社区、围里社区等6个治安乱点区域以及自主排查确定的安兜、后浦、殿前一组夜市等3个治安问题重点部位，集约开展“围村”“围楼”“围点”统一行动，掀起“清扫行动”、打击整治枪爆违法犯罪专项行动、易制爆危险化学品专项治理工作热潮。全年查处涉黄、涉赌案件873起，涉枪、涉爆案件10起，烟花爆竹违法案件3起，缴获各类仿制、自制枪支23把，查处黑网吧4家，黄赌举报警情呈现“两升一降”（刑事、行政查处数上升，警情数下降）态势，辖区社会治安环境得到净化。

【公共安全监管】 年内，湖里公安分局推进危险物品“一体化”安全监管信息平台应用，落实危爆物品购买许可、实名登记、流向备案等安全管理制度；狠抓城中村区域私房出租屋、高层楼宇及城市综合体消防隐患治理，推动街道采用购买社会服务方式加强辖区生产经营场所的消防安全检查力度。全年采集标准地址及实有人口、房屋、单位、物品等要素信息73.7万余条，累计对16家场所采取消防临时查封措施，对157个单位或个人采取行政处罚。对重大火灾隐患逐一挂账整改、按期销案，辖区火灾事故比上年下降15.3%，总体火情平稳，枪支弹药、易制爆化学品、烟花爆竹、管制刀具等危险物品管理安全有序。

【行业场所管理】 2018年，湖里公安分局围绕“2018飓风肃毒”“清扫行动”、扫黑除恶专项行动，常态化开展网吧、旅馆业、机修业、寄递物流业及娱乐场所安全巡查管控，狠抓信息登记上传畅通率网上监测及实地巡查。年内，处罚不落实“三个100%”（100%先验视后封箱、100%寄递实名制、100%X光机安检）的寄递企业45家次，发现并整改问题70处；处罚不落实“四实”（实名、实数、实情、实时）登记制度的旅馆71家次，取缔无证旅馆140家次、行政拘留132人次。湖里区歌舞娱乐场所治安管理信息系统应用综合考评成绩位居全市前列，寄递业“三个100%”、物流业“两个100%”（实行收寄货物实名登记100%、开箱验视100%）制度有效落实，网吧、宾旅馆、机修实名登记率提升。

【治安巡逻防控】 2018年，湖里公安分局着眼“有效控案、快速处警”，按照市局四色预警机制，统筹“135”快反圈、社区巡防、夜间大巡查等6类防控勤务，加密重点区域巡防频次；突出人员密集场所内部安保力量整合，在万达、东渡邮轮中心等8个一类人员密集场所及夏商水产批发市场、五缘游艇码头等9个二类人员密集场所，建立由派出所牵引警力带队的场所内部巡防勤务工作机制，加密“全时空组网”的立体化治安防控体系；推动视频监控四期建设项目建设，新建联网一类、二类视频监控1603路，接入三类社会面资源2942路，全区寄递网点、分拨中心等重要节点、重要部位的视频监控实现接入，12个社区雪亮社区试点建设在全市推进靠前，其中湖里社区、闽南古镇、江头二手手机市场、高林社区4个试点已建成投入使用，夯实“威慑警务”工作基础。

【网络安全防控】 年内，湖里公安分局落实24小时全天候网上监控机制及重大敏感案（事）件依法处理、舆论引导、社会面管控“三同步”工作机制。开展“净网2018”行动，发现上报各类舆情443条，累计删帖143条，下发指令落地处置95条，开展舆情导控140条，向党委、政府推送重要敏感信息11条，处置“6.5兴隆路一餐馆男童被踢踹受伤”等舆情；破获自侦涉网案件14起，抓获40人，打掉1雇佣网络“水军”在网上威胁、恐吓、侮辱、诽谤、滋扰的黑社会组织，打响全市清剿网络“水军”第一枪，超额完成市局下达的全年网安自侦案件指标，网络秩序平稳可控。

警务创新

【发动党员民警进小区】 2018年，湖里公安分局组建“小区警察”队伍，探索湖里公安的特色“枫桥模式”，逐步实现“小事不出网格、大事不出社区”的目标。全年发动200余人担任“小区警察”，实现全区334个小区全覆盖，使公安机关各警种横向、纵向加强联系，变分散为合成，将有限的警力资源下沉到社区，以最少的警力投入获得最佳的警务效益，把依托小区党支部组建的“小区警察”队伍建设成为能解决实际问题和提供综合性服务的战斗实体。

【成立驻法院执行警务室】 9月4日，在区综治办的牵头协调下，湖里公安分局联合区人民法院打造的全市首家公安驻法院执行警务室正式揭牌成立。根据区综治办、区法院和湖里公安分局联合出台的《关于设立驻法院执行警务室的工作方案》规定，该警务室设在湖里区人民法院，由分局3位民警常驻值守，实现公安与法院执行力量"无缝对接"。驻法院执行警务室承担协助查询被执行人身份、户籍、暂住、出入境等信息，协助推送被执行人酒店住宿信息，协助查找被执行人下落，协助法院采取拘留措施、接受法院移送的涉嫌拒不执行判决、裁定罪，妨害公务罪和非法处置查封、扣押、冻结的财产罪的案件材料，并协助收集涉嫌犯罪的相关线索和证据等。自成立至年底，驻法院执行警务室接收疑似构成"拒执"罪案件38起，办结其中12起，移送审查起诉12人；控制并向区人民法院移送失信被执行人18人，均被依法司法拘留。

【建成"平安湖里e家"平台】 2018年，湖里公安分局搭建"平安湖里e家"平台。"平安湖里e家"平台自上线以来，以有奖问答、趣味游戏、视频链接的方式呈现典型诈骗手段，用户注册总数持续上升至20.7万人。其中，湖里区实有人口12.9万人，总访问量达104.5万次，访客240万余人次，成为辖区企业乐于推广，群众有所收获，警民互动良好的多功能防诈骗宣传平台。

（湖里公安分局编写组供稿）

道路交通安全管理

【概况】 2018年，交警支队湖里大队（以下简称"湖里大队"）查处各类道路交通违法行为65.12余万起，其中现场查处违法26.47余万起，非现场查处38.65余万起；查处酒驾、醉驾，超员、超速、超载，涉牌、涉证等严重道路交通违法约2.51万起；查扣机动车约1.12万辆、非机动车约0.43万辆；刑事拘留433人、行政拘留339人。地毯式排查交通问题点段，排查上报64处道路隐患，已全部排除；动态式巡查占道施工安全隐患，约谈违规施工单位105次，下发整改通知书99份，开具罚单23张，处罚金额11.5万元；实地走访重点运输企业662家次，约谈相关负责人539人次，下发限期整改通知书447份，处罚责任企业42家。抽查动态监管营运车辆1255辆；五类重点车辆检验率100%，重型货车检验率达95.11%，重型挂车检验率90.96%，重点驾驶人审验率99.53%。是年，微信平台推送交通微文530篇，开展酒驾夜查微直播1次，主题宣传活动50余次，"五进"宣传770家次，粘贴宣传海报4万余份，发放宣传材料7万份。完成各级别特勤保障845趟次，完成春节、"五一"劳动节、国庆节等节假日及中高考、海峡论坛、"9·8"国际投资贸易洽谈会、厦门国际马拉松赛等重要活动、重大赛事的道路交通安保工作。设立交通安全专项工作经费307.8万元；建立交通管理政府购买社会服务保障机制，每年下拨60万解决交通执法暂扣车辆保障问题；将175名警辅力量纳入区财政年度预算，预算额1250万元作为辅警工资。

【组建骑警队伍】 8月13日，湖里大队试行骑警大铁骑勤务模式启动。全年出动骑警队2295组次，巡逻线路7191条，巡逻里程75735公里，主动发现警情3060宗，主动发现率39.98%，动态处置事故、拥堵、故障、群众求助等各类警情6457宗。

【交管窗口深化"放管服"改革】 2018年，湖里大队在窗口部门推行"六零"工作机制。严格落实"首问问责制"和"一次性告知制"。简化程序实现"一站式服务""一窗式办理"；推行"延时服务"，突破时间限制，全力服务办事群众；采取"分类服务"，对残疾人、退伍军人、外籍人员和港澳台等特殊群体开辟"绿色通道"；推动车驾业务网上办理，真正"让数据多跑腿，群众少跑路"。以最快的办事效率便民利民，简单事马上办、复杂事全力办、难办事设法办，做到业务办理日接日清。健全业务办理机制，加强专业培训，出台服务指南，加大常态督导力度、密度。以

8月13日，湖里交警大队骑警队成立（湖里大队供图）

2018 年，交警支队支队长郑勇胜到大队违法处理窗口检查（湖里交警大队供图）

公仆的身份、平和的语气对待群众，以严谨、务实、好学的态度对待工作，自觉接受群众和社会各界的监督。强化队伍党风廉政建设，定期开展为警清廉教育和执法执纪教育，推动队伍健康发展。

【设立事故快速处理服务点】 年内，湖里大队先后在辖区东西片区设立东渡、金山 2 个事故快速处理服务点，提高了轻微事故快处、快撤、快赔效率，缓解了因小事故造成大拥堵。是年，在禾山交警中队部建立辖区第三个事故快速处理服务点，创新配套保险服务功能，即在服务点窗口增设定损评估、保险询价报价、保单打印及保险售后流程服务等综合服务功能，为当事人提供便利。禾山快速处理点在试运行的一个月内受理事故快处 72 起，咨询服务大约 300 人次。

【市道路交通管理勤务机制改革】 2018 年，湖里大队构建"情、指、勤、督"一体化现代勤务机制。"情"是组建交通研判队伍，建立定期分析研判机制，坚持情报主导警务、信息引领警务，创新"时预警、日研判、周分析、月会商"工作模式，围绕"警情、堵情、违法、事故"4 个重点要素进行深度分析，及时动态预警交通风险。"指"是建立大队和中队二、三级立体化指挥体系，搭建"统一指挥、上下联动、一体运作、精准高效"的指挥体系，实现警情数据一个系统整合、指挥调度一张图上作业、应急处置一体联动运作，不断推进指挥集成化、专业化、扁平化。"勤"是强化"视频巡查、道路监测、平台应用、监控抓拍"4 大功能，网上网下紧密联动，全方位监测和干预交通，实现一体化运作，提高主动发现率和快速处置率。"督"是健全执勤、执法监管系统，运用物联网技术，依托警务通、执法记录仪、数字对讲机等执法装备，加强对巡逻、接警、指挥、出警、处置等警务活动过程的督导，督促民警依法按规履职尽责。建立勤务责任倒查机制，奖优罚劣，激励先进。

【湖里交警大队队伍作风建设】 年内，湖里大队建立安全生产"党政同责、一岗双责"、道路交通事故"一案双查"（调查事故原因、调查安全管理责任）、安全隐患风险分级管控和排查治理等工作机制，完善防汛抗洪抢险救灾、群死群伤、危险化学品车辆事故等应急预案 16 份。实行大队班子领导定点挂钩包干责任制，落实每日早晚高峰进驻指挥室参与指挥调度和实地巡查督导窗口服务规范，定期到挂钩单位督导检查工作。紧盯执法中存在的问题和薄弱环节，建立"警情日巡查、场所日检查、案件日抽查以及异常数据排查"制度，跟踪执法记

2018 年，禾山事故快速处理服务点启动（湖里交警大队供图）

录仪的使用管理情况，下发刑案预警和执法指令，并建立微信群，实时通报执法不规范问题，实施日通报和月点评制度，适时约谈重点对象，期间开展各类教育培训 26 次。定期对重点工作进行“微部署、微指引、微点评”，制作工作微指引 28 则，工作微信 365 则。开展主题实践活动 7 次，组织专题学习 14 次、集中辅导 4 次、撰写个人心得体会 736 篇，剖析报告 312 篇，开设学习宣传专栏 4 个。组织召开党风廉政建设专题会 2 次，开展岗位风险排查 2 次；组织观看《权利的迷途》视频，签订《廉政建设责任书》《廉洁从警承诺书》《信息安全和保密承诺书》等各类遵纪律守承诺责任书。大队班子成员开展“两个责任”谈心谈话 32 人，在全体民警中开展风险岗位人员廉政谈话提醒 251 人次，党员谈心谈话 83 人次。召开队伍思想状况分析会 4 次，掌握队伍思想苗头性、倾向性问题，列出问题清单，制定限期整改措施。对重点人、重点事进行梳理排查，查找风险点，确定重点人员 8 名，其中：民警 4 名、辅警 4 名，指派专人进行跟踪教育。

【交通安全宣传】 2018 年，湖里大队在微信平台推送微文 530 篇。建立重点运输企业交通安全微信学习群，曝光严重违法行为；“开学季”，组织民警走进各中小学校，开展“面对面”宣传教育；深入城中村，针对外来务工人员开展“点对点”宣教活动。依托违法处理窗口、审验教育培训、青少年交通安全教育基地、园区劝导站和社区书院 5 大阵地，以发放宣传资料、摆放宣传展板、面对面教育等方式多维度开展宣传教育活动。是年，大队先后开展主题宣传活动 50 余场次，“五进”宣传 770 家次。在客运站、社区、街道粘贴宣传海报 4 万余份，发放全民随手拍晒交通陋习、拒绝酒驾、国庆限行等宣传折页 4 万余份，致家长的一封信 3 万份。

（吴敬城）

12 月，湖里大道闯红灯抓拍系统正式启用（邓富茂　摄）

【交通设施改善】 3 月，湖里区全面完成各街道及校园周边道路交通安全设施改善项目，投入 79 万元，改造涉及道路交通标志 112 面，标线 6875.2 平方米，中央隔离护栏 100 米及其它相关道路交通安全设施。投入约 160 万元用于校园周边道路交通安全整治改善。7 月，制定完成整治工作方案，截至年底，完成清除标线 838.95 平方米，恢复标线 2326.7 平方米，设置标牌 27 个、护栏 1228 米、反光膜 4 米、广角镜 8 个、反光柱 22 个，拆除护栏 6 米、禁停标牌 22 个，安装 13 个限时停车监控抓拍系统。

【交通疏解改善项目智能交通一期工程启用】 2017 年，湖里区争取市大交办市财政 2100 多万资金支持，启动智能交通一期工程，对湖里区环岛路、环岛干道、金山路、云顶北路、金尚路、成功大道、铁路沿线、嘉禾路、华荣路、疏港路、兴湖路、南山路、仙岳路、吕岭路等 14 条道路和机场、五缘湾 2 个片区交通设备进行升级改造，该项目于 2018 年 6 月建设完工投入试运行，12 月完成终验，投入车辆逆行抓拍系统、闯红灯抓拍系统、违停自动抓拍系统等 116 套交通设施装备。智能交通系统一期工程项目启用，推进湖里区道路交通综合管理工作，提升道路交通管理服务水平，规范交通秩序，减少车辆交通违法数量和行车延误，降低交通事故率，保障非机动车和行人通行安全。

（王晓兰）

名词解释

“六零”工作机制：一是业务受理“零推脱”；二是服务方式“零距离”；三是服务事项“零积压”；四是服务质量“零差错”。五是服务效能“零投诉”；六是依法行政“零违纪”。

检　察

【概况】 湖里区人民检察院（以下简称“区检察院”）全年受理移送

11 月 14 日，检察院对颜某敏等 24 人涉黑案件提起公诉（吴琳琳　摄）

审查逮捕案件 613 件 866 人，移送审查起诉案件 1333 件 1844 人。经审查，批准逮捕各类犯罪嫌疑人 620 人，提起公诉 1310 人，依法不捕 256 人、不诉 127 人。集体和个人获得市级以上表彰 20 次，省级以上表彰 6 次。

【依法惩罚各类刑事犯罪】 2018 年，检察院参与“五安工程”建设、“飓风肃毒”会战行动，批捕“两抢一盗”、诈骗类犯罪 204 人，起诉 354 人；批捕毒品类犯罪 86 人，起诉 58 人。成立职务犯罪检察部，专门负责区监察委移送的职务犯罪案件的审查起诉工作，提前介入区监察委查办的案件 13 件 18 人，受理区监察委移送审查起诉案件 9 件 14 人，经审查，向法院提起公诉 3 件 5 人。

【纵深推进扫黑除恶专项斗争】 年内，检察院制定专门扫黑除恶专项斗争实施方案，成立扫黑除恶专案组 4 个，实现涉黑涉恶案件“专人专案、捕诉合一、一案到底”。重点惩罚利用家族势力横行乡里、强揽工程、黑恶势力“保护伞”等犯罪。与湖里公安分局、湖里法院联动作战，建立健全扫黑除恶工作台账、提前介入和案件会商等制度，全年提前介入案件 10 件，依法批捕涉黑涉恶犯罪 10 件 28 人，起诉 3 件 42 人；办理黑恶势力“保护伞”职务犯罪案件 1 件 2 人，其中，起诉颜某敏等 24 人涉黑案件、徐某秀等 12 人共 36 人涉恶案件，促使案件被告人全部认罪认罚。

【预防和化解社会矛盾】 2018 年，区检察院制定了《矛盾纠纷积案化解专项治理三年行动方案》，发挥“全国文明接待室”品牌效应，加强初信初访接待工作，强化释法说理，妥善处理信访人诉求，消除各类不安定因素。全年受理、接待群众来信、来访 83 批次，受理的 58 件涉法涉诉信访事项均已办结。推进审查逮捕诉讼化转型工作，对 5 起案件进行诉讼化审查。注重执法办案风险防范，对 9 起可能引发涉检信访的案件，及时启动涉检信访风险评估预警。

【刑事检察监督】 年内，区检察院对公安机关应立而未立案和漏犯、漏罪情况开展专项核查，监督立案 3 件 4 人，追诉漏犯 3 人、漏罪 1 件。针对侦查机关违法、违规行为发出纠正违法通知书 3 份、检察建议 6 份，排除非法证据 1 份。提请抗诉 3 件，均获得上级院支持。受理羁押必要性审查案件 125 件，经审查，发出变更强制措施建议函和建议书 50 份，就审判机关不当暂予监外执行问题发出检察建议 1 份、纠正违法通知书 1 份，就司法行政机关社区矫正工作中存在的问题发出纠正违法通知书 1 份。分别与区市场监督管理局、区司法局就食品药品执法、社区矫正监督工

7 月 12 日，在湖里区社区矫正中心挂牌成立派驻检察工作室（吴琳琳　摄）

作签订协作意见，成立派驻检察工作室2个，促进监督常态化、长效化。

【民事行政检察监督】2018年，区检察院通过分析案件线索、筛查法院原审卷宗、加强职能宣传等方式开拓监督案源，全年受理各类民行监督案件5件。就行政非诉执行案件中存在适用终结执行程序不规范的问题向法院发出行政非诉执行检察建议1件。以“套路贷”案件为切入点，打击民事虚假诉讼行为，就2件借贷纠纷虚假诉讼案件提出再审检察建议。

【履行公益诉讼职能】年内，区检察院与区市场监督管理局、区监察委、区河（湖）长办分别会签文件，建立工作协作机制，整合民事行政公益监督资源。对接环保、食品、药品等领域行政职能部门，围绕群众关心、关注，涉及社会公共利益的重点热点问题，深入排查公益诉讼线索。

【为辖区经济有序发展提供服务】2018年，区检察院成立金融案件办案小组，打击强迫交易、损害商业信誉、非法集资、金融诈骗等犯罪，坚决防范和化解经济金融风险，全年批捕各类破坏社会主义市场经济秩序犯罪23件31人，起诉45件81人。妥善办理受害人多达5万余人的弥乐福公司非法吸收公众存款1亿元案件。批捕自贸区核心片区刑事案件10件16人，起诉20件25人。自贸区检察室走访相关部门和企事业单位30余次，提供法律咨询3次。成立“厦门市检察机关打击和预防知识产权犯罪教育基地”及“厦门自贸片区综合法律服务中心”，与自贸委政策法规局、湖里法院、厦门市律师协会签订协议，加强各方在矛盾纠纷多元化解决、综合法律服务等领域合作，拓展厦门自贸片区内面向企业以及其他主体的法律服务。

【对接民生需求】年内，区检察院推进破坏环境资源犯罪和危害食品药品安全犯罪2个专项立案监督活动，批捕危害食品安全犯罪2人，保障“舌尖上的安全”。依法起诉利用电信网络实施的诈骗、传销、侵犯个人信息等犯罪51人。联合专业社工、心理咨询机构帮扶36名涉案未成年人，为未成年人及家属提供心理疏导19人次。与团区委、区教育局合作，探索建立“政府引导、社会化参与、特殊与一般相结合”的亲职教育模式。围绕未成年人防性侵教育主题，联合街道、社工组织开展亲职教育讲座2次，微课1次，并将1名微课听众反馈的性侵害犯罪线索依法移交公安机关调查。

【参与社会综治】2018年，区检察院针对执法办案过程中发现的校园反邪教教育、医疗机构管理、导游领队执业行为规范等领域存在的问题，向市卫计委、市旅游发展委员会等部门单位发出检察建议14份。为相关行业、单位建章立制、规范管理、预防犯罪提供优质“检察方案”，并加强与相关主管部门的沟通协调，跟踪监督落实，检察建议整改反馈率达100%。围绕学习新宪法、社区换届选举、扫黑除恶等主题，组织社区检察官网格服务队、普法宣讲团，深入机关、企业、社区、社矫中心等开展各类普法宣传活动31场，在“湖里检察”微信公众号更新普法文案69期。

【推进检察体制改革创新】年内，区检察院建立健全检察人员分类管理、分类考核制度，推进内设机构改革。全院统一调配包括入额院领导在内的员额检察官办案力量，按照比例随机轮案，共同参与办理审查批捕、审查起诉案件，充实办案一线力量，缓解案多人少的压力。5名入额院领导全年办理案件184件。落实检察职业保障，实现入额检察官待遇与检察官等级挂钩，畅通择优选升通道，完善员额可进可退管理机制，择优选升三级高级、四级高级检察官12名。

9月29日，区检察院与自贸委政策法规局、区法院、厦门市律师协会签署《厦门自贸试验区综合法律服务中心合作协议》（吴琳琳 摄）

【检察队伍建设】 2018年，区检察院组织干警参加团体辩论赛、压力与情绪管理等各类实训、培训53次，增强队伍专业素养和履职能力。对135件案件开展质量评查，对存在的问题及时通报，督促整改，推动办案水平和办案质量的整体提升。是年，检察院集体和个人获得市级以上表彰20次，省级以上表彰6次。其中，2名干警获得“全市优秀公诉人”称号，1名干警获得“全省优秀公诉人”称号。

【纪律作风建设】 年内，区检察院狠抓“两个责任”落实，配合市中院第二巡察组开展巡察工作，把全面从严治党深度融入各项检察工作，提升从严治检水平。开展“纪律整顿年”活动，全面自查自纠，不定期组织明察暗访，定期公示考勤情况、通报查处问题清单，约谈干警、职工11人，杜绝“庸懒散”等纪律作风问题。修改制度47项，新增制度30项，实现以制度约束队伍。

【提升办案效力】 2018年，区检察院完成远程提讯和远程提审系统建设，并设置专用提讯室，提高办案效率。规范运作电子换押系统，实现电子换押1151件，全年录入综治诚信信息系统数据1125条。强化案件动态监管，采用口头提示、月案管动态通报、半年案件质量分析报告等方式突出对办案期限、强制措施使用、诉讼权利保障和涉案物品处理等问题进行监控，发出流程监控口头提醒383次。规范辩护人、诉讼代理人接待工作，制作电子卷宗1341件4210册，全年接待律师阅卷544次，受理变更强制措施申请83次，听取辩护人意见196次，为律师提供阅卷光盘558张。

（林　菁）

法　院

【概况】 2018年，湖里法院受理各类案件22138件，办结19597件，分别比上年下降2.28%和0.45%。有6个集体、52名个人受到市级以上表彰，获第13届省级文明单位、全省优秀法庭等荣誉。

审判执行　湖里法院审结刑事案件994件，判处罪犯1329人，审结涉黑涉恶案件4件。审结涉及产业转型升级、重大项目建设、实体经济发展等民商事案件11367件，标的7.43亿元。审结涉自贸区案件2686件。审查受理强制清算与破产案件6件，移送审查执行转破产案件4件。审执结涉军停偿案件5件。审结投资、买卖等合同纠纷案件8379件，公司、股权等纠纷案件169件，知识产权案件322件。审结行政诉讼案件10件，审查行政非诉案件183件，服务法治政府建设。全年执结案件7040件，执行到位4.21亿元。加大强制执行力度，开展集中执行行动67次，拘留失信被执行人139人，以拒不执行判决裁定罪判处罪犯3人。公开失信被执行人信息810人次，对9071人限制高消费。在最高法院组织的第三方评估验收中，四个核心指标均达标。

司法为民　湖里法院大力推进智慧法院建设，自主研发建成全省法院首个全流程在线诉讼平台，让当事人“一趟都不用跑”就可以打完官司。全面推进现代化诉讼服务中心建设，构建诉讼服务大厅、网上诉讼服务平台、自助服务终端、手机移动应用、“12368”诉讼服务热线“五位一体”诉讼服务体系。设立全省首个“律师法律服务工作站”，聘请26名特邀调解员，促进矛盾纠纷多元化解。出台《农民工工资争议案件快立、快裁、快审、快执工作意见》，劳动争议团队审结案件394件，家事团队发布近3年婚姻家庭案件大数据分析报告和10个典型案例，建立离婚冷静期、财产申报、人身安全保护令、离婚证明等工作制度。出台接访办信工作办法，办结来信、来访118件。加大司法救济力度，为困难当事人缓减免交诉讼费6.2万元，提供司法救助35.08万元。推进“七五”普法工作，拍摄《E场官司》法治微电影，通过媒体发布典型案例129件，举办6场“法院开放日”主题活动，召开2次新闻发布会。深化司法公开民主，在互联网公布裁判文书13917份，直播庭审759场，人民陪审员参审案件3403件，陪审率达98.67%。

司法改革　湖里法院坚持入额必办案、入额院领导带头办案，49名员入额法官人均办结案件400.2件，居全省基层法院前列；院庭长主审结案5037件，占全院结案数的25.70%。建立以办案数量和质量为基础的审判绩效考核制度，完善司法人员分类管理的绩效评价机制。探索诉前程序改革，成立诉前工作团队，建立案件先行送达、保全、调查、调解机制。深化民商事案件“分调裁”机制改革，速裁中心审结案件6060件，占同期审结民商事案件的53.31%。推进刑事案件认罪认罚从宽制度试点工作，适用该制度审结案件430件，占审结刑事案件的43.26%，案件平均审理时间缩短至3.5天。加强审判质效评估和审判态势分析，结收比、案件法定审限内结案率、一审服判息诉率、发改率等反映审判质效的关键指标持续优化，居全市基层法院前列。健全完善法律统一适用机制，召开专业法官会议讨论案件56件，审判委员会研究案件8件，提升审判质量。

队伍建设 湖里法院通过中心组学习讨论、院领导上党课，党建e家、调研培训等，持续深入学习习近平新时代中国特色社会主义思想，增强“四个意识”，坚定“四个自信”，做到“两个维护”。以建院三十周年为契机，颁发荣誉奖章，编写年鉴，编唱院歌等，每季度开展“执法办案之星”和“服务保障之星”评选活动。以“湖法论坛”为平台，邀请本院领导、上级法院法官举办实务专题辅导讲座，全院18篇案例入选国家级案例，37篇专业论文发表在省级以上刊物，完成4个市级重点调研课题。推进法官单独职务序列改革，按期晋升、择优选升13名法官职务等级。接受省高院、市中院联动司法巡查，狠抓问题整改落实。加强对审判流程节点监控、长期未结案件督办、投诉信访中发现问题的督查倒查，对履职不到位的部门领导和干警函询约谈20人次。

【“执行难”综合治理】 2018年，区委政法委牵头公检法加强协调研议，建立联席会议制度，对涉嫌拒执犯罪的，及时立案侦查、及时提起公诉、及时进行审判，形成共同打击拒执犯罪的高压态势。区纪委（监委）与湖里法院联合出台工作意见，对失信党员、公职人员进行信用监督、警示和惩戒，全年排查出“两员”失信被执行人65名。区委组织部与湖里法院联合在社区组织换届选举中对候选人进行排查，取消2名“失信”候选人的候选资格。湖里法院与区信息中心联合将失信被执行人信息嵌入湖里区网格化服务管理信息平台，湖里区各街道、社区相关工作人员均可通过此平台查询失信被执行人信息，对相关被执行人给予失信惩戒，区综治办通过此平台审查各单位报送的拟表彰先进集体和先进个人是否为失信被执行人。与电信、移动、联通3大运营商合作，定制失信彩铃彩信、来电名片。与人保财险建立执行悬赏保险机制，通过悬赏保险降低申请执行人负担，通过人保财险的微博或微信等媒体扩大执行悬赏曝光度。在辖区5个街道、54个社区公告栏及“信用湖里”网站上曝光辖区内失信被执行人。

7月11日，湖里法院举行互联网法庭“全在线”诉讼平台建设情况新闻发布会（陈万颖 摄）

【自主研发建成全省法院首个全流程在线诉讼平台】 年内，湖里法院积极推进“互联网法庭”项目建设，逐步形成了覆盖在线立案、在线送达、在线举证质证、在线庭审等诉讼流程的全在线诉讼平台，让当事人“足不出户”就能完成一切诉讼活动。“全在线”诉讼平台获评2018年度福建法院十大改革创新亮点举措。该平台主要用于金融案件、小额速裁案件、争议不大的案件、当事人跨域案件以及涉互联网案件。此类案件约占湖里法院全部民商事案件数的30%。

【在全省率先推出“诉讼文书识别码”】 2018年，湖里区在在全省率先推出“诉讼文书识别码”。文书中添加防伪水印和二维码，将“一案一码”贯穿于诉前调解、立案、送达、裁判等各个诉讼环节，实现民事诉讼全流程法律文书在线公开和电子送达。当事人通过手机扫一扫，关注“湖里法院互联网法庭”微信公众号后，即可在线验证电子文书真伪，打包下载相关文书的电子版，在线查询案件审判流程信息，在提高诉讼效率的同时增加司法透明度。

【审结颜某敏等黑社会性质组织案】 2018年，湖里法院审结全市开展扫黑除恶专项斗争以来首起黑社会性质组织案。1997年至2006年，被告人颜某敏利用经济实力，逐步发展以其为首，被告人颜某赐、颜某福、颜某全、颜某坚、颜某洋、颜某清等人为成员的犯罪团伙。2006年开始，该犯罪团伙有组织地以暴力、威胁等手段，实施聚众斗殴、强迫交易、敲诈勒索、寻衅滋事、串通投标、虚开增值税专用发票等犯罪活动以及非法出租土地等违法行为。通过贿赂、插手村居换届选举等获取并利用有关国家工作人员、村两委成员的包庇、纵容，

10 月 26 日，湖里法院公开审理宣判厦门市首起恶势力犯罪集团“套路贷”案（林姗　摄）

谋取大量违法利益。该案审理过程中，全案 24 名被告人均在辩护人在场情况下签署认罪认罚具结书，庭审中均认罪悔罪。11 月 30 日，湖里法院对该案作出一审判决，24 名被告人分别被判 2 年到 21 年不等的刑罚。该案也是 10 月 26 日新修订的《中华人民共和国刑事诉讼法》实施后，全市首例适用认罪认罚从宽制度审理的重大涉黑案件。

【审结全市首起恶势力犯罪集团“套路贷”案】 2018 年，湖里法院审结全市首起恶势力犯罪集团“套路贷”案。2017 年 6 月以来，被告人陈某龙等 6 人以鑫源沣公司、远烽公司名义对外办公，以民间借贷为诱饵，使被害人签订虚高借款合同，后通过虚假诉讼等手段意图骗取被害人财物，或以限制人身自由、殴打被害人方式逼迫其还款，形成以被告人陈某龙为核心，陈某、黄某等人为重要成员的较为严密和固定的犯罪组织，有计划地实施诈骗、非法拘禁、虚假诉讼、随意殴打他人等违法犯罪活动，系恶势力犯罪集团。11 月 7 日，湖里法院对该案作出一审判决，判处案件主犯陈某龙有期徒刑 6 年 6 个月，其他同案犯分别被判处有期徒刑 6 个月至 3 年 6 个月不等的刑罚。

【妥善处理联发电子系列租赁案】 年内，原告厦门联发电子商城开发有限公司诉被告林钰澄等近百人房屋租赁合同纠纷系列案得到妥善解决。原、被告租赁合同到期后双方未续签，被告仍继续租用店铺，原告未提异议，建立了不定期租赁合同关系。后原告为收回店铺，与被告协商未果，采取停水断电等措施。被告继续占用店铺且拒绝缴交租金。原告诉至湖里法院，主张被告立即腾空铺位并支付租金、铺位占用使用费及律师费、诉讼费等相关费用。被告反应激烈，采取拉横幅、信访等方式抗议。湖里区召开政法委、法院、公安局、司法所、街道等参加的联席会议，研讨处理方案。湖里法院承办法官与联发集团副总及联发电子总经理座谈，对相关法律法规进行释明。最终，联发电子系列租赁案以调解方式结案，实现了案结、事了、人和。

【设立自贸区综合法律服务中心】 9 月 29 日，湖里法院联合自贸区法规局、湖里检察院、厦门市律师协会共同设立自贸区综合法律服务中心。该中心设于厦门自贸片区综合服务大厅，直接面向自贸区企业及其他主体，由律师驻点参与争端调解，法院依法对调解协议进行司法审查及确认，检察院依法开展法律监督。

9 月 29 日，中国（福建）自由贸易试验区厦门片区司法和法律服务保障战略合作协议签约仪式举行（林姗　摄）

【创新实施法律文书概括性委托送达机制】 2018年，自贸区企业选择委托试点律所办公场所作为企业注册地或代收法律文书，试点律所受委托后，将该企业列入“备案企业名录”。若发生法律纠纷，湖里法院可直接向律所送达与企业有关的法律文书，由律所按约定方式向企业送达，解决自贸区企业“区内注册、区外经营”送达难题。该举措被福建省政府纳入《关于进一步推进中国（福建）自由贸易试验区改革创新三十五条措施的通知》，在全省自贸试验区推广。

【挂牌成立全省首个“律师法律服务工作站”】 1月22日，湖里法院对律师调解工作室、律师值班工作室、法律援助工作站进行资源整合，挂牌成立全省法院系统首个“律师法律服务工作站”。工作站为群众提供法律咨询、法律援助、律师调解、诉讼指引等公益服务。

【合力促进诉源治理】 12月5日，湖里法院联合区综治办、区司法局出台《关于进一步推进湖里区诉调对接工作意见》。指派立案庭5名法官对接辖区5个街道司法所，联合司法所聘请的特邀调解员，组成诉调对接工作团队。司法所负责委托调解、委派调解，法院负责业务指导、司法确认。从物业服务合同纠纷委托调解开始实施，逐步将案件范围扩展到婚姻家庭、邻里关系、人身损害赔偿、劳动争议、民间借贷、买卖合同等简单民商事案件。在立案大厅增设“人民调解”窗口，引导同意先行调解的当事人前往窗口登记，以“诉前调”案号收案。由法官与街道司法所对接，司法所指派特邀调解员进行调解。以30天为限，达成协议的，制作《人民调解协议书》，并由法院予以司法确认；调解不成的，司法所出具告知书及反馈意见书，法院予以立案审理。

【探索诉前程序改革】 年内，湖里法院在速裁中心设立诉前工作团队，由2名员额法官、4名法官助理组成，负责案件送达、保全、调解、调查等工作，制定诉前工作管理规定。对审判流程进行重塑，区分诉前和诉讼两个阶段，在征得当事人同意的前提下，在诉前对案件进行收案登记，建立案件先行送达、保全、调解、调查机制，能调解的案件即调解结案，不能调解的案件全程留痕，填写诉前调审查表，归纳争议焦点，写明送达意见，为后续审判打下基础。

【长期未结案件清理】 2018年，湖里法院加强排查，建立台账，逐案确定督办领导、责任人、明确清结任务。加强难案会诊，召开专业法官会议27次，审判委员会讨论案件7件，破解难题。每季度召开长期未结案件督办会，院庭领导分级督导，制定清案方案，签订结案承诺书，清案情况纳入绩效考评。加强审判数据分析及态势研判，严格审判流程管理，每周挂网通报办案进度，严控审限扣除、延长。是年，清理2年以上长期未结案件63件、1年以上长期未结案件242件。

【召开婚姻家庭纠纷案件审理情况新闻发布会】 3月8日上午，湖里法院召开婚姻家庭纠纷案件审理情况新闻发布会，党组成员、副院长郑金雄向媒体介绍相关工作情况。《福建法治报》、《厦门日报》、厦门电视台、《海峡导报》、《东南早报》、厦门人民广播电台、《海西晨报》等近10家新闻媒体记者参加发布会。湖里法院公布自2016年7月1日起，禾山法庭作为省高院确定的家事审判试点单位，开始集中审理该院管辖的家事案件。截至2017年12月31日，禾山法庭受理婚姻家庭纠纷案件590件。其中：离婚纠纷案件489件，占82.88%；离婚后财产纠纷案35件，占5.93%；抚养纠纷案34件，占5.76%；同居关系纠纷、无效婚姻纠纷、收养纠纷、赡养纠纷、探望权纠纷案等32件，占5.42%。新闻发布会着重通报了离婚纠纷的热点问题，结合离婚纠纷的争议焦点详细阐述了准予离婚、孩子抚养权的归属、抚养费的计算、房产的分割以及债务的负担等问题的裁判规则，并发布10大典型案例。

（杨莉苹）

司法行政

【概况】 2018年，全区各类人民调解组织排查调处矛盾纠纷3660起，占全市人民调解案件总数的30%，其中疑难复杂案件126起，涉及死亡案件45起，调解成功率100%，涉及金额达8694.58万元，涉及当事人7601人，达成书面协议871起，司法确认案件63起。全年累计接收社区矫正人员977人，累计解除矫正456人，在册社区服刑人员452人；累计接收安置帮教对象917人，累计解除帮教104人，在册安置帮教对象777人，均管控到位。全年受理援助案件1552件，提供免费法律咨询服务4314人次，为受援人减（免）法律服务费、诉讼费606.82万元，为受援人挽回损失或取得经济利益2432.2万元。湖里区公证处全年办理国内外公证3784件，公证收费320万元，比上年增长21%。举办“送法进警营”、青少年法治夏令营等大型主题法治宣传活动247场；举办“学习中共十九大精神　全面推进依法治国”“百姓法治讲堂”等法治讲座208场；落实“谁执法谁普法”责任，公布湖里区32个国家机关411项普法责任清单；开展社区组织换届选举法治宣传，对湖里区5个街道、54个社区的985名候选人进行资格审查，确保不错审一人、不漏审一人。小区调委会建设、公证体制机制改革、征地拆迁法律服务、社区服刑人员心理矫治4项工作获评湖里区2018年度“改革创新奖”；《社区矫正动漫》在全国法治动漫微电影作品征集展播（映）活动中获三等奖；《快乐的法律服务志愿者》漫画获厦门市公益广告征集活动平面类优秀奖、湖里区公益广告征集铜奖；3篇论文在省、市法学类征文评选中获奖；涌现出全国民主法治示范社区——金山社区、全国优秀人民调解员——纪青华、厦门唯一的全省人民调解专家——许剑南、厦门市青年文明号——法制宣传科等先进典型。

【“中芬社区矫正发展性研讨会”芬兰代表团莅临殿前司法所参观考察】 1月10日，“中芬社区矫正发展性研讨会”芬兰代表团一行7人莅临厦门市殿前司法所，参观考察基层社区矫正工作。省司法厅副厅长陈强、社区矫正管理局局长黄世庚，市司法局副局长贺菊英、社区矫正管理处处长林辉亮，副区长黄锦城等省市区领导陪同。代表团听取了殿前司法所社区矫正工作基本情况，观摩了司法所心理矫正服务中心，观看了《人性化管理、精细化矫正，铺就社区服刑人员“新生路”》的湖里区社区矫正专题片。来宾参观了心理矫正中心的书画学习室。

【建设小区公共法律服务平台】 2018年，湖里区在全省率先建设小区公共法律服务平台。在成立党支部的小区建立小区调委会。其他小区采取志愿服务的方式招募小区调解员、小区律师，每个住宅小区和城中村居民小区至少有2名调解员，调处小区公民之间、公民与法人之间发生的民事纠纷；至少有1名小区律师为居民提供一对一的法律咨询，为小区调委会、业委会调处复杂疑难纠纷，提供专业法律意见及其他日常法律服务。在硬件条件较好的小区设立公共法律服务站，由小区律师、小区调解员、小区公证员不定期坐班，提供法律服务。硬件条件尚不具备的小区则组建小区公共法律服务微信群，小区律师、调解员、公证员根据居民的需求，提供电话、微信或上门服务。探索建立公共法律服务“电商”平台，向小区居民提供24小时线上法律咨询、纠纷调解、诉讼支持、法治宣传等服务项目。将全区符合条件的律师、人民调解员、公证员的有关信息录入资源库，按照专长进行分类，并制成二维码，通过微信、宣传册、便民服务卡等方式提供给群众，方便群众有针对性地向法律专业人士寻求帮助。收集汇编征地拆迁、物业管理纠纷、家庭析产纠纷、劳资纠纷、债权债务纠纷等7本案例集进行广泛宣传，让法治理念渗透进居民生活点滴。

1月10日，“中芬社区矫正发展性研讨会”芬兰代表团至殿前司法所考察基层社区矫正（区司法局供图）

【小区调委会建设工作推进会召开】 3月28日，湖里区在金山街道召开小区调委会建设推进会。会议现场观摩了达嘉馨园小区调委会、后社村民小组调委会和市人大代表叶福伟调解工作室。听取金山社区、后坑社区、金山街道的经验介绍，总结推广达嘉馨园作为纯社区调委会建设试点、后坑后社作为“城中村”调委会试点经验做法。区司法局长傅芳槐就如何落实会议成果、全面加强2018年全区小区调委会建设进行了系统全面部署。市司法局副局长贺菊英，副区长黄锦城到会指导并分别讲话。区直有关部门分管领导，各街道分管领导、综治办主任，各社区分管领导、司法局班子成员、各司法所所长80余人参加会议。

【打好社区矫正教育“组合拳”】 2018年，1名市强制戒毒所警察参与到湖里区的社区矫正学习教育中，负责社区服刑人员的行为规范教育和教育现场巡视，即时开展违规训诫和警示教育。开展包括法规讲解、认罪悔罪、心理辅导、行为引导、歌曲教唱在内的入矫教育；开展以思想教育、道德教育和法治教育为主的集中教育；开展社会适应性解矫教育，向社会输送合格的解矫人员。建立社区服刑人员“自新—有为”论坛，邀请解矫的社区服刑人员和在矫的改造标兵开办社区矫正讲座，为社区服刑人员“现身说法”，讲述其通过社区矫正回归社会的历程，鼓励社区服刑人员遵规守纪，平稳度过矫正期并顺利回归社会。区社区矫正中心全年开展各类矫正教育25场，730人次接受教育。

【设立征地拆迁指挥部法律咨询服务工作站】 年内，湖里区在东部旧村整村改造等7个片区征地拆迁指挥部设立法律咨询服务工作站。工作站设立站长1名，由辖区司法所助理员担任，副站长1名，由社区“两委”成员担任，成员由律师、公证员、人民调解员、退休法官或退休检察官组成。建立工作站值班勤务制度、分类受理制度、预约服务制度，明确律师、公证员、人民调解员工作职责，确保群众上门有接待、咨询有答复、证据有保全、纠纷有处理。工作站经费纳入征地拆迁指挥部拆迁成本。

【开展《中华人民共和国宪法》宣传】 2018年，湖里区印制《中华人民共和国宪法》读本1万册，确保全区工作人员人手1册，发放到53个社区，并在公共活动场所摆放《中华人民共和国宪法》文本。邀请市委党校教授为全区干部职工举办1期以“学习中共十九大精神 全面推进依法治国”为主题的“宪法”法治讲座。开展干部任前“宪法”宣誓2期。要求各级机关把“宪法”纳入年度“谁执法谁普法”责任清单，把“宪法”宣传作为各部门各行业的共同任务。为福建海警三支队三大队官兵送去法律读本300余册。利用法治公园、社区宣传栏、LED屏幕等法治文化阵地开展“宪法”宣传，在新建的村里社区特房华苑法治长廊增设“宪法”宣传专栏，营造浓厚的学习氛围。

【打造三个小区调解品牌】 2018年，湖里区着力打造3个小区调解品牌（党员调解品牌、专业调解品牌、能人调解品牌）推选小区党支部书记为调委会主任，指派能力素质突出的党员担任楼栋调解员，让党组织和党员成为调解工作的中坚力量，成为群众依靠的“主心骨”。引导各住宅小区居住的律师、专职或退休法官、检察官、警员等专业人员参加调解员队伍，发挥专业特长，高效化解矛盾纠纷。吸纳乡贤和小区能人加入调解员队伍，成立个人调解工作室。市人大代表叶福伟个人调解室调处各类矛盾纠纷200多起，调解成功率98%以上，其调解事例多次刊登在市级以上报刊，被评为厦门市一级调解员，获“2017年度感动厦门十大人物”；退休法官吴秀丹个人调解工作室，义务为居民调解矛盾纠纷，答疑解惑，个人调解室工作多次受到肯定。

【推进社区矫正心理服务体系建设】 年内，湖里区开展专业心理测评。入矫后，第一时间在“打开心墙”系统在线测评社区服刑人员心理状态和再犯罪风险等级，工作人员根据测评结果制定矫正个案，以便更有针对性地开展后续矫正工作。将矫正期限在6个月以上或未成年的社区服刑人员纳入动态心理管理范畴，每2个月对上述人员进行一次《艾森克人格问卷》及《SCL90心理健康问卷》心理测评，建立起一套完整的、动态的个人心理健康档案。完善区社矫中心心理测评室、心理咨询室、心理沙盘室、心理矫治室等配套场所设备及所有司法所标准化心理矫正室。通过政府购买社会服务的形式，成立心理矫正工作专家组，面向社区服刑人员开展定期坐诊、团体辅导、个体咨询和治疗等心理矫治工作。

【省综治办调研湖里区“枫桥经验”落实情况】 2018年，省委政法委委务会成员、省综治办副主任郑辉一行到湖里区调研“枫桥经验”落实情况。市委政法委常务副书记、综治办主任刘炳泉，副区长黄锦城陪同调研。调研组了解金山街道达嘉欣园小区调委会建设情况，听取湖里区关于打造新时代特区版“枫桥经验”工作情况汇报。对湖里区在依靠群众及时就地解决矛盾纠纷方面所取得的经验和成绩给予充分肯定。

【为社区组织换届选举提供保障】 年内，湖里区对5个街道、54个社区的598名候选人进行资格审查，并协调兄弟单位对户籍地在外区的候选人进行排查，查清“两委”候选人是否有违法犯罪记录，严把社区换届选举“入口关”。制作主题为《依法选举 和谐换届》的宣传折页17.5万份，编印《湖娃说法——换届选举篇》1万册，用漫画形式揭露贿选、买票等在内的社区换届选举10个反面案例。连续2周组织相关单位在18个“村改居”社区，宣传社区组织换届选举“五不能”“六不宜”规定、当前扫黑除恶专项行动、《刑法》、《治安管理处罚法》等，落实警示教育，强化选举纪律。54个社区法律顾问每月至少开展2次与社区选举相关的法律宣传，至少走访15户以上社区居民并开展法律服务活动；设立律师服务点，主动对接社区，做好选民的释疑解惑工作，做好社区组织换届选举中各类矛盾问题分析、排查和化解工作，对可能引发群体性事件或可能影响换届选举正常进行的各种事项，及时做好疏导、说服、调处、上报工作。

2018年，湖里区司法行政系统开展"一学三比"活动（区司法局供图）

【"两类"人员管理】 2018年，区司法局针对在册的社区服刑人员和刑满释放安置帮教对象开展了"四个一"活动。建立"一人一档案"。为每名"两类人员"建立包括个人情况、家庭成员、主要社会关系、现实表现等内容的工作档案，摸清底数。签订"一人一承诺"。在走访中强化对"两类人员"的法治宣传，并借助社区力量，让"两类人员"签订《扫黑除恶专项斗争自律承诺书》，增强他们的自律意识。进行"一人一访谈"。与在矫社区服刑人员、刑满释放安置帮教对象进行面对面访谈调查，是否有实施过涉黑涉恶违法犯罪、是否掌握涉黑涉恶违法犯罪线索并形成笔录，督促他们遵纪守法，远离涉黑涉恶违法犯罪，做到警钟长鸣。落实"双月一采集"。每2个月对社区服刑人员基本情况进行调查核实，及时更新个人信息，并运用社区矫正信息化管理系统对其行动轨迹进行分析，准确掌握其行踪动态，确保心中有数。截至年底，区司法局共建立"两类人员"档案1193册，组织在矫社区服刑人员签订承诺书513份，形成扫黑除恶专项访谈记录418份。

【开展社区矫正"一学三比"大练兵大比武活动】 年内，湖里区开展社区矫正"一学三比"大练兵、大比武活动。制定《湖里区社区矫正"一学三比"业务技能训练计划》，把队列训练、业务培训、实操演练等纳入必修技能课，并将计划分为训练、演练、比赛三个阶段，定期开展活动。区局矫安科与5个司法所开展包括业务知识抢答、队列训练展示和情景模拟演练在内的竞技性比赛，以比赛的形式提高工作人员参与活动的积极性，同时对培训活动进行实战检验，促进社区矫正"一学三比"大练兵、大比武活动落地见效。

【殿前司法所化解重大疑难纠纷】 2018年，殿前司法所调处重大疑难纠纷28起。其中：群体性纠纷7起、意外死亡纠纷13起、纠纷金额巨大的8起。

【公共法律服务微信平台正式上线】 年内，"湖里法律在线"微信公众号正式改版升级为"湖里区公共法律服务"微信公众号。提供2种咨询方式免费在线法律咨询、电话咨询；通过文字、语音、司法局"12348"热线3种操作路径接入进行咨询。实现本地居民1个问题10分钟内就有律师免费解答，至少3位律师参与。通过平台实现智能化在线办理法律援助、人民调解、公证服务3项业务功能，在线开展社区矫正学习教育；每个月举办不同主题的有奖竞答，抽取幸运粉丝送出礼品1份，该活动已持续举办了41期，送出数千份礼品，参与人数达17884万人次。

【全面启动"'宪法'邮路"进万家活动】 2018年，"湖里区'12·4国家宪法日'宣传活动暨'宪法邮路'进万家启动仪式"在金尚社区法治文化广场举办。全区40个部门，市属7个部门共同参与。活动以"宪法"为主线，以"深化扫黑除恶、捍卫食品安全、平安宣传'三率'、防控金融风险、远离毒品危害"等5大宣传主题为辅线，与厦门邮政500名投递员、200多辆电动车等线下资源联合，邮政投递员身着大红、橙色、草绿、淡蓝、鹅黄5个颜色且印有5大宣传主题标语的小马褂，将15万份普法宣传折页、1万份邮政包裹法治宣传贴纸送进湖里区千家万户，让"宪法"知识真正意义上进万家。

（唐　力）

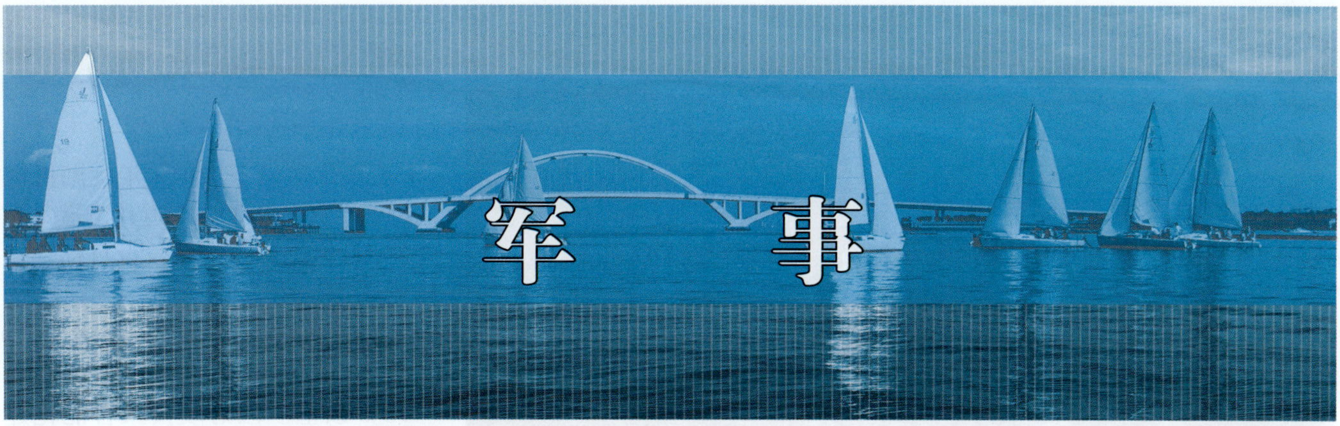

军 事

人民武装

【概况】 2018年，湖里区人民武装部（以下简称“区人武部”）学习贯彻习近平强军思想，适应国防动员系统改革后新体制下的新形势、新任务、新要求，围绕“五部”职能定位，落实党管武装各项制度协调各方力量，研究解决国防动员工作中的重大问题，在抓大事、管方向、解难题、办实事、谋发展等方面取得了较好的成绩，推动全区国防动员和区人武部全面建设向上、向好发展。

5月20日，湖里区民兵应急连成立（区人武部供图）

【民兵训练】 2018年，区人武部制订军事训练计划，选拔民兵骨干参加侦察、通信、防化、导弹以及水电、消防分队专业骨干集训；组织专武干部、民兵营（连）长和应急分队集训。

5月25日，湖里区举办2018年度民兵营连长暨民兵应急连集训（区人武部供图）

【民兵整组】 年内，区人武部推进民兵编组布局从社区向街道、从行政地域向行业系统、从传统产业向高新技术领域拓展延伸。编组基干民兵3类23支分队 ×× 人。其中，应急队伍2支 ×× 人，专业队伍7支 ×× 人，特殊队伍2支 ×× 人。6月4日，湖里区民兵应急连100人，全装全员额出动，接受警备区检查验收，受到上级通报表扬。

【召开区民兵应急连成立大会】 5月

9月9日，湖里区在区行政中心召开新兵欢送会（区人武部供图）

20日，依托区属国投集团、天地集团组建的区民兵应急连召开成立大会。出动民兵 ×× 人，各类型装备 ×× 余件/套。2家企业领导作了承诺发言和动员，副区长黄锦城到场指导并讲话。

【国防动员委员会】 2018年，湖里区调整“区国防动员委会”指挥机构及其成员单位，充实完善9个办事机构，形成“一委九办”的平战结合指挥机构模式。11月2日，召开湖里区国防动员委员会领导成员会议。研究讨论“关于国动委‘九办’办事成员相对固定、加强国有企业武装工作、人防指挥所建设、支前物资供应站建设、加强军事设施保护等问题，推进湖里区国防动员委员会脱虚入实进程。

【组织学生军训】 年内，区人武部选派军政素质良好的民兵骨干50人次，分2个批次，为厦门二中、双十中学、湖里实验小学和湖里天地小学学生军训。全程按照“树好形象、守好纪律、确保安全”的要求，文明带训、科学带训，高标准完成军训任务，受到受训学校和警备区的好评。

【征兵工作】 1月14日，湖里区召开全区兵役登记工作任务专题部署会，副区长黄平南到会并讲话。印制征兵宣传画册、手册，组织征兵宣传车巡回宣讲，举办5场征兵宣传演出。8月，召开全区征兵工作会议，征兵工作领导小组及办事机构按征兵“九步法”落实程序、标准要求，组织体检政审、审批定兵。征兵办、各街道沉到一线，强化落实，组织全区新兵被装发放、起运输送、档案交接等工作，完成年度征兵任务。9月4—7日，区人武部组织 ×× 名已定兵的应征青年进行役前教育训练。主要包括军事训练和政治教育，同时完成体检复查、廉洁倒查、综合鉴定等工作。

【正规化建设】 2018年，湖里区围绕“区每年1个街道、街道每年2个社区”的正规化建设目标，规范基层库室设置，统一登记统计填写，全区人武部、民兵营（连）部、人武办规范化建设达标率在90%以上。区财政投入智能化建设资金335万元和开办费150万元，推进区国防动员民兵训练中心建设。

【国防宣传教育】 2018年，区人武部挖掘区“三红”（红色传人、红色文化、红色基地）资源，开展国防教育进学校、进社区活动。组织区4套班子到海防某旅开展军事日活动，体验部队一日生活；邀请“区国防教育讲师团”厦门理工大学教授进行时政教育辅导；组织人武部全体人员到海警六支队等单位进行实地教学；投入9万余元，在天地小学开展国防教育园地建设，设置国防教育园地、国防教育知识角、图书角、模型区，为学校师生提供国防教育平台；参加警备区第十八个国防教育日演讲，区人武部演讲

国防知识角（区人武部供图）

的《传承红色基因、赓续红色血脉》获得第二名。

（区人武部供稿）

人民防空

【概况】 2018年，湖里区开展防空警报试鸣暨防空袭应急疏散演练1次；整顿辖区人防专业队伍及社区应急救援志愿者队伍；开展人防知识宣传，组织宣传板报评比，发放各类宣传资料，推进小学人防教育试点工作；组织修订全区防空袭预案和区、街、社区三级防空袭应急行动方案、计划，完善区、街、社区三级联动应急救援体系。

【全区防空警报试鸣暨人防演练】 2018年，人防办牵头成立区“5·10”演练工作领导小组，研究制定《2018年湖里区防空警报试鸣暨人防演练方案》。5月10日，在禾山街道禾山社区开展全区防空警报试鸣暨人防演练。参加防空演练的社区居民和学校学生有7万余人，防空袭应急疏散演练参演人数3000余人，有21家单位参加此次演练活动。

5月10日，湖里区举行“5·10”防空警报试鸣暨人防疏散演练（辜丹红 摄）

【人防知识宣传教育】 2018年，湖里区组织开展社区人防宣传板报评比。在禾山社区防空警报试鸣暨人防演练现场发放各类宣传资料2000余份，张贴宣传画70多幅，举办人防知识有奖竞答。对接市人防办和区教育局，推荐翔鹭小学作为小学人防教育试点学校，并给予指导和帮助。

【人防组织指挥体系建设】 年内，金山社区、高林社区人防试点项目持续推进，金山社区试点项目基本完成。推进区人防应急指挥中心建设。区人防应急指挥中心已基本建成，配置了光电沙盘、第三代短波军用电台等现代通信设备，将湖里辖区的人防主要内容纳入其中。还将区人民防空指挥网络图、人防办工作职责等制度上墙，提升人防应急救援指挥水平，促进更好地实现人防职责使命。

（辜丹红）

民主党派

民革湖里总支委员会

【概况】 截至2018年底，民革湖里总支委员会（以下简称民革湖里总支）有4个支部，党员110名，联系对象11人。有15名党员被选为省、市、区三级人大代表或政协委员，其中：省政协常委1人，市人大代表1人，市政协委员2人，区人大代表3人，区政协委员9人。（1人既是市人大代表又是区政协委员）

2月2日，民革湖里总支慰问湖里区禾山残疾人援助中心（民革湖里总支供图）

【民革湖里总支组织系列活动】 1月20日，民革湖里总支在惠和石文化园举办迎春茶话会，并召开年终总结会。2月2日下午，在主委杨迎芳和区政协副主席黄向阳带领下，会同民革市委会领导兰岚，走访湖里区禾山街道残疾人职业援助中心，拜会湖里区残联理事长陈文其，向中心30名残疾人士赠送大米、食用油和慰问金，并向他们致以新年的祝福。3月12日上午，在主委杨迎芳的带领下，民革湖里总支部分党员参加仙岳山义务植树。3月17日，组织党员参加民革湖里总支、翔安二支部和思明十支部联合发起的赴翔安区参观“五美家风教育馆”和翔安卫监所“云卫监”大数据平台活动。5月19日，组织党员赴泉州（湖头）光电产业园进行产业调研考察。8月18日，组织党员参加湖里总支与翔安一支部联合发起的到翔安内厝镇锄山村参观考察。10月20日，组织党员参加民革湖里总支、机关支部与民革龙海总支联合组织的调研考察海沧院前村美丽乡村建设活动。

【参政议政】 年内，湖里总支完成民革市委会8个课题，其中：一类课题2个、二类课题4个、四类课题2个。是年，湖里总支提出人大建议4项，湖里民革有1件提案被评为大会优秀提案，2件提案入选《提案办理情况选编》；3篇课题调研成果入选《湖里区八届三次会议政协调研课题选编》。湖里总支上报信息被民革市委等上级单位采用31篇。民革湖里总支获湖里区2018年度“我为湖里发展出良策——‘金点子’征集”活动一、二、三等奖各1名。

【民革湖里总支党员获表彰】 2018年，倪振年当选福建省政协常委。洪艺玲获共青团中央、教育部、全国少工委授予的“2018全国优秀少

2018 年，民革湖里总支赴安溪湖头调研（民革湖里总支供图）

先队辅导员”称号。在民革厦门市委 2017 年度参政议政工作先进个人表彰中，黄向阳获一等奖，杨迎芳、陈建文获二等奖，李子楠获三等奖。在厦门市纪念中共中央发布“五一口号”70 周年征文活动中，洪艺玲获二等奖，陈娟、胡德智、林雄获三等奖。

（胡德智）

民盟湖里区基层委员会

【概况】 2018 年，民盟湖里区基层委员会（以下简称民盟湖里基层委）下设综合、科技、经济、火炬园区、三中、禾山中学、信息学校、文创 8 个支部，及调研宣传、老龄工作、青年委 3 个跨支部的工作委员会。是年，民盟湖里基层委发展新盟员 17 人，比上年增长 11.1%。截至年底，有盟员 259 人，其中：综合支部 30 人、科技支部 45 人、三中支部 49 人、火炬园支部 31 人、禾山中学支部 26 人、经济支部 44 人、信息学校支部 13 人、文创支部 21 人。盟员中有市人大代表 4 人，市政协委员 1 人、区人大代表 2 人（其中常委 1 人）、区政协委员 11 人（其中常委 2 人）。现任主委林红星，副主委吴金狮、郑安安、吕伟红、李春福。

【组织建设】 1 月 28 日，民盟湖里基层委成立文创支部，由盟员邱琪任第一届支部主委。9 月 15 日，火炬园区支部完成换届，李金烽当选为新一届支部主委。11 月 24 日，经济、科技、综合支部完成换届，王珺瑜、江瑞雅、魏立成分别当选为新一届支部主委；民盟基层委老龄工作委员会和调研工作委员会也完成换届，林水通、郑安安分别担任老龄委、调宣委新一届主任。11 月 24 日，成立青年委员会，李瑞芬担任主任。

【民盟湖里基层委参政议政】 2018 年，民盟湖里基层委参与并完成 9 个调研课题和 1 个理论研究课题，其中：1 个课题获得省盟立项、6 个课题获得盟市委立项，4 个与金山街道、湖里街道共建的课题获得区政协立项。《推进我省“国企员工持股”试点工作开展的建议》获得省盟立项，与金山街道共建的课题《关于打造两岸金融中心五通金融商务区的建议》和与湖里街道共建的课题《关于打造湖里老街特色小镇的若干建议》，获湖里区政协、盟市委立项；与金山街道共建的课题《关于规范社区书院运营　发挥为社区居民服务功能的建议》和与湖里街道共建的课题《关于创新小区建设的若干建议》，获湖里区政协立项；另有《关于推动社会资本投建医养护结合高端养老产业发展的建议》《厦门市建筑装饰市场存在的问题及对策建议》《关于设立厦门生态环保基金，助力打造高颜值生态花园之城的建议》《关于我市人才引进的对策建议》4 个课题获盟市委立项。民盟基层委还参与市统战部的课题《建立完善“三动”工作机制，提升民主党派基层组织参政议政能力》。各课题组开展实地考察和调研，9 个课题按时提交调研报告，其中，4 个课题入选区政协八届三次会议课题汇编，全部课题都在“两会”上转化为省、市、区政协提案或人大建议。人大代表、政协委员在湖里区“两会”上提交 16 个提案、建议案。其中，湖里民盟基层委界别的《关于把金山街道风头社和前后社打造成旅游特色小镇的建议》、盟员江瑞雅的《关于规划建设闽南文化元素主题公园的建议》获 2018 年度区优秀提案表彰。

【信息报送】 年内，民盟湖里基层委报送的信息被盟市委采用或转报的信息有 65 篇，占盟市委报送总量的 26.21%。民盟省委采用 12 篇，其中，张思凯的《耕作层土壤再利用工作亟待解决的突出问题和建议》被中央统战部《零讯》采用，毛鑫的《关于禁止在涉密单位的个人移动数字设备上使用健康APP软件的建议》获民盟中央采用，张思凯的《提升检验检疫水平，确保台湾入境水果质量的建议》获省政协采用、省领导批示。是年，民盟基层委在湖里区统战系统信息评分中获总分第一，张思凯获得市委统战信息工作先进个人。

【民主监督】 2018年，民盟湖里基层委有“特约监督员”6人，其中：省级1人、市级3人、区级2人。“特约监督员”在省市区纪检监察部门、纠风办和特约单位的领导下，开展工作、履行职责。

【民盟湖里基层委开展主要活动】 1月，民盟湖里基层委组织“中共十九大知识竞赛暨城市定向赛”。组织120多名盟员参观嘉庚纪念馆，进行爱国主义教育。2月，与金山街道办一起慰问辖区困难户。3月，科技、经济、文创3个支部与民盟厦门市委会信息委员会联合到惠安开展“调研特色小镇样板、考察闽南石雕文化”为主题的文化调研考察活动。5月，组织盟员参观学习主题为“不忘合作初心，继续携手前进”的纪念中共中央发布“五一口号”70周年图文展。组织“文化、科技进（金尚）社区”服务活动。8月，民盟基层委组织课题组成员到五通金融商务区进行课题调研。组织盟员考查调研建设中的陶瓷文旅基地实践创作基地。10月，综合支部组织盟员参观考察厦门翔安澳头侨村建设。火炬园区支部与民盟市委信息委开展“民盟信息沙龙走进支部系列”活动，走进盟员所在的企业。11月，民盟基层委组织盟员实地调研温州改革创新精神。组织退休老盟员参加重阳节敬老活动。12月，组织盟员积极参加金山街道历史文物保护情况调研活动暨“不忘初心颂党恩　砥砺前行谱新章”12·9爱国主题日活动。

【取得主要成绩】 11月，中国民主同盟中央委员会授予民盟湖里区基层盟员之家“优秀盟员之家”称号。12月，民盟福建省委授予湖里区基层委“2017—2018年度民盟福建省思想宣传工作先进集体”称号。湖里区基层委、综合支部获“2018年度‘创特色·增活力’活动先进集体”；湖里区基层委获“调研提案工作先进集体”；火炬园支部、经济支部、文创支部获“2018年度宣传信息工作先进集体”。在区政协八届三次会议上，湖里基层委及盟员提交的3个提案获政协厦门市湖里区委员会2018年度优秀提案。

（陈施超）

5月，民盟湖里基层委组织盟员参观“五一口号”70周年图文展（民盟基层委供图）

民建湖里区基层委

【概况】 截至2018年底，民建湖里基层委有会员198人。其中，湖里区政协委员15人（政协常委2人），湖里区人大代表2人（人大常委1人），市政协委员1人，市人大代表3人。被特邀为厦门市土地与房产管理局监督员1人，厦门市人民政府机关效能监督员1人，厦门市劳动与社会保障局监督员1人，厦门市城市行政管理执法局监督员1人，厦门市人民检察院特约检察员1人。有1人任民建福建省委企业委员会副主任，1人任民建福建省委企业家联谊会副会长。民建湖里基层委下辖5个支部、2个专业委员会。民建湖里区基层委与各支部组织会员参与湖里区经济建设和社会发展重大专题的调研和议政周活动。每个月或每2个月召开一次基层委常委会议或全委扩大会，结合社会和中央最新精神进行学习、讨论，研究和落实基层委的各项工作。下属各支部的组织政治学习，一年不低于8次。

【信息报送及课题调研】 2018年，民建湖里区基层委报送信息稿件83篇，其中22篇被采用。是年，完成7篇调研课题，其中，《湖里区文化旅游发展的若干建议》入选湖

7月7日，民建湖里区基层委29名会员前往井冈山接受革命教育（民建湖里基层委供图）

里区政协年度调研课题汇编，《调解进小区与法院诉前调解相结合的几点探讨》《完善〈未成年人保护法〉——关于建立合适成年人参与制度之建议》是区委统战部年度联合议政课题。

【开展活动】 2月25日，民建湖里二支部召开年度首次支委扩大会议。会议回顾2017年的工作，提出2018年工作思路。3月17日，湖里五支部开展“相约春天·播种绿色”为主题的植树节特别活动。5月19日，参加在厦门大唐中心举办厦门市第七届“民建·团结杯”气排球赛，湖里区基层委第一代表队、第二代表队分获甲级组第四名和优胜奖。5月26日，民建湖里基层委召开第二次扩大会议。6月3日，参加厦门民建在团结大厦举办贺民建厦门市委成立六十周年文艺演出。7月7日，民建湖里区基层委主委吴江彬带领29名会员前往井冈山接受革命教育。8月19日，民建湖里区基层委在湖里区政府召开参政议政工作会议暨调研课题评议研讨会。9月28日上午，参加由区委统战部举办的“改革开放40年，我与湖里共成长”演讲比赛，民建湖里基层委会员张枥文参赛作品《岁月如歌，不忘初心》获得一等奖。10月18日，民建湖里五支部召开以“喜迎十九大　喜看新变化”为主题的支部活动。11月2日，参加湖里区“同心杯”气排球邀请赛，获一等奖。12月8日，民建湖里五支部赴宁德市寿宁县下党乡开展调研学习活动。

【民建湖里基层委党员获得荣誉奖励】 年内，会员苏建生获得厦门市“五四”青年奖章，张枥文获得厦门市检察机关“优秀公诉人”称号、厦门市检察机关“不忘初心、牢记使命”演讲比赛一等奖。

（张枥文）

民进湖里区基层委员会

【概况】 2018年，民进湖里区基层委员会（以下简称民进湖里基层委）下设经济、科技、综合、教育和厦门信息学校5个支部，发展李议麟、陈鸿荣、陈淑珠等10名新会员。至年底，有会员123名，其中：经济界会员38名，教育界33名，科技界15名，法律界6名，其它界别22名，已退休会员9名。

【民进湖里基层委开展的主要活动】 1月5日，民进湖里基层会召开全委扩大会议，听取基层委区人大代表、政协委员和参政议政骨干会员意见，谋划2018年工作计划。1月14日，综合支部、教育支部、信息学校支部联合开展“不忘初心，砥砺前行”年度总结活动，经济支部召开2017年度工作会议。3月16日，民进湖里基层委参加区统战系统“携手护青山·同心铸文明”义务植树活动。3月18日，召开2018年度工作会议。4月2日，与江头街道续签共建协议。5月12日，组织会员参观“薪火相传、共创未来”——厦门市纪念中共中央发布“五一口号”70周年主题联展。6月29日，召开参政议政中期推进会暨新会员座谈会。8月11—12日，组织骨干会员到闽西革命老区，参观古田会议会址和瞿秋白先生纪念馆。8月22日，科技支部前往吕岭社区开展困难大学生助学帮扶活动。10月20—21日，组织20名会员赴漳州、龙岩，与民进漳州市委、民进龙岩工委开展联合调研。12月11日，经济支部走进安溪南岩小学，关爱留守儿童。12月29日，民进湖里基层委组织“两会”会前调研暨参政议政年终工作座谈会。

【调研及信息报送】 2018年，民进基层委完成民进省委课题3篇，民进市委课题20篇，区委统战部联合调研课题1篇，区政协课题2篇。课题转化省政协提案2件，省“两会”大会快报1件；民进市委和市政协民进界别提案4件，市

“两会”大会快报2件；提交区政协团体提案2件，区人大代表建议1件，委员提案6件，《关于完善中小学生课后服务体系的建议》被列为重点提案，区政协民进界别提交的《关于进一步发展我区临空产业的建议》被评为“2018年区政协优秀提案”。是年，基层委向民进市委和区委统战部报送74篇社情民意信息。

【参与助学】 年内，科技支部继续与江头街道吕岭社区结对子，开展“凤凰绿萌助学行动”，累计帮助14名大学生。教育支部会员罗家永参与民进市委组织的对接帮扶贵州省金沙县的“同心彩虹行动”和民进省委的“同心助推政和金秋助学”活动，在贵州省金沙县第一中学、金沙县思源实验学校、金沙县清池中心小学、政和县澄源中心小学、澄源中学为学校师生开展户外心理拓展活动。经济支部一行7人到安溪县西坪镇南岩小学看望山区农村留守儿童，并为留守儿童捐赠一批书包、文具，奉献民进会员的爱心。

【获得荣誉奖励】 2018年，民进湖里基层委科技支部获民进市委调研工作突出贡献奖，经济支部获一等奖，综合支部获二等奖。6位会员获评民进省委“2018年度参政议政先进个人”。8位会员被评为民进市委“调研工作先进个人”。杨喜爱执笔的《关于完善我省排污权交易政策体系的建议》和林桂兰执笔的《加强海岸景观综合性修复的建议》2篇调研报告被评为民进省委优秀调研报告；陈鸿荣参与的《提升厦门乡村治理水平，促进乡村治理现代化》和杨喜爱参与的《厦门市生活垃圾资源化利用成效评估及建议》等2篇被民进市委评为重点课题；胡小进执笔的《关于推进自由贸易港对标体系建设的建议》等17篇课题被评为重要课题。陈志鸿撰写的《做好我省重大建设项目湿地储备的建议》、杨喜爱撰写的《关于落实和深化环境影响评价审批制度改革的几点建议》、陈文圣撰写的《对台专家建议率先推动台资企业进入厦门区域股权交易市场》、谭晓梅撰写的《厦门市工程建设项目审批制度改革试点出现新问题应引起重视》4篇信息获民进省委优秀社情民意信息一等奖，胡小进等撰写的《建议尽快恢复厦门对台邮轮航线》等4篇获二等奖，朱敬恩撰写的《妥善处理宗教民族问题的几点建议》等2篇获三等奖。傅冰洁获全国环境保护系统“先进工作者”。孙玉春获厦门市五一劳动奖章。

（民进湖里基层委编写组供稿）

2018年，科技支部与吕岭社区结对子，开展“凤凰助学行动”（民进基层委供图）

农工党湖里区基层委

【概况】 2018年，农工党湖里区基层委（以下简称农工湖里基层委）有综合支部、双十中学支部、六中支部、二中支部、中医院支部、儿童医院支部、口腔医院支部、卫生计生支部、教科支部9个支部；有基层委委员14名，主任委员王萍萍，副主任委员柯友升、张建新、林香、庄丽卿、柳咏枝，组织委员余声生、周湘斌，宣传委员郭俊芳、张敏，委员林国平、吴毅琳、陈晓玲、吴淑娟；是年，发展新党员8名，共有党员247名，其中：男党员113名，女党员134名；拥有高级职称114人、中级职称87人，医疗卫生界党员111人，全体成员平均年龄55.4岁。湖里区基层委有十五届厦门市人大常委1名；十五届厦门市政协委员1名；八届湖里区人大代表3名；八届湖里区政协常委1名；八届湖里区政协委员9名。

【参与或开展活动】 全年农工湖里基层委和9个支部开展活动52次，组织党员到厦门博物院参观“不忘初心、牢记使命”图片展、厦门破狱斗争旧址、同安军营村习近平同志1998年座谈会旧址和1986年访贫问苦旧址。参加“同心杯”气排球比赛，“同心植树节”活动，“同心助残”活动，“同心诗歌朗诵”，“同心应急救护团”“同心”系列活动。

【撰写调研课题及报送社情民意信息】 2018年，基层委和9个支部完成市、区两级课题调研12个，4个课题转化为市政协提案，农工湖里基层委《医教联合加强学校传染病防控体系建设的调研》《关于厦门市如何建立校园餐食安全科学监管体系的研究》2个提案分别接受厦门电视台和厦门广播电台的采访。全年收集撰写提交社情民意信息132篇。其中，《关于加强沿海赤潮监测预警及毒素监测的建议》和《关于完善家庭病床制度的建议》2条信息被农工党中央采用；2条信息被农工党福建省委《福建农工信息》采用；18条信息被农工党厦门市委采用；8条信息被区政协采用。

【农工党湖里基层委参加社会服务】 2018年，综合支部在端午节为“同心”共建的对口联系单位江头街道残疾人就业援助中心送去慰问品，每月为残疾人提供1次就业机会；中医院支部主委张建新、副主委赵银龙多次赴青海、甘肃等地中医院开展医疗下乡扶贫支援；儿童医院到同安莲花镇捐助扶智资金3000元、到霞浦开展“医疗精准帮扶，共护生命健康”活动，送去专家义诊；联合双十中学支部开展校园急救培训，培训师生120余名；口腔医院支部联合二中支部为厦门二中学生送去“爱牙护牙”健康宣讲；中医院支部为伍心养老院、翔安田乾社送去专家义诊；双十中学支部、双十中学学生、口腔医院支部联合到伍心养老院进行慰问演出和义诊；教科支部退休老师陈宗安到思明老年大学义务教学电脑。

【荣誉奖励】 年内，《关于湖里区强化民主监督实效的调研和建议》《医教联合加强学校传染病防控体系建设的调研》《关于加强新生儿先天性疾病免费筛查治疗提高人口质量的调研》3篇调研报告入选湖里区政协《2018年度湖里区优秀调研课题报告》；提案《关于推进“公厕革命”，提升湖里区公厕文明水平的建议》《关于湖里区加快小区综合治理体系的法制化建设的建议》被湖里区政协八届三次会议评选为优秀提案。《制定租售同权对厦门划片入学影响征求意见》社情民意信息在湖里区“金点子”评选中获得三等奖。是年，在农工党市委会的星级支部评选活动中，农工党湖里区基层委7个支部获奖，在全市5个五星级支部中，其中3个为湖里区基层委支部。在“农工党福建省委会改革开放40周年征文”比赛中，郑炯扬的《厦门的桥，腾飞的翅膀》获一等奖，张敏的《我与改革开放的25年》获三等奖；在农工党市委会改革开放40周年征文比赛中，邓敏菁的《春风化雨沐湖里，改革开放乘东风》、刘懿的《我在改革开放这四十年》获二等奖。李玉柱带领的项目被中国模具工业协会授予模具行业2016—2018年度“精模奖”一等奖。

（农工党湖里基层委编写组供稿）

中国致公党厦门市委员会湖里总支部

【概况】 2018年，中国致公党厦门市委员会湖里区总支（以下简称致公党湖里总支）下辖第一支部、第二支部和第三支部，有党员81名，占全市党员总数的7.16%。其中，女党员40名，占党员总数的49.4%；离退休党员25名，占党员总数的29.6%。平均年龄55.1岁，40岁以下党员11名，41—50岁党员30名，51—60岁党员17名，61—70岁党员6名，71岁以上党员17名。大专以上学历党员76名，占党员总数的93.8%；中级以上职称党员47名，占党员总数的58.2%。是年新发展党员3名。湖里总支有11位党员进入各级人大、政协。其中，市政协委员1人，市政协特约研究员2人；区人大代表2人（1人常委），区政协委员5人（1人常委），区政协特约研究员1人。湖里总支有2人进入致公党厦门市委。其中，市委副主委1人，常委1人；2人担任厦门市委各专门委员会主任和副主任。

【参政议政】 在湖里区人大和政协第八届二次会议上，致公党界别提案《关于做好我区网络安全工作的建议》被评为区政协年度优秀提案，钟寅翔代表致公党界别作《关于我区城市外立面改造长效机制的建议》大会发言。区“两会”期间，致公党湖里总支提交人大建议案1件；政协团体提案4件，政协个人提案8件，其中：政协提案立项11件，1件转为社情民意。关琰珠撰写的参政议政的材料被厦门市政协大会发言材料采用2件，其中市领导批示2件次。厦门市政协常委会专题协商议政发言材料采用2件。完成调研课题9项，其中致公党福建省委课题1项。“两会”提案、建议采用20件。其中：省人大采用建议4件；省政协会议采用提案3件，入选重要提案摘报1件；厦门市政协会议采用提案13件。

【调研及信息报送】 2018年，致公党湖里总支完成致公党厦门市委调研课题《挖掘厦门老年“人口红利”资源研究》《推动厦门中欧班列发展，助力“一带一路”重要海陆交通枢纽建设》《加强污染源解析，促进岛外流域水污染治理》等5篇，参与完成湖里区调研课题《厦门非中心城区功能疏解的对策措施研究》《关于提升改造中的城中村疏散逃生能力的建议》等6篇。《建议将都市港湾幼儿园门口的遮雨棚作为惠民项目》《停止发放分类塑料垃圾袋 提倡家庭用容器盛放垃圾》等社情民意323篇次，分别被中国新闻网、福建侨联网、厦门侨联网、厦门统战网、福建侨报、鹭风报等媒体刊用。关琰珠反映社情民意被采用22篇次，其中，致公党福建省委《情况反映》综合采用15件次；中国侨联及福建省侨联采用8件次；厦门市政协专报省政协采用1件。

【参与社会服务】 年内，致公党湖里总支加强与殿前街道"致公学校"品牌建设。参加湖里区统战部组织的义务植树活动。是年，举办"大爱如山"青竹社第四届书画展暨同心助学慈善义卖，义拍善款35万元全部捐献给寒门学子；举办"非遗传承、产教融合"福建艺术职业学院人才培训实践与创新优秀作品展，促进高校人才与企业的互动；承办致公党海外华裔青少年"中国寻根之旅"夏令营等一系列活动。

（致公党湖里总支供稿）

2018年，海洋研究所支社到华侨博物馆参观市委统战部举办的纪念中共中央"五一口号"发布70周年主题联展（九三学社湖里区委供图）

九三学社湖里区委员会

【概况】 2018年，九三学社湖里区委员会有10个支社，有社员295人，其中新发展社员7人。社员主要分布在科技、教育、医卫界别。

【组织或参加主要活动】 2018年，九三学社湖里区委员会各基层支社组织社员参观华侨博物馆、陈嘉庚纪念馆等。参加由市统战部主办、各民主党派协办、九三学社市委承办的纪念中共中央发布"五一口号"70周年文艺晚会，以及区委统战部组织的纪念中共中央"五一口号"发表70周年座谈暨湖里区"同心荟萃堂"专题宣讲会。组织或参与科技委主办的"中国芯片产业的机遇与挑战"为主题的科技论坛、九三学社"社员之家杯"社章社史知识竞赛、社市委第六届气排球比赛等。

【获得荣誉与取得成就】 年内，信息学校教师刘斯入选厦门市第九批拔尖人才，刘斌茂被确认为厦门市第一期中职学科带头人，检疫检验支社曾海柯被评为厦门市十大食品安全卫士，湖一支社庄洁获颁厦门市五一劳动奖章，湖二支社刘长江是国家千人计划人才。严丽娟的课题研究分别获2018年厦门市科技进步三等奖、福建省科学技术进步奖。省水产所支社获实用新型专利3项，在职社员参与发表论文18篇，其中被SCI收录4篇；张跃平被厦门市审计局聘请为厦门市第七届特约审计员。亚植所支社刘福平的《一种减缓长期继代蝴蝶兰类原球茎衰老的方法》、汪文华的《CN201720630006–一种水果保鲜清灰装置—实用新型》等4项专利获得授权，汪文华的论文获得福建省第十三届自然科学优秀论文三等奖。林海获省优秀社员，刘长江获省参政议政先进个人，曾琛、吴惠芬、张跃平获省优秀信息员。福建海洋研究所支社、湖里区第二支社获市参政议政工作先进集体；张跃平、刘长江、曾琛、郑国防等获市参政议政工作先进个人。信息学校支社、湖里区第二支社、省水产所支社获市宣传思想工作先进集体；郭清墩、郑国防、杨章武等获市宣传思想工作先进个人。张跃平、刘长江、曾琛、郑国防等撰写的调研文章获市优秀调研文章二三等奖。

【参政议政】 2018年，九三湖里区委社员中有区人大代表5人，区政协委员14人，政协特邀研究员1人，其中，人大常委1人、政协常委2人。李雄晖等代表参加康乐社区党建工作、电梯加盖工作，气象台台风预报设施和服务金门气象信息预报情况，湖里社区垃圾分类

2018 年，九三湖里区委员会调研“五通社区临海片区渔村发展”（九三湖里区委供图）

执行情况考察。省水产所支社提交区人大代表建议 4 件，其中立案 1 件并得到承办单位的答复。参加政协组织的社区老旧小区改造及垃圾分类试点工作、湖里区医养结合健康养老模式推进情况、东部旧村改造规划等考察。区政协八届三次会议期间，提交 30 件提案，立案 24 件，高枝嫁接 2 件为市政协提案、有 4 件转为社情民意。承接了区统战部布置的联合议政课题《关于建设湖里健康促进区的建议》，区政协的课题《关于在湖里建立金砖大学或金砖研究院的建议》和《关于在我区发展集成电路产业的建议》。

【报送信息】 年内，九三湖里区委员会报送各类信息 26 篇，其中，有 6 篇被中央和省级录用。在全市政协信息工作会议上，曾琛的《企业财务报表上报亟待统一规范和数据共享》《关于加快我省建筑智能化龙头企业发展的建议》《优化新注册公司验资流程降低我省企业经营成本的建议》等获评优秀信息。另外，张跃平的《加快数字海洋建设，助力蓝色经济腾飞》获得第 14 届建言献策论坛优秀论文二等奖。

【组织各种献爱心活动】 1 月 24 日下午，在枋湖社区慈善驿站举行“人大代表进社区迎新春送温暖献爱心”活动，区人大代表刘长江等参加，向困难户捐赠价值 3 万元的物资。2 月 9 日上午，刘长江等来到文安社区，走访慰问 3 户困难家庭，送出 1 万元慰问金。5 月 5 日，医卫支社等专家团队一行来到翔安区锄山村，开展预防保健知识宣讲活动。10 月 13 日，医卫支社发挥医疗专家团队优势，组织本社心理、精神、口腔、公共卫生、护理等专业技术人员联合厦门市护理学会专家前往厦门市爱心护理院，开展“情暖金秋，爱在重阳，关爱老人，温暖社会”义诊活动。5 月 13 日下午，厦门信息学校支社社员刘斯、黄宇、陈欣敏、林峥参加厦门信息学校在金尚社区举行的校园开放日进社区活动。

（郑国防）

台盟湖里支部

【概况】 2018 年，台盟湖里支部有盟员 63 人，其中，高级职称 10 人，中级职称 13 人；担任区人大代表 1 人，区政协委员 5 人。

【调研课题】 2018 年，台盟湖里总支完成调研报告 7 篇，盟员吴维超执笔的《关于加强厦门市水产品食品安全监管的建议》转化为十三届厦门市政协二次会议提案，获市政协 2018 年度优秀提案。全年报送《开展课后延时服务所面临问题及

5 月 30 日，台盟湖里总支课题调研组与台企负责人、青年台胞座谈（台盟供图）

建议》《关注民生　切实排除减速带安全隐患》等调研报告 6 篇。

【获得荣誉】 2018 年，郭允谋、陈书博、翁丽丽获得台盟厦门市委纪念改革开放 40 周年先进个人奖项。许文懿、吴维超、黄安盛被评为台盟厦门市委 2018 年度参政议政先进个人。刘锦莹、林声宇被评为台盟厦门市委 2018 年度参政议政积极分子。李丽莎被评为台盟厦门市委 2018 年度宣传信息工作积极分子。

【参加活动】 2018 年植树节之际，台盟湖里总支赴坂头林场联合开展植树节社会服务活动。4 月 25 日，台盟湖里总支多位老盟员参观厦门市纪念中共中央发布“五一口号”70 周年主题联展。5 月 30 日下午，台盟湖里总支课题调研组就《进一步落实台资企业、台胞的大陆居民待遇问题》在区台办召开台湾企业、青年台胞座谈会。台企负责人、青年台胞对厦门惠台 60 条及湖里区针对惠台政策制定的 23 条实施细则提出建议。参加盟市委举办的“不忘初心，让爱传承”主题“六一”儿童节活动。6 月 10 日，台盟湖里总支多位盟员聆听吴国祯所作的台湾海外留学生保钓运动专题报告。7 月 7—9 日，台盟湖里总支部分盟员骨干及近两年入盟的新盟员赴重庆、广安参观学习。7 月 22 日，台盟湖里总支组织盟员学习《习近平同志推动厦门经济特区建设发展的探索与实践》。11 月 10—11 日，台盟湖里总支组织盟员前往潮州，参观周总理战斗工作过的地方。11 月 16—18 日，台盟厦门市委组织盟员赴江苏淮安参观学习，湖里总支部分骨干盟员参加此次学习。

（台盟编写组供稿）

社会团体

湖里区总工会

【概况】 截至2018年底，湖里区独立组建基层工会2300家，覆盖企业24832家，职工24.5万人，会员19.13万人。百人以上企业建会率100%。是年，区总工会创新“会、站、家”一体化运作，在创新园成立全省首个“共享职工之家”。采取购买服务方式，整合园区资源，形成“工会搭台、企业参与、职工共享”的综合服务平台，为职工提供法律服务、心理咨询、素质培训、职工书屋、运动场馆等服务，使园区6万多职工享受零距离服务。年内，先后有中国劳动关系学院思政部主任张默，省总工会主席黄琪玉，市委常委、市总工会主席倪超等各级领导到园区调研考察15次。被《工人日报》《厦门日报》等主流媒体多次宣传报道。

【掀起“大学习”热潮】 2018年，湖里区成立工会主席宣讲团和劳模宣讲小分队，深入社区、企业、车间、班组宣讲中共十九大精神和习近平新时代中国特色社会主义思想20余场。举办党校学习培训班，80位工会常委、委员、基层工会主席和工会专干等参加培训。全市工会系统“大学习”汇报交流会在湖里区举行，湖里区作为代表在会上分享经验。

5月25日，全省首家“共享职工之家”在湖里创新园举行揭牌仪式（区总工会供图）

【弘扬劳模精神、工匠精神】 2018年，湖里区组织开展劳模等评选工作，5人获评省级劳模，5家基层工会获市五一劳动奖状，25人获市五一劳动奖章。弘扬工匠精神，在服装行业和飞机维修行业中，开展“名师带高徒”活动，并组织技能比武竞赛。

【实施职工素质工程】 年内，在教师队伍、“两院”法官、汽车维修工中，举办第21届3项职工技术比赛。开展“求学圆梦”提升学历活动，有48名职工报名。利用微信平台，打造“欢乐周末”职工素质提升营，通过线上报名，线下开展插花、手机摄影、化妆、公文写作、HR培训、沟通技巧、新媒体营销等培训，近3000名职工接受培训。以“让生活‘焙’幸福”为主题，在社区开展烘焙技术培训。

【构建和谐劳动关系】 2018年，湖里区组织开展28场法律公益讲座、禁毒宣传等，开展“尊法守法·携手筑梦”服务农民工公益法律服务集中行动。在创新园区设立法律服务站，为职工提供法律咨询、维权服务，为企业用工制度“把脉”。推进企业劳动法律监督员持证上岗。加大安全生产监督，开展“安康杯”竞赛活动。是年，参与调解劳动争议、劳务合同案件11起，涉及职工180多人，金额约541万元，维护职工合法权益。推进以职代会为基本形式的企事业单位民主管理制度，推进企业工资集体协商制度。

7月6日上午，湖里区委副书记、区总工会主席卢秀萍（二排右三）带队，走访慰问地铁建设工人、征迁一线干部、企业职工、一线环卫工人等（区总工会供图）

【开展改革开放40周年系列庆祝活动】 年内，湖里区举办“中国梦劳动美·新时代新风采”职工文艺晚会暨2019厦门职工春晚海选（湖里专场）。举办“特区1980—我与你同行”摄影比赛，在《厦门日报》做专版宣传，在区政府大楼与联发创业园巡展。举办开放40周年“企业职工十佳歌手赛”。

【关爱职工】 元旦、春节期间，走访慰问困难职工190人，发放慰问金47.3万元。补助外来职工平安返厦交通补贴，16185人232.78万元。推进职工医疗互助保障工作，为72766名职工交纳医疗互助金645万元，累计有12.3万名职工参保。开展“夏送清凉”活动，慰问建筑、物流、环卫等高温作业企业和重点工程项目单位325家企业员工，发放价值120余万元的慰问品。为2240名女职工免费筛查“两癌”。为11名困难职工子女补助学费3.65万元。在湾悦城、万达广场举办3场工会会员日活动。举办亲子诵读活动，300个家庭参与。“六一儿童节”慰问300名外来员工子女。举办第四届职工运动会，有约3500名职工参会。组织10余名书法家进园区为职工送春联。“三八”妇女节组织女职工健步行活动。举办3场大型职工交友联谊会。

10月23日，厦门职工春晚节目海选暨湖里区专场职工文艺晚会在联发华美空间举行（区总工会供图）

【推进基层工会建设】 2018年，湖里区将基层工会归属划分为“5个街道+2个园区”的形式，新成立湖里创新园工会联合会和厦门火炬高新湖里园区工会联合会。扩大工会组织和工会工作覆盖，新组建基层工会178家。继续开展达标创优暨星级职工之家创建活动，推动基层工会规范化建设，欣贺股份有限公司JORYA生产部车工G组获评全国“工人先锋号”。

（林舒婕）

共青团湖里区委员会

【概况】 2018年，共青团湖里区委员会（以下简称“团区委”）下设基层团支部327个、团委18个、团总支14个，已覆盖和联系团员4392名。全区有18名团员青年及8个单位获“福建青年‘五四’奖

5 月 4 日，湖里区开展“踏上新征程 湖里青年有作为纪念‘五四’运动 99 周年”主题日活动（团区委供图）

章”“福建省优秀共青团员”“厦门市五四红旗团委”等省、市荣誉，湖里区青少年权益中心青年之家获评 2017 年度省级示范性青年之家。

【抓好青少年思想引领】 2018 年，湖里区实施“青年大学习”行动。向基层团组织发放《习近平的七年知青岁月》《习近平关于青年和共青团工作论述摘编》等相关书籍 600 余册，要求团员青年认真研读，深刻领会习近平新时代中国特色社会主义思想萌芽及习近平对青年工作的重要指示。全区各级基层团组织开展主题活动、专题学习、交流座谈等 50 余场；利用微信公众号——“湖里新青年”等团属新媒体平台，推送《一张图读懂党的十九大报告》等学习文章 10 余篇，解读中共十九大报告。开设新媒体学习专区，连续刊载关于习近平新时代中国特色社会主义思想、中共十九大会议精神、习近平对青年工作重要指示和团十八大精神等篇章，让全区青年随时随地学习精神要义。贯彻落实团中央“青年大学习”网上团课，通过 H5、微信小程序等新媒体方式，将习近平重要讲话分专题包装，每周按期推送，组织团员青年参与网上团课。

【服务青少年】 年内，湖里区针对中学生，在外国语湖里分校等区属中学开展 7 场主题为“自强自信·积极向上”中考考前心理素质拓展活动暨共青团“12355”中高考服务活动，服务学生 360 人次。联合相关部门开展“你好，新时代”团干夏令营、“‘宪法’阳光·普照校园”青少年法治夏令营等主题夏令营。针对重点青少年群体，联合区检察院、区教育局开展《湖里区未成年人亲职教育之探索》的课题调研，收到问卷 8852 份，形成调研报告 1 份。针对创业青年，举办“共青团与人大代表、政协委员面对面”活动，倾听青年呼声，畅通青年诉求表达渠道。针对青年干部，举办“青春建功新时代”青年干部训练营，上“加强党性修养，坚定理想信念”主题党课，开展“感受创新实验田 勇当改革排头兵”主题走访等活动。针对青年婚恋需求，1 月 20 日联合区总工会、区妇联、区机关党工委在天琴湾健身中心举办“相约爱情湾”联谊会，为单身青年搭建交友平台。5 月 20 日，中建钢构有限公司团委举办“白鹭翩跹 舞悦燃情”青年联谊舞会，让青年们在活动中消除工作压力，扩大交友圈子。

【为文创青年发展创造条件】 2018 年，湖里区启动“特区·1980 青年文创季”活动，在 2 个月时间内推出多场面向青年的文创活动，活动

9 月 28 日，湖里区组织开展“感受创新试验田 勇当改革排头兵”主题团日学习活动（团区委供图）

包含“青春印记”定向摄影赛、青年艺术家写生行、青年文创市集等内容，搭建平台、创造条件、推动广大青年创新创业成为本次活动的一大主题。把联发文创口岸、海峡建筑设计文创园、云创智谷、青瓦空间等9个园区打造为青年创新创业实践基地，以此建立文创青年线下实践平台，推动共青团的服务项目在文创青年身边实现日常化。开设“特区·1980”湖里青年创客专栏，采访报道青年创客创业的心路历程，截至年底，已采访林婧娴、褚瑶茜等7位青年创客。为文创青年树立创新创业典型，做好舆论引导，引导鼓舞更多青年创业者积极投身文创产业。湖里区制定人才政策，健全适应青年人才成长规律的培养开发机制，聚焦青年公益人才、青年新媒体人才、青年互联网经济人才等3类新兴青年群体，对成绩显著、特别优秀的青年人才给予适当的薪酬补贴、保健补贴等优惠政策。

【加强基层团组织建设】 年内，湖里区全面完成社区团组织换届工作，86%的社区团组织书记由社区“两委”年轻成员兼任，选派18名优秀大学生团干到各街道社区挂职，为社区注入新鲜力量；金山街道、禾山街道完成大团工委组建，推动区域内组织共建、资源共享、活动共促，带动活力整体提升；暂不具备建立党组织的互联网企业成立团组织，新建成云创智谷团支部、福建新能源众创平台团支部等一批互联网企业团组织；要求各中学团委要坚持团员标准，严格入团程序，开展入团仪式示范活动，加强团前教育和推优入团工作，实现初中阶段毕业班团学比控制在30%以下，高中生团学比控制在60%以下；落实“三会两制一课”制度，严肃团的组织生活，推动团员成为注册志愿者，湖里区有注册青年志愿者6439个。

【青年团员参与小区治理】 2018年，团区委动员聚集起辖区广大青年的力量，针对不同群体开展形式多样、内涵丰富的活动，助力小区治理工作。高校挂职团干队伍，深入小区为青少年开展义务家教辅导。来自华侨大学材料学院的18名青年团干，在江头社区居委会二楼会议室进行为期1个月义务家教，既有常规课业辅导又有青少年安全教育、手工肥皂制作等拓展项目；暑期在康乐社区开展电子产品依赖戒除小组活动，帮助辖区青少年远离对电子产品的依赖，实现自我管理。开学初，在康乐社区开展“Hold住开学季！”主题父母课堂，从学生心理变化、小升初的差异等方面进行授课；中国银行厦门市分行团委组织志愿者于“3·15”消费者权益日，在康晖社区开展“金融知识进社区”公益主题活动，宣传真假币识别、防范电信诈骗等方面知识；组织青年志愿者深入社区开展“健康人生　绿色无毒”青少年禁毒宣传活动，通过ppt讲解及竞答小游戏等形式，对青少年进行禁毒教育。

【维护青少年合法权益】 年内，湖里区青少年权益中心秉承“关注青少年成长，维护青少年权益”的宗旨，遵守保密、尊重、专业的原则，根据青少年的实际需求设计、提供各具特色的多元化服务；针对有需求的青少年提供辅导、支援及矫正服务，帮助青少年克服成长困境，陪伴青少年健康成长。中心组建1支团队，团队成员包含项目负责人、主管、社工和义工专员等，签约专家24人，提供青少年成长过程必不可少的社工、心理、法律咨询及教育服务等专业支持；项目执行志愿者有151人，开展青少年项目服务480人次，提供服务2695小时。项目方还与大学院校、律师事务所、心理咨询机构、教育机构、医务机构、传媒机构等12家社会组织确定合作协议，覆盖青少年可持续发展的多元专业领域。自立项服务以来，立足于湖里区7所公办中学，在校园内开展校不容欺、澎湃的青春期、校不容毒、安全自护、“少年自信益起来”权益普及；开设青少年“学习动力小组”“人际关系小组”，开展厌学、游戏脱敏、心理拓展等团体辅导，以此协助行为偏差青少年矫正偏差行为；定期入校驻点服务，开展志愿服务、法治体验日、公益体验日等提升青少年社会责任心的活动，增强青少年的社会使命感；开设“父母课堂”，协助父母提升教养能力，传递科学教养方式，优化青少年成长环境。3月，湖里区青少年权益中心被评为2017年省级示范性“青年之家”综合服务平台。

【建立线上台青驿站】 2018年，湖里区利用“湖里新青年”微信公众号平台建立线上“台青驿站”。提供创业政策宣传、线下活动召集、线上交流平台等服务。设立政策链接板块，介绍湖里区发展战略、人才政策、惠台措施23条等，定期推送文章，向创业青年宣传湖里区扶持台湾青年创业相关优惠政策。通过线上发布活动信息，线下组织台湾青年实地感受湖里区创业服务。8月27日，台青驿站携手兴隆社区组织在厦台湾青年参观“云创智谷”创业园区、海峡电商网络研究院等创业服务基地，相关负责人为台湾青年介绍园区内关于创业创新平台导师机制、火山加速器等多种服务。以微信公众号为载体建立“台青驿站”互动社交平台，鼓励台湾青年与本地青年交流探讨创业心得。号召在厦资深台胞参与线上互动，分享创业经验与感悟。

【成立“湖里新青年”宣讲团】 年内，团区委成立“湖里·新青年”宣讲团，聘请专家学者、特区宣讲团成员、省第十四次团代会代表、青年典型模范等13人担任宣讲团成员。围绕习近平新时代中国特色社会主义思想、共青团十八大精神和团的系统理论及在改革开放大潮中的生活变迁和奋斗故事等内容，先后走进厦门市信息学校、金山街道、塘边社区等地开展宣讲8场次。

【成立征地拆迁“青年突击队”】 2018年，团区委联合区土地房屋征收办在五缘湾北片区、湖里体育公园片区等7个旧村整村改造指挥部建立7支“青年突击队”，人数近100人。团区委向广大青年干部发出《征迁在行动，青年当先锋》的倡议书，号召青年干部争当旧村改造的坚决拥护者、政策法规的积极宣传者、城区建设的务实践行者、征地拆迁的认真监督者。

（汤婷芳）

区妇女联合会

【概况】 2018年，湖里区妇女联合会（以下简称“区妇联”）有行政编制2个，有在编人员1名，非在编人员2名。12月12日，第七次代表大会落幕，选举产生第七届执委。妇联第七届执行委员会设主席1名，兼职副主席4名，常委10名，执委45名。全区成立各级妇女组织59个。其中，区直机关妇工委1个、街道妇联5个、社区妇联53个，执委1175名。是年，全区有“巾帼文明岗”128个，“最美家庭”62户，“五好”家庭2户。

12月12日，湖里区妇女第七次代表大会落幕（蓝毅平　摄）

【成立湖里区妇联巾帼宣讲团】 2018年，区妇联在“湖里巾帼宣讲团”的基础上成立“湖里区妇联巾帼宣讲队”。巾帼宣讲队结合妇女工作和区委、区政府的中心工作，开展“新思想”、家庭教育、妇女儿童维权等各类宣讲8场、家教进社区活动12场。

【关爱妇女儿童】 年内，湖里区关注困境妇女儿童家庭，慰问辖区贫困妇女儿童158人，发放慰问金11.44万元。开展“春蕾助学”活动，救助困难儿童、大学生80人，发放救助金8.1万元。开展“两癌”筛查等妇科病普查项目，持续实施贫困妇女“四癌”救助，特困妇女、儿童大病救助等关爱项目，争取上级妇联为3名“四癌”妇女提供3万元大病救助资金。各街道妇联开展“春风送岗”专场招聘会，提供就业岗位7643个，推荐就业849人。为妇女开展就业技能培训，惠及近千人。区妇联联合区妇幼保健院开设“五缘月嫂”高级母婴护理师培训3场，培训学员108名，其中，98名学员获得“母婴护理师资格证”，并有24名学员就业。

【促进“两纲”指标任务落实】 年内，湖里区根据“两纲”新目标任务，更新、理顺妇女儿童监测指标，调整统计监测体系、统计口径及达标判断等，协调解决问题指标，确保“两纲”目标任务按时完成。“两纲”88项重点监测指标中有79项已达到或超额完成市、区终期目标，占重点监测指标总量的89.77%，较中期提高了8.16个百分点。

【深化基层妇联改革工作】 2018年，湖里区推动村居妇联主席由女性主要领导兼任并配备专职（或常务）、兼职副主席。全区53个社区的党组织和居委会有“两委”404人，其中女性232人，占57.4%，100%实现社区班子中至少有1名妇女成员、社区妇联主席进社区“两委”的要求。

【维护妇女权益】 2018年，湖里区开展妇女维权、婚姻家庭预防纠纷化解工作，举行“幸福婚姻大讲堂”女性维权巡回宣讲。推进“建设法治湖里·巾帼在行动”主题活动，组织开展“我的权益我来护”“拒绝家庭暴力，共建和谐家

11 月，湖里区在五缘湾乐购广场开展“拒绝家庭暴力，共建和谐家庭”国际反家庭暴力暨妇女儿童维权宣传活动（厦门日报社供图）

庭”等维权主题宣传活动。是年，全面排查婚姻家庭矛盾纠纷 7 起，均得到化解和稳控；以妇女需求为导向，通过政府购买服务，采用“社工 + 妇工 + 律师 + 心理咨询师”的模式，开展精准化、精细化服务。形成以区妇联为服务核心，社工机构、各街道、各社区妇联组织“一核多平台”的服务运作机制，全面畅通妇女诉求、利益协调和权益保障渠道。全年受理群众来信、来电、来访 520 件。其中，婚姻家庭权益类 76 件，婚姻家庭、妇女维权法律咨询 73 件。开展面谈 90 例，回访 36 人，个案服务 7 人次。

【家庭文化品牌建设】 年内，湖里区开展“幸福家缘”家庭文化建设系列活动，举办“婆婆妈妈秀”“暖心全家福”展览会，“几平方的幸福”最美客厅征集评选，“好家风 好家训”征集，“小小朗读者 声援好家风”亲子诵读，“最美廉洁家庭”等家庭文化建设活动。承办市妇联“让爱住我家 弘扬好家风”活动，推动社会主义家庭文明新风尚。选树省、市“五好文明家庭”2 户。

【选树典型】 2018 年，湖里区推选全国、省级“巾帼文明岗”30 个；福建省“三百四有”先进街道 2 个、先进社区妇联组织 2 个、优秀基层妇联主席 2 个；选树区级“三八红旗手”15 名、“三八红旗集体”10 个，全国“三八红旗手”1 名。联合《厦门日报》开展“家访”，刊发一系列体现家庭特色、闪耀着时代精神的先进典型报道，推出一系列具有崇高人格魅力、高尚道德情操和巨大精神感染力的巾帼群体。

（许维维）

区科技协会

【概况】 2018 年，全区 5 个街道均建立科协组织，配备了专（兼）职科协秘书长，53 个社区成立科协分会，并配有专人负责科普工作；全区有 45 家企业建立企业科协。是年，湖里区下拨科普专项经费 259.64 万元，街道安排科普专项经费 163.5 万元，人均约 4 元。

【科普人才队伍】 2018 年，湖里区有由科技工作者、医疗界人士、教育界人士、文化界人士和退休干部组成的区、街道科普志愿者 245 人。是年，湖里街道科协秘书长林景被评为全省科协系统先进工作者。

【推进“科普 e 站”建设】 年内，湖里区新建设 46 个科普 e 站。其中，34 个社区 e 站，5 个校园 e 站，7 个中国科普 e 站；截至年底，累计建成科普 e 站 84 个。其中，60 个社区 e 站，15 个校园 e 站，9 个中国科普 e 站。金尚、怡景、禾山、五缘湾北、兴园、金山等 6 个社区 e 站被评为省级示范 e 站，省财政厅为每个示范 e 站下拨 3 万元专项资金。

【科普阵地建设】 年内，全区 5 个街道 53 个社区已建成 17 所市级社区青少年科学工作室，7 所区级青少年科学工作室。形成 22 个特色科普体验室，举办各类科普活动 739 场，累计 27353 人次参与体验。江村社区工作室入选中国科协“青少年创客示范工作室”创建名单。实现 53 个社区高标准 10 米以上科普宣传栏全覆盖，宣传栏每 2 个月更新 1 次，展示内容涵盖防震减灾、食品安全、健康保健、生态环保、自然知识等。53 个社区均建有科普图书角（柜），实现社区全覆盖；建有 30 座科普电子画廊，占全区社区总数的 1/2 以上。全年湖里科普网络书屋使用 48844 次，排在全省第二名。

【科普经费使用】 2018 年，区科协为各社区科普宣传栏拨付 4000

元经费用于更新内容以及修护保养；给予各社区青少年科学工作室0.75—1.75万元不等的经费用于日常运行；为各社区科普大学拨付1—2万元不等的经费用于教学活动；赠送各社区科普图书、科普挂图，以及拨付专款用于支持部分科普教育基地开展科普活动。

【开展形式多样的科普活动】 年内，湖里区投入30余万元，组织青少年科学工作室开展车模、陶艺、无线电测向等比赛；在（寒）暑假期间，组织学校、社区开展科普（冬）夏令营和青少年科学调查体验活动。各中小学组织学生到科技馆、科技类博物馆、科研院所、青少年科技中心、社区科普活动室参观学习。开展科技活动周、全国科普日、防震减灾日等主题活动。

【承办厦门市“全国科普日”启动仪式暨科普嘉年华活动】 9月15日，湖里区在闽南古镇音乐广场承办厦门市“全国科普日”启动仪式暨科普嘉年华活动，200余人到场参与。活动期间，全区科普基地、青少年科学工作室面向辖区居民开放，开展44场活动，6000余人次参加，发放食品安全等科普宣传材料4500余份。

（黄琳姗）

区侨联

【概况】 2018年，区侨联开展学习宣传教育、加强组织建设、深化为侨服务、积极参政议政等系列活动。是年，获“全省侨联系统信息宣传工作先进集体二等奖”“厦门市侨联信息宣传工作先进集体一等奖”等荣誉。

2018年，“联心侨”志愿服务队成立（区侨联供图）

【帮扶困难归侨】 2018年，区侨联助侨基金帮助辖区12户特困归侨，每月给予300元生活补助金，全年发放补助金4.32万元；协同厦门汇景集团开展“侨帮侨”活动，由汇景集团从“汇景慈善基金”拨出2万元专款，扶持湖里区4户患重病归侨困难户，每户给予5000元慈善金；与金山社区、同安区田洋村各1户因病致贫的家庭结对帮扶，分别给予3000元和3500元帮扶金；帮助辖区困难侨户在读大学生1人向市侨联申请“爱心汇侨”高考助学金5000元。

【成立湖里区“联心侨”侨界志愿者服务队】 年内，成立湖里区“联心侨”侨界志愿者服务队，下设5支街道侨界志愿者分队，截至年底，有侨界志愿者63名。“联心侨”志愿者服务队以帮扶孤老归侨，提供涉侨法律、法规及其他公益咨询服务、扶贫帮困、爱心助学等为方向，组织志愿者服务。

【组织侨界活动】 5月12日，湖里区发动辖区内归侨侨眷参加厦门市侨联举办的“侨联四海，情暖银城”第六届侨界联欢节活动，区侨

7月18日，湖里区举办“我爱传统文化”为主题的国学夏令营（区侨联供图）

联选送《阿嬷的歌谣》参与联欢节的文艺演出；6月2日，组织辖区内归侨侨眷乒乓球爱好者参加第五届“金日杯”厦门侨商会乒乓球赛，获得团体第四名；7月18日，与区台办等相关部门联合举办“我爱传统文化”为主题的国学夏令营，来自台湾地区和湖里辖区的30名侨、台同胞子女参加夏令营；11月10日，承办市侨联以“贯彻新思想·走进新时代”为主题的第八届厦门侨界健步行湖里片区活动，组织辖区各街道社区侨联以及印尼、马来西亚、缅甸各归侨联谊会等侨团组织的640多名侨界同胞参加健步行活动。

【侨法宣讲进社区】 2018年，区侨联协同各街道侨联，结合社区书院，邀请侨界专家学者进社区开展侨法宣讲活动。宣讲团宣讲“迎接新时代，抓住新机遇，开启新征程”“学习解读《中华人民共和国宪法修正案》”“第十次全国侨代会精神及相关涉侨问题解读”主题。

【搭建“归根情”交流平台】 年内，湖里区协同华侨大学“归根情”志愿服务队，深入侨胞比较集中的社区，定期开展“归根情”侨界志愿服务活动及交流座谈会。搭建新、老华侨交流平台，将新生代华侨与老一代华侨联系到一起，加强新侨学生对祖籍国的认同感和民族情怀，培养优秀华侨华人青年公益领袖，促进侨界群体相互沟通与联系。

【创建“侨胞之家”】 2018年，湖里区街道、社区侨联开展创建“侨胞之家”活动和“五好”示范点活动。截至年底，有53个社区成立侨联组织，9个社区获得省级“侨胞之家”授牌，申报2个省级“侨胞之家”示范点。11月，联合市侨联、康乐社区侨联，组织市级侨联基层组织建设现场观摩会。康乐社区侨联以党建带侨建，为侨排忧解难等惠侨特色亮点获市侨联领导及各区侨联的肯定。

【侨界参政议政】 年内，湖里区召开侨界政协委员座谈会，就如何做好侨界政协委员参政议政和履职事宜交流座谈。是年，侨界政协委员提交市政协《关于加强村集体资产管理及监督的建议》等9件提案；提交区政协《关于对无人管理的华侨房屋进行整治的建议》等14件提案；提交社情民意13件，其中《关于推进垃圾分类减量的建议》在市政协会议作书面发言。推荐1名侨界人士为全国第十次侨代会代表；完成《实施“互联网+”养老工程 积极推进虚拟养老院建设》《关于解决民生短板问题的建议——提高公共卫生及家庭医生签约服务质量》《新时代 新任务 新思想 新作为》3个调研课题。

【团结海内外侨界】 年内，区侨联走访慰问有名望、有贡献的侨界人士和侨联老领导，关心、了解与海外亲人的联系情况及需要沟通的问题；定期走访辖区内侨企，了解生产经营状况，听取他们的意见建议，鼓励他们积极建言献策；关注新阶侨界人士，完善新阶侨界数据库，配合区委统战部开展新的社会阶层人士统战工作调研，走访新侨企业，挖掘新侨资源，发挥新的社会阶层侨界人士在湖里区经济文化建设方面的作用；春节前，向海外名誉侨联主席、顾问及热心侨联工作的华侨、华人邮寄新年贺卡，为海外侨团征订侨刊乡讯。

（蔡慧雯）

区工商联

【概况】 2018年，区工商联创新开展促进民营经济健康发展系列活动。全年开展集中培训38场，受训人数达600多人次。是年，获“2018年度全国民营企业调查点工作先进基层单位”称号；区工商联关工委被福建省关工委授予“关心下一代先进集体”称号。

【召开“亲”“清”新型政商关系座谈会】 11月22日，区纪委、区委统战部、区工商联联合召开

11月22日，区纪委、区委统战部、区工商联联合召开“亲”“清”政商关系专题座谈会（区工商联供图）

11月30日，湖里区召开促进民营经济健康发展若干政策宣讲及财税金融综合服务平台发布会（区工商联供图）

“亲”“清”政商关系专题座谈会。组织近20名民主党派代表、民营企业家代表参观湖里区党风廉政教育基地家规家训馆，传达习近平支持民营经济系列讲话精神及各级的贯彻意见，通报2018年湖里区党风廉政建设和反腐败工作情况。与会代表就习近平支持民营经济系列讲话精神、厦委办下发《关于构建政商关系新生态的若干意见（试行）》及相关文件进行学习讨论。区委常委、统战部长陈岚，区委常委、区纪委书记、监委主任黄绿青出席座谈会并讲话。会议由区委统战部副部长、区工商联党组书记王华安主持。

【举办促进民营经济健康发展系列活动】 11月30日，湖里区举办由区委、区政府主办，区民营办、区工商联等相关部门承办的“不忘创业初心　接力改革伟业”——2018湖里区促进民营经济健康发展系列活动：召开湖里区促进民营经济健康发展若干政策宣讲及财税金融综合服务平台发布会。区委常委、统战部长陈岚，副区长陈颢颖，市金融办副主任连任，市工商联副主席、区工商联主席孙少峰，市民营办民营经济工作部主任曾志超，区工商联党组书记王华安等出席宣讲会。宣讲会由陈颢颖主持。近500家民营企业参加。召开湖里区民营经济工作领导小组会议。区委常委、统战部长陈岚，副区长陈颢颖，区人大常委会副主任戴宗垒，区政协副主席林世裕，区民营办主任、区工商联党组书记王华安以及区民营经济工作领导小组全体成员出席会议。会上，传达学习贯彻中央、省、市、区各级相关文件及会议精神；部署落实厦门市《促进民营经济健康发展的若干意见》的责任分工。召开促进民营经济健康发展恳谈会。区委常委、统战部长陈岚，副区长陈颢颖，区人大常委会副主任戴宗垒，区政协副主席林世裕，市民营办民营经济工作部主任曾志超，区民营经济工作领导小组各成员单位以及近30位企业家代表参会。会上，通报2018年前三季度湖里区经济运行情况；听取企业家反映涉及产业、行业以及企业发展存在的困难和问题，对湖里区经济社会发展的意见和建议。

（林　澜）

区计生协会

【概况】 2018年，全区已建各级各类计生协会353个。其中，街道协会5个、社区协会53个、企事业流动人口协会294个，会员32321人。是年，区计生协会围绕宣传教育、生殖健康咨询服务、优生优育指导、计划生育家庭帮扶、权益维护和流动人口服务等6项重点任务，开展生育关怀、早期发展教育、青春健康和群众自治等工作。

【精准帮扶计划生育困难家庭】 湖里区全年投入生育关怀经费416.67万元。下拨71.82万元，开展元旦、春节慰问活动，慰问232户计生特殊家庭和562户计生困难家庭、计生工作者，送去党和政府的关心；安排专项经费12.95万元，开展母亲节慰问活动，慰问252名计生困难母亲；下达经费指标100万，帮扶48户（其中流动人口11户）困难母亲劳动脱贫；投入7.8万元，开展金秋助学，资助28名中高考录取生，解决困难家庭就学经费难题；对计生困难家庭遭突发事件，造成财产重大损失、家庭成员重大伤害或重大疾病的，给予紧急救助，全年救助64户12.1万元；投入专项经费15万元，开展计生特殊家庭暖心帮扶，购买专业社工服务，进行个案辅导、心理咨询，开展联谊交流等活动。

【为独生子女家庭和计生特殊家庭投保】 2018年，湖里区投入保险经费194.64万元，为0—18岁的独生子女家庭及计生特殊家庭参保，惠及19464户57656人，全年保险理赔325件，理赔金额102万元，理赔率达52.5%。组织街道、社区调查、摸底2018—2019年度符合保险对象的计生家庭，完成新一轮独生子女家庭的意外伤害保险公开招投标工作。

【推进儿童早期发展教育】 年初，区计生协会制定下发《湖里区计划生育协会儿童早期发展项目实施方案》，加强工作指导和项目推进，并以区妇幼儿童早期发展中心为依托，投入经费6万元，确立吕岭、金安等9个社区儿童早期发展项目点。各早教点举办了“科学喂养，合理膳食”“母乳喂养”“小儿春季常见病预防”等专题讲座70多场，参加婴幼儿家长及居民8000多人次。

【青春期健康教育】 2018年，区计生协会下拨工作经费2万元，确立徐厝、蔡塘等5个社区项目点，各项目点相继成立“青春健康俱乐部”，成员3000多人，开展了青春期发育、早恋问题、防止性骚扰、远离毒品、如何预防艾滋病毒感染和“青春健康—家长沟通之道”培训。

【计生协会基层组织建设】 年内，区计生协会开展计划生育基层群众自治创建“六好”示范社区活动。下拨8万元创建经费，确定村里、怡景等11个社区为市、区计生协会群众自治“六好”社区项目点。截至年底，全区“六好”示范社区创建率达73%。下拨创建经费2万多元，抓好企业计生协会组建，新发展企业计生协会9家。

【计生家庭权益维护】 2018年，区协计生协会与区司法局联合下发《关于为计划生育家庭开展法律援助的通知》。抓好典型培育，确立1个街道和6个社区为项目实施点，召开工作现场交流会，总结村里社区典型经验，推进工作开展。组织基层协会人员进行法律援助服务培训，发挥区法律援助中心的平台作用，开展法律援助服务，维护了计生家庭合法权益。

（姚杨成）

名词解释

“六好”示范社区： 党员干部示范带头好；社区居民遵纪守法好；社会矛盾调解处理好；社区治安好；安全生产管理好；“五类”人员管理好。

5月31日，湖里区举行计生家庭权益维护示范点授牌仪式（区计生协会供图）

区红十字会

【概况】 2018年，湖里区组织开展应急救护持证培训6场，区级应急救护普及培训121场，应急演练57场。向困难群众发放慰问物资3000份，价值33万元；发放慰问金25人次0.95万元；救助患大病群众12人，救助金额3.15万元，12人通过区红十字会向市红十字会申报外来人口大病救助；捐赠收入0.95万元。登记遗体捐献志愿者2名，器官捐献志愿者2名。社区开展基层组织示范点建设工作，其中禾山社区获得“2017年度省级红十字会基层组织建设示范点”称号。是年，村里社区创建基层组织示范点通过省红会考核验收。开展各类宣传活动184场次，发放各类宣传册、宣传折页近3万份，发送手机报2期，创办专题报纸4版，拍摄应急救护宣传视频在全市厦门移动电视固定终端上播放。

【开展驾驶员应急救护培训】 2018年下半年，区红十字会学雷锋志愿服务应急救护师资队于每周三上午为市交警大队车管所驾驶员开展应急救护常态化培训。培训项目包括现场救护、心肺复苏、创伤救护和常见急症与突发伤害的救护。志愿者结合多媒体教学、案例分析、实践操作，模拟现场情景演练等，边讲边实操，现场发放应急救护书籍和“急救掌上学堂”彩页。

【开办社区护老课堂】 2018年，区红十字会联手小桃爱家，成立小桃爱家护老志愿服务队，开办社区护老课堂。在39天时间里辐射21个社区，参与人数达到1000余人。区红十字会将“突发意外的急救和自救”“危机症的急救”紧急救护的

12 月 28 日，区红十字会在岭下社区开展老年人介护应急救护讲座（区红十字会供图）

相关内容制成手册，发给老人，提高老人自救能力。在手册的最后配有酒精棉签，并附有使用说明，让拿到手册的老人在受伤时可以使用酒精进行基础处理。

【创建省级红十字基层组织示范点】 年内，湖里区开展省级基层组织示范点创建工作。创建社区制定 1 套完善的运行和活动制度；设立 1 个相对固定的办公活动场所；成立 1 支以上红十字志愿服务队；有 1 个红十字人道传播与救助服务平台。是年，村里社区通过省红十字会的评估，被评为省级红十字基层组织示范点。

【利用新载体传播红十字知识】 2018 年，湖里区为扩大红十字会的影响力，凝聚更多的社会力量参与和支持红十字事业，区红十字会在传统宣传载体的基础上，挖掘宣传新载体，通过快速公交播出平台、公交车播出平台 5096 个终端进行宣传，不断扩大宣传面，营造浓厚氛围。

【举办青少年水上安全夏令营】 10 月 31 日，区红十字会学雷锋志愿服务水上救援队进学校、进社区开展水上安全教育培训 100 多场。培训分为两种方式：一种是室内授课，在每一场讲座上，救援队的成员们都会从尊重生命的话题开始讲起，让孩子们优先树立起保护自己的意识。另一种“水边实操”。队员们向孩子们讲解如何利用身边现有的物品对溺水者实施救援，告诫孩子们不要轻易下水救援，以保护自身安全。

（陈炯懿）

10 月 31 日，湖里区红十字会在区红十字会学雷锋水上救援队基地举办青少年水上安全夏令营（区红十字会供图）

城市建设与管理　环境保护

城市建设与管理

城市建设

【概况】 2018年，湖区推进建筑行业监督管理、小区建设综合治理、民生基础设施补短板等各项工作。在保障和改善民生福祉、加快生态文明建设和环境保护、提升城区功能品质和公共服务水平、深化社会综合治理能力等方面取得成效。

全区建筑行业稳步发展　1—12月，湖里区有建安企业269家，完成建筑业总产值531.56亿元，比上年增长26.8%；厦门电视台对湖里区高林学校建设工地扬尘防治措施进行报道，肯定湖里区新开工工地100%实行防尘降尘的成效；配合做好中央环保督察“回头看”重点关注领域自查整改工作；全面落实“党政同责、一岗双责”规定，强化安全生产主体责任和监管责任，严格监管70个建筑工程项目，总建筑面积307.52万平方米，造价77.53亿元，全力保障工程项目的质量安全和文明施工，防范建设工程各类安全事故。

各项民生保障项目全面展开　年内，完成南山新村、江头小区、金鼎牛头山小区等3个老旧小区改造任务。12月10日，和通新村半山林海老旧小区改造项目完成施工招投标工作。《人民日报》刊发《改变的是环境 凝聚的是人心（倾听·老旧小区改造）》，介绍湖里区老旧小区改造取得的经验，人民网等各大网站予以转发。协调推动24个公共停车场建设项目，总设计停车泊位约4340个，建成投用金尚路检察院段绿荫停车场等13个停车场，新增停车泊位约2400个。实施第二轮城市街区立面综合整治提升工作，改造楼宇378栋，总改造面积约41.06万平方米，项目总投资估算约1.8亿元。美仑花园安置房（一期）项目、金林湾花园B区1—07地块安置房项目举行奠基开工仪式，缓解湖里区安置返迁工作压力。启动西部旧村整村更新提升试点工作，主要涉及5个街道10个社区22个自然村，占地约230.82公顷，建筑面积约1020.26万平方米、房屋11812栋，涉及9846户，户籍人口31926人，常住人口441318人。

开展建筑工程及物业管理领域扫黑除恶专项斗争　开展湖里区在建工地扫黑除恶宣传及物业管理小区的扫黑除恶宣传贯彻工作。对工程项目建设过程中煽动闹事、强揽工程、恶意竞标、强买强卖、收保护费及物业管理范围内的沙霸、阳台霸等形式黑恶势力以及保护伞进行深入摸排，发现线索及时报送，是年报送涉黑涉恶线索3条。张贴相关宣传海报623份、宣传横幅81条、142个LED滚动播放扫黑除恶宣传内容、在206个小区播放宣传视频，分发各类宣传材料3762份、《厦门日报》新闻报道1次、“湖里头条”报道1次，开展9场次宣传活动，受教群众600余人。

【开展第二轮立面整治提升】 2018年，湖里区第二轮城市街区立面综合整治提升涉及5个项目。其中，市级项目1个，区级项目4个。市级项目及区级项目已分别公开招标生产施工单位，年底完成了第二轮立面整治提升工作。

【安置房建设与管理】 年内，湖里区有3个安置房项目。其中，2个进场动工，提供房源2452套，总建筑面积36.06万平方米，总投资约13.97亿元；1个完成网上报建，签订代建合同。推动东宅安置房等2个在建安置房项目，累计完成投资约9000万元，其中东宅安置房正在地下室工程施工；蔡塘古地石安置房一期配套工程完工，项目通过消防验收并办理竣工备案。建立区安置房巡查、通报及会议制度，从房源的管理情况、物业日常工作

2018 年，金林湾花园 B 区 1—07 地块安置房项目奠基开工仪式举行（辜丹红 摄）

状态、清洁卫生、消防、应急等方面定期对项目进行清点检查；推进马山安置小区的产权办理，加快历史遗留问题的解决；梳理全区 42 个安置房项目，优化及盘活房源管理，提高使用效率；解决金汇花园等信访问题，推动仲裁，做好现场稳控工作，与龙盛公司的收购合同已经裁决解除。金林湾 A 区交房 9 个项目 669 套，马山交房 461 套，集鑫佳园 A 交房 187 套。

【公共停车设施建设】 2018 年，湖里区推动 24 个公共停车设施建设，总设计停车泊位约 4340 个。其中，4 个项目已完工投用，6 个在建项目正在按计划推进，3 个项目开工，5 个项目正在开展前期工作，2 个谋划项目完成方案初步设计；3 个项目正进行初步方案设计。

【西部旧村整村改造提升】 年内，湖里区启动西部旧村 6 个社区试点整村改造提升。其中，湖里社区作为先行启动社区，截至 10 月底，签约 28 栋，签约建筑面积 17051.93 平方米，动工 16 栋，首栋改造楼宇已完成施工；塘边、马垅、枋湖、后坑、后埔等试点社区更新提升总体规划方案均已初步成稿，进行前期基础数据采集和入户调查。

【建筑行业管理】 2018 年，湖里区对 2013 年以来招标的财政投融资、国有资金占控股或主导地位的房屋建筑、市政基础设施工程项目开展全面排查整治。各建设（代建）单位对辖区内的 54 个项目开展自查自纠及检查工作，其中，房屋建筑项目 36 个，市政基础设施工程项目 18 个。各项目基本满足要求，未发现围标、串标、买标、卖标、转包、违法分包、挂靠等违法违规行为。

【在建项目专项整治】 年内，湖里区加开展在建房屋安全巡查 6 次，配合湖里街道开展竹坑路村里社区安置房房屋质量问题信访件的房屋质量检测技术服务工作。加强建筑工地扬尘污染综合整治，派出 1218 人次对区管 25 个在建工程项目开展建设工程扬尘防治巡查、考评 16 轮，排查扬尘隐患约 326 个，下发责令改正（整改）通知单 98 份，记入信用监管行为 P6 档 4 个项目 12 家责任单位，均已落实整改。由区渣土办牵头，协调湖里公安分局、区行政执法局、区环保局抽调执法检查人员组成联合执法组，先后开展建筑废土综合集中整治行动 49 次，查处违法违规渣土车 20 辆。

【物业管理】 5 月 1 日，《湖里区物业管理暂行办法》实施，开展“暂行办法”宣传贯策工作，交流学习并推广小区治理工作经验。开展物业量化巡查工作，抽查 3 批 150 个项目；出台《湖里区住宅小区物业服务星级评定实施方案》。对辖区内各街道住宅小区物业管理情况重新排查摸底，汇总成册；开展物业

2018 年，湖里区召开物业企业垃圾分类工作会议（辜丹红 摄）

管理抽查工作，抽查2批25个项目。对辖区内的物业服务企业开展生活垃圾分类工作动员、培训和部署，350余人参加培训，并签订责任状；开展为期3个月的生活垃圾分类专项整治行动，督促物业企业做好服务区域范围内的垃圾分类宣传工作、垃圾桶（袋）投放及分发等相关工作。举办《福建省物业管理条例》专题培训会，邀请福建凌一律师事务所的律师张莹解读《福建省物业管理条例》，96人参加培训。承办物业管理方面的市、区两级人大、政协提（议）案17件，受理市长热线，来信、来访、来电等各类投诉信访约400余件。开展高层消防安全综合治理、人口密集商超场所消防安全整治、电气火灾隐患排查等专项整治工作。

【行政审批“放管服”改革】 2018年，区建设局深化“放管服”改革，抓好行政审批和公共服务事项管理、网上审批的规范和标准体系修改、完善。推动建设工程领域审批制度改革，通过精简审批前置条件、建设工程质量安全监督申报与施工许可合并办理、小型社会投资项目原则上不再强制要求进行工程监理、施工许可阶段并联审批、房屋建筑与市政基础设施工程联合验收、推行告知承诺制6方面的改革创新，减少建设单位多头申报、各部门多头审批。完成历年存量证照入库工作，电子证照生成率达到新核发证照的100%；办理行政许可及公共服务事项301件。

【地质灾害点治理】 年内，园山南路嘉诚花园北侧边坡工程、宏山新村北区北侧边坡治理工程及马厝社虎仔山地质灾害隐患点治理3个项目完工。是年，下拨地质灾害治理工程经费1390万元，推进辖区内地质灾害点的排险治理工作。

【建筑工地质量安全监督管理】 2018年，湖里区对40个区管工程项目开展“双随机”监督执法检查，发出改正通知书，对违反信用监管行为的施工、监理企业记录不良行为；开展高处作业吊篮、建筑起重机械、建设工程施工现场消防安全等安全生产专项检查，督促建筑工程项目整改不良合同履约行为；对54个房屋建筑和市政基础设施工程项目开展围标、串标检查，打击违法建筑施工行为，查处1个违法违规项目；组织开展“5·10”轨道3号线事故调查；落实工程建设各方责任主体安全生产、应急抢险、消防工作和扬尘污染防治等主体责任。

【建筑工地质量安全知识培训】 年内，湖里区建设系统召开“安全生产月”活动动员部署会，并举办安全知识专题培训讲座，2个区属企业及17个区管项目部的相关负责人110余人参加培训。举办“创建‘QC质量活动小组’知识辅导讲座”“建筑装饰装修工程质量验收标准专题讲座”“创优工程的策划与实施研讨讲座”及建筑工程质量知识竞赛，召开“‘被动房’知识宣贯会”。

（辛丹红）

城市综合管理

【概况】 2018年，湖里区累计组织开展区级市容环境卫生考评9次；迎接市级市容环境卫生考评3次；日常市容管理巡查110余次。派发《考评通报》100多份、巡查通报问题300余个，协调解决市级重点事件跟踪问题195件，区级路长制上报问题70余件，整改内容1000余项。第一季度，湖里区城市管理共同项目综合成绩88.33分，位列全市第二。其中，城乡结合部、“两违”重点防治、公园风景点、日常管理考核项目位列单项全市第一；第二季度，城市管理共同项目综合成绩88.17分，位列全市第二。其中，日常管理考核、海岸线、城区道路市政养护、“两违”重点案件督办、扬尘防治等项目位列单项全市第一。

【僵尸车、长期乱停放车辆整治】 2018年，区停车秩序整治领导小组办公室协调街道、湖里交警大队、区行政执法局在全区开展物业管理区域乱停车专项整治行动。通过街道、社区、城管执法中队多次摸排，辖区排查僵尸车、长期乱停放车辆等295辆，并对排查的车辆进行分类，分别由小区物业、交警中队、城管执法中队等依据相关章程处理。累计拖离、劝离物业小区乱停放和路段乱停放僵尸车364辆。

【开展建筑废土联合执法百日行动】 年内，湖里区制定《湖里区建筑废土联合执法百日行动方案》。成立联合执法小组，由区城管委办牵头，湖里交警大队、区行政执法局、区建设局等多部门共同参与，对辖区在建、待建工地以及渣土车合法合规运行情况开展联合执法检查10次，暂扣渣土车48辆，现场直接开单处罚渣土车10辆、罚款2.75万元，立案36件，顶格时间处罚12件。

【保障“路长制”“门前三包”工作实施】 2018年，湖里区制定《湖里区关于进一步深化“路长制”、深入推进“门前三包”工作的实施方案》，合理配比服务、管理、执法等各类力量，实行“门前三包”监管四级路长制，配套制订“两清单、两办法”，即责任主体责任清单、四级路长监管责任清单和监管工作快速处置办法、责任问题简易处罚办法。

（柯滥珍）

行政执法

【概况】 2018年，湖里区城市管理行政执法局（以下简称“区执法局”）强力推进“两违”治理、市容整治、城管执法体制机制改革、扫黑除恶等重点工作。全年查处违建163处39.25万平方米，完成年度拆违目标任务的157.01%，收回被非法占用的已征地块7处2.9万平方米，经济价值11.6亿元。在全市“两违”综合治理考评中获得第一名，实现全市“两违”综合治理年终考评“六连冠”。完善和落实“路长制”和“门前三包”责任制等长效机制，加大市容集中整治力度，纠正各类违法占道行为12.1万余起，治理“三乱”1.3万余起，暂扣有关物品6712件，行政处罚2043起；拆除各类违规设置的店招广告4742处3.31万平方米。加强垃圾分类情况检查和执法，查处违法行为173起，办理处罚案件144件、罚款7200元。加强街面秩序整治，拖离僵尸车289辆，纠正违停共享单车2.8万辆，查处渣土车污染路面、乱倾倒等行为108起。

【推进行政执法体制改革】 2018年，湖里区在全市率先实行驻街中队双重管理，提高执法效率。自3月中队下放街道至年底，拆除违建4.9万平方米；整治占道经营3.5万余起，纠正油烟扰民、噪声扰民等行为1243起。

【完善行政执法机制】 年内，湖里区出台《行政执法全过程记录实施细则》及相关配套制度，推行“721”工作法并取得成效，促成90%以上的违建业主主动配合拆违行动，占道经营现象明显减少，辖区道路及市场周边秩序不断改善，各类信访投诉比上年减少5.39%。探索推行案件前置介入工作法，加强对重大复杂案件的立案条件法制审查，推动禾山系列拆违促迁历史遗留“两违”案件、万科及自贸区系列改建规划案件的办理。

【城管执法类信访投诉办理】 2018年，区行政执法局办结各类信访投诉事项2.9万件，办结率99.89%，完结率87.61%。接待群众来访78批137人次，满意率100%。定期排查梳理各类矛盾纠纷和重点信访事项，制定工作方案加以化解和稳控。全年未发生城管执法工作领域的群体性越级上访事件。

【执法人员学习培训】 年内，区行政执法局组织开展业务培训18场、参训648人次；开展学习中共十九大精神、纪念经济特区成立四十周年等专题教育活动，举办专题讲座2场，撰写心得体会387篇，组织现场观摩学习3次，提升城管执法队伍的思想认识和理论素养。

【从严治党】 2018年，区行政执法局执行全面从严治党责任书，落实局党委党建主体责任，接受区派驻第四纪检组的监督和指导。开展建立政治生态建设档案有关工作，对照档案内容和要求逐项抓好落实，报送区派驻纪检组审查完善。配合区委对五缘湾、机动等中队的巡查工作，对巡查发现的问题做好整改。开展廉政党课教育3次，对执法中队长、局机关科室负责人集中谈话提醒20人次；组织《中国共产党纪律处分条例》等专题学习6次，撰写心得体会78篇。

【行政执法队伍自身建设】 2018年，区行政执法局在全局持续开展“比服务”活动，将文明执法工作纳入“比服务”活动内容中，定期组织检查评比，以评促改、以评促提升；组织人员参加省、市、区各级业务培训，并结合垃圾分类、店招设置、地下管廊等新出台的法规实施，分批次开展执法培训3000多人次，提高执法队伍懂法、用法和文明执法水平。

【开展“两违”专项集中整治】 年内，湖里区召开全区治理新增“两违”动员大会，全面传达《厦门市

12月29日，由市、区两级行政执法局、湖里街道等部门联合，拆除牛头山港务小区内的违法建筑（区行政执法局供图）

12 月 3 日，区行政执法局江头中队纠正辖区内占道经营违法行为（区行政执法局供图）

治理新增“两违”责任追究暂行办法》，总结 2017 年“两违”治理工作并部署 2018 年工作。1 月 5 日，区行政执法局禾山中队组织人员拆除地铁轨道 3 号线规划建设地块沿线抢建的铁皮搭盖，拆除面积 1500 余平方米。4 月 20 日至 5 月 2 日，湖里街道、湖里中队、塘边社区等部门联合，拆除兴隆路塘边邮局至光亮医院之间已征地块上的违建，拆除历史违建店面 111 家 5904 平方米。7 月 31 日，由区委政法委书记任总指挥，区行政执法局、禾山街道、禾山交警中队、社区等部门 400 余人分成 7 个小组，回收“富贵门花园项目”三期用地。8 月 10 日，区行政执法局殿前中队、派出所、社区等多个部门联合对长岸路两侧非法占地私设停车场开展专项整治，清理非法占地约 5000 平方米。9 月 17 日，区行政执法局五缘湾中队联合市执法局三大队强制拆除五缘湾路桥游艇码头海上观景平台的两个违建木屋，拆除违建近 30 平方米。10 月 16 日起，区行政执法局、湖里交警大队、湖里街道办、社区等相关单位和部门出动拆除人员 600 多人次、保障人员 400 多人次，历经 14 天，拆除宜宾路雅景花园内 3 处违建 585 平方米。12 月 29 日，由市、区两级行政执法局、湖里街道等多部门联合，拆除东渡牛头山港务小区内的历史违建近 3000 平方米。

【常态化开展各类市容问题专项整治】 2018 年，湖里区连续开展市容环境集中整治行动。对占道经营、油烟扰民、噪声扰民等问题开展专项治理；对重点区域存在的“扎堆”摆摊、占用人行道、车行道经营等违规经营行为、夜间烧烤摊点、大排档噪音、油烟扰民等突出问题，进行劝导纠正和执法整治，全年清理拖离僵尸车 289 辆，纠正违停共享单车 2.8 万辆，查处渣土车污染路面、乱倾倒等行为 108 起。

【健全路巡员考核机制】 年内，湖里区加强对路巡员是否按照责任片区、任务要求开展工作，是否按路巡员职责开展责任网格内道路路段常态化巡检，是否开展“门前三包”宣教，是否督促商家履行管理承诺等情况定期量化评分并通报。区行政执法局对路巡员举办日常业务培训，提高路巡员的业务能力和工作水平。将考核结果与绩效奖金挂钩，在依据考核结果核发路巡绩效奖金的同时，按照绩效奖金被部分扣发、全部扣发等不同情况，分别采取诫勉谈话、辞退等惩戒措施。

【节日期间执法与服务保障】 2018 年春节、清明节、“五一”劳动节、国庆等节日期间，湖里区扎实做好“两违”治理、市容环境整治以及景区、公交站点、码头等人员密集区域的志愿服务工作。深化网格管理，加强对“两违”的巡查监控，严控节日期间抢建。对东渡邮轮中心、五缘湾湿地公园、SM 城市广场等重点区域采取“三班倒、不间断”巡查。在邮轮码头、地铁及 BRT 站点、五缘湾湿地公园等区域开展各类便民服务，帮助解决行李丢失、亲人走散、活动维序等问题。

【开出首例针对个人的垃圾分类行政处罚单】 10 月 25 日，金山中队执法队员通过调取监控录像取证后，依照《厦门经济特区生活垃圾管理办法》有关规定，现场对金山街道后坑社区集鑫佳园小区 B 区的

9 月 19 日，五缘湾中队在金山国际垃圾分类督导时，发现未按规定分类投放垃圾，当场予以处罚（区行政执法局供图）

一市民未对垃圾分类投放这一违法行为，开具简易程序处罚决定书，罚款 50 元。

（庄木坤）

名词解释

“721”工作法：是由住建部倡导的城市管理工作方法，即 70% 的问题用服务手段解决、20% 的问题用管理手段解决、10% 的问题用执法手段解决。

天琴湾公厕（林永灵　摄）

市政园林

【概况】 2018 年，湖里区突出抓好市政建设、国企化管养、河（湖）长制、污水治理、生活垃圾分类等工作。推行的垃圾分类做法在全国住建系统精神文明建设工作会上作为先进典型予以推广；燃气安全监管工作得到国务院安委会和省安委会督查组肯定。截至年底，全区完成 256 条市政道路维护改造、256 条道路绿化的养护管理、775 万平方米主次干道的清扫保洁；新增园林绿地 5 公顷，完成全年任务的 100%，9.33 万人参加义务植树劳动，完成全年任务的 108.49%，植树 28.77 万株，完成全年任务的 106.56%。

【市政绿化】 2018 年，湖里区投入 1.15 亿元提升改造 15 条市政绿化道路，改造长度 6.4 公里；投入 0.43 亿元新建金山路（前头社段）、园山南路（园山社区段）等 6 座人行天桥，桥面长 211 米。年内，投入 560.39 万元完成新丰二路、火炬三路、兴园路提升改造，提升道路面积 8.5 万平方米，人行道面积 4.5 万平方米，绿化面积 0.3 万平方米。

【公园提升改造】 年内，湖里区投入 250 万元提升改造区管公园，分别是宏山新村北区北侧边坡治理工程、薛岭山公园文化提升工程、灯塔公园社会主义核心价值观雕塑项目、埭辽健康步道工程。

火炬健康主题公园（霍彦　摄）

【开展“厕所革命”】 2018 年，湖里区全面铺开“厕所革命”，投入 194 万元完成殿前、县后、“双十”中学等 20 座钢结构公厕改造提升。分批安装并陆续投入使用公厕除臭设备，引进氨气便携式空气检测仪，检测公厕空气质量，将国家标准作为湖里环卫公厕除臭考评的重要指标；配置钢结构环保公厕自动感应排气扇，保障全区“厕所革命”工作落地落实。

【打造垃圾分类“湖里模式”】 2018 年，湖里区采取早晚班相结合方式对生活小区及城中村等区域开展日常巡查，每日通报考评情况并限期整改反馈；开展公共服务场所专项检查，联合各街道重点检查辖区机场、码头、大型商超等区域垃圾分类工作成效。制定生活垃圾分类投放管理人责任书，组织辖区 10 家物业服务企业作为代表，率先与 5 个街道签署《垃圾投放管理人责任书》，与辖区物业服务企业、酒店、农贸市场及机关企事业等单位签订《生活垃圾分类投放管理人责任书》。定期组织督导员业务培训，

道路机械化清洗（杨嘉文　摄）

强化督导员责任心及业务素质；及时协调垃圾袋生产、配送及取样送检等工作，确保垃圾袋保质保量、及时有序地供应。

【市容精细管理】 年内，湖里区拟制《湖里区市政道路作业质量量化考核评价实施方案（试行）》，对243条市政道路主次干道作业实施“以克论净”量化考核，强化道路清扫清洗作业精细化、标准化、规范化管理。采取高效率监管措施，将全区划分为53个网格并独立设置网格长、网格员、环卫工人，形成层层递进的“三级网格制”。实施“人机协同”联合作业，采用4台专业洗扫车和80多辆清洗车辆按时上路清扫，提升辖区主次干道卫生水平，使辖区道路清扫保洁考核工作达到优质高效。

【林业管理】 年内，湖里区完成厦门市森林资源二类调查的外业调查。截至年底，全区有林地291公顷、非规划性林地98.5公顷；开展2017年度林地变更调查，完成补充林地8.2公顷；开展林地占用整治工作，对各个被占用地块进行现场勘查，联合街道、区行政执法局等部门进行整改。

【开展燃气配件“两换”工作】 2018年，湖里区推动居民用户燃气配件（减压阀、胶管）“两换”工作的实施，率先在全市范围内完成餐饮、居民“两换”工作。截至年底，湖里区累计更换餐饮工商户7250户，更换胶管23318条，更换减压阀16620个；更换居民用户103912户，更换胶管103869条，更换减压阀98044个，完成进度100%。

2018年，湖里区推行居民用户燃气配件“两换”工作，图为政府统一采购的胶管和减压阀（吴海奎　摄）

【海域专项整治】 年内，湖里区制定《湖里区彻底清除海域养殖设施方案》等文件，下发《关于加快推进海域养殖设施清理的通知》，明确整治任务、责任主体及时间进度，安排前期经费给予保障。组织专人专职定期加强巡查；清明、端午节等海蛎养殖投放季节加大巡查力度，发现滩涂及海面出现非法养殖及非法捕捞作业行为，立即予以劝阻。建立市、区、街道、社区四级联动微信平台，及时将养殖设施新增、违法海砂开采、非法电捕鱼、滩涂违章搭建等现象逐级上报，联合执法。

【推行河（湖）长制】 年内，湖里区在2017年河长制的基础上，全面推行河（湖）长制工作。区、街均实行双河（湖）长机制，并配置完善河（湖）长制组织体系，全区有区、街河长11名，副河长14名，专职河道专管员7名。将辖区包括五缘湾内湾、湖边水库、公园景观水体、蓄洪池、泄洪渠、各类小坑塘和“村改居”社区雨污水管网等所有涉水领域纳入河（湖）长制工作。福建电视台报道湖里区全

6月6日，四套班子领导检查城区水环境（洪艳艳　摄）

面推行河（湖）长制工作成效，在《福建日报》、《厦门日报》和东南网厦门视察等栏目刊载文章4篇，被上级采纳信息23条。

【集体资产改革】 2018年，湖里区基本完成22个“村改居”社区、127个有独立资产的小组集体资产的清查核实并公示确认；采用区级聘请律师和会计师第三方机构，街道、社区聘请会计师事务所承接清产核资业务的方式开展工作，确保清产核资工作有序进行；印发600本文件汇编和2.3万份彩色宣传折页，组织2场全区性培训、5场下社区宣传活动，22个社区均已设置固定宣传栏，将改革的精神和内容宣传到户。

（李玉玲）

环境保护

【概况】 2018年，湖里区环境空气质量优良率97.5%，空气质量综合指数3.36，综合指数比上年下降2.6%，优良率上升1.1个百分点。6项主要污染物浓度均达到国家二级标准，其中：二氧化硫（SO_2）、二氧化氮（NO_2）、细颗粒物（$PM_{2.5}$）3项污染物浓度比上年分别下降20.0%、2.9%和7.7%，一氧化碳（CO）浓度同上年持平，可吸入颗粒物（PM_{10}）和臭氧（O_3）浓度略微上升。辖区水功能区湖边水库水质达标率100%，达到Ⅱ类地表水水质。根据监测站监测结果，区域环境噪声55.8分贝，主要交通干线噪声67.3分贝，达到声环境功能区标准。

4月9日，湖里区召开“村改居”社区集体资产清产核资动员部署暨培训会，常务副区长林充贺主持会议（赖菊云　摄）

【落实党政领导生态文明建设和环境保护目标责任】 2月，区委书记林健、区长林重阳同区发改局、区建设局、区经信局等7个部门和5个街道签订《2018年度党政领导生态文明建设和环境保护目标责任书》，制定并印发《湖里区生态文明建设目标评价考核办法》及《2018年湖里区各街道（部门）党政生态文明建设和环境保护目标责任书考核细则》，通过日常调度和半年、年终考核的方式，督促各责任单位加强重视，履行生态环境保护职责，落实生态环境保护监管责任。

【提升水环境质量】 2018年，湖里环保局开展辖区工业类小作坊拉网式排查，重点加强饮用水源、湖库等水体周边巡查工作，此次巡查处罚39家，查封扣押36家。按序推进加油站地下油罐防渗更新改造，全区7家建站15年以上或饮用水源地周边加油站地下油罐更新改造任务全面完成。南威石材搬迁，世通达石业停产封存，完成建筑石材生产企业整治任务。

【提升空气质量】 年内，湖里区制定印发《湖里区2018年第二轮

2018 年，市、区联合执法拆除海上违法养殖设施（钱振宁　摄）

守护蓝天百日攻坚专项行动计划》，按序推进 11 个专项行动任务。落实污染天气应急响应和防控措施，全年启动 3 级响应 241 次、2 级响应 121 次、1 级响应 68 次。加大 $PM_{2.5}$、PM_{10} 移动监测车使用频次，提升大气环境预警能力。在湖里公园、薛岭山公园、直升机场、仙岳山公园等 10 个点位设置空气质量微型站，为科学管控及预警提供依据。在重点区域的五矿大厦、石湖山码头等 6 个在建工地安装扬尘、噪声在线监控，实时监控 PM_{10}、$PM_{2.5}$、总悬浮颗粒物、噪声等。

【扬尘管控】 2018 年，湖里区加大主次干道保洁洒水频次以减少道路扬尘污染，强化重点区域雾炮车作业。全年出动雾炮车 5412 车次，行驶 58113 公里，用水 48923 吨。加大对湖里中学国控点周边重点工业企业的日常环境巡查力度。全年出动执法人员 2885 人次，排查工业企业 1587 家次。组织签订“扬尘污染防治”工作目标责任书，制定下发《湖里区建设局关于印发建筑工程施工扬尘防治工作方案的通知》，明确扬尘防治目标，落实工地主体责任。加强对辖区在建工地特别是国控点周边施工工地的扬尘管控、巡查与考评。查处扬尘污染各类违法违规行为，累计处理扬尘污染问题 1166 起，查处渣土车污染路面违法行为 68 起。督促海天码头加强岸电使用管理，加大对场地洒水抑尘作业力度。

【严控餐饮油烟污染】 年内，湖里区完成辖区 203 家餐饮单位（全区登记备案 272 家）的事中事后监管检查，依法将 17 家在餐饮禁设区备案的餐饮单位抄告区行政执法局。对 65 家已安装油烟在线监控设备的餐饮单位进行日常监管，油烟在线设备接入市环保局智慧环保平台。将栗喉蜂虎自然保护区骑马山外围保护区地带列入餐饮油烟禁办点，并依法对违法开设餐饮项目开展清理整治，累计清理 34 家餐饮、2 家非餐饮单位。组织网格员针对湖里区 3 个空气质量监测点位 1 公里范围内的餐饮业及餐饮集中区展开调查及第三批餐饮禁设区划定工作。

【实施“清洁土壤”工程】 2018 年，湖里区制定并印发《湖里区 2018 年度危险废物规范化管理考核工作实施方案》，梳理 10 家重点企业和 83 家其他产废企业名单。推进辖区 10 家重点产废单位及 16 家其他产废单位考核工作，强化执法检查过程中对企业危险废物管理的指导，督促企业落实问题整改。根据本年度省、市抽查情况，湖里区危废企业考核达标率 100%，完成贮存危废年度处置任务。

【加大环境执法力度】 年内，湖里区严格执行新环保法及 4 个配套办法，严格落实双随机检查制度。每月检查厦门市环境能源投资发展有限公司（后坑垃圾焚烧厂），随机抽查辖区 19 家重点污染源企业、162 家一般污染源企业及 2 家特殊监管对象。结合信访投诉及各类专项检查，全年出动执法人员 1916 人次，检查企业 632 家次，立案查处 47 家企业，总计罚款 240 万元。

【督促排污单位监测信息公开】 2018 年，湖里区规范排污单位自行监测，督促 8 家国、省控企业按时登录“省污染源监测数据综合管理系统平台”，报送自行监测数据。太古、环能、宸鸿科技 3 家重点排污单位完成自动监控在线设备安装并联网。

【环境风险排查】 年内，湖里区完成辖区重点监控企业、环境风险企业等多个行业、重点领域的全面排查工作，累计出动执法人员 809 人次，检查企业 351 家次。出动执法人员 115 人次，检查放射源利用单位 1 家、使用类射线装置单位 17 家。

【完善环保网格建设】 2018 年，湖里区落实定区域、定人员、定职责、定任务、定奖惩的监管“五定机制”，完善“属地管理、分级负责、全面覆盖、责任到人”的网格化环保监管体系。是年，辖区环保网格员每月巡查上报平台事件数达4.31件/人，污染环境行为或环境违法行为得到及时掌握，环保网格建设初见成效。

【生态文明宣传】 年内，湖里区在《厦门日报》《厦门晚报》《海西晨报》等主流媒体刊登辖区生态文明建设进展情况，持续提高公众生态文明知识知晓度。结合“三下乡”惠民活动、改革开放40周年庆祝活动等，开展生态文明和环境保护宣传教育。组织开展环保知识“进社区、进学校、进企业”活动，结合节日开展主题宣传，普及生态和保护环境知识。

【落实企业环境教育】 2018年，组织辖区重点监控排污单位，新、改、扩项目，以及因环境违法行为被行政处罚单位的环保相关责任人、法人70多人参加区环境教育培训会。三类企业登录“厦门环境教育”网站接受线上培训并通过考试的单位分别达到100%、82%、95%。

（严　硕）

节能减排

【举办2018年全国节能宣传周系列活动】 6月11—17日，区经信局联合金山社区、北站社区、江村社区、湾北社区、兴华社区组织开展湖里区2018年全国节能宣传周“节能降耗　保卫蓝天”系列宣传活动，开展节能减排、安全生产、扶持政策等内容宣传。现场发放绿色出行倡议书、食品安全宣传海报、节能环保袋，布设节能减排宣传展板，宣传节能减排知识。

【迎接省对市、区节能“双控”考核】 5月16日，湖里区迎接省对市、区2017年度能源消耗总量和强度“双控”目标责任评价考核。省考核组对湖里区公共机构节能工作和厦门航空、元翔（厦门）国际航空港2家企业节能减排工作进行检查。湖里区获得考核评分87.5，位居全市第二。

（戴静静）

招商引资　商贸服务业

招商引资

【概况】 2018年，湖里区合同利用外资18.93亿美元，完成全年指标的429.7%，位列全市第二。实际利用外资1.55亿美元，完成全年指标的71.4%。新批及增资内资企业18877家，总注册资金1360亿元。500万元以上企业注册资金766亿元，其中自贸区107亿元，完成全年指标的153%。央企项目设立25个，完成投资额51亿元，综合评分位列全市第一。民企新增签约项目计划总投资98亿元，完成市里下达任务的140%，开工率超50%。

【厦洽会招商】 9月厦洽会期间，湖里区参与市、区8种不同类型的对接活动，对接项目46个。其中，外资项目4个，内资项目42个。本届厦洽会湖里区对接推动项目68个，总投资额约550亿元。其中，内资项目62个，投资额约505亿元；外资项目6个，投资额约6.49亿美元。其中，有3个项目参加省、市现场签约活动，14个项目参加区现场签约活动。项目涵盖新兴金融、总部经济、商贸物流、创新创意、高端制造、教育医疗等产业。推动弘爱医院、枋湖社区服务中心、苏宁易购、璞尚酒店等16个重点项目开工、开业。

【“双自”联动招商】 2018年，湖里区发挥自贸区与火炬高新区（自创区）两大国家战略园区创新幅射和政策叠加效应，依托湖里区产业优势和园区政策红利，深化与自贸试验区、火炬高新区（自创区）的统筹协调和联动招商，形成招大引强的强大合力。区委书记、区长及自贸区、火炬高新区（自创区）主要领导多次带队赴京、沪、浙、粤考察招商。突破行政属地的传统观念，利用自贸区和自创区的制度创新、开放创新、金融创新和科技创新的多维度融合，形成高效运行的工作机制。树立开放合作，共享共赢的新理念，逐渐形成两区优势互补、政策叠加的良性循环。由自贸区管委会和湖里区领导带队，自贸委财经局、经发局与区商务局、财政局、税务局共赴北京、深圳等地开展联合招商行动。引进影儿时尚集团区域结算中心等一批大型优质项目。湖里区与火炬高新区的领导一起拜访中航联创科技双创项目。推进湖里区与自贸区和火炬高新区（自创区）协同合作，共同研究制定推动企业发展的政策和举措；推行“互联网＋政务”服务，简化审批流程，实行项目“一条龙”服务机制，开设注册登记绿色通道，提供特需税务发票服务，解决项目在推进过程中遇到的重大问题，为项目落地保驾护航。是年，通过创新双自联动招商方式，湖里区与自贸委共同引进沙特阿美区域总部项目、

9月18日，湖里区在信访大楼四楼举行“9·8”专场项目签约仪式（区商务局供图）

世界500强“荷兰皇家壳牌集团”、亚马逊全球开店项目、行业龙头企业影儿时尚集团。与火炬管委会共同引进激光陀螺惯性导航系统项目入驻火炬新天地二期，引进中国短视频产业基地项目入驻影视文化产业创意园“联发·东南天地”。联合自贸区推动中金资本、今日头条、京东金融、地平线等项目落地，联合火炬高新区（自创区）推动寨上工业园、泰尔实验室等项目建设。

【总部经济招商】 年内，湖里区出台《湖里区关于促进总部经济发展的实施意见》，提出四类总部企业类型、七大类25条具体扶持措施。促进更多的知名跨国企业、世界500强、民企500强、独角兽企业、瞪羚企业在湖里区落地集聚。厦门农商银行金融运营中心、厦门银行金融运营中心、金圆集团总部、厦门钨业总部及悦榕庄酒店等项目稳步推进。

【打造专业招商队伍】 2018年，湖里区依托区国投集团成立招商服务有限公司。首批召聘10名招商专员，其中5名已正式工作，打造一支“专业、专职、专人、专注”的招商队伍。夯实现有区直专业招商部门+各街道招商人员的基础上，巩固驻京、沪、深等驻外招商队伍，建立健全区街联动多层次招商队伍体系。

【企业大数据服务管理平台】 年内，湖里区在全市首创企业大数据服务管理平台，共享市级法人库、信用库数据。整合区商务局、区财政局、区发改局、区统计局等部门的企业相关数据资源，将辖区10万余家的商事主体基本数据全部录入平台。与商事登记同步，可随时了解新设立企业，并查询任何一家企业的基本情况和动态情况。平台做好商贸企业的纳税分析，找出潜在纳统企业；做好外资项目的跟踪管理，分析实际到资进度；做好在谈项目从策划到实际落地的电子化动态跟踪，实现对招商项目基本信息、招商空间、招商政策及招商关键事件的全过程管理，为职能部门管理服务、街道服务企业提供支撑。

商业贸易

【概况】 2018年，湖里区实现限上批零销售额3511亿元，比上年增长3%。其中，市属1469亿元，比上年下降0.94%；区属2042亿元，比上年增长6%。实现社会消费品零售总额333亿元。其中，限额以上社会消费品零售总额217亿元，比上年有所下降。限额以上餐饮业实现营业额3.52亿元，比上年增长0.9%。进出口总额2648.4亿元，比上年增长4.1%。其中，出口1333.5亿元，比上年增长2.7%；进口1314.9亿元，比上年增长5.6%。服务外包总执行金额为60214.21万美元，比上年增长38.3%。其中，在岸执行金额为32836.80万美元，比上年增长42.6%；离岸执行金额为27377.41万美元，比上年增长33.4%。

【纵向沟通横向联动工作法】 年内，湖里区创新纵向沟通横向联动工作法。一是纵向分层次，年销售额50亿元以上的8家区属重点企业由区领导直接对口联系，区直相关部门和各街道做好协助促进工作；年销售额10亿元以上的22家区属重点企业由区商务局重点跟踪走访，各街道做好协助促进工作；年销售额2亿元以上的136家企业由企业所在地街道重点走访对接，力促指标完成。二是横向部署，区商务局与区统计局、5个街道紧密配合，做好指标分解和责任落实，将限额以上批发零售销售总额及社会消费品零售总额指标按月下达到各街道，并按主要时间节点细化分解，做到各项指标任务有布置、有跟踪、有分析、有落实。强化重点企业经营预测制度，在每月下旬至次月上旬对企业报统数据实时跟踪指导，防止企业漏报错报。三是分析研判，做好辖区百强商贸企业分析、落后指标分析，批零、社零指标分析等研究报告，全面分析商贸指标的特点、原因、趋势，做到分析有数、研判有方，为领导决策作参考。

【力促商贸企业安全生产】 2018年，湖里区摸清辖区重点商超，专业市场，二手车市场，汽车拆解、拍卖，再生资源回收等企业底数，

11月12日，区长林重阳（左四）带队在沃尔玛金山店检查（区商务局供图）

定期走访了解情况，做到因企施策、分类管理。制作消防安全“四个能力建设”“商贸企业安全生产告知书”宣传图分发给各商贸重点企业和专业市场张贴。利用LED、户外广告牌等普及安全生产知识。开展“三合一”场所消防安全专项整治，对商贸企业出租的“三合一”和“多合一”的场地进行全面排查，实现员工集体宿舍与综合体分离。对全区商场（超市）、专业市场开展消防安全专项整治，重点检查消防技术防范措施应用情况，安全疏散设施及消防安全管理情况等。全年组织安全生产检查39次，检查区商贸企业66家，查出各类安全隐患13处，开具整改报告书5份，现场整改8处，均已落实整改到位。

【酒类管理】 年内，湖里区对辖区大型商超的酒类流通二维码溯源制度建设情况开展多次市、区联合专项检查。对发现的部分商场、超市本地供应商供货的酒类商品未及时张贴、激活溯源二维码的问题，开具整改报告书，责令整改。开展“回头看”追踪整改情况。是年，累计开展市、区两级联合专项检查7次，事中事后监管双随机专项检查3次，出动执法工作人员91人次，检查各类酒类经营商户89家次，更新补发“禁止向未成年人出售烟酒”告示牌50个，处理举报投诉16次，开具整改报告书14份，截至年底均已整改到位。组织“3·15”国际消费者权益日活动，在湖里万达广场，SM城市广场举办3场现场咨询活动，宣传酒类法律法规，推广酒类商品电子随附单溯源制度。组织开展宣传进社区活动，先后在江村、后埔等11个社区发放酒类流通宣传手册400余份，酒类法律、法规150多份。

【农贸市场改造】 2018年，湖里区将湖里市场、江头市场、永升新城市场、大唐市场、殿前市场、祥店购物中心市场等6个农贸市场列入“厦门市2017—2018年重点农贸市场改造计划”。湖里市场已动工，江头市场完成招投标等工作。

12月1日，湖里区举办“2018湖里魅力购”开幕式（区商务局供图）

【开启“2018湖里魅力购”】 2018年12月1日至2019年1月27日，湖里区联合万达广场、SM城市广场、蔡塘广场、闽南古镇等重点商圈开启2018湖里魅力购。本次活动由湖里区政府、厦门日报社主办，区商务局、海西晨报社承办，厦门市餐饮协会、福建字节跳动科技有限公司、福建小鱼网络科技股份有限公司、口碑（上海）信息技术有限公司、湖里街道、殿前街道、禾山街道、江头街道、金山街道共同协办。辖区内各大商场百货、汽车商家、电商商家共同参与。是年，魅力购宣传重点引入抖音视频资源，开展抖音区域挑战赛。本次购物节除继续贯彻落实商务部倡导的“信用消费进万家”活动外，还推出“推动绿色餐饮发展”主题活动。汽车板块举行“湖里首届换车节”活动，发放“湖里汽车圆梦金”补贴130万元。百货板块开展“潮流缤纷季”“美食周周乐”“嗨翻魅力购”三大主题活动，消费者可获得满减或赢取现金券等优惠。电商板块，通过参与商家的线上平台，消费者可一键购买特惠商品。

【专项资金兑现扶持】 年内，湖里区出台《2018年促进商贸业稳定增长的意见》。开展涉企扶持、电子商务、商贸流通和生活服务业专项资金等相关政策的兑现工作，兑现厦门象屿物流集团有限公司等91家商贸企业扶持资金2583万元。

审批服务

【概况】 2018年，区商务局共受理办结各类行政审批459项。其中，外商投资设立及变更343项；加工贸易企业生成能力证明93项；再生资源回收登记证备案23项。

【做好上级下放审批事项的承接办理】 年内，区商务局承接各级下放的审批权力4项。做好权责事项清单动态调整，对审批人员培训到位，并做好办事指南、申办材料的调整和宣传。

【审批提速】 2018年，湖里区所有的商务审批事项均进驻区政务中心，并全部实现即来即办，“外商投资企业设立及变更备案”“再生资源回收经营者备案”“外商投资项目备案”等3个事项实现“一趟不用跑”的审批时限，方便办事群众。

【审批档案电子化归档】 年内，区商务局整理扫描归档申办对象提交的纸质申请材料。截至年底，1988—2016年1000余家外资企业设立、变更申请的资料均扫描存档，提高审批效率。

【继续推动“一趟不用跑”和“最多跑一趟”办事清单实施】 2018年，区商务局逐步实现“申报零资料、受理零窗口、办件零人工、领证零上门、归档零补件”。对所有审批事项实现“一趟不用跑”和“最多跑一趟”。修改办事材料收取方式，解决证照复印件收取的共性堵点问题。从8月10日起，可通过共享平台调取的证照批文，复印件由窗口办事人员共享获取后打印生成；对于无法通过共享平台调取的证照批文，复印件由窗口工作人员进行复印。

【做好审批系统与电子证照库数据对接】 年内，湖里区按照全省统一标准，完成权责事项清单的所有证照、批文生成事项的目录梳理；按照市级电子证照库的建设标准和规范，完成电子证照系统建设；统一证照样式，建立电子证照的数据入库及签章机制。

自贸区建设

【概况】 2018年，厦门自贸区（以下简称自贸区）新增注册企业2350户，注册资本245.51亿元。其中，新设企业1734户，注册资本210.33亿元，迁入企业616户，注册资本35.19亿元。外资企业101户，注册资本120.34亿元，合同利用外资116.49亿元。

【建设国家青创基地】 1月26日，海外人才离岸创新创业基地在云创智谷挂牌，打破地域限制，打通境内、境外双向人才市场，建立人才流动“双向道”。截至2018年底，云创智谷已注册企业500余家，在园区就业、创业人数达到3000多人。园区孵化出一批在生命科学、互联网、传感器、共享经济等领域突出的企业。是年，自贸区获国家电商创业公共服务平台、国台办“海峡两岸青年创业基地”、省级“现代服务业集聚示范区（A）类”等称号。

【融资租赁】 2018年，自贸区引进融资租赁企业393家，新增99家，注册资本总额472.9亿元。其中，厦门金融租赁有限公司，注册资本7.9亿元，是厦门首家法人金融租赁公司、首家总部位于福建自贸试验区内的金融租赁公司；上市公司大北农集团在自贸区内设立农信（厦门）融资租赁有限责任公司，注册资本1.7亿元人民币。截至年底，融资租赁企业已实际开展业务并缴纳税收的企业有188家，企业运营率约47.8%，累计缴纳税收5.99亿元。

【打造一站式航空维修基地】 年内，湖里区依托辖区内现有的太古飞机、新科宇航、霍尼韦尔等14家航空维修企业，形成以飞机结构大修为龙头，以发动机、航空电气及其他飞机零部件维修、制造和航空技术培训为辅助的一站式航空维修基地。航材保障中心项目于9月6日开工建设。

【完善基础设施配套】 2018年，湖里区加快布局机场北片区交通配套，累计开通7条公交线路，逐步完善机场北片区和厦门市重要路网节点的连接。9月30日新开通的424路社区公交线路，总长10.5公里，连接空港南北片区的万翔物流园区与机场T3、T4候机楼，方便辖区内高崎机场、万翔物流园、高崎工业区等片区乘客出行，完善嘉谊路、环岛北路的公交线网。

【旅游专项整治】 年内，湖里区组织多部门联合执法，专项整治自贸区旅游购物场所违法违规行为，打击、整治旅游市场乱象。由殿前街道牵头，联合湖里消防大队、殿前街道派出所、殿前市场监管局、区文体旅游局、区发改局等多部门，连续开展3次联合执法，出动30余人次，排查出乔丹广场、原恒优国际、自贸广场、金绿物流城等存在违法现象的旅游购物场所21家，主要分布在机场北片区及象屿自贸区，涉及珠宝、乳胶制品、丝绸、金门菜刀等销售产品。

（黄灵玲）

服务业

【概况】 2018年末，全区重点服务业企业294家，实现营业收入540.58亿元，比上年增长1.9%。其中，亿元以上企业66家，较上年增加10家，实现营业收入465.16亿元。辖内企业分布在9个行业，其中，交通运输、仓储和邮政业企业有153家，2018年实现营业收入441.57亿元，占服务业总营业收入81.7%。其他营利性服务业分布在4个行业，有76家，分别是信息传输、软件和信息技术服务业（29家）、租赁和商务服务业（38家）、居民服务、修理和其他服务业（6家）、文化体育和娱乐业（3家），分别实现营业收入21.95亿元、39.13亿元、2.92亿元和3.05亿元。

工业 交通 信息业

工 业

【概况】 2018年，湖里区工业产值实现1809.28亿元，比上年增长12.5%，工业对全区国内生产总值（GDP）贡献率49.3%，比上年提升10.4%，拉动GDP增长3.9个百分点。火炬湖里片区完成工业产值1465.93亿元，比上年增长15.27%。航空维修企业新科宇航年产值突破10亿元，比上年增长21.7%；太古起落架因拓展市场签订新客户，年产值比上年增长77.6%；美捷特投放新产品生产线，增加生产能力，年产值比上年增长18.7%，全年航空维修业实现产值141.47亿元，比上年增长8%。戴尔、宸鸿全年分别实现16.46%、40%的大幅度增长，拉动湖里区计算机、通信和其他电子设备制造业实现产值1267.2亿元，比上年增长16.7%。全区工业投资全年完成30.55亿元，其中区属工业投资完成7.36亿元。台松精密电子机器换人自动化生产技术改造、安保塑胶工业自动化技改扩建项目等18个技术改造项目开工，投资总额约4亿元。全年落地大桦服饰服装生产、大洲新燕燕窝制造、惯航科技激光陀螺、戴尔收购易安信EMC后续项目等工业项目4个，超额完成工业招商任务。

【做强航空维修产业】 2018年，航空维修产业实现产值141.47亿元，比上年增长8%，占国内航空维修产值的1/4。航空维修人员数量增多，已达3295人，占全国行业内从业人员的57.2%。航空产业进一步集聚，太古飞机、新科宇航等13家航空维修企业地理位置集中，形成了以飞机结构大修为龙头，发动机、航空电气及其他飞机零部件维修、飞机零部件制造和航空技术培训为辅助的“一站式”航空维修产业格局。以大型客机、境外客机的客户为主，有35家基本客户，遍布全球五大洲。豪富太古的空客A320水平尾翼维修项目、直升机救援绞车维修项目、ARJ21支线飞机系统维修等3个增资扩产项目已落地。航空维修航材保障中心等项目已开工建设。新瀚崴飞机制造与修理基地完成主体施工，太古飞机获全国唯一公务机改装认证资质。湖里区联合市自贸委出台《航空维修产业企业2017年产业扶持资金申报指南》、印发《2017—2020年航空维修产业人才激励办法》。

【培育航空产业人才】 年内，湖里区联合翔安区、市自贸委加大培育厦门市航空维修产业人才，缓解厦门市航空维修企业面临的技术骨干流失问题，推动航空产业加快发展。对产值比上年度增长的企业，按增长幅度及产值规模分档对企业实用人才进行奖励。企业当年度产值在5000万（含）以上10亿元以下的，产值增长5%及以上的，按年产值的4/10000对企业实用人才给予奖励；产值增长5%以下的，按年产值的3.2/10000进行奖励。企业当年度产值在10亿元（含）以上50亿元以下的，产值增长5%及以上的，按年产值的3/10000给予奖励；产值增长5%以下的，按年产值的2.4/10000给予奖励。企业当年度产值在50亿元（含）以上的，产值增长5%及以上的，按年产值的2/10000给予奖励；产值增长5%以下的，按年产值的1.6/10000给予奖励。给予到厦就业航空维修专业应届毕业生12个月的租房补贴，大专生300元/人·月、本科生500元/人·月、硕士生800元/人·月，博士生1000元/人·月。自2017—2020年扶持厦门市航空产业人才。

【推动制造业转型升级】 全年17家区属工业企业开展18个技术改造项目，投资总金额约4亿元。其中，美捷特新增新型号压力传感器扩建、太古部件、太古飞机、太古起落架、太古发动机等5个航空维修企业技术改造项目开工，总投资2亿元。厦门航空维修基地航材保障中心开工；新瀚崴飞机制造与修理基地项目完成主体建设；3D触控模组自动化生产线项目（宸美（厦门）光电有限公司触控模组自动化产线项目）、手机触控屏生产线技术改造2个项目已竣工投产。激光陀螺项目签约落地。戴尔收购EMC后续项目签订框架协议。兑现工业创新转型增产增效奖励571.25万元，其中设备投资补助达120万元。联合市自贸委兑现8家航空维修产业企业2017年度固定资产投资奖励1598万元。推进厦门日观建材与中国生产力促进中心签订诊断辅导协议书，江平生物开展转型诊断辅导。

【推进工业招商引资工作】 2018年，湖里区推进工业招商引资工作，对在谈项目、在建项目和投产项目加强跟踪，实行挂图作战，建立项目化管理跟踪机制，帮助协调解决存在困难，努力推进项目落地投产达产。全年落地4个工业项目。其中，上海蔚风航空有限公司智能线缆检测仪项目，注册为厦门迅秒航空科技有限公司，开展线缆检测业务。该公司从事航空科技、计算机科技、网络系统科技领域内的技术开发、技术转让、技术服务软件开发、系统集成，从事货物及技术的进出口业务，年产值2亿元，项目占用空间2000平方米。大桦服装有限公司服装制造项目投产。该公司主要从事服装制造，由钰德服装有限公司投资1000万元在湖里区投放服装生产线。大洲新燕（厦门）生物科技有限公司燕窝制造项目开工。该项目租用厂房6000平方米，总投资3600万元购置燕窝生产线。厦门惯航科技有限公司激光陀螺项目签约落地，一期落地火炬新天地二期。该项目总投资7.05亿元，设备投资1.5亿元。建设激光陀螺与惯导系统研发及生产基地项目，年产5000轴激光陀螺及2000套各类惯性导航系统。

【推动在建工业项目建设】 年内，湖里区跟进在建项目进展情况，做好服务项目工作，帮助协调项目建设过程中遇到的困难问题。厦门航空维修基地航材保障中心总投资2.5亿。项目地块南侧为枋钟路，北侧为高崎南七路，东侧为高崎南八路，西侧为规划建设的7#路支路。项目占地25791平方米，总建筑面积为79533平方米。新瀚崴飞机制造与修理基地总投资2.05亿元，位于航空港工业与物流园区机场北环路南侧，总用地2.4万平方米，建筑面积6.4万平方米，其中计容面积4.8万平方米，建设工业厂房。

【推动集成电路产业项目发展】 11月24日，湖里区、火炬管委会、凌阳科技、凌阳华芯科技4方签订投资补充协议，共同推动集成电路产业发展。凌阳科技总投资1亿元，由厦门凌阳华芯科技有限公司作为项目公司，从事发光二极管（LED），LED微缩化和矩阵化技术（MICROLED），薄膜晶体管液晶显示器（TFTLCD），有源矩阵有机发光二极体（AMOLED）驱动芯片及时序控制（TCON）芯片的研发、设计及销售。项目地址位于艾德工业园内。是年，累计企业投资8200万元，营业收入3600万元，税收165万元。闳康科技实验室总投资1800万美元，由闳康科技（厦门）有限公司作为项目公司，在艾德工业园二期租用办公场所并开业。全年累计设备投入450万元。

【两区产业共建取得新成效】 2018年，湖里区联合火炬高新区共建人工智能产业园，推进先行落地区改造提升，厦华老工业厂房加快拆除改造；加快高殿科技园收储进度，完成首栋厂房近4200平方米腾挪搬迁。两区联合制定扶持首悦精工、联想移动增资扩产的一企一策，规下转规上企业奖励政策，助力企业高质量发展。联动招商，落地激光陀螺军民融合高端制造业项目，美亚柏科人工智能公共服务平台项目签订协议，宸美3D触控模组自动化生产线项目、手机触控屏生产线技术改造等2个项目已竣工投产；戴尔收购EMC后续项目签订框架协议。联合举办2018“创客中国”智能制造创新创业大赛暨第二届人工智能（湖里）高峰论坛。联合市自贸委扶持优势产业——航空维修产业和人才，促进厦门航空维修基地航材保障中心开工建设。

【举办2018年创客中国智能制造创新创业大赛暨第二届人工智能高峰论坛】 9月21—22日，湖里区联合火炬高新区管委会举办第二届人工智能（湖里）高峰论坛。论坛通过主题演讲、圆桌会议、新品发布等形式助力湖里区在人工智能产业的转型与发展。中国、美国、英国、德国、以色列、韩国6个国家的人工智能领域优秀专家学者、企业家齐聚一堂，分享、交流人工智能领域的创新成果，共同推动技术研究和项目对接。论坛结合“创客中国智能制造创新创业大赛”、创业人才成长营、人工智能新品发布会等活动，成为集“项目、人才、招商、园区、资本”多元素深度融合的高端人才盛会。

【推进人工智能项目】 2018年，湖里区联合火炬管委会瞄准发展势头优的人工智能龙头企业进行同步招商。完成对厦门人工智能产业现状的初步梳理。对接意向进驻厦门的优质人工智能企业。厦门医联康护科技有限公司落地湖里区禾山街道，注册资本5000万元。

（戴静静）

工业经济

【纺织服装、服饰业】 2018年，湖里区纺织服装、服饰业拥有规模以上工业企业26家。其中，机织服装制造企业19家，针织或钩针编织服装制造企业5家，服饰制造企业2家；年末固定资产原价5.85亿元，全年平均用工0.97万人；全年完成工业总产值39.99亿元，实现出口交货值5.03亿元，实现主营业务收入35.73亿元，利润总额4.30亿元，创利税7.23亿元。外商投资及港澳台商投资企业有11家，拥有固定资产原价5.17亿元，完成工业总产值32.80亿元，实现主营业务收入28.35亿元，分别占全行业的88.38%、82.02%和79.35%。从企业规模上看，纺织服装、服饰业有3家大中型企业，合计完成工业总产值28.92亿元，占全行业的72.32%。

【计算机、通信和其他电子设备制造业】 年内，湖里区计算机、通信和其他电子设备制造业完成工业总产值1267.12亿元，占全区工业总产值70.09%；实现工业销售产值1195.07亿元，产销率94.31%；实现出口交货值561.62亿元，占全区工业出口交货值的67.87%，出口交货值率46.99%；全行业拥有资产769.87亿元，完成主营业务收入1200.83亿元，创造利润总额41.06亿元，创利税总额53.33亿元；年平均用工4.02万人，占全部规模以上工业平均用工人数的39.03%。计算机、通信和其他电子设备制造业中，计算机制造企业7家，完成工业总产值604.46亿元；通信设备制造企业11家，完成工业总产值129.16亿元；非专业视听设备制造企业3家，完成工业总产值5.08亿元；电子器件制造企业17家，完成工业总产值493.24亿元；电子元件及电子专用材料制造企业7家，完成工业总产值21.38亿元。计算机、通信和其他电子设备制造业拥有规模以上工业企业49家。其中，大型企业6家，中型企业10家；产值上亿元企业29家，完成产值1259.05亿元，占全行业的99.36%，其中：产值1—10亿元的企业有19家，产值10—100亿元的企业有6家，产值超百亿的企业有4家。有外商投资及港澳台商投资企业20家，完成产值1131.75亿元，占全行业的89.32%，实现出口交货值532.98亿元，占全行业的94.90%。

【电气机械及器材制造业】 2018年，电气机械及器材制造业完成工业总产值164.77亿元，位居年度分行业产值第二位，实现工业销售产值163.71亿元，产销率99.36%；实现出口交货值44.49亿元，出口交货值率27.18%。该行业拥有资产163.33亿元，完成主营业务收入163亿元，实现利润总额23.13亿元，创利税总额28.79亿元，年平均用工1.59万人。电气机械及器材制造业有规模以上工业企业40家。其中，输配电及控制设备制造企业24家，完成工业产值132.66亿元；照明器具制造企业8家，完成工业产值8.87亿元。全行业有大中型企业12家，其中大型企业3家；产值上亿元企业15家，完成产值154.54亿元，占全行业的93.79%，其中产值超10亿元的企业有6家。有外商投资及港澳台商投资企业16家，完成产值133.38亿元，占全行业的80.95%，实现出口交货值37.25亿元，占全行业的83.73%。

【橡胶和塑料制品业】 年内，橡胶和塑料制品业完成工业总产值6.56亿元；实现工业销售产值6.85亿元，产销率104.42%；实现出口交货值4.11亿元，出口交货值率60%。全行业拥有资产10.24亿元，完成主营业务收入6.79亿元，实现利润总额0.14亿元，创利税总额0.49亿元，年平均用工0.19万人。有规模以上工业企业12家，其中，塑料制品企业10家，完成工业产值5.90亿元。有中型企业1家。外商投资及港澳台商投资企业6家，全年完成产值4.54亿元，占全行业的69.21%，实现出口交货值3.60亿元，占全行业的87.59%。

【金属制品、机械和设备修理业】 2018年，金属制品、机械和设备修理业产值位居规模以上工业分行业第三位，完成工业总产值141.71亿元，实现工业销售产值136.27亿元，产销率96.16%；实现出口交货值128.47亿元，出口交货值率94.28%。全行业拥有资产71.97亿元，完成主营业务收入141.66亿元，实现利润总额10.14亿元，创利税总额11.80亿元，年平均用工0.56万人。金属制品、机械和设备修理业有规模以上工业企业9家，均为航空航天器修理业，其中大中型企业2家。该行业产值上10亿的企业有3家，外商投资及港澳台商投资企业8家。

【通用设备制造业】 2018年，通用设备制造业完成工业总产值49.70亿元，实现工业销售产值47.12亿元，产销率94.81%；实现出口交货值36.07亿元，出口交货值率76.55%。全行业资产总计39.63亿元；完成主营业务收入46.97亿元，实现利润总额3.79亿元，创利税总额6.35亿元，年平均用工1.08万人。通用设备制造业有规模以上工业企业10家，其中，大型企业2家，小型企业6家；有产值上亿元企业3家，完成产值46.93亿元，占全行业94.43%。该行业有外商投资及港澳台商投资企业5家，完成产值45.78亿元，占全行业的92.11%，实现出口交货值35.41亿元，占全行业出口的98.17%。

【专用设备制造业】 年内，专用设备制造业完成工业总产值30.69亿元，实现工业销售产值28.33亿元，产销率92.31%；实现出口交货值11.36亿元，出口交货值率40.10%。全行业拥有资产46.24亿元，完成主营业务收入28.45亿元，实现利润总额3.03亿元，创利税总额4.40亿元，年平均用工0.49万人。该行业有规模以上的工业企业21家，其中，大中型企业5家；有产值上亿元企业7家，完成产值24.02亿元，占全行业的78.27%。

【其他工业行业】

文教、工美、体育和娱乐用品制造业 2018年，文教、工美、体育和娱乐用品制造业完成工业总产值15.64亿元，实现工业销售产值15.58亿元，产销率99.62%；实现出口交货值15.00亿元，出口交货值率96.28%。该行业全年拥有资产总计20.01亿元，完成主营业务收入12.35亿元，创利税总额0.11亿元。农副食品加工业年末资产总计5.20亿元，固定资产原价2.11亿元，年平均用工0.08万人。全年完成工业总产值15.17亿元，出口交货值2.51亿元，实现主营业务收入15.33亿元。

非金属矿物制品业 年内，非金属矿物制品业完成工业总产值12.09亿元，实现工业销售产值11.77亿元，产销率97.35%。全行业拥有资产21.63亿元，完成主营业务收入11.69亿元，实现利润总额1.06亿元，创利税总额1.45亿元。

金属制品业 2018年，金属制品业完成工业总产值7.45亿元；实现工业销售产值7.43亿元，产销率99.73%；实现出口交货值2.60亿元，出口交货值率34.99%。全行业拥有资产6.15亿元，完成主营业务收入7.26亿元，实现利润总额0.23亿元，创利税总额0.41亿元。

（陈豪伟）

工业园区管理委员会

【概况】 区工业园区管委会作为区委、区政府派出机构，内设综合处、建设处、经济发展处，下设园区服务中心（企业服务中心和非公企业党建服务中心），负责湖里区园区的开发建设、管理服务和园区党建等工作。2018年，园区管委会被厦门市评为“第十五届文明单位”，被湖里区评为“健康促进机关”。

湖里创新园 是市委、市政府在湖里区规划建设的一个以研发结算、移动互联、创意设计为主导的大型产业园区。总规划面积1.8平方公里，已建和在建项目72个、总建筑面积261.4万平方米。园区总体布局为“一中心三片区”，即商务配套中心、商务运营区、技术研发区、生活配套区。2018年，湖里创新园主营收入517.8亿元，比上年增长7.2%；完成税收21.2亿元，比上年增长13.8%。新增注册企业1280家。新增奥佳华、益力康（中国）等2家上市企业，园区上市企业达17家。截至年底，园区企业有6869家，从业人员6.6万人。

厦门泉州（安溪）经济合作区湖里园 由湖里区与安溪县共同开发建设，双方合作期限暂定30年。园区总规划面积约8.5平方公里，分2期开发建设，其中，一期规划面积约3.37平方公里。园区以“绿色、创新、和谐、宜业、宜居、宜游”为定位，打造集工业厂房、新型科研办公、员工公寓和完善的生活综合配套为一体的“以城带产，产城融合”的生态园区。

厦门两岸集成电路自贸区产业基地 坐落在自贸区机场北片区劲美源通仓储物流园内。毗邻机场，地理位置优越。园区内有24栋楼，总建筑面积7.8万平方米。园区拥有包括集成电路产品保税交易中心、集成电路研发设计试验中心、集成电路设计企业孵化器、集成电路众创空间、集成电路产业人才实训中心、两岸（厦门）微纳电子研究院等6大产业功能区，打造集成电路“厦门硅谷”，构成厦门集成电路千亿产业链重要版图。

【湖里创新园环境提升】 2018年，工业园区管委会制止绿化带违规改造停车场行为5次，整治面积约1320平方米；跟踪岭下店面建设情况，使其与园区形象协调统一；改造岭下北路东段160米道路，建设厦航培训中心二期门口2000平方米绿化工程，并提升沿线绿化景观带；完成岭下北路（金福缘安置房）约1190平方米沥青路面的整治改造；完成岭下路（鑫海科技）绿化带边界标识的设计与建设；美化260米建设工地围挡。加大园内违章广告整治力度，主动作为、因地制宜，采取约谈商户、现场取证、协调有关部门联合执法等方法，组织物业拆除屋顶大型广告牌15个、商业广告牌23个、破损广告牌6个，协调拆除规范商业店招、广告幕布95块，整治占道经营15家，制止并上报违章建筑7处；联合城管执法中队前后5次约谈4家共享单车运营商，制定分路段网格化管理方式，实施责任划

11 月 21 日，园区无人驾驶公交车开放预约体验，图为星辰公交车（蔡倩茜　摄）

分制，整合各运营商人力、物力共同管理，改善园区单车乱象；督促楼盘做好门前三包，制止影响园区公共环境、公共安全的不文明行为 232 次，向管理责任单位发放整改单 45 份，维护提升园区整体环境。

【修订出台《湖里创新园产业创新发展实施办法》】 10 月 11 日，《湖里创新园产业发展创新实施办法》出台。“办法”主要规定了新入驻企业扶持项目、标准及申兑程序。涵盖场所租金补助、企业纳税奖励、高管技术骨干补贴、招商推介补助、服务外包补助、人才公寓补助、园区专项投资基金和企业办活动资金补助。

【湖里创新园无人驾驶公交车“星辰”开放体验】 8 月，工业园区管委会与金旅客车、天地产业园公司成立工作组，全面开展金旅自动驾驶车辆（“星辰”）入驻湖里创新园工作。选定园区创享天地（608 地块）作为试运行地点。“星辰”基本设施 10 月开始运行调试，11 月 21 日，无人驾驶公交车“星辰”正式在湖里创新园创享天地对园区企业和个人开放体验。

【湖里创新园招商引资】 2018 年，湖里创新园接待创业黑马、中科誉联、正威国际、中航联创和闵康科技等高新企业入园考察。接待腾讯云华南大区总经理徐明一行，洽谈关于腾讯人工智能产业项目落地园区事宜。11 月上旬，参与林重阳区长带队的腾讯总部考察团，洽谈项目落地事宜。与园区各楼宇招商单位沟通，汇总招商空间信息 6.2 万平方米，引导各单位招商指向园区主导产业。与天地和诚物业配合，获取园区入驻企业基础信息，实地调查，双向核实楼宇入驻企业情况，形成数据表。

【搭建园区工会服务新平台】 4 月，以原湖里创新园职工服务站为基础，湖里创新园工会联合会成立。5 月，全市首个共享职工之家——湖里区“创新园共享职工之家”正式投用。湖里创新园 6.3 万职工可享法律服务、心理咨询、素质提升、职工书屋、文体中心开放等多元化服务。6 月，《工人日报》以《厦门：共享职工之家等你来“享”》为题，报道创新园共享职工之家。

【发挥园区创新驿站服务功能】 2018 年，工业园区管委会与市科技局、区商务局、厦门建行、厦门中行、厦门银行和邮储银行等单位合作，在园区创新驿站连续举办 8 场“政银企对接会”，宣传惠企补贴政策、解决企业融资问题，惠及企业近 800 家；11 月 14 日，由园区管委会主办的为期 4 天的湖里创新园“企业创新服务周”系列主题活动，

9 月 13 日，厦门市副市长孟芊（左三）参观驿站（蔡倩茜　摄）

在园区创新驿站拉开帷幕，围绕政策+融资、企业个案咨询、企业人才对接三大主题，为园区企业提供最权威的政策解读、融资方案、咨询解答和人才对接机会，解决企业发展需求。是年，创新驿站举办活动108场，惠及6000余家企业、6万余人；发布微信400余篇，覆盖24万余人；累计接待正式参访团105批近2300人。

【文明创建工作辐射园区社区】年内，工业园区管委会机关每周三进禾缘社区督导432人次，企业文明志愿服务309人次；打造园区创业大厦—钟岭路—创享天地“两点一路”文明创建示范项目；组织园区企业参评市、区级文明单位。8月，工业园区管委会被厦门市评为“第十五届文明单位”。

【集成电路产业园管理】2018年，集成电路产业园完成工商注册或变更登记手续的企业有173家，总注册金约15.6亿元，实际入驻企业110家。推进产业园综合服务平台建设，探讨展厅展示内容；推进产业园内、外围环境提升，做好各楼宇业主沟通协调工作，确保改造提升顺利进行。会同国投集团与产业园业主单位劲美源通公司商谈国投物业入驻及剩余楼宇收储事宜，成立园区物业议事机制，新收储楼宇2栋；会同科湖公司设立产业园运营中心，做好人员招聘，拟定运营计划。建立工作推进会制度，与科湖公司、国投集团定期召开联席会议，牵头召开会议15次，含产业园综合服务平台建设讨论会10次。

【安溪湖里园建设稳步推进】年内，天地金谷商务中心一期办理现售手续；蓝领公寓一期进行现场查验并移交物业公司。是年，有17家企业入驻（含安溪自行招商3家）。其中，14个购地自建项目，3个购买厂房项目。14个购地自建项目中，1个（君诺美）试投产，2个项目（欣省控、健为医疗）正在安装设备，2个项目（宝丽金、鑫绿源）主体封顶，2个项目（佳福隆、芸台科技）正在主体施工，3个项目土地挂牌出让，4个项目土地待挂牌。3个购买厂房项目中，富一锦塑胶已投产，贯一食品、海佳彩亮签订购房合同。

【推进互联网企业党建】3月，工业园区党工委承办湖里区互联网行业党组织集中组建暨园区互联网行业联合党委成立大会，区委主要领导为联合党委揭牌并为新组建的互联网企业党组织授牌。落实园区互联网企业党建工作“百日攻坚行动”，排查园区互联网企业43家，组建党组织20家，覆盖32家企业，并打造科技谷、三维码、创新驿站、Young空间等互联网企业党建典型点。

【做好园区宣传工作】2018年，园区党群活动中心、创新驿站接待参访团181批次4739人次。在“湖里创新园非公党建”微信平台开辟“寄语新时代”微心语专栏，紧扣“学习十九大，园区在行动”等主题开展宣传，累计推送新闻稿128篇。向“厦门非公党建”“红色驿站”和“湖里党建”微信等平台报送园区党建动态和特色工作56篇。

（王佳宁）

交通 物流

【概况】全年物流业对湖里区国内生产总值（GDP）贡献率26.2%，拉动GDP增长2.1个百分点。153家规上交通物流企业完成营收441.6亿元，占全区重点服务业比重的68%。

【推进现代物流业发展】2018年，湖里区调整发展现代物流产业协调领导小组，确保组织保障到位。多次召开物流工作联席会议，全面部署寄递、物流安全管理、物流政策出台等各项工作。召开多场物流政策征求意见专题会，结合区域产业

8月9日，区长林重阳（正面右五）主持召开全区物流企业座谈会（区经信局供图）

发展导向对政策进行修订。扶持12家物流企业214.02万元，对湖里区符合条件的4家寄递企业给予安检机补贴26.65万元。8月9日，区长林重阳主持召开物流企业座谈会，征集意见建议41条。完成全省寄递物流安全管理联合督导迎检工作，通过物流安全管理工作和寄递安全管理工作市对区综治考评。

【《湖里区促进现代物流业发展实施办法》出台】 12月28日，湖里区出台新的物流扶持办法——《湖里区促进现代物流业发展实施办法》。“办法”鼓励引进供应链物流企业、区域性城市及城际配送中心以及物流平台型企业，发展物流企业运营中心、跨境电商物流。扶持物流企业发展壮大。对首次纳入规模以上交通物流业统计且纳入统计当年仍达到规模以上的物流企业给予奖励，对经营贡献大的物流企业给予奖励。支持航空货运业发展壮大。对在厦门新开国际、国内全货机货运航线给予一次性补贴。

（戴静静）

信息业

【概况】 2018年，全区有软件信息服务业规上企业29家，新增规上企业12家。全年软件信息服务业对湖里区国内生产总值（GDP）贡献率1.11%，拉动GDP增长0.09个百分点。新增规上企业保持高速增长，实现营收9.22亿元，占总营收的42%，勇仕网络、睿通电子、吉利优行科技、丝柏科技等企业分别比上年增长82%、265%、189%和67%。

【成立湖里区数字内容与新媒体产业协调小组】 6月20日，区委宣传部、区经信局牵头成立湖里区数字内容与新媒体产业协调小组。组长为区委宣传部副部长，小组成员有区通讯报道组、区经信局、区商务局、厦门雷霆网络科技有限公司、趣游（厦门）科技有限公司、厦门多想互动文化传播股份有限公司。机构职能为摸底湖里区数字内容产业资源和新媒体企业，定期掌握营收情况、发展状况，为湖里区跟踪产业发展、制定产业政策提供基础支撑。为壮大数字内容产业搭建平台，发挥企业与政府间的桥梁纽带作用，宣传和落实市、区数字游戏、动漫产业、新媒体产业的政策和产业发展规划，为数字创意企业搭建涵盖数字影音应用、电脑动画、数字游戏、内容软件、网络服务和数字艺术等数字创意产业链各环节服务发展平台。建立新媒体联盟，加强对新闻导向的引导，帮助新媒体企业与各级、各部门和辖区内的企业对接，更好地宣传、服务湖里。

（戴静静）

经济管理与监督

宏观经济管理

【概况】 2018年，湖里区全年地区生产总值首次突破千亿元，达1035.8亿元，比上年增长8.0%；完成规模以上工业总产值1809.3亿元，比上年增长12.5%；批发零售贸易业销售总额3643.1亿元，比上年增长3.2%，社会消费品零售总额333.3亿元，比上年增长-4.8%；固定资产投资比上年增长20.1%；合同外资120.8亿元，比上年增长136.1%，实际利用外资10.3亿元；财政总收入201.4亿元，比上年增长4.8%，其中区级财政收入47.5亿元，比上年增长8.3%。与全市其他区主要经济指标相比，有1个指标位居全市各区之首，有6个指标位居全市第二。

【完成“十三五”中期评估】 年内，湖里区针对《湖里区十三五规划纲要》提出的7大主要任务以及涉及的21个指标进行中期评估。结合当前形势变化情况，客观分析规划实施中存在的主要问题和原因，对目标任务的完成情况进行适当调整，并提出深化实施规划的下一步举措。评估报告草案报区政府常务会、区委常委会研究后，于9月27日经区人大常委会讨论通过。

【产业转型深入开展】 2018年，全区三次产业结构调整为0∶43.7∶56.3。“2+4+N”战略深入推进，四大优先发展产业不断壮大。是年，湖里区规上工业增加值395.8亿元，占全区GDP的38.2%，占全市工业增加值的24.6%，规模位居全市第一。计算机、通信和其他电子设备制造业产值增长16.7%，成为全区首条千亿产业链，戴尔产值增长16.5%；航空维修业产值增长8.0%，新科宇航、太古起落架等龙头企业产值分别比上年增长21.7%、77.6%。高新技术产业发展势头强劲，增加值比上年增长12.9%，占全区规上工业增加值比重达到87.2%，国家级高新技术企业达到266家。商贸物流持续提升。新开业国贸美岁城、天虹购物中心，销售额超300亿元的商贸企业增加至3家。全区外贸进出口总额2648.4亿元，比上年增长4.1%，占全市比重的44.1%，位居全市第一。以厦门航空、速传物流为龙头的交通运输业增加值比上年增长10.5%，总量占全市比重的54.8%。新兴金融业加速发展。金融业实现增加值66.9亿元，比上年增长5.3%，占第三产业增加值比重达11.5%。新增勇仕网络等4家企业挂牌新三板，辖区上市企业和新三板企业达66家。创意创新产业加快培育。旅游、会展总收入273.4亿元，接待国内外游客1933.8万人次。红点设计博物馆正式开业，中国故事短视频基地落户“特区·1980”创意产业园。湖里创新园已入驻企业6800多家，就业6.6万人。全区估值超亿元“双百企业”达到13家。

【全力推进“双千亿”项目】 年内，湖里区针对全区“双千亿”项目数多、责任主体多元、部门管理交叉等情况，依次建立市属、专属片区（自贸、火炬）、区属3个不同层次的项目推进机制。市属项目由区主要领导每月召开专题会议研究推动；专属片区项目由区自贸办、火炬办联合自贸区、火炬高新区项目主管部门推动；区属项目由区分管领导根据项目进展及时协调推进。

【土地管理与利用】 2018年，成立由区长林重阳任组长的区土地房屋储备管理工作领导小组，在全市各区中率先与市国土房产局、市土总签订《深化土地房屋收储（征收）及用地管理合作协议》，并由市土总设立湖里区专用的土地收储2号章，进一步加强土地管理与利用。

建成湖里区“智慧土管”信息系统，综合集成项目策划、土地农转用、征拆、收储、以及供地利用管理等一系列业务，促进土地监管工作规范化、智能化、高效化。

【重点项目加快推进】2018年，辖区内38个省、市重点项目完成投资约59.5亿元，完成年度计划的118.1%，超额完成投资9.1亿元，其中，湖里区作为责任单位的17个省、市重点项目完成投资25.7亿元，完成年度计划的103.2%。仁和公寓、五缘实验学校扩建工程、厦门国际航材保障中心等一批项目开工；跨境电子商务产业园、火炬高新区人才用房及相应配套（缘美公寓）、璞尚酒店等一批项目竣工。35个区级重点项目完成投资约50.8亿元，完成年度计划106.9%，超额完成投资3.3亿元。湖里老工业区文创园改造项目、高林学校等一批项目开工；禹州国际大酒店竣工验收准备试营业，湖里区职工文体中心预验收完成；英蓝国际金融中心、厦航总部大厦加快建设。

【“五个一批”项目成果显现】年内，湖里辖区“五个一批”在库项目494个，总投资约4627亿元，其中区属项目336个，总投资约3347亿元。是年，在全省84个县（市、区）“五个一批”季度综合考评中，湖里区2次进入全省前十，受到省级发文通报表扬。

【兑现政策奖励】2018年，湖里区兑现总部经济、众创空间、其他营利性服务业、重点产业人才等各项政策扶持奖励约4700万元。制定《湖里区鼓励企业高质量增长实施办法》，鼓励企业高质量发展。区级总部经济政策覆盖自贸区和火炬高新区，兑现2017年度两大片区31家总部企业扶持奖励金1500万余元。修订湖里区上市企业政策，对接火炬上市企业培育计划，给予火炬湖里片区内上市及新三板挂牌企业运营团队奖励。

【土地收储管理】年内，湖里区制定《湖里区土地房屋储备管理工作实施方案》，创新土地收储管理。是年，梳理可出让用地49幅、总用地面积约98万平方米。梳理出34宗约153万平方米的地块纳入区级土地房屋储备台账，先后7次召开“批而未供、供而未用”用地处置专题会，完成49个“供而未用”项目和170公顷“批而未供”用地的专项处置任务。

【策划生成新项目】2018年，湖里区策划生成旧村更新提升、地铁沿线综合开发、工业厂房改造等50余个城市更新项目。启动凤头渔港小镇、本岛东部地标性建筑群等10个项目的策划编制工作。谋划西部旧村整村提升，湖里社试点改造启动。

【健全信用工作机制】年内，湖里区完成区级信用平台与区智慧审批综合平台对接工作，推送187条数据，区信用平台归集行政许可及行政处罚数据合计10747条。全区16个部门上报信用承诺数据1362条。设置11个“白鹭分”市民信用应用场景，湖里法院提出的“绿色通道优先立案”作为厦门市首批落地实施场景于10月正式实施。开展各类现场信用宣传活动4场，祥店商业街创建“诚信经营示范街区”，其先进经验在“人民网”、《福建日报》等国家、省级新闻媒体刊登。

【项目审批、备案管理】2018年，湖里区制定出台《湖里区政府投资项目管理办法》。办理湖里区委党校、上湖洪塘安置房配套幼儿园等立项项目20个。将项目备案全部纳入在线审批平台管理，形成互联网+政务服务的审批新模式，全年办理弘爱妇产医院、欣贺研发设计中心等备案项目104个。

（柳子昂）

名词解释

五个一批：谋划一批、签约一批、开工一批、投产一批、增资一批。

价格监督管理

【概况】2018年，湖里区受理价格投诉举报案件188件，其中：市长专线投诉、咨询转办件32件；市举报系统“12358”及鹭价通系统案件152件；投诉举报来函2件；投诉举报来电1件；协同处理其他信访转办件1件。是年，作出行政处罚3件，处罚金额6500元。

【价格检查、调解、宣传服务】2018年，湖里区开展针对旅游市场、殡葬服务、转供电企业等收费行为的专项检查行动6场。在五缘湾红星美凯龙、宝象红星美凯龙等5家企业经营场所设立区首批“价格争议调解处理工作站”，聘用11名价格争议调解员。举办《中华人民共和国价格法》实施20周年文艺宣传演出，宣传价格法律法规。

【完善区公平竞争审查制度】年内，湖里区推进政策措施增量审查和存量清理工作。制定《湖里区2018年清理现行排除限制竞争政策措施的工作方案》，梳理出各类规范性文件46份，按照“谁制定、谁清理”的原则，对现行规范性文件和其他政策措施中含有的地方保护、指定交易、市场壁垒等内容进行逐步清理。

（柳子昂）

国有资产监督管理

【概况】 2018年，湖里区完善区管国企国资监管办法、薪酬考核及绩效考核管理办法等制度，规范政府机关事业单位经营性资产委托管理机制；组织对2家区管国企开展2016年度落实薪酬制度改革及薪酬发放兑现情况专项检查、2017年度经营业绩考核；支持2家区管国企分别组建集团公司，优化企业组织结构，降低经营风险，增强企业整体实力；完成区属国企公车制度改革，取消公务车辆19部，车改总体节支16.36%；确定、充实2家区管国企董事会、监事会成员，发挥董事会的决策作用及监事会的监督作用。

（苏丽缎）

厦门市湖里区国有资产投资集团有限公司

【概况】 2018年，厦门市湖里区国有资产投资集团有限公司（以下简称“湖里国投集团”）组建企业集团、进行机构改革、尝试市场化运作，完成了区里下达的征地拆迁、新发展用地建设、道路景观整治、社区改造提升、市政配套工程代建任务以及自营项目建设等工作80余项，完成投资额27.8亿元。是年，实现经营收入8.18亿元，纳税8781.79万元，利润总额1.55亿元。

【组建企业集团】 2月，湖里国投集团完成企业集团组建；8月1日，接收湖里区劳务派遣有限公司为一级全资子公司；9月14日，接收厦门金山欣湖建设开发有限公司为一级全资子公司；12月28日，注册成立一级全资子公司——厦门市湖里区招商服务有限公司。截至年底，湖里国投集团含1家母公司、12家全资（控股）子公司及9家参股公司。

【内设机构调整】 4月11日，湖里国投集团按市场需求及集团发展方向，将内设机构优化调整为8个部门。5月16日，完成集团中层领导干部（含子公司领导）竞聘选拔以及集团部门与员工的双向选择，优化人员配置，在人力上全力保障集团有效运转，在人才上厚植企业发展后劲。

【将3个子公司推行市场化管理】 2月，湖里国投集团将资产运营部、禾丰征迁公司（含垵湖征迁公司）、国投物业公司及湖里保安公司首次推向市场，并根据其现状和潜力制定了相应的市场化绩效考核方案。

【征地拆迁超额完成任务】 2018年，湖里国投集团参与并具体实施的征迁项目涉及湖里区9大片区指挥部、5个街道办新旧征迁项目40余项，同时负责协调处理大包干测算编制及报审，项目历史遗留问题、信访案件等工作。全年完成征地39.39万平方米，完成全年任务的111.06%；完成拆迁80.27万平方米，完成全年任务的147.38%。基本完成县黄路A2段、仙岳路东段、金山路等10个旧征迁项目的返迁工作，完成返迁555户、1317套；支付补偿款等约25亿元。国投集团公司及下属禾丰（垵湖）征迁公司领导亲自负责项目，组织公司骨干人员，全力保障省、市重点项目的交地施工，特别在轨道2号线、轨道3号线项目中，按市里的时限要求提交用地，保障项目有序施工建设。

【项目代建扎实推进】 湖里国投集团全年承担49个代建项目，已完成27个，完成投资约2.32亿元，实现代建费收入约370万元。7个房建工程，完成投资6596万元，其中，湖里国投商务中心已完成竣

2018年，湖里国投集团有序推进代建项目，图为湖里区职工文体中心（周文伟　摄）

工验收备案；高林—金林社区发展中心签订了土地出让合同；薛岭山公园管理用房及书院（含地下公共停车场）相关“农转用”手续办理中；区职工文体中心、区特殊教育项目、枋湖社区服务中心等均按计划施工。11 个老旧小区提升改造项目，其中 8 个已完工，完成投资 5248 万元。产业园区改造提升项目 7 个推进中。装修改造工程项目 17 个，完成投资 2788 万元，其中，区行政中心相关改造项目 8 个，湖里区招生办，校外心理辅导站搬迁装修工程，马垅、江头消防中队执勤备战用房及配套用房建设改造工程，金山街道小型消防站，殿前街道小型消防站等均已完工；金尚小区农贸市场装修改造工程处于前期预算编制及施工图设计阶段。4 个综合整治项目，完成投资 7195 万元，其中，第五立面综合整治提升、公共建筑物除尘降温喷淋系统工程均已完工；金山街道五通社区海域历史遗留海蛎石清理（一期）已完成招标。3 个其他工程项目，完成投资 1385 万元。

【协议出让社区新发展用地】 2018 年，高林—金林社区发展中心项目取得《国有建设用地使用权出让合同》，使该项目成为厦门市首个以协议出让（限制性）方式供地的社区发展用地项目。湖里国投集团参与起草《湖里区加快推进“村改居”社区集体预留发展用地项目建设管理实施意见（暂行）》等系列文件，成为岛内“村改居”社区可持续发展、解决被征迁居民生活出路等方面工作的范本，其经验做法相继在市委简报刊物《厦门改革情况》《厦门特区快讯》《厦门通讯》上刊发，并获湖里区改革创新一等奖。

【自营项目有序招商】 年内，湖里国投集团自营项目湖里国投商务中心完成竣工验收备案后，招商工作稳步推进，1—5 层商业部分已完成招商；陆续与江头街道、市土总、万科公司、叁叁玖公司完成交接手续；多渠道推进 3 号办公楼招商工作，已分别与 3 家公司签订 3 号办公楼第 18 层 A 单元、第 17 层 A 单元、B 单元的《房屋租赁合同》。

2018 年，自营项目国投商务中心竣工（湖里国投集团供图）

【收储区域招商引资】 截至年底，湖里国投集团全力推进收储区域的改造及招商引资工作，两岸集成电路产业基地已入驻或待入驻企业 213 家，意向企业 110 家，总注册资金 16.76 亿元。

【国有资产稳健运营】 截至 2018 年底，湖里国投集团积极盘活国有资产、挖掘潜力，促进国有资产保值增值。管理资产 415 处，年度租金总收入 4177 万元，其中，自有资产 15 处，面积 11.9 万平方米，租金收入 2154 万元，比上年增长 9.06%；代管资产 400 处，面积 10.9 万平方米，租金收入 2023 万元，比上年增长 2.48%。

【街办企业清理】 年内，湖里国投集团与湖里街道、金山街道及湖里区人社局积极对接，与 8 家街办企业进行股权变更及资产移交。完成厦门金山欣湖建设开发有限公司、湖里区劳务派遣公司股权变更工作，湖里街道 6 家企业的清理工作已委托专业律师处理，湖里鸿发物业经营部完成注销手续。

【完成东西部扶贫工作】 2018 年，东乡县湖里产业运营有限公司（以下简称“东乡产业公司”）与甘肃优尔塔农牧业农民专业合作社以“公司 + 合作社 + 贫困户”的模式，租用优尔塔合作社在达板良种羊繁育场的场地，建设羊肉加工车间，发展东乡羊产业。11 月，扶贫车间建成并投产，截至 12 月底，完成 48 吨羊肉订单生产。东乡羊业扶贫项目吸纳 32 名贫困户就业。10 月 24 日，东乡产业公司与临夏艾米尔公司签订增资入股协议，通过投资八宝茶扶贫车间向贫困户提供 45 个就业岗位。11 月，东乡产业公司与东乡振兴雨具公司达成合作协议，并于 12 月底正式揭牌投产。

是年，东乡产业公司本部招聘本地大学生8人，带动19人达到甘肃省脱贫标准，协助建设4个扶贫车间，提供工作岗位超100个，累计带动104人达到脱贫标准，超额完成市里下达的东乡县2018年产业帮扶指标。

【全区土地房屋储备】 9月，湖里国投集团增设土地房屋储备中心，全面负责湖里区土地房屋储备各项工作。该中心协助区政府起草并完善《湖里区土地房屋储备管理暂行办法》。配合完成区“批而未供、供而未用”专项行动，建立全区土地房屋储备台账，储备管理土地房屋30宗，其中：土地策划9宗、土地收储21宗。9月21日，区政府与市土房局、市土总签订三方合作协议书，指定湖里国投集团作为湖里区土地房屋收储（征收）工作具体实施单位。推动五通金融商务区三期及凤头渔村特色小镇的前期收储（征收）工作。10月25日，协助区政府与市土总举行第一次深化合作项目对接会。

【子公司平稳运行】 2018年，湖里国投集团下属全资子公司运行平稳，并不断发展壮大。其中：湖里保安公司经营收入24844.95万元，利润总额923.16万元。禾丰征迁公司经营收入3179.35万元，利润总额920.76万元。垣湖征迁公司经营收入1326.31万元，利润总额524.16万元。国投物业公司经营收入2461.22万元，利润总额263.52万元。劳务派遣公司营业收入156.11万元，利润总额140.03万元。国投车辆停放管理公司经营收入177.72万元，利润123.60万元。欣湖公司经营收入183.14万元，利润总额52.93万元。国投旅游公司经营收入201.67万元，国投市政公司经营收入36.56万元。

【推进垃圾分类工作】 年内，湖里国投物业服务有限公司积极推进所服务辖区居民的垃圾分类工作，打造“横向到边，纵向到底”的全方位保洁模式，确保各服务辖区垃圾分类工作取得实际效果。10月，湖里国投物业服务有限公司所服务的保障性人才房“五缘公寓小区”，被评为“湖里区生活垃圾分类示范小区”称号。

厦门市天地开发建设有限公司

【概况】 厦门市天地开发建设有限公司（以下简称“天地公司”）注册资本16.96亿元、资产总额72.71亿元、净资产26.41亿元，主要业务涵盖片区旧村改造、产业园区建设与管理、房地产开发经营、物业管理、其他资产投资与服务等多个领域。2018年，天地公司完成投资约6.07亿元；实现主营业务收入2.79亿元，上缴税收1.65亿元。

【集团化改革】 2018年，天地公司进行了系统性、整体性、重构性改革。编制完成2018—2022年5年发展战略与规划，并起步实施；6个职能部门、11家直属企业（含建设事业部）架构基本搭建完成，9大业务版块业已明确，企业运营质量和效率稳步向好。完善4项企业治理纲要，简化2套工作流程，优化10项基本制度，修订7项业务制度，厘清企业各治理主体的权责边界，形成“在党总支的领导下，董事会决策、监事会监督、经营班子组织实施”的治理结构。

【发行企业债券】 年内，天地公司推进非公开发行公司债券和中期票据的发行工作。中期票据通过审批机构初审；非公开发行公司债券取得上海证券交易所批文，批准额度10亿元。

【天地城区建设公司成立及旧城改造】 2018年初，天地公司与国贸合作成立天地城区建设公司，组建团队、建章立制、启动项目、稳步推进，推进蔡塘片区旧村改造项目。截至年底，初步完成忠仑社旧村改造方案和工作方案的制定。

【房地产开发】 年内，天地公司全力推进天地金融港二次装修工程，1月中旬正式交付使用、投入运营。完成天地金融港写字楼年度销售

6月17日，天地公司举行25周年职工文艺汇演（林勤总 摄）

天地金融港（天地资产管理公司供图）

任务，销售面积 6130 平方米，车位 7 个，总金额约 1.16 亿元。公司与国贸地产合作的商品房开发项目国贸天悦是年认购住宅 403 套、车位 390 个、店面 58 间、总金额约 19.06 亿元。

【工程代建】 2018 年，天地公司整合成立了建设事业部，代建工作成效明显提升，在市建设局组织的第四季度考评中，县后小学二期扩建项目得到良好评价。是年，中标思明公安分局巡特警反恐大队及筼筜派出所用房修缮改造代建项目。

【资产管理】 年内，天地公司经营资产收益稳中有升，天地雅园公寓和商业部分全年出租率维持在 93% 以上；江头建材市场升格为天地（厦门）建材家居广场，南山公寓公开招租。5 月，成立“黑晶石”商管公司，已签约软件园三期百度项目，管理面积 3.4 万平方米。

【物业服务】 2018 年，市政公司正式挂牌运营，着力开展道路保洁、中水站运营等市政业务，尝试向物业公司其他管理项目拓展保洁、绿化等业务。成立停车管理公司，对外拓展停车场管理业务，同时推动停车场道闸系统智能化改造。截至年底，11 个项目已实现线上收费和无人值守。成立安保公司，开展劳务及培训业务。

【产业园区运营】 年内，湖里创新园举办园区定向赛、银企对接会等活动 111 场，吸引 3 万余人参与。五通商务区湖里基金空间引进中金公司等 3 家企业。湖里创意园联发东南天地项目主体完工，招租率超过 50%。安溪湖里园，自营建设的一期、二期通用厂房已销售 9 万平方米，完成 72% 招租，总金额 1.44 亿元，引进自建企业 14 家，其中，新引进购地自建企业 7 家，用地面积约 17.66 万平方米，总投资 6.4 亿元。

【股权投资】 截至 2018 年底，天地公司下属股权公司持有 7 个直投项目、15 支股权基金，合计认缴投资额约 7 亿元，覆盖 137 个项目；已实缴出资近 5 亿元，其中是年实缴出资 1.38 亿元。

【发展教育事业】 年内，天地学校、天地幼儿园多次在省、市、区检查中取得较好成绩，天地学校获评区优秀民办学校，天地幼儿园获评湖里区示范性幼儿园；一校一园实现部分自主招生。4 月，天地教育公司成立，正式专业推进教育产业业务。8 月，控股成立专业早教公司，教研、运营、市场团队已搭建完成。

【文化创意产业发展】 2018 年，天地公司注册成立文化公司。公司全年完成活动策划方案 43 份，承办厦门（湖里）城市诵读节配套活动胶片电影展映、灯塔公园主题雕塑揭幕仪式、海投集团 2018 年香格里墅中秋活动等 10 余项文化活动。

【乌石浦旧村改造收尾】 12 月 20 日，倪氏祖墓全部搬迁完成；乌石浦花园一期安置房基坑支护重大设计变更获区政府批准，二层土方开挖完成，就古榕树、萧氏家庙问题已与家庙理事会签订相关协议，古榕树区域恢复施工；乌石浦拟招拍挂地块 22 万伏缆化工程已取得工

安溪湖里园入驻企业厂房（巫灵青　摄）

程规划许可证，施工准备工作基本完成。

【接收区街办企业】 年内，原区、街办企业泛缘物业、和家谊公司无偿划转天地公司，禾兴公司由天地公司会同街道清产核资。公司专门成立了接收工作小组，分工合作，抓好接收的各项工作。11月完成和家谊公司接收工作；泛缘物业接收准备工作完成；禾兴公司清产核资工作按计划有序推进。

（巫灵青）

统　计

【民生】 2018年，湖里区城镇居民人均可支配收入53661元，比上年增长9.0%。城镇居民人均消费性支出33181元，比上年增长9.4%。

【第四次经济普查】 2018年，湖里区成立区、街经普办和社区普查工作组，招聘40名区、街经普办常驻工作人员，选聘510名普查员和普查指导员，投入到经普工作的两员及区街经普办人员600多人。通过海报、屏幕、社区宣传栏等方式开展全方位多角度宣传，向辖区企业和群众推送百万条清查动员短信，定制"两员"入户黄马夹，印发宣传折页8万份、政府经普通知2万份。编制培训教材4本近3000册，采取"小会场、多场次"的方式，分5个街道和自贸火炬6个专场，分别开展6场清查培训，培训区、街经普办人员及"两员"600多人次。9月19日，湖里区全面启动清查工作。截至10月30日，各街道采集上报单位30892家，区属清查单位数（不含象屿和火炬普查区）比第三次经济普查增加65.6%。

第四次全国经济普查期间，湖里区调查人员入户清查（区统计局供图）

【首次开展统计联合执法检查】 9月26—27日，区统计局联合市统计局开展"双随机"统计执法监督检查。对行政执法、商贸、建筑、科技、劳动工资等5个抽查事项，随机抽取辖区内1个街道、14家企业进行检查。

【自贸区飞机融资租赁统计创新】 2018年，区统计局与市自贸委、象屿办建立飞机融资租赁常态沟通机制，区统计局及时掌握飞机租赁企业变动信息；区统计局将与企业沟通协调中遇到的问题提请市自贸委财政金融局、象屿办等协调。区统计局相关专业统计人员加强飞机融资租赁统计方法的研究，争取市统计局投资处、服务业处等业务处室业务指导，并在与企业的沟通互动中学习完善融资租赁、经营性租赁统计业务。区统计局对自贸区开展飞机融资租赁的企业进行详细了解，对符合入库纳统条件的经营性租赁飞机企业进行固定资产投资统计，融资性租赁进入其他营利性服务统计；做好租赁企业的后期跟踪，及时掌握新增租赁动态，做到飞机租赁企业应统尽统。

【统计创新服务行动方案】 2018年，区统计局与各经济主管部门对接，对"双千亿"各产业链、投资工程，与上级统计部门沟通，明确口径界定、行业划分以及企业认定，结合"企业一套表"平台实现数据的整理、汇总和跟踪。各专业骨干加强与市统计局、厦门调查队、各相关部门、各街道及重点企业等的沟通、联系和指导，解决统计工作中重点突出问题，服务全区经济发展。为区领导、部门提供数据服务，开展统计大数据分析服务。运用移动数据采集终端等电子信息手段开展经济普查和人口抽样调查工作。改变统计刻板、相对封闭的宣传模式，丰富统计宣传形式，注重统计宣传质量和效果，加强统计宣传。编印统计宣传手册，利用短信、微信公众号等平台，提供统计信息发布服务。

【统计法治】 年内，区统计局协调统计法进党校，向区委、区政府领导普法。在湖边社区办事大厅摆放4种200张统计法漫画宣传单，供企业领取阅知；并在小区、公交站附近的店面分发2种100份统计普法宣传单及宣传品。在区行政服务中心投放统计法单行本、统计知识手册等宣传资料200余份。区统计局结合中国统计开放日、"12·4"国家宪法日和"12·8"统计法颁布纪念日以及结合社区活动等，开展统计法及其实施条例、农业普查条例、人口普查条例等的普法宣传活动。向社区居民发放统计普法宣传有奖问卷，调查居民对"12·4"

2018 年，区统计局工作人员开展统计法治宣传（区统计局供图）

国家宪法日和“12 · 8”统计法颁布纪念日的认识，以及对政府调查强制性的了解。组织开展《中华人民共和国统计法》《中华人民共和国统计法实施条例》专题有奖考试。

（杨　菲）

【首次开展自然资源负债表编制工作】 2018 年，湖里区成立由副区长黄平南任组长的自然资源负债表编制试点工作指导小组，由统计、国土资源、环境保护、水利、林业等部门有关人员任组员，试点有关技术工作由统计部门牵头负责，相关部门参与有关问题研究，提供编表所需要的基础资料。

【投入产出调查】 2018 年是第七次全国投入产出调查实施阶段，湖里区有 63 家重点法人单位被抽中调查。组织专场培训会，请市局专业处室到湖里区进行专项业务培训和辅导，确保调查单位培训面达到 100%。区统计局组织专人深入调查单位，了解并掌握调查单位的变化情况，帮助协调解决工作中遇到的各种问题，做好检查指导工作。

（张明琳）

【企业一套表数据上报】 截至 2018 年末，全区有 132 家区属规上工业企业、476 家限上商贸及餐饮住宿业企业、267 家资质以上建安企业和 63 家房地产开发企业、294 家重点服务业企业通过“一套表”联网直报系统报送统计数据。1277 家各类企业通过“一套表”联网直报劳动工资情况。基本单位名录库中有 48804 家法人单位，8228 家产业活动单位。

（陈豪伟）

审　计

【概况】 2018 年，湖里区完成 21 个审计项目，其中：1 个同级财政审计、1 个自然资源审计试点项目、2 个专项审计和 17 个经济责任审计；查出管理不规范资金 3.43 亿元，提出审计建议 72 条，移送案件线索 1 件。在审计署头条网站、人民网等新闻媒体发布 30 多篇审计工作的创新做法文章。是年，在全区“改革创新奖”考评中，开展领导干部自然资源离任（任中）审计试点工作项目，获“二等奖”；2017 年度统计工作获得市级“三等奖”；年内选送的 2 个审计（调查）项目获得市级“优秀奖”；12 月，参加全省审计系统首届青年曲艺小品比赛，“最美审计人”节目获得全省“优秀奖”。人民网 3 次刊发“湖里区采取三项措施强化业务学习培训提升审计人员素质”和“湖里区积极探索领导干部自然资源资产离任（任中）审计”等报道，点赞湖里区审计局的创新经验做法。

【审计进社区】 2018 年，区审计局联合湖里街道徐厝社区率先创建审计廉政文化交流点，打通廉政文化进社区的“最后一公里”。以“廉政文化交流点”为阵地，打造多角

2018 年，区审计局联合湖里街道徐厝社区开展审计进社区活动（区审计局供图）

度、多方式宣传廉政文化的平台。在社区里建立审计廉政文化走廊，搭建廉政监督网络，接受社区群众监督。

【参加审计署组织的培训】 年内，湖里区组织审计局全体干部职工参加审计署组织的为期10天的集中整训。学习“习近平新时代党建思想及其实践”“以政治建设统领新时代党的建设”“传承文化基因，坚定文化自信”等专题理论讲座，通过组织汇报会、交流会等方式开展学习讨论。派出1名审计人员参与审计署计算机中级培训，提高湖里区计算机审计水平。

【做好同级财政审计】 年内，在同级财政审计中，区审计局重点从预算编制、执行、公开三道“关口”开展同级财政审计，监管区政府的“钱袋子”。审计发现预备费编制未达到规定要求、上级转移收入和盘活资金未按规定编入区级预算、重复编制预算项目等问题；预算批复不及时、盘活资金使用效率不高、上级专项资金未及时支出、未按程序变更项目预算资金、重复奖励个别企业等问题；通过审计，促进部门预算在区政府网站和单位门户网站专栏公开，接受社会监督。截至9月26日，2017年度“区本级预算执行和其他财政收支审计”发现的18个问题基本完成整改。10月25日，区审计局受区政府委托，将整改情况报送区人大。

【领导干部经济责任审计】 2018年，湖里区对17个单位开展领导干部经济责任审计，发现个别单位存在违规发放津补贴，工作餐和公务接待用餐超标准、报销手续不全，固定资产管理不规范、往来款未及时清理等问题。并移送案件线索1件，处理2名科级干部。

湖里区聘请的首届特约审计员（区审计局供图）

【举办审计监督专题辅导】 9月21日，湖里区邀请市审计局领导给区政府领导和部门领导作“践行监督服务 助推长效发展”审计监督专题辅导。此次专题培训，紧密结合工作实际，在经济责任审计方面为大家提供解读。

【抓好审计工作创新】 2018年，湖里区在审计工作中坚持做到“五个抓”：一抓重新认识审计工作新要求。要求全体审计干部深化对新形势下审计工作重要性的认识，把握、落实中央和省、市委对审计工作的新部署、新要求，推动湖里区审计工作再上新台阶。二抓审计监督主业。聚焦全区重大部署、重点领域、重点资金、重点项目、重点单位，加强日常“把脉”“体检”，加大跟踪审计监督、问题揭示和审计整改力度。区审计局在开展专项督查过程中，向有关单位宣传文件精神，建立、健全审计整改跟踪督查机制；审计发现重大问题的整改工作纳入区委督查考评事项；对审计整改不到位的被审计单位主要负责人提请相关部门追责、问责等。三抓联合协作。区审计局加强审计监督与纪检监察监督、巡察监督的联动协作，全年派出8人次参与区委巡察工作，1人次参与福建省审计厅审计项目，提高审计监督整体效能。四抓领导干部自然资源资产离任（任中）审计试点。选择自然资源资产较为丰富的金山街道作为试点单位，审计组对金山街道自然资源资产进行摸底，对土地、水、森林、海洋、大气、生态环境等进行调查，初步掌握街道管辖的自然资源资产基本情况，了解街道职权范围。区审计局在“五抓”过程中新设立特约审计员制度，做好湖里区特约审计员的聘任与管理工作。

（林志坚）

市场监督管理

【概况】 2018年，湖里区新增设立登记各类商事主体32194户，其中企业13898户，个体工商户18296户。截至年底辖区内各类商事主体185887万户（包含自贸区33476户，火炬园区1711户），其中，各类食品经营户29193户，药品经营户352户。是年，湖里区监管户数、登记户数及新增登记户数、新增监管户数均居全市各区之首。全年立案查处各类违法案件292件，案值788.03万元，罚没356.5万元，案件类型涉及多个领域，查办了食品安全等涉及民生案件114起。全年受理各类消费投诉举报21492件，其中：投诉15934件，举报2875件，信访2683件。年内，区市场监督管理局获得“福建省第十三届（2015—2017年度）文明单位”“第五届创建全国文明城市工作突出贡献单位”。

国庆期间，湖里区市场监督管理局开展旅游市场大整治（殿前所供图）

【审批监督管理】 2018年，湖里区深入推进“放管服”改革，减少审批环节，压缩法定审批时限。企业开办时间压缩至3个工作日完成，运行近4个月，完成各类网上审批事项3302项。建立“双随机”、“双告知”、联合惩戒等新型监管方式，对2批4102户商事主体开展“双随机、一公开”联合抽查，完成检查事项覆盖率100%、抽查率100%、录入公示率100%。是年，湖里区企业服务窗口通过增设办事窗口、增开咨询电话、增加导办人员、优化办事指南、升级改造预约系统、提供免费EMS寄送服务、重构登记窗口内部办事流程等措施，提升了政务服务水平，获得国务院督查组和区领导的高度肯定。截至年底，已实现线上随时预约有号，线下随时可现场办理。

【整治旅游市场乱象】 2018年，湖里区开展为期3个月的旅游市场大整治，对旅行团团餐的接待单位及旅游购物场所开展专项整治。检查75家旅行团团餐接待单位，开具70份监督检查意见书、63份现场笔录、35份当场行政处罚决定书，立案12起。对27家集中接待旅行团队较多、投诉量大、舆情高发的旅游购物场所进行集中整治，封存问题珠宝首饰72箱，立案11起，均按照从严、从重处罚，起到“查处一起，震慑一批，教育一片”的效果。全年查处各类旅游市场违法案件36起，将珠宝经营者“冒充富二代”的涉黑、涉恶线索移送公安部门。

2018年，企业注册窗口为群众提供咨询服务（蔡晓岑　摄）

【源头批发市场监管】 年内，湖里区打造食用农产品一体化可追溯体系。以夏商蔬菜农副产品批发市场为试点，建立一户一档，推进一品一码示范工作。依托“厦门市食品安全信息系统”入市必登联动功能，借助市场为场内经营户配置的可追溯专用电子秤，逐步实现食用农产品整体全链条信息化管控，实现食用农产品“来源可溯、去向可追、质量可靠”。该举措形成湖里区的创城亮点，省政府以湖里区示范点召开现场会。针对不同批发市场的交易高峰时间，采取“错时监管”，把握凌晨4:00-12:00这段农产品入场交易时段，检查督导，把好全市源头关。

2018 年，市场监督管理局检查辖区药品零售企业（黄晓旭　摄）

【食品监督管理】 2018 年，湖里区推进创建“国家食品安全示范城市”工作，食品、保健食品欺诈和虚假宣传等专项整治工作，治理“餐桌污染”及建设“食品放心工程”；开展“食安工程”创建工作，打造源头市场、集体配餐、品质超市等创城工作亮点。全年开展日常监督检查 32798 家次，推动 1545 家企业进入入市必登系统，学校、医院、养老院等 6 大类明厨亮灶全覆盖。截至年底，湖里区明厨亮灶在餐饮服务单位覆盖率已达 81.5%。引进“第三方”力量，开展风险点隐患排查，是年，采取以政府采购方式引进（CTT、SGS）2 家专业检查机构，对辖区内生产企业、小作坊、集中用餐配送单位、中央厨房、大型餐饮店、大型商超及大型农贸市场等行业的食品安全隐患问题进行排查。检查各类食品相关单位 162 家，开具“日常监督检查意见书”103 份，“责令改正通知书”10 份，立案 4 起。年内，完成 2018 年建发马拉松、全国旅游工作会议、厦门工博会、第十届海峡论坛、中高考、司法考试、文博会、旅博会、“9・8”国际贸易洽谈会、中国乒乓球男队来厦集训等 30 项重大活动餐饮服务食品安全保障工作。累计出动执法人员 870 人次、保障 1929 餐次、保障 38766 人次，保障期间未发生食品安全事故。

【药品监督管理】 年内，湖里区开展药械经营使用单位日常监管和双随机检查，重点对冷链药品、血液制品以及体外诊断试剂、植介入等高风险药械经营使用单位进行检查。全年组织开展“三品一械”（保健食品、药品、化妆品，医疗器械）整治专项行动 8 次，检查、帮扶企业 1743 家次，查处违法、违规案件 79 起。推进药械经营企业安全生产标准化评审和年度自查工作，企业安全生产意识显著增强；回收家庭失效药品，设立回收网点 102 家，回收销毁失效药品 2745 公斤。长生疫苗案件爆发后，对区疾病预防控制中心和 8 家疫苗接种单位进行检查，确保辖区疫苗储运安全。

2018 年，禾山所迎接省示范超市检查（禾山所供图）

【守合同重信用企业公示】 2018 年，湖里区开展“2016—2017 年度守合同重信用企业”公示工作。辖区有 128 家企业报名参加“2016—2017 年度厦门市守合同重信用企业”评选，70 家被公示为厦门市守合同重信用企业。28 家企业报名参加“2016—2017 年度福建省守合同重信用企业”评选，15 家被公示为福建省守合同重信用企业。

湖里区 2016—2017 年度厦门市守合同重信用企业一览表

表 7

公告序号	企业名称	公告序号	企业名称
36	腾科宝迪（厦门）医疗技术有限公司	374	厦门闽篮超市有限公司
38	索沃（厦门）新能源有限公司	386	厦门绿动力环境治理工程有限公司
58	厦门众合天元科技有限公司	415	厦门乐莱建筑装饰工程有限公司
62	厦门中泰鑫保安服务有限公司	419	厦门蓝极档案技术有限公司
68	厦门智为建筑装饰设计有限公司	425	厦门康纳威汽车零部件有限公司
73	厦门直播星电子科技有限公司	427	厦门凯旺厨房设备有限公司
79	厦门正方建设有限公司	440	厦门锦镇安装工程有限公司
88	厦门驭峰建设工程有限公司	441	厦门金中华百货有限公司
112	厦门亿洲集团有限公司	447	厦门捷晟数字科技有限公司
132	厦门鑫珍悦农产品有限公司	466	厦门嘉益安科技有限公司
133	厦门鑫勇珍商贸有限公司	489	厦门华致家具有限公司
137	厦门鑫活力工贸有限公司	495	厦门华茂青拍卖有限公司
141	厦门新东福装饰设计工程有限公司	506	厦门恒宇星光电科技有限公司
178	厦门威扬广告有限公司	517	厦门昊宏科技有限公司
181	厦门网箭科技有限公司	525	厦门翰嘉拍卖有限公司
191	厦门同力节能科技有限公司	564	厦门冠林保全科技有限公司
193	厦门通测电子有限公司	580	厦门凤凰明珠贸易有限公司
213	厦门双运建筑工程有限公司	584	厦门东港环美家具有限公司
221	厦门市执象智能科技有限公司	587	厦门鼎鑫世纪信息科技有限公司
231	厦门市易事软件开发有限公司	595	厦门德家和实验室设备工程有限公司
240	厦门市鑫中源建筑劳务有限公司	597	厦门大黑科技有限公司
255	厦门市泰顺德家具有限公司	610	厦门博瀛建设工程有限公司
266	厦门市融景园林工程有限公司	613	厦门波尔投资管理有限公司
271	厦门市青苹果企划设计有限公司	616	厦门倍联矿山机械有限公司
276	厦门市美裕装修设计工程有限公司	621	厦门百利达建设有限公司
287	厦门市竞成印刷有限公司	632	厦门艾拓瑞环保科技有限公司
299	厦门市汇合装饰设计有限公司	650	科技谷（厦门）信息技术有限公司
308	厦门市湖禾环清洁有限公司	674	福建宇宏工程项目管理有限公司
318	厦门市广厦工程建设有限公司	678	福建洋鸿建设工程有限公司
326	厦门市丰大电气科技有限公司	679	福建兴龙宇文化传媒有限公司
332	厦门市创惠市政园林工程有限公司	692	福建省坤秀建设工程有限公司
350	厦门睿通电子科技有限公司	703	福建省百泰医药有限公司
358	厦门群益兴工贸有限公司	706	福建融腾建设有限公司
363	厦门芊慧物业服务有限公司	707	福建荣工建设有限公司
372	厦门铭玖建筑工程有限公司	728	迪赛尔机电设备有限公司

表 8

湖里区 2016—2017 年度福建省守合同重信用企业一览表

公告序号	企业名称	公告序号	企业名称
33	厦门东港环美家具有限公司	163	厦门驭峰建设工程有限公司
90	厦门康纳威汽车零部件有限公司	169	厦门智为建筑装饰设计有限公司
116	厦门市丰大电气科技有限公司	192	厦门闽篮超市有限公司
119	厦门市广厦工程建设有限公司	197	厦门凤凰明珠贸易有限公司
131	厦门市泰顺德家具有限公司	198	厦门冠林保全科技有限公司
145	厦门网箭科技有限公司	203	厦门金中华百货有限公司
147	厦门威扬广告有限公司	210	厦门市美裕装修设计工程有限公司
159	厦门亿洲集团有限公司		

【扫黑除恶专项斗争】 2—12 月，区市场监督管理局召开扫黑除恶专项斗争部署专题会 12 场，签订承诺书 338 份，发动宣传 138 次，梳理行政处罚案件 1070 件、信访件 4599 件、摸排各类市场 36 个，发现并上报线索 13 条，被市扫黑办采纳 13 条。结合扫黑除恶工作，将恶意举报的职业打假团伙作为线索摸排上报，职业举报人投诉量比上年下降 31%。

【开展“3·15”国际消费者权益日系列活动】 3 月 15 日，湖里区在辖区内开展纪念“3·15”国际消费者权益日系列活动。区消委会配合市消保委在湖里万达广场举办纪念活动，各市场监督管理所在辖区内也开展相应的宣传咨询活动。期间，湖里区现场接受群众咨询 56 人次，发放消费维权、食品安全、法律法规等相关知识宣传册 1300 余份。

3 月 15 日，市、区市场监管局开展纪念“3·15”国际消费者权益日系列活动（陈美娜　摄）

【市场监督管理宣传报道】 2018 年，区市场监督管理局妥善处理旅游消费投诉、食品消费投诉等舆情信息 52 件，发布新闻宣传报道及政务信息 1600 余篇，其中，被国家级、省级媒体采用 357 篇。是年，开通了“湖里市场监管”微信公众号，推送市场监管文章 232 篇，树立了市场监管新形象，展示了市场监管部门新作为。

（王　菁）

质量技术监督

【湖里区兑现品牌和标准化奖励政策】 2018 年，湖里区首次召开质量品牌和标准化奖励评审会，18 家公司 17 个标准化、品牌、认证认可项目通过评审。其中，厦门金鹭特种合金有限公司等 2 家公司 4 个项目获得标准化奖励；厦门辉煌装修工程有限公司等 5 家公司获得品牌奖励；厦门融通信息技术有限责任公司等 11 家公司 13 个项目获得认证认可奖励。奖励金额 350.35 万元。

【开展定量包装商品净含量“双随机”抽查工作】 年内，市质监局第一分局对辖区食品类生产企业定量包装商品开展净含量计量监督随机抽查工作。监督抽查主要涉及米、食用油、调味品、熟肉制品、小食品、冲饮类食品、方便面等7类定量包装商品。抽查生产企业25家34批次产品，执法人员现场对企业计量负责人开展定量包装商品相关计量法律、法规的宣传教育，增强辖区企业主体责任和诚信守法意识。

【世界计量日宣传】 5月19日，质监局第一分局开展世界计量日宣传活动。围绕活动主题“计量与交通”，联合市计量院、水务集团、华润燃气、电能计量中心、梧村街道等多部门在梧村汽车站广场进行世界计量日宣传。

【助推厦门创建国家食品安全城市】 2018年，市质监局第一分局组织召开辖区食品相关产品生产企业负责人会议，通过共建承诺，12家企业全部提交《企业产品质量安全责任承诺书》。通过更新完善企业档案信息，实施分类分级监管。企业开展自查整改行动，重点对生产环境和生产设施条件保持、原辅材料使用、出厂检验、包装标识等内容进行排查，消除食品相关产品安全风险隐患和问题，规范企业生产。市质监局第一分局逐家开展现场检查，打击违法生产行为，推进企业主体责任落实。对内重视对监管人员的业务培训，提升执法监管水平；对外注重对企业的培训引导，召集企业参加2期塑包、纸包获证企业培训、计量管理、新版管理体系标准培训。参加现场宣传活动5场次。

【受理老旧电梯更新改造补助申请】 年内，市质监第一分局受理辖区老旧电梯更新改造补助申请24个，涉及更新改造电梯70台，拟申报补助资金876万元，分别比上年增长60%、49%和59%。

【开展电站锅炉范围内管道隐患专项整治】 2018年，市质监局第一分局开展电站锅炉范围内管道隐患专项排查整治。经排查，厦门岛内仅有1家大型电站锅炉企业，登记2台电站锅炉。分局要求企业从设计、制造、安装、未实施制造监检的元件组合装置补充检验检测、使用管理及定期检验五大方面开展全面自查，将发现的安全隐患及整改情况说明于8月底前报送至分局。二是强化风险防控，在“执法”上下功夫。10月上旬，分局工作人员开展现场检查，围绕对电站锅炉范围内的管道是否在检验有效期内、元件组合装置的制造焊接接头有无相关检验报告、流量计壳体能否提供相关设计文件及质量证明文件等出厂资料、电站锅炉范围内管道是否制定事故应急预案问题进行检查。10月下旬，市局、市特检院及第一分局的工作人员再次到企业，对前期排查整治开展情况进行抽查。市质监局工作人员要求电站锅炉企业要切实履行电站锅炉及锅炉范围内管道安全主体责任，做到源头可追溯、过程可控制、运行有保障，将安全隐患消除在萌芽状态。

【督促冶金行业企业落实特种设备安全问题整改工作】 年内，市质监局第一分局对辖区6家冶金等行业企业开展特种设备安全专项检查。重点核实市安委会安全生产标准化检查通报特种设备问题的整改落实情况；检查企业特种设备“三落实、两有证、一检验、一预案”情况，以及经常性维护保养和定期自行检查是否到位，设备档案是否建立等。

【开展涉氨制冷企业检查】 2018年，市质监第一分局出动21人次，检查6家涉氨制冷企业，其中1家企业设备处于停用状态。排查辖区液氨制冷企业，查看企业设备台账，查阅历年涉氨制冷企业现场检查记录，分析企业可能存在安全问题，制定检查计划，组织开展“回头看”，安排现场检查。按照压力容器、压力管道监督检查规则，检查安全管理制度制定落实情况，开关机、维修保养、日常巡查。现场查看设备安全运行情况，检查氨浓度监控和报警装置，检查氨贮存车间排风通风设施。询问现场管理人员氨泄漏应急措施和紧急疏散要求。对存在日常维护保养或定期检查记录缺失、本年度作业人员未培训和未开展年度检查等管理隐患要求企业整改。执法人员与企业负责人座谈，督促使用企业主要负责人落实第一责任，签订《特种设备使用单位落实主体责任承诺书》。要求企业要按照相关制度规定和技术标准要求，督促职工必须严格细致规范操作，定期开展岗位安全培训。

【开展社区物业主任电梯安全培训】 年内，市质监局第一分局联合禾山街道，为该片区的物业负责人开展电梯安全培训。通过介绍电梯结构原理、观看电梯事故视频、讲解相关法律罚则，并精选历年特种设备案例，以双视角模式（执法监管视角和物业管理视角）、通俗简洁方式，强化物业企业落实安全主体责任。分局罗列“一机一档”电梯安全技术档案清单，要求物业建立和落实岗位责任、隐患排查治理、应急救援等安全管理制度，完善相关记录，开展电梯使用管理标准化达标创建活动。通过讨论交流，正确梳理“老旧电梯”概念，督促达到年限的老旧电梯相关单位依法进行安全性能评估，并对后续修理、改造中存在问题，与街道办事处以及社区达成一致意见，共同协调处理。有10个社区80个物业小区100余人参加培训。

【开展特种设备安全大检查和打击计量欺诈行动】 2018年，市质监局第一分局开展特种设备安全大检查和打击计量欺诈专项行动。以电梯、大型游乐设施和客运索道等重点场所为重点，开展特种设备安全大检查。完成自查63家，收回自查材料63份。对63家使用单位的233台电梯进行现场检查，发现隐患134处，发出监察指令书3份，对发现问题的使用单位限期整改，对2家未按照安全技术规范要求实施维保的电梯维保单位进行立案查处。邀请电梯维保单位12名专家作为行业代表，采取随机检查模式，检查辖区内商场超市、加油站、医疗机构等重点民生计量器具30家次326台次，规范计量秩序。“五一”期间，对重点旅游景点及商圈的海鲜排挡、水果摊、干果店进行计量检查30余家次，打击短秤少量等违法违规行为。开展对定量包装商品计量监督抽查，对抽检不合格的生鲜超市、生产企业进行处理，督促企业落实整改，立案查处4起净含量不合格案件。

【率先在医疗行业开展“业安工程”创建活动】 年内，湖里区率先以医疗行业为重点开展特种设备检查。组织检查人员排查辖区人流量大的三级甲等医院重点使用单位设备在用状况。针对口腔、妇产、眼科医疗美容等民营医院重点使用单位，制定检查计划。执法人员对使用单位各项特种设备安全管理制度、现场作业人员持证上岗、特种设备检验合格并办理使用登记、设备维护保养工作、事故应急救援预案制定等情况开展检查。对辖区基层医疗卫生服务中心重点使用单位进行检查，主要查看设备运行记录、日常维护保养记录等，检查设备管理情况。分发《特种设备使用管理规则》，与卫生服务中心负责人座谈，在宣传栏张贴特种设备安全小常识，普及特种设备安全知识，强化特种设备安全意识。全年出动检查人员112人次，检查使用单位34家，发现一般隐患28条。

【开展重点工业产品质量安全隐患排查】 2018年，湖里区召集辖区食品相关产品、电器、消防等重点工业产品企业负责人及质量管理人员30余人开展责任教育，并签定《产品质量安全责任承诺书》。出动33人次，对12家企业开展集中排查。排查内容包括原（辅）材料和产品标识标注、出厂检验制度落实情况、是否存在超期、超范围生产等违法行为。检查完成后，更新动态信息，建立健全企业基本信息、日常监管、监督抽查档案内容。对检查中发现的出厂检验落实不到位等问题责令限期整改。

【电器产品生产质量治理】 年内，质监执法人员利用系统平台和掌握的企业名单等方式，对电线电缆、开关插座、低压电器、照明电器、家用电器5类电器产品生产企业进行排查梳理，有3C认证获证生产企业26家。召开电器产品生产质量治理工作部署会，20余家生产企业参会。会议解读宣传法律法规，学习《电气火灾综合治理自查检查要点》。要求企业对其产品生产是否符合相关法律法规、技术标准、技术规范等自查要点自查，对发现的问题，及时予以纠正，健全质量档案。执法人员对企业生产质量状况逐家开展检查，重点检查产品合法性、产品标志、生产条件、原辅材料质量控制、产品检验等内容，检查电器企业20家次。

（区方志办）

【省、市质量工作考核组到湖里区实地核查】 4月19日上午，省政府质量工作考核组一行5人到湖里区实地核查质量工作。区建设局、区商务局、工业园区管委会、殿前街道、市场监管局、市质监一分局等相关区直部门以及欣贺股份、太古可口可乐、中建四局等10家涵盖工业产品、食品农产品、工程、

11月13日，市质量核查组检查海嘉面粉生产企业（经信局供图）

服务类企业被考核。11月13日，市质量核查组实地检查厦航总部大厦、东百蔡塘广场、海嘉面粉等企业质量安全主体责任落实情况和质量措施落实情况。

【出台《湖里区关于开展质量提升行动推动质量强区建设的行动方案》】 9月28日，湖里区出台《湖里区关于开展质量提升行动推动质量强区建设的行动方案》。"行动方案"坚持以质量第一为价值导向、以满足人民群众日益增长的质量需求为根本目的、以企业为质量提升主体、以改革创新为根本途径、党对质量工作的领导为基本原则，以产品、工程、服务质量明显提升、产业发展质量整体跃升、质量技术基础更加巩固为主要目标，提升产品、服务、工程、环境质量为主要任务，明确提升企业质量发展水平、提升重点产业质量供给水平、提升园区质量发展水平、提升重点产品质量水平、提升建设工程质量水平、提升服务质量水平、提升环境质量水平等七方面工作措施。

（戴静静）

安全生产监督管理

【概况】 2018年，湖里区发生生产安全事故61起，死亡11人，事故数及死亡人数均比上年上升64.8%、37.5%，未发生较大及以上生产安全事故。

【重视安全生产】 2018年，湖里区先后召开区委常委会、区政府常务会10次，研究部署安全生产工作。区政府每季度召开1次防范和遏制重特大生产安全事故会议。区委书记林建、区长林重阳多次听取安全

2018年，区委书记林建（前排右一）带队检查安全生产工作（区安监局供图）

生产情况汇报、作出批示指示、带队检查安全生产工作。区委、区政府全年出动检查组18个，检查企业40多家、社区10多个。

【推进安全生产领域改革发展】 2月24日和2月26日，区人民政府、中共湖里区委分别召开常务会和常委会议，研究并通过了湖里区《关于推进安全生产领域改革发展的实施意见》。3月19日，湖里区在全市率先印发《关于推进安全生产领域改革发展的实施意见》，制定工作方案，明确时间表，确保湖里区"实施意见"确定的各项改革措施和工作任务落到实处。

【学习贯彻《地方党政领导干部安全生产责任制规定》】 5月10日、5月14日，湖里区分别召开常务会和常委会，专题学习《地方党政领导干部安全生产责任制规定》，对"规定"的学习贯彻进行部署、提出要求，并传达学习省、市委常委会会议精神和省、市第二季度安全生产工作会议精神。下发《湖里区人民政府安全生产委员会办公室转发省安委办关于认真学习贯彻〈地方党政领导干部安全生产责任制规定〉的通知》。加强贯彻落实力度，印发1000份"规定"给全区科级以上干部自主学习。6月12日，召开区政府党组会议，调整领导分工，会议决定由区委常委、区政府常务副区长林充贺分管湖里区安全生产工作。

【健全完善安全生产责任体系】 12月14日，经区人民政府常务会、中共湖里区委常委会研究通过《湖里区各级党政有关部门安全生产责任清单》，并印发给各责任单位。制定《湖里区党政领导干部安全生产责任制实施细则》，12月25日，经区政府常务会研究通过。印发《湖里区安全生产联合执法联席会议制度》，压实各街道、各部门安全监管责任，实现安全生产工作"齐抓共管"目标，解决安全生产领域一批重点、难点隐患问题，确保辖区安全生产形势持续向好。全年开展联合执法287次，处罚26起，罚款27.3万元。

【危险化学品安全整治】 2018年，湖里区检查辖区122家危险化学品

企业，其中，易制毒经营企业28家。督促企业落实安全生产主体责任，督促企业建立危险化学品经营台账，严查危险化学品尤其是易制毒化学品的流向。是年，排查126处隐患，发出整改指令32份，截至年底全部完成整改；针对16家存在违法违规的企业给予行政处罚，共处罚金19.24万元。开展危险化学品生产储存企业安全风险评估，航空油库和太古飞机等2家危险化学品储存企业已按要求评估完成，2家企业均为蓝色风险等级。开展液氨制冷企业安全检查。组织相关职能部门以及化工专家对辖内3家液氨制冷企业进行联合安全检查，检查出13条安全隐患，开出5份责令整改指令书，消除液氨制冷企业的安全风险因素，确保不发生液氨泄漏事故。

【业安工程安全整治】 3月27日，湖里区印发《湖里区“业安工程”创建活动的实施意见》。“实施意见”细化活动目标和责任分工，明确各项具体任务的承办部门和完成时限。全年开展各类专项活动10多次，遏制了较大及以上生产安全事故的发生。

【开展职业健康执法年工作】 3月30日，湖里区印发《湖里区职业健康执法年活动实施方案》，对加强职业健康监管执法工作，推动用人单位职业病危害防治主体责任落实等内容进行部署。是年，对29家企业开展职业健康执法监管。4月27日，围绕“健康中国，职业健康先行”的主题，在辖区开展《职业病防治法》宣传周宣传活动。

【开展生产安全事故隐患“清零”行动】 2018年，湖里区梳理全区生产安全事故隐患情况，按照隐患清单逐个核对整改落实，并督促中国航空油料厦门分公司、厦门华润燃气有限公司、大汇冷藏仓储有限公司按要求整改。

【开展安全生产大检查】 5月8日至8月15日，按照安全生产大检查工作实施方案，结合安全生产执法专项行动、安全生产执法年等相关要求，强化检查常态化机制，突出对重点行业领域进行安全生产大检查。全年开展各类检查7万多家次，发现安全隐患29544处，行政处罚119.58万元。

【安全生产执法专项行动】 2018年，各街道、各部门按照《湖里区安全生产执法专项行动方案》的要求，深入辖区进行摸排，对安全生产违法、违规行为进行严格执法。区安监局立案处罚4起安全生产事故，对4家责任单位处以97万元罚款，对4个责任人处以12.2万元罚款，对16家违反“安全生产法”的企业罚款19.3万元。截至年底，隐患已全部整改完毕。

【安全生产宣传教育】 年内，湖里区组织安全生产现场宣传492场次、参加活动10万余人次，制作展板、宣传栏360块，悬挂张贴安全生产宣传标语、安全生产系列挂图830幅，印发宣传品66万余份。利用手机短信、微信等平台发送安全生产信息300多万条。

【安全生产培训】 1月，区安委办在厦门市委党校开展2期安全生产监管工作专题培训，有103名分管领导或业务骨干参加培训。11月29日，召开危险化学品企业安全监管及培训会议，全区142家危险化学品企业的主要负责人和安全管理人员参会。全年开展各类专题培训240场次，2.4万多人参加培训。

【开展百名专家进企业活动】 2018年，湖里区开展百名专家进企业活动。组织开展11次相对集中的“安全生产专家志愿者进企业传授安全文明法宝”活动，邀请专家67人次，检查各类企业41家，发现问题和隐患152条，下达执法文书65份，出具评估报告6份。截至年底，已发现问题和隐患均整改

2018年，区长林重阳（右二）检查应急工作（区安监局供图）

到位。

【应急保障】 年内，湖里区修订完善《湖里区安全生产事故灾难应急预案》《湖里区危险化学品事故灾难应急预案》。是年，各行各业开展应急救援演练630多场次，提高企业应急救援反应能力和自救水平。8月9日，组织开展2018年湖里区危险化学品火灾事故应急救援综合演练，检验当前应急预案的科学性和可操作性，锻炼应急抢险队伍快速反应、协同作战的技能，提高预防和处置突发事故的综合素质。全年排查防汛隐患点36处，落实防汛避灾点66处，完善防汛物资仓库59间，储备防汛抢险舟13艘，橡皮舟5只，救生衣643件，救生圈166只，编织袋3.2万条等防汛应急储备物资，做好应急保障工作。

【整改市安委会巡查发现的问题】 10月15—26日，市政府安委会安全生产第二巡查组对湖里区政府开展为期10个工作日的安全生产巡查。巡查组指出巡查过程中发现的问题61个，其中：区政府层面6个、部门层面26个、企业层面29个，至年底全部完成整改。

【醇基液体燃料管理】 2018年，湖里区发放6500多份告知书，查封3家醇基液体燃料使用餐饮场所，对7家醇基液体燃料经营企业立案查处，刑拘4人次，取保候审5人次，对厦门厨聚能源科技有限公司、厦门鑫烨盛能源科技有限公司2家企业处行政处罚22万元，没收醇基液体燃料11.7吨以及非法所得10771元。

（许溪圳）

财政 税务

财 政

【概况】 2018年，区财政局（以下简称区财政局）下设综合科、预算科、行财科、监督科4个科室；有行政编制10个，在编10人。其中，局长1名，副局长1名，副调研员4名，科级4人。下属3个事业单位，编制49个，在编45人。其中，区国库集中支付中心（参照公务员管理）有22人，国有资产管理中心有10人，财政审核中心有13人。全年实现财政总收入201.36亿元，比上年增收9.15亿元，增长4.76%。完成调整后预算100.11%，其中，区级一般公共预算收入47.48亿元，比上年增收3.66亿元，增长8.34%，完成调整后预算101.87%。是年，区级财政收入增量3.66亿元，占全市收入增量的6.3%，增量贡献位居全市各区首位。

【促进增收】 2018年，湖里区调整完善协税护税领导机构，定期召开全区协税护税工作会议，明确全年财税工作任务，分析财税工作面临的困难和问题，部署财税工作重点；围绕“2+4+N”发展战略，加大企业扶持，全年兑现各项财政扶持资金9.32亿元，推动湖里区产业升级，财政收入结构得到一定优化，其中，制造业税收保持稳步增长，建筑业税收快速增长，软件信息业、金融服务业、科学研究和技术服务业等现代服务业税收较快增长，房地产行业对财政的贡献比上年下降3.51%；参与全面服务厦门自贸区和火炬高新区建设发展，强化招商联动、政策协同、空间共享，全年火炬、象屿更库总收入50.21亿元，比上年增长15.16%；区级收入10.44亿元，比上年增长17.44%。

【民生支出增加】 年内，区公共财政涉及民生的支出49.06亿元，占一般公共预算支出的77.6%。其中，教育支出12.92亿元，推进了高林学校、湖边小学等7所学校的建设，新开办2所幼儿园，推进教育质量提升和教育强区建设；社会保障和就业支出6.37亿元，启动社会福利中心、人力资源和法律服务中心建设，落实低保救助、临时救助、医疗救助、残疾人居家护理救助等各类救助政策，兑现各种促进就业优惠政策，社会保障制度体系更趋完善；城乡社区支出25.76亿元，启动新一轮市容环境整治提升、立面整治、“两违”拆除工作，完善市政园林国企化管养，全面铺开垃圾分类工作，推出“生活垃圾分类湖里模式”。

【保障重点支出】 2018年，湖里区争取市级启动资金5亿元，推进10个“村改居”社区、29个自然社的东部旧村整村改造；发行政府债券17亿元，争取市专项补助7.32亿元，推进辖区街区立面整治提升、市政基础设施以及绿化提升；盘活财政存量资金10.2亿元，用于重点产业、重点领域、重点项目资金需要。

【预算管理】 年内，湖里区规范财政管理提绩效。预算约束更加严格。强化部门预算统筹能力，严控预算追加，对确需增加的支出通过部门预算调剂等渠道解决，加快预算执行进度；加强预算执行动态监控和支出监管，提高预算执行的均衡性、安全性和有效性。湖里区下发《关于做好2018年预算绩效管理工作的通知》，实现绩效目标全覆盖，全区编制项目绩效目标958个，涉及资金29.78亿元，绩效目标覆盖率100%；开展绩效自评工作，首次将100万元以上项目支出纳入单位自评。选取8个项目进行重点绩效评价，涉及资金3.46亿元，包括市政管养国企化改革、垃圾分类等支出政策评价和卫计部门的整体支出评价。探索运用绩效管理与预算安排挂钩机制，对绩效管理较好的项目优先纳入财政资金保障范围，对绩效目标或绩效监控存在较大偏差的，财政部门据实调整预算。

【创新监管机制】 年内，湖里区围绕经济发展、社会焦点、民生工程等领域，制定年度监督检查计划，理顺与业务部门之间的关系，实行“统一组织实施、统一规范程序”对内、对外的“财政大监督”检查机制，避免发生多头检查、重复检查现象。联合区审计局等部门开展对民生领域资金的专项检查；联合区纪委等部门对27个单位的“三公经费”、公务员津补贴和事业单位实施绩效工资等内容进行专项检查；联合湖里公安分局、街道办开展涉嫌非法集资风险企业的监督检查，打击非法集资行为。

【国库集中支付】 湖里区全年通过国库集中支付系统支出约54.17亿元，支出累计87146笔。其中，直接支付约20626笔18.19亿元，授权支付约66520笔35.98亿元。公务卡结算制度已覆盖全区134家行政事业单位，全区预算单位公务卡消费报销7769笔，消费金额1249.76万元。全年国库中心代发工资53964人次6.94亿元，代扣上缴个人所得税212.08万元。全年发放住房货币化补贴184人1678.77万元。

【工程项目审核】 区财审中心全年完成区财政性投融资建设工程预决算审核项目237项，送审值约308050.68万元，审核值约266108.18万元，核减值约41942.49万元，核减率13.62%。其中，审核工程决算项目107项，送审值约36978.75万元，审核值约35401.5万元，核减值约1577.24万元，核减率4.2%。审核工程控制价项目130项，送审值271071.93万元，审核值230706.68万元，核减值40365.25万元，核减率14.89%。

【政府采购诚信体系建设】 2018年，湖里区加大政府采购预算，采购公告、中标、成交结果等信息公开力度，强化政府采购监管信息公开，完善违法违规案件和投诉案件处理结果信息发布机制，公开代理机构、供应商、评审专家的严重违法失信行为信息记录。是年，在湖里官方网站发布采购信息70条，结果公告36条，评审专家违规通报批评1条；在福建省政府采购网上公开信息系统平台上配合市财政局建立政府采购交易主体信用评价体系，评价范围涵盖采购人、供应商、代理机构、评审专家4类主体；建立守信激励与失信奖惩典型案例报送机制，实现供应商严重违法失信行为信息跨区域应用，依托“信用中国”网站，并应用于评审程序中的“资格性审查”环节。年内，湖里区通过福建省政府采购网报备，并查询信用信息作为资格审查依据的采购项目有96项。

【提高窗口服务水平】 2018年，区财政局建立政务服务窗口监督检查制度，工作人员和首席代表配备到位，分管领导每月至少2次到区行政服务中心进驻窗口带班并开展监督检查，对发现的问题，限期整改，对疑难复杂问题及时制定整改措施并督促落实。深化“放管服”改革要求，行政审批事项推行“最多跑一趟”，公共服务事项已100%实现“一趟不用跑”；压缩审批时限，行政许可事项法定时限由原来30个工作日压缩为10个工作日，承诺时限由原来7个工作日压缩为即来即办，所有审批事项都严格按承诺时限做到“零超时”。精简行政许可申报材料，凡无法律、法规以及规章依据的一律予以取消；加大电子证照全面应用，把电子证照作为审批服务的法定办事依据；对于无法通过共享平台调取的证照批文而又确有必要留存复印件的，改由窗口办事人员免费复印。

【加大金融招商力度】 2018年，湖里区促成30家类金融企业注册落户。注册资本总计235.4亿元，实际到资额38.1亿元。其中包括19家中国国际金融股份有限公司资本系列企业，以及中建材交银（厦门）股权投资基金合伙企业（有限合伙）等重点类金融项目。

【湖里财税金融综合服务平台上线】 11月30日，湖里区“财税—金融机构—企业”综合金融服务平台上线。该平台致力于助推企业多渠道融资，加强政银企融资对接，提高金融机构的服务效率，降低金融服务成本。

【举办2018年度行政事业单位财务人员培训班】 11月22—23日，湖里区在厦门城市党建学院举办2018年度湖里区行政事业单位财务人员培训班，区属各行政事业单位财务人员119人参加培训。培训班总结了财务管理工作中的经验和教训，更新和提升湖里区行政事业单位财务人员的业务知识和财务管理水平。

【推进扫黑除恶专项斗争】 2018年，区财政局增加宣传扫黑除恶专项斗争手段、内容和方式，联合各街道、社区，通过微信群、短信平台、宣传栏、宣传窗、LED显示屏等加大扫黑除恶宣传力度。是年，发放宣传单、宣传手册等材料101519份，分发购物袋、光碟等

1 月 30 日，区金融办开展防范非法集资宣传（区财政局供图）

宣传品 27217 份，依托各街道张贴海报、架设展板、悬挂横幅等 689 份。安排经费 400 万元用于保障湖里区专项斗争工作开展。针对政府采购招标中恶意竞标，民间金融领域排查整治，非法侵占、利用政府储备用地，国有企事业单位无合法手续承租土地或房产等领域深入摸排涉黑涉恶线索，着力提高线索摸排的针对性、精准性。

【国企领导班子履行党建责任与薪酬挂钩】 2018 年，结合区属国企党建工作 30 项重点任务，区财政国资党委出台《区属国有企业党组织考核内容及评分细则工作》，联合区委组织部抽调干部，组成检查组，对区管国企领导班子“党的建设”及正副职领导落实“一岗双责”进行考评。

【改革创新取得新突破】 10 月 10 日，区财政局选送的《创新“互联网 +”服务平台　打造国企”红色物业品牌》《加快建立区域性政府融资担保体系》2 篇文章，获全区 2018 年度“改革创新奖”二等奖。

【出台经费使用管理规定】 11 月 9 日，《湖里区财政局经费使用管理规定》出台。“规定”从预算申报管理、经费审批管理、项目采购管理、经费支出审批管理等方面进行规范。

（苏丽缎）

税　务

【概况】 厦门市湖里区税务局（以下简称“区税务局”）于 2018 年 7 月 5 日挂牌成立，由原厦门市湖里区国税局、地税局合并而成。区税务局负责湖里辖区内各项税收、社会保险费和有关非税收入征收管理，行使辖区内全职能税务征收管理职责。设立 24 个部门。其中 15 个内设机构、3 个另设机构、4 个派出机构、2 个事业单位。是年，有 435 名工作人员。其中，在职干部 255 人、合同工 180 人；在职干部平均年龄 40.49 岁，本科及以上学历 231 人、中共党员 149 人，分别占在职干部总人数的 90.59% 和 58.43%。有管户 15.36 万户。其中，正常开业户 10.55 万户、一般纳税人 5.14 万户，分别占全市总户数的 24% 和 31%；一般纳税人户数居全市第一。是年，组织各项收入 168.53 亿元。其中，税收直接收入 121.41 亿元，完成全年收入任务；社保费等非税收入 47.12 亿元。区税务局推进依法治税、改革强税、便民办税、人才兴税、勤廉从税 5 大工程，实现税务改革和税收发展同频共振、互促共进，实现新时代湖里税务事业高质量前行、跨越式发展。区局获评“福建省文明单位”“厦门市军民共建先进单位”，

7 月 5 日，湖里区税务局举行新机构揭牌仪式（区税务局供图）

党建文化基地被市委组织部、市委党校授予“厦门城市党建学院实训基地”称号。

【国家税务总局厦门市湖里区税务局挂牌成立】 7月5日上午，新组建的国家税务总局厦门市湖里区税务局举行挂牌仪式，市税务局党委书记、局长张曙东，湖里区政府区长林重阳，区税务局党委书记、局长张建华，区税务局党委副书记、副局长赵州生为新机构揭牌。税务总局第34联络（督导）组常务副组长刘艳霞、厦门市税务局第4联络（督导）组成员、湖里区国税地税征管体制改革专项组成员单位领导以及区税务局税务干部参加挂牌仪式。

【组织税收及非税收】 2018年，区税务局组织各项收入168.53亿元。其中，税收直接收入121.41亿元，完成全年收入任务；社保费等非税收入47.12亿元。加强收入预测，建立重点税源和新增税源跟踪辅导机制，逐月上报月度和年度预测数据，是年收入预测准确率高于98%。

【释放减税红利】 2018年，区税务局落实减税降负政策，促进惠企财税政策落实，助力企业健康成长、助推营商环境优化。是年，累计减免税33.52亿元。其中，改善民生减免税2.94亿元，鼓励高新技术减免税3.36亿元，促进小微企业发展减免税2.04亿元，税收协定待遇减免税1.43亿元。

【出口退（免）税管理】 年内，湖里区落实出口退（免）税管理工作规范，加强外贸综合服务代办退税政策宣传，全力扶持出口企业发展。全年办理出口退税5.5亿元。

【纳税信用管理】 2018年，湖里区完善税收信用体系建设，评定A级纳税人4096户、B级纳税人28940户、C级纳税人2267户、D级纳税人10117户、M级纳税人45358户。按照守信激励、失信惩戒的原则，对不同信用级别的纳税人实施分类服务和管理。为A级纳税人提供“专室专人”个性化服务，对D级纳税人采取发票管控等措施，定期开展纳税人涉税信息差异分析。落实出口企业分类管理办法，评定一类企业25户、二类企业188户、三类企业235户、四类企业15户。按季公告纳税人欠税、处罚等事项，鼓励企业诚信经营、依法纳税。

【依法治税】 2018年，区税务局成立依法行政工作领导小组，制定依法行政工作领导小组会议制度和议事规则，按季召开依法行政工作领导小组会议。推进行政执法3项制度，明确5项事前公开事项、5项事中公开事项和9项事后公开事项；配备执法记录仪57台，实时记录执法人员入户检查情况，实现执法全过程记录电子化和移动网络同步传输执法实况；将3大类8项重大行政执法决定纳入法制审核范围，审核重大执法决定36件。加强行政执法信息共享，通过“两法”衔接信息共享平台向区检察院传送涉嫌犯罪案件信息63件，移送率100%。推行公职律师和法律顾问制度，配有公职律师2名、法律顾问2名。

【个税改革】 年内，区税务局成立个税改革领导小组，组织6个专项工作组集中办公，每天召开例会，安排专人值班，落实“日报”制度。组建专业团队依托税务大讲堂进行内部培训，培训900余人次。分批、分场开展“面对面”新政培训38场，“点对点”上门开展新政宣讲，覆盖扣缴个人所得税税源企业近9000户；在殿前税务所、江头税务所分别设立个税辅导点，开展重点辅导；召开台商企业座谈会，开展个税新税制预培训，此项工作被《税务总局个税简报》刊发。

【环保税征管】 2018年，区税务局成立环保税实施工作领导小组，与区财政局、环保局建立协作机制。是年，435户次纳税人进行环保税纳税申报，申报率100%，16户纳税人享受环保税减免49.37万元。

【优化税收征管】 年内，区税务局组建征管信息化工作团队，推进机构改革过渡期间征管业务和信息系统整合。统一个体工商户执法标准，明确非正常户管理、逾期申报“一事不二罚”等操作流程。强化税收风险防控，完成增值税发票风险任务89户，完成异地协作平台增值税专用发票异地核查1.81万份，税务总局下发增值税快速反应任务涉及风险企业低于1%。

【涉税、缴费业务“一窗通办”】 2018年，区税务局制定“一厅通办”工作方案，强化导税人员配备、科学设置窗口、落实“最多跑一次”“全程网上办”清单，3个办税厅全部实现“一厅通办”第三层级，所有综合窗口实现涉税、缴费业务“一窗通办”。整合原枋湖办税厅和梧桐办税厅，优化窗口配置，高峰期办税提速31.8%，每月业务量稳居全市税务系统第一。

【税收宣传辅导】 年内，区税务局建立税企“微服务”群6个，线上解决企业涉税需求。组建“红色引擎”党员先锋队和青年税宣小分队，深入众创空间、创新园区、社

3 月 14 日，区税务局走进校园开展税法宣讲（区税务局供图）

区、商场等场所，开展税法宣传 50 余场，开设纳税人学堂 30 余场。区局领导先后 20 余次带队走访大企业，了解涉税诉求。发挥第三方信用服务机构、行业协会、商会的作用，延伸税务机关对外服务。

【优化税收营商环境】 2018 年，区税务局制定《优化税收营商环境　提升纳税便利度的实施方案》，配套修订《办税服务厅管理办法》和《办税服务厅突发事件应急处理办法》，落实工作日领导值班制度。建立湖里创新园等 10 个纳税人服务中心，畅通纳税人诉求渠道。推行新办纳税人“套餐式”服务，确保新办纳税人办税零门槛、无障碍。推行湖里区行政服务中心窗口周末轮班办事制度，帮助群众缓解上班时间没空办事、休息时间没处办事的困难。

【服务与管理大企业】 年内，区税务局设立预约服务室，专人专岗负责大企业涉税服务与管理。是年办理涉税业务 9000 余件次。开展“新机构　新服务　新形象”服务建设提升专项活动，通过开展问卷调查、召开纳税人座谈会、入户走访、电话访谈等形式，分类收集重点税源企业、千户集团、涉税中介机构负责人与财务人员对新税务机构优化纳税服务工作的意见建议。大企业服务、预约服务室等做法，被《中国税务报》刊发。

【落实税收执法责任制】 2018 年，区税务局成立税收执法责任制工作领导小组和内部控制工作领导小组，按照《内部控制监督平台使用管理办法（试行）》开展业务风险防控，整理《案说税务行政处罚的税收风险》获得市税务局内控监督平台刊发。成立 4 个督察小组，围绕 7 个重点项目、32 项任务开展税收执法督察工作，发现问题 5 大项 11 小项，全部整改完毕，对涉及责任人员按照有关规定追究执法过错责任。建立健全风险快速反应机制，充分依托内控等监督平台，对税收执法过错行为，做到早发现、早提醒、早纠正、早预防，内控系统完成自我纠错 2000 余条，推送疑点核查数据 540 条，录入风险点及防控措施 46 条，梳理内控风险点 84 条，编发业务探讨 23 篇。

【税务机构改革】 年内，区税务局建立“1（改革办）+12（人事组、党建组等 12 个专项组）”工作机制。开展改革工作专题会议 9 场。制定国地税改革组织实施方案及改革事项任务清单，下发改革督办任务 14 项，“一把手”负主要责任，班子成员各负其责，各部门负责人层层落实。改革期间编发改革工作日报 68 期、工作周报 20 期，整理工作日志 53 篇、思想情况汇报 20 篇。

【“三定”落地】 9 月底，区税务局“三定”方案完成。确定全体人员定岗，453 名干部职工全部平稳安置到位，24 个部门于 10 月起按照

7 月 5 日，区税务局召开国地税征管体制改革部署会（区税务局供图）

新职能对外运行。

【建章立制】 2018年，区税务局查找原国地税在管理理念、工作方式等方面的差异，汲取制度优点，结合改革实施、行政运转、队伍管理等工作实际，整合制定《区税务局工作规则》《财务管理制度》《政务值班制度》《考勤管理制度》《后勤管理制度》等规章制度40余项，以制度规范管理监督、提升工作质效、激发工作热情、凝聚向心合力。

【绩效管理】 年内，区税务局建立新的绩效制度体系，加强改革专项绩效考评，分解绩效指标任务，制定共性任务3大项和个性任务11大项。确立指标责任人、部门负责人、分管领导“三点一线”的责任落实体系，完善约谈辅导、分析讲评、信息反馈等配套制度。

【队伍建设】 2018年，区税务局完善优化个人绩效管理，制定《个人绩效管理实施细则》，对照细则考评管理，探索激励机制，激发干事热情。制定干部业绩管理办法，建立以干部业绩为导向的选人用人机制，对日常表现实行量化评定，登记业绩加分350余人次，作为选拔任用、评先评优的重要依据。推行青年成长积分计划，评估青年干部在工作能力、综合素质、职业道德等方面表现，按季公布积分登记情况，评选“青扬之星”，鼓励争先创优。做好5名青年才俊选拔培养工作，建立季度工作档案，跟踪干部成长成才。

（施恭林）

教 育

区属学校教育

【概况】 2018年，湖里区通过“两项督导”和“教育强区”评估验收，成为全市唯一一个同时获得责任督学挂牌督导全国创新区、两项督导先进区和首批全省教育强区的“两优一强”区。区教师进修学校通过福建省县级教师进修学校标准化建设评估验收。截至年底，全区拥有各级学校164所，学年初招生28801人，在校学生109561人。其中，普通高中2所，学年初招生537人，在校学生2498人；普通初中11所，学年初招生6587人，在校学生18305人；小学39所，学年初招生10288人，在校学生59305人；幼儿园112所，学年初招生11389人，在园29420人；特殊教育辅读班1个，在校学生33人。在各级各类学校中任职的专任教师6495人。

建设学校幼儿园　推进湖边小学、特教学校等8个工程项目建设，开办东渡和通里幼儿园和国贸殿前园；完成金林湾配套幼儿园、县后小学二期扩建项目建设；湖边小学等5个项目正在加紧推进。新增学前教育24个班720个学位。

教育教学质量提升　湖里区继续与名校合作办学，借助名校教育资源，开展深度合作，提升教育品质。推进全区教改实验工作，召开2017—2018学年第二学期湖里区小学课堂教学改革展示研讨会，总结推广优秀课改实验经验。推进学校教育管理和教学方式改革。是年，湖里区10所学校被确认为福建省第二批“义务教育教改示范性建设学校”。继续开展公办校与民办校手拉手结对子帮扶工作，提高民办学校办学水平。厦门三中等20所中小学完成国家和市级义务教育质量监测。中考学业成绩名列全市各区之首。

学前教育发展　2018年，湖里区又有4所幼儿园通过市级示范性幼儿园评估验收，市级示范性幼儿园累计有10所。提高非公办普惠园财政补助标准，吸引更多民办幼儿园加入普惠园队伍。制定《湖里区开展无证园专项治理工作方案》，形成由区政府牵头，各街道及相关部门参与，各司其职、齐抓共管模式。出台《湖里区社会资本举办幼儿园审批工作实施细则》，引导办园条件较为成熟的无证园，通过项目改造、专项治理或重新选址等方式，分类分批进行申办审批。全年完成7所无证园审批。

艺体美教育亮点纷呈　湖里区组队参加各级举办的体育赛事，获国家级前三名20人次、省级前三名180人次、市级前三名280人次。在第二届福建省中小学生（少儿）戏剧展演评奖活动中，火炬学校获得一等奖。在全省第六届中小学生艺术节中，湖里区青少年宫获得声乐（合唱）一等奖、禾山中学获得朗诵一等奖、华昌小学获得舞蹈一等奖、火炬学校获得舞蹈及戏剧一等奖、区教育局获得优秀组织奖。天安小学开发以国学教育为特色的校本课程，被评为全国“最美诵读”实验校。钟宅民族小学葫芦丝社团参加首届海峡两岸葫芦丝邀请赛，获金奖。在全国住建系统精神文明建设工作现场会暨全国文明单位创建工作经验交流会上，湖里实验小学作为参观现场，该校垃圾分类教育的创新做法受到好评。

教师队伍建设　2018年，湖里区向社会公开招考145名新教师，其中22人为华东师范大学等重点师范院校毕业生。开设教育系统干部教师培训班39个，累计培训2831人次。在省第四届中小学教师教学技能大赛中，湖里区有7名教师获奖。在市第七届课堂教学改革创新大赛中，湖里区有70人获市级奖励。在“一师一优课，一课一名师”晒课活动中，有44节课被评为市级优课、13节课被评为省级优课、2节课被评为部级优课。

年内，教师校际交流 85 人，提拔、交流轮岗的校级领导有 34 人次。

招生工作平稳有序　秋季，湖里区公办园招生启用网上报名系统，推动幼招工作更加便捷、公开、公平。进城务工人员随迁子女积分入学政策更趋合理，是年，参加积分入学的有 8322 人。其中，派入公办校 1850 人，派入民办校 3290 人。区属公办初中招生 96 个班级 5129 人。组织辖区高考报名 3198 人，高职招考报名 839 人。

校园综合治理　湖里区组织教育系统开展扫黑除恶专项斗争，抓好师生法制教育，严防师生参与涉黑涉恶违法犯罪。教育机关和各校园近 1700 名党员干部带头签订不参与涉黑涉恶违法犯罪、不充当涉黑涉恶“保护伞”承诺书。强化毒品预防专项整治，推进毒品预防教育示范学校建设及“林则徐禁毒宣教室”建设。通过检查督查、部门联合督导检查等多种形式，做好校园食品安全工作，在市食安办组织的秋季学校校园及周边食品安全专项检查中，湖里区名列全市第二。开展校外培训机构专项治理行动，99 所无证校外培训机构，关闭停办 24 所、3 所取得办学许可证、29 所停止文化辅导培训、22 所列入黑名单、21 所责令整改。13 所公办小学幼儿园课后延时服务试点工作进展顺利。

民办学校党建工作　湖里区制定《2018 民办学校党建示范点打造时间进度表》，对学校现有党群活动中心改造升级，进行标准化建设，打造党建典型示范校，营造党建氛围。火炬学校党支部被列为首批市级教育党建示范点，列入厦门城市党建学院实训基地。2 所民办学校党支部先进事例，2 例公民办中小学、幼儿园党建结对共建成功案例，国光学校师德建设分别被《厦门晚报》专题报道，并多次在湖里在线平台转载推送。

党风廉政建设　湖里区开展教育局机关廉政风险自查自评工作，梳理出廉政潜在风险点 65 个，制定主要防控措施 61 条。教育系统 4709 名党员干部、教职员工签订《党员干部、公职人员移风易俗承诺书》，15 名新任校级领导签订廉政承诺书。

【师德教育】 2018 年，湖里区对中小学教师师德“十条红线”落实情况进行检查，发现 1 所民办学校 1 名教师存在强制学生参加课外辅导、购买课外书籍问题，相关学校已与该教师解除聘任合同。

【湖里区获“全国中小学校责任督学挂牌督导创新区”称号】 2 月 5 日，国务院教育督导委员会办公室公布第二批全国中小学校责任督学挂牌督导创新县（市、区）名单。湖里区获“全国中小学校责任督学挂牌督导创新区”称号。2 月 6 日，在教育部介绍中小学校责任督学挂牌督导工作有关情况的新闻发布会上，湖里区《求实创新　精准督导　保驾护航》的经验作法，在大会上与参会者进行交流。

【国桂荣到湖里区学校检查指导工作】 1 月 17 日上午，厦门市人民政府副市长国桂荣、副秘书长吴伟平、市卫计委、市教育局、市安监局、市消防支队等领导在湖里区区长林重阳、副区长黄平南和区教育局长吴雪慧的陪同下，莅临天地学校和天地幼儿园调研。国桂荣一行主要视察一校一园春节期间安全工作落实情况。

【2 所幼儿园接受“福建省示范性幼儿园”评估验收】 1 月 9—10 日，由福建省教育厅委派的幼教专家评委组一行 9 人莅临湖里区，分别对吕岭幼儿园金安里分园、秀德幼儿园金国里分园进行创建“福建省示范性幼儿园”评估验收。评估组专家分成管理组和教育教学组开展评估，通过实地查看、跟班听课、师幼访谈、听取汇报、查阅资料、问卷调查等方式，对幼儿园各项工作进行检查评估。经评估，2 所幼儿园基本达到了福建省示范性幼儿园

1 月 17 日上午，厦门市人民政府副市长国桂荣（左三）一行到天地学校和幼儿园检查指导工作（区教育局供图）

3月2日上午，区教育局召开幼儿园责任督学挂牌督导启动仪式暨幼教工作会议（区教育局供图）

标准。

【湖里区全面启动幼儿园责任督学挂牌督导工作】 3月2日上午，区教育局召开幼儿园责任督学挂牌督导启动仪式暨幼教工作会议，24名校园领导任幼儿园责任督学。其中：专职责任督学5名，兼职责任督学19名。全区33所公办幼儿园、84所民办幼儿园实现责任督学挂牌督导全覆盖。与会领导为幼儿园责任督学颁发聘书和督学证，并为幼儿园代表颁发挂牌督导公示牌。

【教育工委召开2017年度民主生活会】 2月5日下午，区委教育工委召开2017年度民主生活会。区委副书记卢秀萍、区政府副区长刘云标、区纪委派驻第三纪检组组长陈必山、区委“两学一做”学习教育实践活动第七督导组组长黄伟、区委组织部干部黄颖参加会议。会议由区委教育工委书记吴雪慧主持。会上通报《区委教育工委班子2016年度民主生活会整改措施落实情况》《区委教育工委班子2017年度民主生活会准备工作情况》《区委教育工委班子2017年度民主生活会征求意见建议情况》，吴雪慧代表班子进行对照检查，工委班子成员逐一进行个人对照检查，并开展批评和自我批评。

【未成年人心理健康知识百场公益巡讲活动走进康泰社区】 2月7日下午，由区文明办、区教育局、区未成年人心理健康辅导站承办的未成年人心理健康知识百场公益巡讲活动走进康泰社区，巡讲的主题为《自信伴我成长》，80名孩子参与，由爱恩心理国家二级心理咨询师吴卓英主讲。

【2018年教育工作会议召开】 3月7日上午，2018年教育工作会议在区行政中心信访大楼四楼会议室召开。出席会议的有区委副书记卢秀萍、区人大副主任方文群、区政协副主席谢国勇；区人大科教文卫侨工委、区政协研究室、区编办、区发改局、区财政局、区人社局、区建设局、区文体出版旅游局、区市政园林局、湖里公安分局等部门领导以及各街道分管领导及文教干部；区教育局中层以上干部，区教育督导室全体督学，区教师进修学校校长、副校长和区属公办中小学校长、书记，民办学校校长，公民办幼儿园园长。会议由区政府副区长刘云标主持。会议分为三个议程，第一个议程与各校园长签订年度综治安全和食品安全责任书；第二个议程区教育局局长吴雪慧作2018年教育工作报告；第三个议程区委副书记卢秀萍讲话。

【筑高校园食品安全“防护墙”】 3月18日上午，区政府多部门联合对校园食品安全工作进行抽检。3月19日下午，副区长刘云标带领

2月7日下午，未成年人心理健康知识百场公益巡讲活动走进康泰社区（区教育局供图）

3 月 29 日下午，教育部高等教育司副司长王启明（前排中）一行到湖里实验小学检查春季开学暨学校安全风险防控工作（区教育局供图）

区教育局局长吴雪慧、区教育局局长助理蔡振龙、区市场监督管理局副局长陈淳等人再次进行校园食品安全工作随机检查。检查组随机检查候卿民办小学、博林学校、东芳民办小学等 5 所学校。主要检查学校食堂食品安全管理制度建立落实情况、食品经营许可证及健康证持有情况、从业人员管理、食堂环境卫生、加工操作规范、原料贮存、索证索票、清洁消毒、食品留样、“明厨亮灶”和“入市必登”工作的落实情况等方面。

【迎接国家 2018 年春季开学专项督导组督导检查】 3 月 29 日下午，2018 年春季开学专项督导国家第四督查组一行在教育部高等教育司副司长王启明带领下，到湖里区实验小学专项督导检查春季开学暨学校安全风险防控工作。省教育厅教育督导处处长黄建顺、副调研员林希顺，市教育局副局长陈珍、市政府教育督导室常务副主任陈宏瑶、区人民政府副区长刘云标、区教育局调研员朱觉等各级领导陪同检查。督导组就学校开学情况、师生状况、校园安全以及安全风险防控等方面进行了解和检查。督导组先后查看教学楼、书画长廊、运动场、图书馆等场所，校长汤丽莹向督导组汇报湖里实验小学开学工作及校园安全风险防控工作。

【福建省首家“全国家长学校建设实验基地”举行授牌仪式】 4 月 24 日，厦门市湖里区“全国家长学校建设实验基地”授牌仪式暨厦门市中小学家长学校骨干培训在厦门市金尚中学举行。厦门市示范家长学校代表、各区妇联代表、湖里区各公民办中小学（幼儿园）家庭教育工作分管领导等近 400 人参会。会上，国家教育行政学院培训部主任、家庭教育研究中心主任许玉乾为厦门市湖里区“全国家长学校建设实验基地”揭牌，为湖里区 16 所家庭教育实验学校（幼儿园）授牌，并赠送由国家教育行政学院编写的家庭教育教材。

【体育健儿再创佳绩】 2018 年，区少体校武术队运动员王彦宇在全国青少年武术套路比赛暨第七届世界青少年武术套路选拔赛男子 A 组剑术比赛中获得冠军。高林女足获 2018 年厦门市青少年校园足球小学女子超级组冠军。

【湖里区首批集体办、国企办幼儿园通过区级示范性幼儿园评估验收】 年内，区教育局幼教办牵头，由区教师进修学校教研员、公办园园长等组成的专家评估组对马垅阳光幼儿园、蔡塘幼儿园、天地幼儿园进行评估验收。评估组通过家长问卷调查、教师问卷调查、听取园长汇报、查阅档案资料、实地考察、现场交流等方式，对 3 所幼儿

4 月 24 日，厦门市湖里区“全国家长学校建设实验基地”授牌仪式暨厦门市中小学家长学校骨干培训在厦门市金尚中学举行（区教育局供图）

7月25日，区青少年宫合唱团在第十四届中国国际合唱节获评定（区教育局供图）

园的管理工作、队伍建设、园舍设备、保教工作、幼儿发展等方面进行全方位、综合性的评估和验收。3所幼儿园全部通过区级示范性幼儿园评估验收。

【沈跃跃到五缘实验幼儿园调研】 6月6日，全国人大常委会副委员长、全国妇联主席沈跃跃，副主席邓丽，全国妇联家庭和儿童工作部部长陈晓霞，全国妇联妇研所所长刘亚玫、全国妇联办公厅秘书处处长董葵等人，与省人大常委会副主任吴鸿芹、省妇联党组织副书记王秋梅、省妇联组织部部长郭素娟等一行，在厦门市人大常委会主任陈家冬、市妇联主席吴亚汝、区委书记林建、区委副书记卢秀萍、区妇联主席洪珠琴、禾山街道党工委书记朱绍峰等陪同下，走进五缘实验幼儿园，调研幼儿园倡导绿色低碳、垃圾分类、节能减碳的实践行动。

【举办校（园）长、书记培训】 7月5—6日，区委教育工委和区教育局在区政府信访大楼四楼会议室举办为期2天的中小学、幼儿园校（园）长书记培训。公民办中小学校长、书记、分管副校长，公办幼儿园园长、书记、副园长，民办幼儿园、培训机构联合党支部书记，中小学幼儿园挂牌督导责任督学，区教师进修学校校长、书记，局机关全体工作人员和机关退休老党员等200余人参加培训。

【区青少年宫合唱团获国际赛事奖项】 7月25日，第十四届中国国际合唱节在北京落下帷幕。区青少年宫合唱团在第十四届中国国际合唱节暨国际合唱联盟合唱教育大会评测中获“童声组B级合唱团”评定。

【开办责任督学及督学联络员研修班】 8月20日上午，区责任督学及督学联络员研修班开班仪式在重庆西南大学举行。参与研修班的学员有48人。西南大学教育学部党委书记韩仁友教授致欢迎辞，并介绍了西南大学的历史沿革、师资队伍、学科建设、优秀刊物等情况。区教育局调研员朱觉感谢西南大学给予此次学习提升的机会，希望学员们珍惜时机，潜心学习，严格学习和生活纪律，学而有思、思而有成、学而有得。

【省校外培训机构督查组到湖里区检查指导】 8月1日下午，省校外培训机构专项治理第二督查组由省工商局副巡视员宗晓明带队到湖里区督查校外培训机构专项治理工作开展情况。督查组首先听取副区长刘云标、区教育局、区人社局、区民政局、区市场监管局等的汇报。随后查阅区校外培训机构专项治理工作开展情况的相关材料。省督查组组长和市教育局领导对湖里区校外培训机构专项治理工作扎实推进给予肯定。

【举办2018年湖里区教职工游泳比赛】 10月20日，由区教育局、教育工会主办的全区教职工游泳比赛落下帷幕。本次比赛设置自由泳、蛙泳、仰泳、蝶泳以及4×50米接力赛5个项目，设青年组、中年组和校园组3个组别。全区有44支代表队278名教职工参赛。厦门三中以85分的成绩获中小学组团体总分第一名，高殿中心小学以82分获第二名，金尚小学以72分获得第三名。

【湖里区教师进修学校被评为“福建省示范性县级教师进修学校”】 12月29日，福建省教育厅发布了《关于公布2018年县级教师进修学校标准化评估结果的通知》湖里区教师进修学校被确认为“福建省示范性县级教师进修学校”。

【湖里区获评2018年国家义务教育质量监测优秀组织单位】 2018年，教育部基础教育质量监测中心授予湖里区“2018年国家义务教育质量监测县级优秀组织单位”称号。是湖里区在获“全国义务教育发展基本均衡区”和“全国中小学校责任督学挂牌督导创新区”后获得的又一国家级奖项。

（卢欣欣）

部分市属学校

福建省厦门双十中学（高中部）

【概况】 福建省厦门双十中学（以下简称“双十中学”）高中校区位于枋湖新区。2018年，高中招生961人，毕业922人。学校有编制内教职工401人，其中，专任教师361人，包括正高级教师3人，特级教师6人，高级教师126人。是年，学校获首届全国文明校园、第二批全国国防教育特色校、福建省首批示范性普通高中建设学校、厦门市首批宪法教育基地学校、厦门市首批普通高中教育国际化试点学校、厦门市学校综治安全目标管理先进单位等荣誉称号。

【教师队伍建设】 2018年，双十中学贯彻执行《中小学教师职业道德规范》，加强师德教育，争做“四有”教师。在官方微信增设“双十好老师”栏目，传递身边正能量，形成良好师德风尚，涌现一批师德标兵，赵祥枝获评“福建省杰出人民教师”，张瑞炳获评“福建省优秀教师”和“特级教师”，赵向波获评“厦门市最美教师”，有6位教师获评“厦门市教育系统教育单项奖”。双十中学参加中央电教馆举办的2018年“一师一优课、一课一名师”活动，潘海芳等5位老师获市级优课，吴秀菊等10位老师获省级优课，李亚男、吴秀菊、任连、朱舰宇4位老师获部级优课，双十中学获优秀组织奖。在福建省第四届中小学教师教学技能大赛中，张卓获高中二等奖，吴小蔓、刘炯明获高中三等奖。在厦门市第七届基础教育课堂教学改革创新大赛中，邓世兵获市一等奖，王洪兆、周日臻、何小萍3位教师获市二等奖，黄雄等9位老师获市三等奖。

【教研成果】 年内，双十中学有56人次在各级各类教学比赛中获奖，63篇论文发表在CN级学术刊物，13篇论文在各级论文比赛中获奖，12名老师在其他各类评比中获奖。14个课题被立项为全国、省、市级课题。有陈温柔等教师的2项成果获省、市教学成果奖。是年，双十中学校刊《海峡教育时论》在本学年度出版2期，刊发近100篇教师的教育教学论文。

【德育教育】 2018年，双十中学坚持每月2次班主任例会制度。举行主题班会创优课等岗位大练兵活动，提升德育工作能力。依托年段党员、关工委、退教协、家委会、校外辅导员等，推行“成长导师”制度，关心行为偏差及特殊学生，提高对问题生的帮教效果。抓好学生行为规范训练和基本道德素养的养成。开展以年段、班级为单位的学生日常行为规范量化考评，将考评结果作为学生综合素质评价和班集体评价的重要依据，以此激励学生自觉遵守校规校纪。开展“爱国守法，知礼诚信”活动，积极创建诚信校园。开展班级文化建设，各年段每月绘制不同主题黑板报。校园文化活动做到“月月有活动，活动有主题”。年内，开展“我们的节日”活动、道德经典的诵读、“我爱我家”寝室文化大赛、寄宿生篮球赛等特色寄宿文化活动。发挥专职心理教师的核心作用，通过个别咨询、团体辅导、心理行为训练及各种咨询、测量形式，帮助学生消除学习、生活及成长过程中的心理困惑。开展以“快乐学习，幸福生活”为主题的心理健康教育月活动，让学生掌握心理健康知识，提高自我排解心理压力的能力。

【深化课程改革】 年内，双十中学开设多门选修课，课程设置做到“国家课程校本化、校本课程精品化、社团活动课程化、人才培养多元化”，全面发展学生的基础性学力、发展性学力和创造性学力，以保证共性要求和个性选择的落实，促进学生多样化发展，彰显课程内涵和育人特色。实施“百年英才计划”，设立对比实验班，推行英语课余学习计划，探索人才培养新路径。

【高考再创佳绩】 2018年，高考全省理科前100名、文科前50名，双十中占有29人，位列全省第一。全省文科前15名，双十中学有8人，位列全省第一。全省理科前50名，双十中学有8人，位列全省第一。陈瑞珏夺得厦门市文科第一名。有28人被清华大学和北京大学录取，被北京大学录取人数位居全省第一。381人被“985工程”大学录取，596人被“211工程”以上大学录取。

【学科竞赛频获奖】 年内，在中国数学奥林匹克希望联盟夏令营，双十中学获金牌3块，银牌2块，铜牌6块；全国高中数学联赛中，3人获省一等奖，25人获二等奖，30人获三等奖；在第35届全国中学生物理竞赛中，2人获省一等奖，15人获二等奖，12人获三等奖；在第32届中国化学奥林匹克竞赛中，6人获得省级一等奖，20人获二等奖，9人获三等奖；在第34届信息学福建赛区竞赛中，28人获一等奖，17人获二等奖；在第二十七届全国中学生生物学联赛上，2人获得省级一等奖，7人获二等奖，8人获三等奖。

【艺术比赛取得丰硕成果】 2018年，双十中学舞蹈队、管乐队均获福建省第六届中小学生艺术展演一等奖；管弦乐队获中国第十二届优秀管弦乐团队比赛团体银奖；合唱团获厦门市中小学生“鹭岛少年”合唱展演一等奖；民乐团获厦门市中小学生器乐展演合奏二等奖并被评为厦门市第二十届南音比赛团队综合组“十佳团队”。校美术组组织学生参加第十九届“我爱祖国海疆”全国青少年航海模型教育竞赛（绘画）、厦门市中小学生绘画、书法和篆刻、摄影比赛和厦门市中小学生电子绘本创作大赛等比赛，获一等奖7个、二等奖4个、三等奖6个。

【体育比赛创佳绩】 年内，双十中学代表队在国家、省、市级比赛中，获15个个人项目第一名、20个个人项目第二名、7个团体一等奖、2个团体二等奖等荣誉。郑邵泽获全国体育传统项目学校联赛田径总决赛第二名；健美操队获第七届全国全民健身操舞大赛第一名；高中女足获2018年福建省青少年校园足球联赛冠军并晋级全国赛，校女足队代表厦门市参加福建省第十六届省运会获得女子足球项目（甲组）亚军；高中女篮获福建省中学生篮球赛二等奖；羽毛球队获厦门市中小学生羽毛球锦标赛第一名；舞龙舞狮队获厦门市全民健身运动会舞龙舞狮大赛一等奖。航模队在全国青少年航海模型锦标赛中夺得5个一等奖、1个二等奖和3个三等奖，并有1人入选国家队。

【合作交流】 年内，双十中学举办、承办了多种形式的海内外、省内外教育交流、研讨、观摩、竞赛活动。接待省、市领导到校考察调研20多次；接待海内外教育代表团、来访团、考察团到校参观、学习、交流30余次；接待兄弟学校师生到校参观交流60多次。通过结对带教、名师带徒、专题讲座、示范课、观摩课、考试命题、集体备课和课题研究等形式，发挥教育教学的示范、引领作用。是年，有10个学科的26名教师参与义务教育阶段教师校际交流。

（李名济）

厦门五缘实验学校

【概况】 截至2018年底，厦门五缘实验学校（以下简称五缘实验学校）全校一至九年级有69个教学班，学生3300多人。学校拥有教职员工224人。其中，特级教师2人，厦门市杰出教师4人；省名师培养对象1人；省级学科带头人4人；市学科带头人4人，市专家型教师3人，市学科骨干教师28人，市骨干班主任9人。唐慧、蔡丽斌、柯静缘3位教师参加福建省第三届中小学教师技能大赛分获一、二、三等奖。是年，学校被确认为全国国际象棋特色学校、福建省第三批中小学心理健康教育特色校、厦门市社会主义核心价值观教育基地校、厦门市首批宪法教育基地校、厦门市首批垃圾分类示范校、厦门市2017年学校综治安全目标管理先进单位，参评厦门市依法治校示范校。英语教研组获厦门市总工会授予的“工人先锋号”称号。

【教学成果】 2018年中考，厦门五缘实验学校290名（含11名提前录取）学生参加中考，有68名学生被厦门第一中学、厦门双十中学、厦门外国语学校3所厦门名校录取，有82%的同学考上普高。

【五缘实验学校被确认为首批“宪法”教育基地学校】 12月4日上午，2018年“12·4”国家“宪法”日主题教育暨“‘宪法’晨读”厦门主会场活动在厦门五缘实验学校举行。启动仪式上，厦门市教育局法规处处长姜金灿宣读厦门市首批“宪法”教育基地学校的名单。厦门五缘实验学校被确认为厦门市首批“宪法”教育基地学校。

【五缘实验学校成为首批厦门市生活垃圾分类示范校园】 12月14日下午，厦门市首批垃圾分类示范校园验收考评组莅临厦门五缘实验学校，对学校垃圾分类示范校创建工作进行评估验收。12月27日，市教育局下发《厦门市教育局关于开

“12·4”国家“宪法”日主题教育暨“‘宪法’晨读”厦门主会场活动在厦门五缘实验学校举行（黄灿文 摄）

展创建厦门市生活垃圾分类示范校园活动的通知》，确认厦门五缘实验学校为首批厦门市生活垃圾分类示范校园。

【拉拉操队获“为马拉松喝彩”团体金奖】 12月16日，2019年“为马拉松喝彩”拉拉操比赛在厦门广电拉开帷幕。经过激烈角逐，五缘实验学校拉拉操队在“同学拼搏协作跑”“博学少年才智大闯关”和“拉拉操大比拼”三个环节均获小组第一，获厦门市2019“为马拉松喝彩”拉拉队团体金奖，以团体总分第二的优势获亚军。

【五（7）中队获“全国优秀少先队中队”称号】 12月，根据共青团中央、教育部、全国少工委《关于表彰2018年度“全国优秀少先队员”、“全国优秀少先辅导员”、“全国优秀少先队集体”》的决定，厦门五缘实验学校五（7）中队获“全国优秀少先队中队”称号。

福建省厦门第六中学

【概况】 2018年，福建省厦门第六中学（以下简称“六中”）有教职工389人，其中教师350人；其中，特级教师3人、正高教师1人、高级教师118人、中级教师133人、初级教师86人；省市学科带头人21人，省市骨干教师57人；本科312人，研究生35人，硕士49人，博士在读1人。有教学班级104个，在校生4832人，当年毕业1514人。是年，学校被评为厦门市2017年学校综治安全目标管理先进单位、5A级平安校园、2018年度“全国青少年人工智能活动特色单位”、第一届省级文明校园、绿海鸥行动示范校、高中英语组工人先锋号、老年人健身康乐家园。有8名教师获市级以上表彰。年内，完成《芳华六中》微电影拍摄，举办65周年校庆活动。学校微信公众平台关注人数已达到21467人。全年各大媒体对六中报道87次。

【教学成果】 2018年，六中高考本一上线率为78.5%。有11%的学生考入“985”高校，33%的同学考入“211”高校，比上年递增10%。胡文芯被哈佛大学本科录取，这是福建省本土高中第一位被哈佛录取的高中生。是年，六中入选福建省首批示范性高中建设学校。12月6—7日，举行“推进核心素养落地，对接初高中学考变革”的省级开放活动，举办10场讲座和27节观摩课，省内外百校约1000人听课。

【阿卡贝拉厦门六中合唱团】 年内，阿卡贝拉六中合唱团所演唱的歌曲在各大媒体点击量高达1亿次。合唱团4度登上《人民日报》微博、4上央视舞台。参加央视《音乐优等生》《经典咏流传》《五月的鲜花》《中国金鸡百花奖典礼系列活动之“厦门之夜”》《启航2019—中国音乐盛典》等节目的录制。应邀到浙江卫视、湖南卫视等多家电视台，与周杰伦、张靓颖、霍尊、郁可唯等知名歌手同台献唱。

【艺体教育】 在福建省中学生艺术展演中，六中的合唱、舞蹈、朗诵3个项目，获得3个一等奖，其中，合唱、舞蹈入围2019年第六届全国中小学艺术展演活动。六中健美操队获得2018年厦门市青少年健美操比赛初中组有氧舞蹈五级第一名；获得2018年厦门市青少年啦啦操锦标赛中2个第一名，2个一等奖，2个二、三等奖；获得2018年全国啦啦操联赛厦门站比赛中2个第一名。8月，女足获福建省青少年足球联赛暨中学生锦标赛初中女子组二等奖；获福建省青少年足球联赛暨中学生锦标赛高中女子组二等奖。

【教研成果】 2018年，六中《基于区块链技术的中学生综合素质评价征信体系构建及其应用研究》被确定为全国教育科学“十三五”规划2018年度教育部重点课题。组建青蓝工程新教师培训班，对入职3年以内教师进行长期培训。是年，林星星在2018年第四届全省教师技能大赛上获特等奖第一名。“陈宙锋创造教育工作室”获得国际发明展览会国家级一等奖1人，二等奖2人，市青少年创新大赛一等奖2人；“陈琦艺术教育工作室”在全国艺术展演中，2个节目进入全国赛；“王嘉欣心理教育工作室”心理教育案例获全国一等奖。

【科技教育显特色】 3月，在中学生国际数学建模挑战赛上（简称IMMC），六中有3人获得特等入围奖，4人获得一等奖，4人获二等奖，4人获成功参赛奖。8月，在第三届“登峰杯”全国中学生学术创新大赛上，在学术作品和数学建模比赛中，六中有2支队伍6人获得全国总决赛一等奖，2支队伍8人获得二等奖，3支队伍11人获得三等奖。在第34届厦门市科技创新大赛中，科技创新项目获得一等奖6项，二等奖6项、三等奖7项；科技实践活动获得该组别唯一的一等奖；科幻画项目获得1个二等奖，1个三等奖，累计有12个项目选送省赛。初一年郑淳友、陈霖莹同学在世界发明智慧财产联盟总会（WIIPA）主办的“KIDE国际发明设计展”上双双摘得国际金牌。

【德育工作】 2018年，六中完善家、校、社德育工作网络。开展领导、教师“集中家访日”活动，初中教师本学期累计完成家访 1400 多人；高中累计完成家访 1500 多人。学生综合素质评价平台在高一学生中全面应用。

【对外交流】 6 月，六中开展新高一保送班 23 名学生前往美国友好学校进行为期 2 周的交流学习，另有 4 名高二学生获得友好学校交换生奖学金，进入友好学校学习。10 月 11 日上午，友好学校美国加州南麓学校及加拿大伦敦国际学院国际教育中心董事长一行到访；11 月 21 日下午，新加坡驻厦总领馆总领事池兆森一行 3 人到东渡校区参观访问，校党委书记、校长欧阳玲，副校长戴鹭坚及国际部主任张惠珍接待到访客人。12 月 4 日下午，新加坡文化、社区及青年部长兼社区事务署主管部长傅海燕一行 10 人到东渡校区参观考察。

12 月 4 日下午，新加坡文化、社区及青年部长兼社区事务署主管部长傅海燕到访东渡校区（六中供图）

（张惠珍）

科 技

【概况】 2018年，湖里区有高新企业283家，含湖里火炬园114家。全年财政科技资金支出1678万元，专利申请6234件，专利授权4422件。

【科学普及】 年内，湖里区继续创建“2016—2020年全国科普示范区”。全年开展科普超市活动10场，举办冬令营10场，夏令营17场；科技周期间组织开展10场相关科普活动，全国科普日期间开展13场科普活动；组织开展3场区防震减灾疏散演练，普及防震科普知识。

【培育发展新兴产业】 2018年，厦门两岸集成电路自贸区产业园完成工商注册或变更登记手续在园企业180家。其中，已实际入驻企业113家，企业总注册资金16.1亿元，实现产值7亿元。产业园的保税交易中心线下展示大厅已建设完毕，并提供企业产品展示服务。是年，撮合达成交易836笔，交易金额10500万元，新增线上入驻企业130家，商品信息发布约2780件。11月30日，厦门市集成电路研发设计试验中心项目通过市科技局验收。年内，中心对外提供测试服务1098家次，服务时长约17700小时。截至年底，累计对外提供测试服务1328家次，服务时长约28700小时。实验室取得中国合格评定国家认可委员会实验室认可证书，获得中国计量认证、美国实验室认可协会等权威机构对实验室管理体系、技术能力方面的认可，并已取得欧盟、日本、美国、加拿大、香港等5个国家和地区电子产品上市认证资质。厦门两岸集成电路产业园被评为市级科技企业孵化器。

2月1日，“学习科普知识　争当科学小卫士”青少年科普冬令营落幕（区科技局供图）

【科技计划】 年内，湖里区安排财政资金1678万元用于科技成果转化，科技计划项目立项41项，其中企业科技项目31项（产业项目7项，中试项目24项），资金1040万元；专项奖励3类，资金156.5万元；社会发展项目7项，资金482万元。引导企业投入研发资金约2.1亿元。其中7个产业化项目完成后，新增产值8.9亿元，新增税约3970万元。

【发展高新技术产业】 2018年，湖里区有高新技术企业283家，其中湖里火炬园114家，占全市高新技术企业的17.4%。辖区有规上高新技术企业57家。其中，湖里区有 23 家，湖里火炬园有 34 家。是年，湖里区规上高新技术企业实现工业产值 1632.7 亿元，工业增加值 345.1 亿元，工业增加值比上年增长 12.9%，占全区规上工业增加值的 87.2%。

【益登科技董事长曾禹旖到湖里区考察】 3 月 20 日，台湾知名 IC 代理商——益登科技股份有限公司带队到湖里区调研考察。在科湖公司董事长梁旭的陪同下，考察组一行首先拜访了湖里区科技局局长马竞生及区商务局副局长陈开发，双方围绕厦门市集成电路产业规划布局、产业政策等方面进行了深入交流。随后，考察组一行前往厦门两岸集成电路自贸区产业基地实地座谈，湖里区科技创业服务中心主任邓明祺、厦门信研院执行院长洪文兴参加座谈。座谈会上，科湖公司董事长梁旭重点围绕基地平台项目“厦门市集成电路保税交易中心”建设规划及目标定位与考察团进行深入交流探讨。

3 月 20 日，益登科技股份有限公司董事长曾禹旖到湖里区调研考察（区科技局供图）

【实施“双百”计划】 年内，湖里区新引进双创人才企业 10 家，正式签约 7 家。其中，A+ 类人才企业 1 家、A 类人才企业 1 家、B 类人才企业 4 家、C 类人才企业 4 家。截至年底，湖里区共引进高层次双创人才企业 58 家，签约 52 家。全年兑现创业启动资金及其他优惠补贴约 1788 万元。

【拓展众创空间】 2018 年，经过材料申报、资料审核、实地核查和综合评审等四个阶段，湖里区新认定区级众创空间 8 家。协助兑现众创空间租金补助 537 万元。截至年底，湖里区有国家级众创空间 4 家、省级 8 家、市级 40 家、区级 43 家。

【知识产权保护】 年内，湖里区企业申请专利 6234 件，授权 4422 件，拥有发明专利 2072 件，分别比上年增长 18.83%、29.10% 和 15.44%。厦门立达信照明有限公司等 9 家分获厦门市知识产权局专利奖 4 个奖项。年内，分别在湖里创新园等举办 10 场知识产权保护宣传培训活动，发放资料 2045 份，接受现场咨询 245 人次；走访企业 18 家次，增强企业在专利获权、运用、管理、维权方面的意识。是年，湖里区参加福建省知识产权强区复审，再次获得“福建省知识产权强县（区）”称号。

【科技园区发展】 2018 年，区科技创业服务中心累计孵化企业 226 家。其中，毕业离园 189 家、在孵企业 37 家。新增 4 家国家级高新技术企业，1 家入驻企业获得市级高新技术企业备案，入驻企业完成销售额 2700 万元。

【助推产学研工作】 2018 年，湖里区发放《湖里区企业技术需求征求表》和《关于开展产学研合作“专属对接”企业需求表》，组织企业走访高校和科研院所，协助 10 家企业与高校建立技术研发或技术开发依托平台。协助合诚等 5 家企业建立国家、省、市级各类工程技术研究中心。

【科湖·摩尔实验室获美国试验室认可协会认可资质】 10 月 23 日，科湖·摩尔实验室正式成为福建省内首家获得美国实验室认可协会（American Association for Laboratory Accreditation，简称 A2LA）认可的电子电气类实验室，能力范围涵盖电磁兼容、射频、安全、能效等。

【举行两岸集成电路产业园科技项目及人才团队路演】 5 月 17 日，由湖里区科技局主办的“两岸集成电路产业园科技项目及人才团队路演”，在集成电路保税交易中心一楼展厅举行。吸引上海银豹珅珩、海峡科创、福建红桥等 10 余家外地及本地知名创投机构参加路演。其中，智能嗅觉传感器、西石环境监测、思码太阳能定位、芯鸿发漏电监测等团队与多家创投机构达成投资意向。

【湖里区加大高新技术企业扶持力度】 6 月 8 日，区政府第八届第 30 次常务会审议通过区科技局提交的《关于加大高新技术企业扶持力度的请示》，明确 2017 年 1 月 1 日起，湖里区企业首次获得国家级高新技术企业认定的给予 20 万元区级补贴，首次获得市级高新技术企业备案的给予 10 万元区级补贴。是年，兑现 280 家国高和市高企业 3000 多万元的区级奖励金。

7 月 27 日上午，湖里区“禾山杯”青少年无线电测向竞赛在湖里实验中学举行（区科技局供图）

【举办首届“禾山杯”青少年无线电测向竞赛】 7 月 27 日上午，由区科协举办、禾山社区承办的首届湖里区“禾山杯”青少年无线电测向竞赛在湖里实验中学开赛。来自湖里区 5 个街道 24 个社区的 100 名选手参加竞赛。比赛分为小学组和初中组 2 个组别。经过近 2 个小时的角逐，禾山社区、江村社区等 5 支队伍获得初中组一等奖，兴隆社区、五缘湾北社区等 5 支队伍获得小学组一等奖。

（柯雅劝）

福建海洋研究所

【概况】 福建海洋研究所（以下简称福建海洋所）是一所公益型综合性海洋科研机构。设有海洋生物、海洋化学、海洋地质、海洋工程技术中心等 4 个研究室，建有“延平 2 号”海洋科学考察船和国际交流培训中心。2018 年，全所有在职职工 68 人。其中，有科技人员 56 人（具有正高级职称 4 人、副高级职称 16 人，博士学位 4 人、硕士学位 20 人）；拥有国家级有突出贡献的专家 1 人，享受国务院特殊津贴专家 6 人，省优秀专家 1 人。是年，实际到位科技项目经费 4888.5 万元。新增科技项目 127 项，经费 5354.07 万元。其中，国家级科技项目 4 项 290 万元，商务部下达的培训项目 16 项 1331.09 万元，省科技计划项目 8 项 131 万元，省海洋与渔业厅委托项目 11 项 744 万元，厦门市海洋渔业局委托项目 13 项 476.8 万元，其他地市政府委托项目 23 项 733.85 万元，高校及科研院所委托项目 16 项 430.39 万元，企业委托的技术服务项目 36 项 1216.94 万元。通过验收的科技计划项目及技术服务项目 31 项。年内，全所发表论文 23 篇、译著 2 部、著作 1 部、报告 58 篇、简报 27 篇。完成商务部下达的 16 个境内外援外培训项目，有来自五大洲 33 个滨海发展中国家和地区的 510 位政府官员和技术人员参加培训。

【完成台湾海峡科学考察实验研究】 2018 年，福建海洋所完成台湾海峡科学考察实验研究。考察实验研究航次的计划作业区域主要为台湾海峡中、西部海域，并在台湾浅滩进行加密及定点观测。主要研究全球气候变化背景下台湾海峡的动力环境演变、生态响应及生物地球化学过程变异。厦门大学、中国海洋大学、同济大学、中国科学院海洋研究所、华南师范大学、福州大学、杭州电子科技大学、福建海洋研究所 8 个项目成员单位使用“延平 2 号”科考船在台湾海峡进行春、夏季 2 个航次的海洋科学调查。开展 32 天海上调查作业。有 22 个基金项目申请搭载，实际搭载 13 个项

台湾海峡科学考察实验研究项目海上作业现场（张影　摄）

目，87 人（次）参与现场调查。开展台湾海峡水文学、生物地球化学、生物生态、地质及大气化学的春夏季共享航次专业调查。其中，春季航次 17 天，分 3 个航段执行，第一航段完成 2 个断面调查，第二航段完成 3 个断面调查，第三航段完成 4 个断面调查。夏季航次 15 天，分 2 个航段执行，第一航段完成 5 个断面调查，第二航段完成 1 个断面以及 2 个定点站位观测。

【“声学多普勒流速剖面仪（ADCP）在悬沙观测中的应用研究”完成项目验收】 9 月，声学多普勒流速剖面仪（ADCP）在悬沙观测中的应用研究完成项目验收。完成科技报告 1 份，发表论文 2 篇。对于受潮流、潮汐作用强烈的近岸海域，且对悬沙数据精度要求不太高的情况，可通过此方法较为快速、大量的获得悬沙数据，对于一般的工程建设具有较高的指导意义和应用价值。

【“海底采砂对海岸稳定性及构筑物安全影响机制”完成项目验收】 9 月，“海底采砂对海岸稳定性及构筑物安全影响机制”完成项目验收。完成任务书规定的水深地形测量、海底表层沉积物取样及粒度分析、数模分析计算、科研论文等研究内容。研究课题通过对平潭综合实验区成立以来，海坛海峡地形地貌和沉积物变化的观测，研究海坛海峡地形地貌、沉积物特征和沉积环境变化，估算海砂开采量，分析海坛海峡开采对海岸稳定性和构筑物安全的影响，提出海坛海峡海砂禁采区调整范围。

【“无人机低空遥感海洋环境监测之大气校正技术研究”完成项目验收】 9 月，“无人机低空遥感海洋环境监测之大气校正技术研究”完成项目验收。该项目研发出无人机光谱数据采集系统，并开展了海岸带水体光谱的实际采集工作；探讨无人机载高光谱遥感数据的基本处理方法，并基于大气辐射传输理论构建无人机高光谱快速大气校正算法，具有一定的参考价值；开发出无人机低空遥感海洋环境监测应用示范系统软件，为用户提供无人机高光谱遥感数据及同步影像数据的可视化访问，方便用户对光谱传感器采集目标进行人工识别、判定。

【“无人机低空遥感海洋环境监测之激光地形测量技术研究”完成项目验收】 9 月，“无人机低空遥感海洋环境监测之激光地形测量技术研究”完成项目验收。构建无人机激光测量平台，并对测量平台的测量精度进行校验，测量精度满足 1：1000 比例尺的地形成为精度要求；给出能够高效、准确处理测量数据的方法，并在实际应用中完成兴化湾 1：25000 比例尺的 25 平方公里的滩涂地形测量，满足项目的测量要求。

【“DNA 条形码在鱼卵和仔稚鱼鉴定中的应用”完成项目验收】 9 月，“DNA 条形码在鱼卵和仔稚鱼鉴定中的应用”完成项目验收。该项目进行 15 个航次采集鱼卵和仔鱼样品 198 个，其中鱼卵 3000 余粒，仔稚鱼 2000 余尾，描述其中的 35 种鱼卵和仔稚鱼的形态特征；采集 50 站位的水温、盐度、溶解氧、pH 环境因子。提供鱼卵、仔稚鱼出现及分布的环境特征；通过对采得的鱼卵和稚鱼 DNA 提取、扩增和测序，获得厦门湾有效的鱼卵、仔稚鱼 COI 基因序列 148 条；获取 DNA 条形码序列与国际基因库 GenBank（美国国家生物技术信息中心建立的 DNA 序列数据库）比对后，研究采用遗传相似度大于 99% 的同源序列视为同一种类，90%—98% 为同属、80%—89% 为同科的标准对厦门海域采集的鱼卵、仔稚鱼进行种类判定，并与 GenBank 上同源序列构建系统进化树，确定物种的系统发育地位。鉴定种类 35 种。其中，鉴定到种 33 种，鉴定到属 1 种，鉴定到科 1 种。

【“半封闭海湾表层沉积物重金属化学形态及环境效应的研究”完成项目验收】 9 月，“半封闭海湾表层沉积物重金属化学形态及环境效应的研究”完成项目验收。该项目采用改进的 BCR 连续提取方法，提取重金属的可交换态及碳酸盐结合态、铁锰氧化物结合态、有机物及硫化物结合态，并将剩余的残渣态一起分析；对三沙湾的铜、铅、锌、镉、钴、镍、铬 7 种元素进行分析其总量态和四步提取形态。

【对接中国与发展中国家海洋渔业产业链】 2018 年海上丝绸之路国家海洋管理与蓝色经济发展部级研讨班期间，福建海洋研究所安排农业部水产健康养殖示范场——厦兴龙水产种苗有限公司、国家海洋高新科技技术企业——厦门蓝湾科技有限公司、龙海市嘉昌水产有限公司、厦门银祥饲料有限公司和厦门市夏商水产品交易市场等一系列考察。并于考察结束后举行“海洋渔业产业链促进海洋经济发展”交流座谈会。

【海峡渔业周助力全球渔业交流合作】 受第十三届海峡（福州）渔业周暨中国（福州）国际渔业博览会组委会邀请，“2018 年发展中国家海水养殖与水产品加工、流通技术培训班”和“2018 年发展中国家增值渔产品开发与市场体系建设培训班”的 63 名学员赴福州参加渔博会，并于 6 月 1 日出席全球渔业交流合作会议，4 位学员应邀上台就各自国家渔业发展状况及合作前景做交流发言。加纳学员全面分析了当前加纳渔业发展的优劣势、机遇与挑战。6 月 2 日上午，学员受邀参加第三届全球水产冻品行业大会。肯尼亚学员应邀上台，就肯尼亚渔业资源状况及渔产品加工与增值发展现状作报告。

【参加第十届国际鲍鱼研讨会】 5 月 8 日，“2018 年发展中国家海水养殖与水产饲料生产、病害防治技术培训班”全体学员受邀参加在厦门国际会议中心举办的第十届国际鲍鱼研讨会。来自全球 10 个国家和地区，主要鲍鱼科研学术机构与企业近 300 名专家与企业代表出席会议。南非、美国、韩国、新西兰、澳大利亚、墨西哥的与会专家介绍所在国鲍鱼产业的养殖、出口情况等。

2018 年，柬埔寨可持续水产养殖技术海外培训班学员考察柬埔寨淡水养殖中心（福建海洋研究所供图）

【援外培训】 2018 年，福建海洋研究所争取国家援外培训项目 15 个，其中，在境外举办 5 个，在国内举办 10 个。另有 1 个对东盟国家海洋管理技术培训项目已落实执行。至 10 月初，有来自亚、非、拉美 26 个滨海发展中国家的 430 位政府官员与技术人员参加管理及技术培训学习。

（张　影　王　莹）

文化 体育 旅游

文 化

【概况】 2018年，湖里区突出为民惠民，公共文化服务体系纵深发展，深入实施“2+4+N”发展战略，把“双千亿”项目引领带动作为抓手，推动文化产业高质量发展，深化“扫黄打非”工作，文化市场监管到位，文化遗产保护传承水平不断提高，获评全省文化系统先进集体。

公共文化　湖里区出台《湖里区文艺发展扶持奖励办法（试行）》，围绕改革开放40周年等开展文艺精品创作，大力宣传社会主义核心价值观内容，深化文化活动品牌建设，带动“一街一品”群文活动蓬勃开展。提升湖里区社区文化艺术节文化品牌，配合办好第十四届厦门元宵民俗文化节、第十届厦门（湖里）城市诵读节等区级文化品牌活动。2018年，开展全区性文化活动378场、各类基层文体活动1227场次。加强公共文化阵地建设，推进金山街道综合文化站以及10个社区综合文化服务中心等第四批基层综合性文化服务中心建设。推动文化馆、图书馆总分馆制建设，建立标准评估、人员培训、服务支持等联系机制。推动图书进社区书院工作，引进仙岳书院等社会力量合作开办公益性图书体验馆。选定10个试点小区探索公共文化服务进小区建设模式，搭建“小区舞台”，建立“小区艺人”档案。加强区级共享工程信息资源服务，全面升级社区公共电子阅览室。全民阅读活动广泛开展，全年借阅图书46万册次，接待读者44万人次，完成读者活动268场次，参加群众14万人次。

文化产业　湖里区召开全区文化产业工作会议，指导“特区·1980”创意产业园政策修订，协助开展影视产业政策制定，做好湖里老工业厂房文创园区政策兑现工作。推动文创园区健康发展，红点设计博物馆开馆，东南天地影视文创园、海丝艺术品中心等项目开园，五洲汇文创园一期招商入住率超过八成，闽南古镇招商签约率超过60%。加快布局影视重点文创领域，配合举办“2018厦门国际影视文化产业论坛”，推动中版短视频基地项目落地。建立文化产业数据库、全区文化产业空间资源库、文化产业名人库以及文化产业项目资源库。助推文化产业升级，组织辖区文创企业参加第十一届海峡两岸文博会，开办11个文博会分会场，是年，累计签约（含意向）文化产业项目金额逾11亿元。举办“特区·1980”文化产业与城市更新周、厦门时尚周湖里分会场等大型活动。

文化市场　湖里区“扫黄打非”工作纳入意识形态工作责任制考核取得新成效，调整充实工作领导小组，制定工作联席会议制度，强化联动机制协同开展“1116”等专项行动，金山社区、和通社区、殿前派出所3个单位被评为省级“扫黄打非”进基层示范点。市场监管责任落实到位，开展平安文化市场创建活动，文化市场安全生产大排查、大整治行动，文化经营场所违规、违法经营行为综合执法行动和校园周边文化市场整治行动，落实“双随机”抽查机制。全年出动执法人员1566人次，检查各类文化经营场所502家次；受理并处理投诉举报104件次，完成率100%；查处取缔黑网吧4家，查扣电脑146套（台），查扣非法出版物200余册。

文化遗产保护　文物保护单位做好日常保护和安全巡查工作。完成非物质文化遗产第六批省级代表性项目国家级资金、省级资金申报，湖里区闽南传统民居营造技艺项目入选第一批国家传统工艺振兴目录，项目传承人陈和永、陈越美分别获得第五批国家级和第四批省级非遗代表性传承人。截至年底，全区有非遗保护项目国家级1个、省级 2 个；非遗代表性传承人国家级 2 名、省级 3 名。

【打造“三嘉”悦读体验馆】 2018 年，湖里区创新公共文化服务供给模式。发动社会化力量参与公共文化供给，采取“公共图书 + 文创空间 + 关联服务”的文创型图书馆新模式，由政府与文创园区、企业、社会组织共建。区图书馆提供图书设备、管理软件、业务指导、图书配送服务，并纳入到全市公共图书馆网络；运营企业或者社会组织提供阅读环境、人员、物业管理等保障服务。形成政府、企业、读者、社会多方共赢的格局，打造出仙岳、惠和、诺斯蒂 3 家“三嘉”悦读体验馆。

【区文化馆图书馆总分馆制成为全省试点】 年内，湖里区率先在全市推动文化馆、图书馆总分馆制建设。制定《湖里区文化馆图书馆总分馆制建设实施方案》，构建以区文化馆、区图书馆为总馆，街道综合文化站为分馆，社区综合文化服务中心为服务点的“设施成网、资源共享、服务联动”文化馆、图书馆总分馆服务体系，建立标准评估、人员培训、服务支持 3 个联系机制。

【举办“门纳万顷涛”专场音乐会】 10 月 29 日，大型交响合唱诗篇“门纳万顷涛”专场音乐会在五缘音乐厅上演，本场音乐会由中共湖里区委、区人民政府、市文化广电新闻出版局、市文学艺术界联合会联合主办，区委宣传部、区文体出版旅游局承办。主创团队历时 1 年创作，由著名词作家陈伟奇作词，指挥家、区文化馆馆长阙全安作曲，国家一级指挥王秀峰编配。整台音乐会由《春来了，潮涨了》《嘱托》《排头兵就是嗨》《浅浅的海峡月光光》《门纳万顷涛》等 11 首原创合唱作品组成，通过主题朗诵、交响乐、混声合唱、童声合唱、男声独唱、女声独唱以及大型 LED 画面等多种形式，呈现厦门经济特区改革开放的生动实践、辉煌成就和人们爱拼敢赢的精神。

10 月 29 日晚，“门纳万顷涛”专场音乐会在五缘湾音乐厅举办（白斌斌　摄）

【参加第十一届海峡两岸文博会】 11 月 2—5 日，在第十一届海峡文博会上，湖里区设置 75 个展位，参与文创旅游、工艺艺术、创意设计、知识经济 4 大展区的展示，开办 11 家分会场，围绕非遗展示、精品展览、文化创意 3 大主题布展。累计签约（含意向）金额逾 11 亿元，分会场人流量突破 4 万人次，签约 6000 多万。福建博物院院长吴志跃、中国美术家协会漆画艺术委员会主任陈金华、当代雕塑艺术家陈文令、福建省美术家协会主席王来文、中国工笔画学会副会长陈湘波等参与分会场活动。文博会上有来来影视文化产业基地、中国短视频产业基地、绮丽珊瑚文创园等涵盖设计、影视、人工智能等 7 大文创项目落户湖里区，其中包含设计领域巨头红点设计博物馆。

【出台《关于推进“特区 · 1980”湖里创意产业园发展的扶持办法》】 11 月 29 日，湖里区出台《关于推进“特区 · 1980”湖里创意产业园发展的扶持办法》。“办法”涵盖产业转型补助、园区运营补助、示范园区或基地的创建补助、租金补助、发展补助、创新补助、活动补助、重点项目引进补助 8 个方面。

【发展影视产业】 2018 年，湖里区出台《支持影视产业发展的实施意见》。“意见”提出对剧本创作的支持条款，最高补助 200 万。通过租金补助、招商奖励等方式对平台企业给予扶持。对电影的路演活动和重大影视活动给予支持，吸引更多企业、项目落户湖里。设立由相关职能部门和辖区内优质影视企业共同组成的“影视文化产业专项协调小组”，探索发展“政府 + 优质企业”的协作模式，在行业摸底、政策制定、平台构建、以商引商、打造产业链等方面发挥积极作用。支持企业采用“运营平台 + 产业资源 + 孵化基金”的模式落地，中国故事短视频产业基地、来来影视基地、中国航天小乐园等项目率先采用这一模式，形成“园区 + 产业 +

资本”的良性循环与闭环运营，实现产业的聚集发展。

【举办2018厦门国际时尚周湖里分会场活动】 11月24日，厦门国际时尚周湖里分会场活动在“特区·1980”厦门湖里创意产业园联发华美空间启幕，王玉涛、曾凤飞、赵卉洲等设计师10场时尚大秀陆续上演。同时，举办“我型我秀”服饰搭配大赛、“花样年华”旗袍服饰文化沙龙等配套活动。本次活动由区文体出版旅游局、湖里街道办事处主办，厦门市纺织服装同业商会承办。

【开展文化下乡活动】 1月27日至2月5日，由区委宣传部、区文体出版旅游局等10多个部门联合主办、各街道联合协办的湖里区文化科技卫生“三下乡”惠民活动依次走进殿前、湖里、禾山、金山、江头5个街道。由区文化馆从各艺术团队中选拔出歌舞、独唱、快板表演、陶笛二重奏等文艺节目巡回展演。区文化馆组织书法家义务写春联、民间艺术大师剪纸送福，在7场活动中，书法家们为群众书写春联2000余副，民间剪纸大师张金城及其学生剪出700余件剪纸作品赠送群众。

1月27日至2月5日，湖里区文化科技卫生”三下乡”活动在5个街道举办（陈冰 摄）

【举办第十届社区文化艺术节】 4月27日下午，由中共湖里区委、区人民政府、市文化广电新闻出版局、市文学艺术界联合会主办，区委宣传部、区文体出版旅游局共同承办的“新时代·新湖里”第十届厦门（湖里）城市诵读节暨湖里区第十届社区文化艺术节开幕式在金尚法制文化广场拉开帷幕。本届艺术节的亮点是首次把静态类的书法、绘画、剪纸、非遗传统技艺和动态类的音乐、舞蹈、诗歌、乐曲相融合。还包含了湖里区“十佳企业歌手”比赛、各街道综合文艺展演、优秀社区艺术团风采展示等系列活动。

【举办第七届外来员工子女艺术夏令营】 7月5—9日，湖里区第七届外来员工子女艺术夏令营在惠和石文化园举办。夏令营由区文体出版旅游局、区教育局联合主办，区文化馆、厦门惠和影雕技艺传习中心承办，厦门惠和石文化园、惠和书院协办。本届夏令营有湖里区各民办小学65名学生参加，以非遗文化传习为亮点，营员们学习惠和礼记、吟诵、惠和影雕技艺、家风家训碑拓、木偶艺术等传统文化。

【出台文艺发展扶持奖励办法】 1月9日，区文体出版旅游局和区财政局联合制定的《湖里区文艺发展扶持奖励办法（试行）》印发。“办法”规定：在湖里区注册纳税的具有独立法人资格的文化类企事业单位，户籍在湖里区的个人或取得厦门居住证满3年以上，且在湖里区连续居住满1年以上的公民均可作为扶持奖励对象；由湖里区主体组织创作生产，取得良好社会效益、经济效益，获得全国常设性文艺奖或福建省百花文艺奖或厦门文学艺术奖的作品或个人，按照就高不就低的原则，予以1∶1配套奖励；销售量超过一定数量的图书，奖励2万元；在全国公映的电影故事片和在中央电视台播出的电视连续剧、电视纪录片的奖励条件及奖励标准，均参照《福建省影视精品创作生产奖励办法》执行。

【举办厦门国际影视文化产业交流论坛】 1月18日下午，由区委宣传部、区文体出版旅游局、厦门登嘉投资管理有限公司联合主办的厦门国际影视文化产业交流论坛，在厦门市帝元维多利亚酒店举办。论坛的核心主题是“远见·先行”，吸引近200名影视、非遗、金融等专业人士参与。原文化部非遗司司长、非遗协会会长马文辉，寰亚文化传播（中国）有限公司行政总裁朱任之，爱奇艺副总裁王世颖，向上影业董事长兼CEO肖飞等出席活动并发表演讲。

【区文体出版旅游局获评全省文化系统先进集体】 1月30日，福建

1月18日，厦门国际影视文化产业交流论坛在厦门市帝元维多利亚酒店举办（登嘉资本供图）

省人力资源和社会保障厅、福建省文化厅表彰一批文化系统先进集体和先进工作者。区文体出版旅游局获评2013—2016年度全省文化系统先进集体。

【举办湖里区第25届少儿现场绘画比赛】 5月12日上午，由区文体出版旅游局、区教育局主办，区文化馆、区教师进修学校承办，金安小学协办的湖里区第25届少儿现场绘画比赛在金安小学举办，有251名辖区小画家参赛。比赛以“我眼中的湖里”为主题，分小学低年级组、小学中年级组、小学高年级组、中学组、民办校组5大组别。经过评审组评选，最终评出一、二、三等奖112名，优秀辅导教师奖13名。

【推动非遗工作更上新台阶】 2018年，湖里区开展湖里区非物质文化遗产普查，形成区、街道、社区三级普查网络，收集线索622条，并汇编成册。闽南传统民居营造技艺项目入选第一批国家传统工艺振兴目录，项目传承人陈和永、陈越美分别获得第五批国家级和第四批省级非遗代表性传承人。出台《“智汇湖里”文化人才扶持意见》，“意见”规定：符合条件的省级以上非遗传承人可获每月最高5000元的场所租金补贴。是年，湖里区申请到国家级、省级闽南文化生态保护区建设专项资金102万元。组织开展全国“文化和自然遗产日”活动，开展文化体验、亲子教育、互动问答、展示展览等融合乡土文化、在地风情的系列宣传展演推广活动。

【举办第十八届少儿现场书法比赛】 11月24日上午，由区文体出版旅游局、区教育局联合举办“湖里区第十八届少儿现场书法比赛”在江头中心小学举行。全区26所公办小学、10所民办小学、6所中学的216名学生参加比赛。

【举办庆祝改革开放40周年书画展】 7月5—11日，由区文体出版旅游局、区文学艺术界联合会联合主办，区文化馆、区书画家协会共同承办的湖里区“翰墨谱颂歌 丹青绘盛世”书画作品展，在厦门市美术馆二楼A/B展厅举办。展览征集到书画作品300余件，经过组委会评选，从中精选部分优秀作品，同部分知名艺术家的新作200余件参展。13—17日，组委会评选出的70余幅优秀作品到海峡文创园举办巡展。展览吸引上千名群众前来观赏。

【开展公共文化体育服务进小区活动】 2018年，湖里区开展公共文化体育服务进小区。深入10个试点小区走访调查，摸清现有资源、了解居民需求、落实服务措施，推行文体资源共享、文体活动共建、文体品牌共创的新模式，为试点小区下拨25万元专项创建经费，每个小区2.5万元。10个试点小区把公园、空地等资源利用起来，打造成文化广场、公共舞台、文化长廊等服务点。将小区闲置空间改造成小区书屋。试点小区搭建“小区舞台”，开展文艺演出、广场舞等活动。社区文化协管员通过走访调查和活动挖掘，对小区内有文艺特长的居民进行摸底汇总，建立“小区艺人”档案。

（翁 珏）

【老年大学屡获奖】 老年大学艺术团舞蹈分团《丢丢铜》参加《全国共舞 舞动中国梦》“广电网络杯”福建省第二届广场舞蹈大赛获湖里赛区一等奖、厦门赛区复赛铜奖，《俏婆媳》参加厦门市第六届老年文化艺术节获银奖；艺术团合唱分团《新时代新征程》参加第十届老年文艺调演获铜奖；艺术团合唱分团应邀参加“厦门海之韵新年合唱音乐会”演出；艺术团器乐分团3个节目参加首届海峡两岸葫芦丝邀请赛，《高山青》获组合组金奖，《版纳花的世界》、《牧羊曲》获组合组铜奖；集体朗诵《我在鹭岛放歌》参加全市老年大学系统诗歌散文比赛以总分第一名的成绩获

6月26日，区委老干部局、区离退休干部党工委和区老年大学联合举办“不忘初心葆本色，牢记使命跟党走”——纪念改革开放40周年文艺汇演（殷银山　摄）

优胜奖。拉丁舞《绚丽人生》、葫芦丝《高山青》参加第五届乐生活常青藤杯全国中老年优秀节目邀请赛，分别获得组织奖、青藤花金奖和紫藤花金奖；学校文艺节目《中国脊梁》《我在鹭岛放歌》参加厦门老年大学组织的“庆祝改革开放40周年全市老年大学文艺汇演”，获组织奖。

（方丽铃）

体　育

【概况】 2018年，湖里区围绕建设高素质、高颜值现代化中心城区目标，引入社会力量打造高规格的体育赛事品牌。举办第十四届中国俱乐部杯帆船挑战赛、2017年“中国汽车飘移锦标赛”年度总决赛、“穿越厦门·2018世界城市定向挑战赛”、2018赛艇联盟大师赛、万科2018厦门城市乐跑赛等重大品牌赛事。举办湖里区第四届运动会，并争取到市级扶持经费476万元。推动体育公园项目前期工作，协调项目用地和上位规划项目调整等事宜，协调市体育局与市高尔夫球协会解除协议，修订项目规划总评方案。开展全民健身活动，举办“体彩杯”第四届厦门国际名校大学生篮球争霸赛、省轮滑联赛等高水平全民健身体育赛事，依托全民健身网络开展丰富多彩的全民健身运动，深化“一街一品”健身品牌活动。体育基础工作扎实推进，使用体彩公益金2530多万元，支持各街道建设基层体育场地设施。推进公共体育进小区，选定10个试点小区安排25万元专项建设经费。筹备成立田径、轮滑、跆拳道、象棋、拳击等单项区级协会，填补湖里区空白。做好高危体育市场监管，依托街道、社区对辖区游泳场所展开地毯式摸底排查。在市体育局的指导下，继续做好帆船备案工作，备案帆船97艘。

【举办区第四届运动会】 10月26日至12月21日，湖里区举办第四届运动会。本届运动会，争取到市级扶持经费476万元，历时1个多月。设成年组、青少年组、老年组3个组别、30个大项，本次特别设置广场舞、广播操、气排球等全民健身项目，轮滑、体育舞蹈、台球等新兴体育项目，养身健体太极拳、柔力球等老年项目，总计9个代表团3450人报名参赛。所有比赛均由各单项体育协会执行。

【举办第十四届中国俱乐部杯帆船挑战赛】 9月20日，第十四届中国俱乐部杯帆船挑战赛在厦门五缘湾开赛，来自全国的45支代表队参加比赛。本次赛事分为竞技组、社会组、女子组3个组别，分2个阶段，第一阶段比赛于9月20日至23日举行，通过群发赛

10月27日，湖里区第四届运动会开幕式在厦门三中运动场开幕（魏克丰　摄）

9 月 20 日，第十四届中国俱乐部杯帆船挑战赛在五缘湾举行（市帆船协会供图）

决出 11 强队伍；第二阶段比赛于 11 月 1 日至 5 日举行，在比赛中，Sailingin 帆船队获得对抗赛第一名，并向上一届俱乐部杯获得者北京航海中心男子队发起挑战。最终北航男子队获胜，并在明星挑战赛中问鼎，成为“双料冠军”。本届赛事活动被列入 CCTV-5 年度播出计划，央视体育连续播出比赛的每日新闻及专题，也得到中国网、腾讯网、新华网等媒体争相报道。

【举办 2017 年“中国汽车飘移锦标赛”年度总决赛】 1 月 11—13 日，“2017 年中国汽车飘移锦标赛”年度总决赛在湖里区厦金湾汽车主题公园举行。总决赛由中国汽车摩托车运动联合会、福建省体育局、厦门市体育局和区人民政府主办，北京豪斯创展文化传媒有限公司、厦门海奥国际体育有限公司、厦门竞翔体育运营管理有限公司、福州大圣传媒有限公司、厦门市厦金湾汽车文化有限公司承办，有 15 支职业车队参赛，参赛选手、裁判官员 400 余人。北京的 Prime racing drift team 车队获得单站冠军车队称号，海南漂移车队的李金荣获得精英组冠军，来自杭州的玛吉斯轮胎 DRS 漂移车队的王祺包揽本次比赛的“中华组”和“超级杯”冠军。赛事举办期间，CCTV-5、中国网络电视台、爱奇艺、优酷、斗鱼直播、熊猫直播以及厦门主要媒体等进行专题报道。同时，本届汽车飘移赛事被国家体育总局指定为“全国体育产业大会”大会观摩赛事，来自全国 31 个省、市、自治区及各地市体育局领导、体育产业相关企业的代表 500 多人莅临本届总决赛现场观摩。

【举办 2018 厦门城市乐跑赛】 10 月 20 日下午，2018 厦门城市乐跑赛在五缘湾鸣笛开跑。本届乐跑赛以“健康中国，全民乐跑”为主题，吸引 170 家企事业单位近 4000 名跑者参赛，规模创历届之最。活动邀请了前中国女排主教练陈忠和及奥运冠军王军霞作为嘉宾，王军霞是城市乐跑赛公益形象大使，带领跑者一同奔跑。活动现场设置了改革开放 40 年主题展，还融入非遗文化主题，捏面人、糖画、剪纸、草编及极具厦门特色的珠绣。现场还安排拍胸舞、尚鼓乐等传统文化演出，为参赛者加油打气。

【举办路桥体育 2018 赛艇联盟大师赛】 5 月 26 日，路桥体育 2018 赛艇联盟大师赛在厦门五缘湾开赛。比赛由中国赛艇协会、厦门市体育局、区人民政府、厦门路桥建设集团主办，中国赛艇俱乐部联盟、厦门路桥体育产业集团承办。比赛项目包括 8 人单桨有舵手 1000 米、4 人双桨 1000 米、双人双桨 1000 米

10 月 20 日，2018 厦门城市乐跑赛在五缘湾举行（2018 厦门城市乐跑赛组委会供图）

和环湖追逐赛6000米等，有来自全国10多个城市的40余支战队、300多位民间赛艇爱好者及企业家参赛。活动现场，主办方安排了赛艇知识讲解和水上表演。国家一级赛艇运动员向来宾普及赛艇知识；水上飞人花样特技，水上摩托艇飞跃翻滚，吸引许多市民围观。

【举办2018福建省轮滑联赛厦门站暨厦门市第十一届速度轮滑公开赛】 5月26日上午，2018福建省轮滑联赛厦门站暨厦门市第十一届速度轮滑公开赛在湖里厦金湾汽车文化中心开赛。本次赛事由福建省社会体育指导中心、厦门市社会体育指导中心主办，厦门市轮滑协会、区轮滑协会承办，区文体出版旅游局、厦金湾汽车文化有限公司协办。开幕式上，全国速度轮滑冠军马塞荦带领运动员为在场选手进行场地试滑表演。本站赛事为期2日，来自厦门、泉州、漳州、宁德、南平、龙岩、福州省内7个地级市近400位选手参赛。组委会首次尝试采用互联网与轮滑赛事相结合，让平台取代公告栏、咨询专员、相册等功能，让家长、选手、领队自助完成赛事前期咨询、查询及赛事期间实时了解比赛进程。

（翁　珏）

旅　游

【概况】 2018年，湖里区累计接待国内外游客2037.83万人次，比上年增长16.78%，占厦门市接待国内外游客数的22.90%；旅游总收入304.66亿元，比上年增长20.97%，占厦门市旅游收入的21.73%。湖里区融入厦门全域旅游建设大局，开展旅游宣传营销，打造“湖里高端休闲度假游”品牌。出台《湖里区民宿管理办法》《关于进一步促进会议展览业发展的扶持意见》和《湖里区旅游市场秩序整治举报奖励办法》，修订《湖里区促进旅游业发展的扶持奖励办法》。完善旅游基础设施，年内完工10座旅游厕所改建任务。提升改造五缘湾湿地公园，完善旅游相关配备设施。招揽国家级行业协会和高端会展主体到湖里办展、办会。加大“乐游湖里”公众微信平台等新媒体的宣传力度，制作湖里旅游宣传资料和宣传片，组织辖区企业参加第十四届海峡旅游博览会，到南平市以及江苏省开展“两高厦门·乐游湖里”旅游推介活动。

【旅游市场综合整治】 2018年，湖里区围绕旅游行业安全监管、旅游购物场所、帆船体验项目和“黄牛”拉客仔等4个方面，抓典型、抓重点，对违规违法者顶格处理。区旅产办牵头相关部门对辖区景区（点）和星级酒店进行安全监管，对餐饮卫生状况、场所安全出口、疏散通道、消防设施、装修使用材料进行指导和监管。区旅产办以湖里自贸区及五缘湾片区等旅游购物场所为重点，着重查处旅游购物场所无照经营、销售假冒伪劣、虚假宣传、商业贿赂等违法、违规行为。全年查处不规范购物场所违法案件24起，起到“查处一起，震慑一批，教育一片”的效果。打击“黑车”司机串通揽客欺客、假志愿者、拉客仔等违法、违规行为，是年，开展5次统一行动，制定“五个一”制度。形成湖里派出所、市交通执法支队直属大队一中队、区城管湖里中队等多部门联合执法机制，开展联合执法行动，针对黑车乱象及“黄牛野导”等问题进行打击整治，维护了国际邮轮中心码头及周边区域的治安秩序。

【“两高厦门·乐游湖里”旅游推介会】 4月26日下午，由厦门市旅游发展委员会主办，区文体出版旅游局承办的“两高厦门·乐游湖里”（南平站）旅游推介会在福建省南平市举行。厦门、南平两地旅

4月26日，“两高厦门·乐游湖里”旅游推介会（南平站）在南平市举行（钟秀梅　摄）

游主管部门、主要旅行商代表、旅游企业、媒体记者等近100人参会。厦门旅游推广大使现场分“花海厦门·湖里生态之旅”“闽韵厦门·湖里风情之旅”“艺术厦门·湖里文创之旅”“仙境厦门·湖里静心之旅”4部分向嘉宾进行旅游推介，将“湖里文创园的改造史”搬到现场嘉宾眼前。引入湖里区参加过金砖会议和厦门市第11届文化遗产日的部分项目，展现出闽南传统的独特民间技艺。8月5—10日，由厦门市旅游发展委员会、湖里区人民政府主办，湖里区文体出版旅游局承办的2018“‘两高’厦门·乐游湖里”(江苏)旅游推介活动在江苏南京、扬州、无锡三地举行。推介活动一方面以湖里主题旅游为依据，将整体流程细分为“滨海厦门·休闲湖里”“清新厦门·自在湖里”“闽味厦门·韵味湖里”三大主题篇章，一篇章一主题一推介，结合节目、音乐、推介内容、互动体验提升推介活动吸引力，增强现场感官体验，使湖里三大主题旅游深入人心；注重“市区联动、主客联动、线上线下联动、旅行商及市民联动”，实现“品牌+产品”落地。活动现场，南京大华国际旅游有限公司和厦门厦旅国际旅行社有限公司签订《客源输送战略合作协议》，将共拓两地旅游客源市场，助力双方旅游品牌互推、客源互送、产品研发，加快双方旅游大发展、大联合。

【出台《进一步促进会议展览业发展扶持意见》】 7月4日，湖里区印发《湖里区进一步促进会议展览业发展扶持意见》。“意见”一是鼓励自办展览，推动展览引进。鼓励“生根型”展会，按照“以奖代补、补扶结合”的原则，对在湖里区举办的、符合奖励条件的各类经贸类专业展览会施行招商奖励、国际（境外）奖励和场租补助。对招揽引进在湖里区举办的各类经贸专业展览会，举办天数在3天及以上，按照标准进行奖励及补助。二是支持会议举办，招揽高质量会议项目。对在湖里区举办的境内外会议或特大型会议，按照会议性质、住宿客房费总额或外来参会人员数给予承接会议的酒店奖励。对全年招揽引进8个及以上会议项目的湖里区机构或企业给予全年奖励总额20%的超额奖励。三是力促大型会展机构或企业落户湖里区。凡注册资金达到500万以上的境内外大型会展企业，在湖里区设立从事会展业务、注册资金达到150万元的独立法人企业，当年会展营业额达到200万元的，从下一年度起可获得购房或租房补贴。

（翁　珏）

名词解释

“2+4+N”发展战略：“2”是指积极对接、全面服务自贸试验区、火炬高新区2个国家级重大片区，“4”是指优先发展高端制造、商贸物流、新兴金融、创意创新4大产业，“N”是指实施若干重大项目（事项）。

“五个一”制度：统一售票、统一管理、统一报备、统一客诉、统一服务的制度。

卫 生

【概况】 2018年，全区有各类医疗卫生机构408家，其中医院（含市属10个）16家、社区卫生服务中心5家、分中心1家、服务站6家、门诊部103家、二级妇幼保健机构1家、疾病预防控制中心1家、诊所201家、村卫生所21家、企事业单位内设医疗机构53家。专业卫生技术人员6656人，其中执业医师（含执业助理医师）3261人、注册护士3395人。医疗机构核定床位4244张。

9月12日上午，厦门市和通社区半山林海小区卫生服务站揭牌（黄文选　摄）

【医疗项目建设】 8月，弘爱妇婴医院开始基坑施工；9月，弘爱医院建成并正式对外接诊，厦门大学附属厦门眼科中心五缘院区、如心妇婴医院在年底建成并投入使用；厦门大学附属心血管病医院年底完工；2个新中心、1个分中心和2个服务站正在建设之中。

【小区卫生服务站建设】 2018年，湖里区已建成3个小区卫生服务站。第4家殿前街道嘉福花园小区卫生服务站装修完成，正在选派医生。第5家江头街道江头小区卫生服务站装修中。

【创建全国健康促进区】 年内，湖里区深入开展全国健康促进区创建工作，完成《全国健康促进县（区）评估标准》的各项指标要求。11月通过全国健康促进区创建验收。创建期间，召开部门协调会议4次，开展多部门联合督导4次，组织将健康融入所有政策、健康促进场所建设等5个专题9场培训；编印《治未病》《治已病》《饮食与养生》《办公室微运动集锦》等4份健康宣传手册6000本，收录301条健康养生小知识、427条常见疾病的预防与防治知识、119条饮食保健小常识；定期开办健康知识讲座744场，4万余人次听课；实施“将健康融入所有政策”策略，全区共18个部门先后出台65条健康相关政策；形成促进健康的支持性环境，建成健康促进学校22所、医院7家、机关16个、企业19家、社区17个、健康主题公园1个、健康步道1条，打造健康生活休闲圈、慢步圈和骑行圈；开设健康湖里微信公众号，向各类网络媒体传送信息608条；居民健康素养水平达30.7%，成人吸烟率15.64%，经常参加锻炼人口比例37%。

【爱国卫生运动】 2018年，湖里区组织开展“迎新春　洁家园　灭

埭辽公园健康步道（黄文选　摄）

四害”冬季灭鼠灭蟑、爱国卫生月、夏季除“四害”全区集中统一行动8次。各街道、社区利用多种宣传平台向辖区居民宣传除害防病健康知识，号召广大居民做好家庭卫生。设立咨询点为居民提供用药咨询服务，全区举办现场宣传活动237场，制作宣传展板及宣传栏海报336版，发放折页、画册等宣传材料30.14万份，印制并分发《致辖区单位的一封信》《致居民的一封信》约40万份，引导更多居民参与爱国卫生运动。组织区爱卫会各成员单位和各社区、企事业单位一起开展环境卫生整治，清理单位、道路、背街小巷、绿化带、房前屋后等区域的垃圾杂物，清理积水，清除卫生死角和“四害”孳生地，每次行动清理生活垃圾和土头垃圾约1500吨，清除乱堆杂物300余处，清除卫生死角和“四害”孳生地700余处，清理乱贴乱画2万余处。各街道、社区组织有害生物防治（PCO）公司对辖区公共外环境、无物业管理小区等进行消杀，并向居民分发除“四害”药物，全年使用和分发溴敌隆、溴鼠灵等灭鼠药17.03吨，凯素灵粉、氯氰菊酯等灭虫药20.56吨。完成年度烟草流行调查工作，6个社区监测点完成调查问卷480份，结合调查向居民宣传控烟知识；5月28日，举办以“烟草和心脏病”为主题的“世界无烟日”宣传及咨询义诊活动，现场为居民答疑解惑，提供戒烟咨询服务；创建9家无烟单位，其中：4个社区、4个学校、1家企业；7月5日，开出全市首张控烟罚单。完成年度5个省级卫生社区的申报及创建工作。

【干部保健】　湖里区全年有42位保健对象完成年度健康体检，体检率75%，保障7批次23人的周末疗养任务。组织开展每月2次上门医疗巡诊工作及每周1次的社区坐诊，全年巡诊21场。通过邀请市精神卫生服务中心进机关开展心理健康及睡眠管理讲座，征订保健刊物，加大保健知识宣传力度，帮助干部职工不断更新自身保健理念，提高自我调适能力。区行政中心健康小屋全年为500人次提供健康检测及应急药品领用服务。

【推进卫生计生领域“放管服”改革】　2018年，湖里区医师、护士和医疗机构实现电子化注册，中医诊所备案、养老机构内部设置医疗机构备案；允许台湾地区服务提供者设立个体诊所；按照“证照分离”改革精神，对自贸区和火炬高新区公共场所卫生许可、营利性医疗机构设置由审批改备案；简化公共场所卫生许可复核事项；将与群众健康安全关系重大的限制类医疗技术临床应用备案；抗菌药物临床供应目录备案和抗菌药物静脉输液纳入管理范围；放宽医师多机构备案限制条件。简化优化88个申请材料，其中：删减材料15项、简化材料12项、提供指引11项、清理所有复印件50项。“健康湖里”微信公众号、印制审批服务卡、2部咨询电话、2个QQ群、5个微信群构建与办事群众通畅的沟通渠道。即来即办事项28项，占所有事项的45%；34个承诺事项的承诺时限均不超过法定时限的1/3。实现本部门100%事项“最多跑一趟”。

【医疗卫生专项监督执法检查】　年内，湖里区开展打击“非法行医”和“两非”专项行动。全年开展对辖区城中村非法行医集中突击行动5次，出动执法人员45人次，排查涉嫌非法行医窝点23处，立案查处非医师行医21人次，移送公安机关追究刑事责任2人次，没收违法所得4.19万元，罚款53.3万元；对有非法行医嫌疑但未取得相关证据的11个窝点拆除相关广告、责令当事人停止违法行为。是年，完成“两非”案件14件，其中重大案件2件（超额完成1件）；罚款48.72万元，其中没收违法所得11.11万元。制定《2018年湖里区民营医院依法执业专项整治工作方案》，组织监督所对辖区7家民营医院依法执业情况进行监督检查。出动执法人员52人次，对现场检查发现问题责令限期改正，行政处罚其中 2 家医院。制定《湖里区医疗卫生机构传染病防治分类监督综合评价工作方案》，组织区监督所和区疾控中心按照方案，完成辖区 1 家疾控中心、8 家民营医院和 25 家未定级医疗机构的传染病防治监督检查评价工作，并将评价结果通过系统上报卫健委。开展医疗废物处置专项执法监督检查，组织监督所开展医疗废物处置专项执法监督检查。由区扫黑办、区卫计局联合印发《湖里区民营医疗机构专项联合执法检查工作方案的通知》，厦门市医保中心、区发改局（物价检查所）、区市场监管局、湖里公安分局等 5 部门组成联合执法检查组，对网上舆情集中、投诉举报较多的部分民营医疗机构采取不打招呼、不事先通知、临时指定检查对象的形式，突击检查。出动执法人员 83 人次，检查 10 家民营医疗机构，其中：区管民营医院 7 家、门诊部 3 家。开具执法监督文书 19 份，其中：区卫生计生监督所 9 份，区市场监督管理局 1 份，市医保中心 2 份，区发改局 7 份。要求整改的问题 31 个，在反馈时对受检的民营医疗机构提出规范执业、提高医疗服务质量等方面的要求。

【医疗机构抗菌药物临床应用管理】 2018 年，湖里区组织辖区内二级医院（不含二级医院）以下的医疗机构依法享有处方权的医师、乡村医生和从事处方调剂工作的药师抗菌药物临床应用管理的培训及考核。全年完成 7 期培训及考核，参加培训 822 人，考核通过 655 人。

【家庭医生签约服务】 全年完成家庭医生签约 110567 人，签约覆盖率 34.19%。其中，65 岁以上老年人签约 15724 人，签约覆盖率 74.00%；高血压患者签约 19219 人，签约覆盖率 62.20%；糖尿病患者签约 9061 人，签约覆盖率 75.51%。

【百名专家进社区】 1 月起，湖里区继续开展“百名专家进社区”义诊活动。从全市各大医院邀请医疗专家轮流到社区义诊，为包括流动人口在内的群众提供家门口的健康服务。全年邀请 289 名专家，举办活动 34 场，服务群众 6578 人次。

2018 年，湖里区五部门联合开展民营医疗机构专项执法检查，图为检查湖里华兴医院（黄文选　摄）

【推进分级诊疗模式】 年内，湖里区与厦门大学附属心血管病医院联合强化冠心病分级诊疗工作。5 月 14 日，携手厦门市心血管病医院召开湖里区冠心病基层防治分级诊疗启动会，由厦门大学附属心血管病医院牵头，与辖区各类医疗机构协作，通过分级诊疗方式，构建以协同服务为导向的医疗服务体系。

（连凌琳）

妇幼保健

【概况】 2018 年，区妇幼保健院（以下简称“区妇幼”）履行保健职能，全年医疗保健服务 65.12 万人次，其中，含集体保健约 89.55 万人次。落实“两纲”及重大公共卫生任务，是年，完成全区孕产妇系统管理率、妇女常见病定期筛查率、婚前医学检查率、产前筛查率、高危儿管理率、3 岁以下儿童健康管理率等各项指标。全年妇幼保健工作、避孕药具、出生证明发放等基层督导考核 266 天。是年，区妇幼获福建省青年文明号、福建省首批儿童早期发展示范基地、全国首批基层妇幼示范中医馆、国家级盆底康复技术培训基地、国家级母婴友好医院、全省首个全国儿心量表实践操作指导中心认证牌匾、导乐师培训临床实习中心、产后康复指导师培训临床实习中心、“黄金第一口奶”公益咨询台牌匾等 9 项省、国家级称号。

【健康宣教】 区妇幼全年开展院内健康宣教 578 场，走进社区、幼儿园、中小学、工厂、企事业单位开展院外讲座 132 场；开展健康服务进社区、首届医师节、“六一”儿童节、百名孕妇瑜伽表演、世界母乳喂养周、出生缺陷防治周、世界

5月8，区妇幼医务人员走进社区，举办世界地贫日大型义诊宣传活动（区妇幼供图）

避孕日、世界艾滋病日等送医、送温暖义诊宣传活动83场，服务百姓近10万人次。

【医疗安全管理】 2018年，区妇幼将6月定为“医疗安全活动月”，通过举办医疗安全专题讲座、开展医疗安全大讨论、典型案例分析讨论、产科安全培训、强化安全演练、医疗安全大排查等系列活动，提升医疗质量和安全水平。

【拓展新服务新项目】 年内，区妇幼准入无痛分娩技术、音乐镇痛导乐分娩技术、男性不育与性医学、经肛门直肠脱垂手术、重睑成形术、穴位电刺激治疗子宫复旧等临床新技术、新项目17项，提升医疗服务水平，满足群众就医需求。

【业务学习培训与教学】 2018年，区妇幼组织全院业务学习培训21场，累计培训达3300人次；全年选送人员外出培训进修293人次，接收进修生、见习生、实习生226人。

【抓好党建】 年内，区妇幼支部坚持“三会一课”，深入开展“两学一做”学习教育实践活动，全年召开党员大会、党组织生活会、民主评议会、党小组会等37场次。参加各级党组织举办的学习和培训11次，培训约433人次。定期组织召开纪检行风及廉政廉医专题会议13次，构建风清气正、廉洁高效的良好环境。组织党员参观特区纪念馆、观看廉政教育电影、开展党员义诊咨询活动6场，并与禾盛社区成立兼合式党支部，持续开展志愿者服务行动。

【扩大妇幼社会影响】 3月9日，区妇幼作为全省唯一一家区级经验交流单位，在全省妇幼健康工作视频会上进行经验交流；6月9日，举办全国产后与盆底康复技术研讨班，全国400多名专家学者齐聚区妇幼；6月21日，配合省卫计委举办全省县级妇幼保健院院长培训班；7月27日举办全国儿心量表测评师培训班；10月举办福建省儿童营养管理论坛，并联合中国妇幼保健协会举办全国导乐师培训班。创建健康促进医院，“益母计划”、“功能性障碍儿童康复服务”成为湖里区特色亮点，受到国家考评组高度好评，助力湖里区以高分成功通过国家级健康促进示范区考评。

卫生监督

【概况】 厦门市湖里区卫生和计划生育监督所（以下简称为“区卫监所”）为湖里区区属参照公务员法管理事业单位，正科级，是湖里区卫生和计划生育局行使卫生监督执法职能的执行机构。主要职责是接

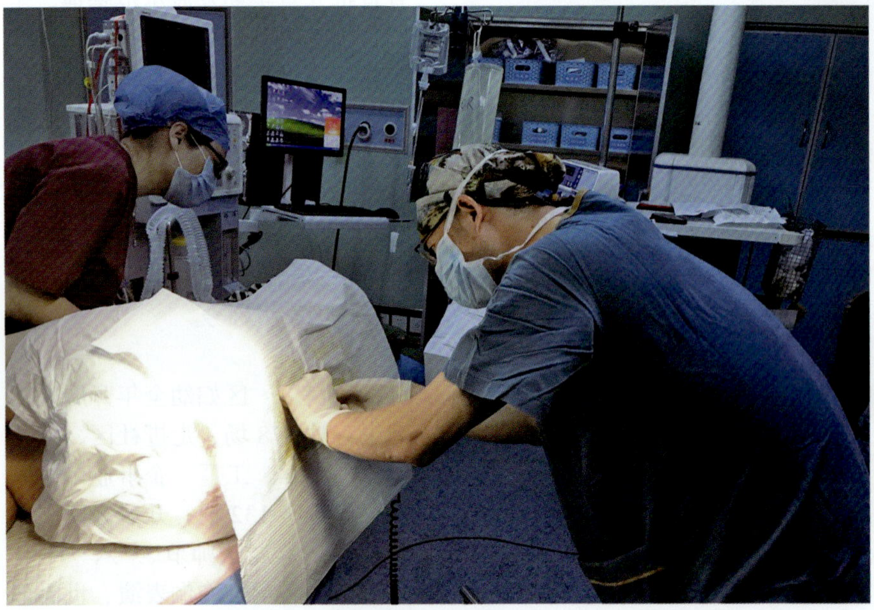

10月，在全省区级妇幼保健院中率先开展无痛分娩新项目（区妇幼供图）

6月9日，区妇幼举办全国盆底康复技术研讨（区妇幼供图）

受湖里区卫生和计划生育局的委托，依照《中华人民共和国传染病防治法》《中华人民共和国执业医师法》等卫生法律法规规定的职责范围，承担辖区医疗卫生和母婴保健、公共场所卫生、生活饮用水卫生相关的行政许可事务和医疗机构监督、传染病防治监督、公共场所和学校卫生监督、生活饮用水卫生监督、计划生育监督等卫生监督执法任务。2018年，区卫监所下设综合科、医疗卫生监督科、公共卫生监督科、法制稽查科、许可科5个职能科室，有在编人员38名。

【卫生监督检查】 2018年，湖里区查处各类违法医疗案件75件，立案63件，当场处罚12件。其中，涉及医疗机构违法违规行医案件44件、无证行医案件28件、"两非"案件2件，罚款84.1万元，没收违法所得约15.97万元，没收一批药品、医疗器械（其中B超机2台）。及时调查处理医疗投诉212件。对无证及有严重违规现象的公共场所加大处罚力度，立案处罚5件，当场处罚5件，罚款约1.96万元；调查处理公共卫生类投诉件46件。

【行政审批服务】 年内，区卫监所受理许可3871件。其中，医疗802件，公共场所440件，二次供水176件，医师注册1492件，护士注册961件；登记304件，现场审查1438家次。其中，医疗审查837家次，公共场所审查426家次，二次供水审查175家次；移交许可档案3363件。

【"双随机"监督检查】 2018年，区卫监所"双随机"任务监督完成率98.42%，任务完成率94.07%，任务完结率均为100%，结案2起，罚款金额1500元。通过湖里区政府网站和区卫监所微信公众号向社会公开"双随机"抽检结果。

【控烟专项监督检查】 年内，区卫监所在广泛宣传的基础上，对辖区医疗机构、宾馆、娱乐场所等重点公共场所进行控烟专项监督执法。7月，开出全市的第一张控烟罚单。

【社会信用体系建设】 2018年，湖里区结合部门权力清单，梳理社会信用信息目录。核对并上报区级信用信息目录模板要求的364项行政处罚及56项行政许可权责清单相关参数，将已废止或错误的信息事项、补充新增的信息事项上报修改。组织开展"双公示"工作，确保行政许可、行政处罚自做出行政决定之日起7个工作日进行公示。全年报送行政许可信息2393份、行政处罚信息48份。制定《湖里区医疗机构依法执业信用承诺制度实施意见》《湖里区二次供水单位依法执业信用承诺制度实施意见》《行政审批告知承诺书》，在医疗机构执业许可的校验、变更登记、延续有效期以及二次供水卫生许可的申请、延续、变更等6个审批事项中实行告知承诺制，承诺内容以审批材料真实、符合审批标准和要求为主。

【落实"三项"制度】 年内，区卫监所执行行政执法公示制。完善行政许可窗口各项工作制度；按时报送并公示行政执法人员资格；严格规范审批服务。推进执法全过程记录制度。全年通过"智慧卫监"云平台系统，许可科受理行政许可审批（包括公共场所、二次供水、放射卫生）3728件，医疗卫生监督1551户次，开具文书776份，公共卫生监督1782户次，开具文书562份。建立完善调查询问室和听证室。采用信息化手段进行行政执法记录。在行政处罚执法活动中的现场检查和调查取证等环节采取拍照、录音、录像等方式进行记录。利用电子数据记录执法过程。利用现有的"互联网＋行政执法"途径，生成不可删改的行政执法数字化案卷，实现行政执法全过程留痕和可回溯管理。在福建省行政执法平台上实时录入行政处罚案件立案、行政处罚事先告知、作出行政处罚决定、结案等环节数据信息。在国家卫生计生监督信息平台录入监督检查、行政处罚决定及结案等环节数据信息。开展重大行政执法决定法制审核制度。在重大行政处罚案件审查终结、拟定处理决定后，将案卷移送区卫计局法规科进行审核。

【专题培训】2018年，区卫监执法人员参加省里有关卫生计生监督执法相关内容的培训8场9人次，参加市里举行的各类培训35场218人次，参加区里的培训8场90人次。单位内部开展经常性的案件评析和执法交流，传达学习新的法律法规和规定要求。对辖区从业人员开展法律法规、公共场所、传染病、常见病、多发病等方面的专业培训。全年举办二次供水单位卫生知识培训、娱乐场所培训、夏季重点公共场所卫生知识培训（集中空调单位和游泳场所）、湖里区学校及托幼机构冬春季传染病防控培训、流感防控专题培训、临床检验质量控制与实验室安全管理、冠心病防治培训、抗菌药物临床应用培训、民营医疗机构依法执业工作会议等11场培训会。

（谢玉霞）

疾病防控

【概况】2018年，湖里区疾病预防控制中心（以下简称区疾控中心）内设办公室、业务质量管理科、传染病预防控制科、应急处置与信息管理科、卫生监测科、检验科、免疫规划管理科、地方病与慢性病防制科、健康教育科9个科室。核定编制36个，其中，4个为区卫健局干部保健和医改办编制，区疾控中心在编32人。其中，卫生专业技术人员高级职称10人、中级职称13人，硕士学位11人，本科及以上学历26人，本科以上学历占81.25%。

【健康宣教】2018年，湖里区在“结核病日”“世界卫生日”“世界无烟日”“世界艾滋病日”等组织各种大型宣传活动。参与多部门组织的活动47场，发放宣传折页上万份，宣传品28534份，惠及3万余人，为上万人咨询义诊。利用社区宣传栏、公交站台、海报、横幅等传统媒体80版次，利用移动短信平台、微信公众号等发送健康咨讯，加强与《海峡导报》《海西晨报》等新闻媒体合作，加大宣传报道力度。

【无烟城市创建】年内，湖里区推进厦门市“无烟城市”创建。全区有无烟单位83家。居民健康素养水平达30.3%，湖里区成人吸烟率15.64%，户籍居民人均期望寿命82.88岁，高于省、市平均水平。

【通过全国健康促进区创建验收】2018年，湖里区围绕全国健康促进区创建的重难点问题，召开5次协调会议，开展4次联合督导，邀请省级专家10人次和市级专家5人次，开展5个专题9场培训，1000余人次参与。对创建全国健康促进区工作开展3次评审。创建完成1个健康主题公园，1条健康步道，建成健康促进学校22所，健康促进医院7家，健康促进机关16个，健康促进企业19家，健康社区17个，健康家庭104户。编印《治未病》《治已病》《饮食与养生》《办公室微运动集锦》等4份健康宣传手册6000本，收录301条健康养生小知识、427条常见疾病的预防与防治知识、119条饮食保健小常识。是年，湖里区高分通过创建全国健康促进区的国家级评估。

【卫生应急】年内，区疾控中心有卫生应急相关技术方案或应急预案33个，涉及12个类别的突发公共卫生事件，预案体系完整率100%。每月开展突发公共卫生事件风险评估，为政府决策提供依据。防控各类传染病，做好应急仓库物资储备工作。是年，规范处置辖区中小学、托幼机构发生的手足口、流感、水痘、腮腺炎等传染病疫情和聚集性事件145起；调查处理传染病自动预警信息事件414起，及时率100%；处置疑似食物中毒事件15起，事件查明率及调查处置完整率均达100%；调查处置病媒相关传染病12例。

2018年，考评组在金安社区评估健康促进区创建工作（区疾控中心供图）

【传染病防控】 2018年，全区各级医疗机构上报8135例法定传染病病例，发病率为787.51/10万。其中，乙类传染病13种1975例，发病数前三位的为：梅毒、淋病、肺结核；丙类传染病7种6160例，发病数前三位为：手足口病、流行性感冒、其他感染性腹泻；无甲类传染病、SARS、炭疽等病例或疑似病例报告。

艾滋病防治 年内，湖里区新增病例120例，累计有艾滋病病例及感染者552例，全部进行随访管理。开展HIV（艾滋病）自愿咨询检测1399人次，发现初筛阳性55例。开展国家流动人口哨点监测、问卷调查及抽血采样403人，发现1例梅毒阳性、1例丙肝阳性，2例HIV阳性。开展男男同性恋人群哨点监测，问卷调查和采血142人，其中确诊HIV阳性5人。开展各人群干预检测工作，暗娼干预4512人次，检测402人次，HIV检测无阳性；男男同性恋人群干预2114人次，检测184人次，HIV阳性50例；监管场所羁押人员干预238人次，检测238人次，HIV检测初筛无阳性；外来务工人员宣传干预7289人次；其他人群宣教干预30781人次。

结核病防治 2018年，湖里区发现疑似肺结核患者920人，转诊率99.9%；经过医院转诊及结防部门追踪到位905人，总体到位率98.4%。发现活动性肺结核患者434例，均进行督导管理，患者管理率100%，管理患者规范服药率97%；治疗满一年的活动性患者377例，治疗率93%。对各街道社区卫生服务中心和第一医院结核门诊开展季度督导和常规督导98次，随访结核病患者832人次。处置学校结核病疫情，追踪管理学生、教师肺结核患者45例，开展14起学校结核病疫情防控工作，筛查学校与结核病患者密切接触的师生579人，未发现疑似患者。是年，湖里区继续推进结核病患者健康管理服务和厦门市结核病分级诊疗工作，对辖区结核病疑似患者的推介转诊工作和重点人群的筛查工作，鼓励各社区居委会和街道社区卫生服务中心发展结防志愿团体和志愿者队伍，创新传播策略，提升全区结核病防治工作水平。

霍乱、禽流感监测及麻风病防治 年内，市中医院和市儿童医院报告肠道门诊168例，粪检148例，粪检率88.10%，未发现霍乱弧菌阳性患者。5—10月，在湖里区海产品批发市场、大型超市、农贸市场采集242份水产品和180份养殖水进行霍乱弧菌检测，8份呈阳性，均为非产毒株。12月上中旬开展禽流感监测，采集15份活禽交易人员血样、30份活禽粪便、饮水标本检测。通过制作宣传栏、张贴宣传海报、发放宣传折页，微信公众号推广和义诊咨询等一系列方式，开展麻风防治知识宣传，发放宣传折页700余份，宣传品150份，义诊咨询300余人次。

病媒传染病防治和病媒生物防治 2018年，湖里区发现登革热病例5例、疟疾2例、流行性出血热2例，以上病例经流行病学调查后确认为输入性病例。开展日常病媒监测，全年布放120个诱蚊灯、2400个捕鼠笼，将监测数据每月按时上报给上级有关部门。

【免疫规划】 2018年，全区开展预防接种474784剂次，辖区儿童基础免疫及加强免疫户籍和流动儿童疫苗接种率均在99%以上。接种率现场调查结果显示，所有免疫规划疫苗接种率均达到国家要求标准。年内，报告麻疹监测病例38例，均经流行病学调查，其中：实验室检测麻疹阳性病例5例（1例外地病例），风疹阳性病例12例，排除病例21例，发病率为3.96/10万，全部符合疑似麻疹病例监测指标。全区报告15岁以下儿童疑似乙肝病例5例，其中：确诊病例1例，排除病例4例，及时调查率100%。无新生儿破伤风病例。全区报告百日咳病例4例，15岁以下儿童急性弛缓性麻痹（AFP）6例，经调查和实验室检测排除脊灰病例，采集率、及时率均达到监测指标要求；

2018年，区疾控中心工作人员采集样品，进行寄生虫检测（区疾控中心供图）

每旬主动搜寻辖区医院甲胎蛋白（AFP）、乙脑、新生儿破伤风、麻疹，未发现漏报病例。全区报告预防接种疑似异常反应181例，其中：异常反应51例，一般反应130例。

【开展预防接种宣传活动】 4月25日下午，区疾控中心与湖里街道社区卫生服务中心在达辉广场开展主题为“预防接种 守护生命”的宣传活动。活动现场采取设置宣传背景图、悬挂宣传横幅、摆放宣传展板、设置咨询台、开设义诊台以及猜灯谜式有奖问答等形式宣传预防接种相关知识。500余人参与活动，发放宣传资料2400余份，发放宣传品200余份。

【开展查漏补种月和学校查验预防接种证工作】 2018年，全区麻疹疫苗补种3463人，脊髓灰质炎疫苗补种3955人，接种率均超过95%。乙肝疫苗、百白破疫苗、A群流脑疫苗、乙脑疫苗、甲肝疫苗、A+C群流脑疫苗、白破疫苗等补种率均超过99.6%。补种月报告疑似预防接种异常反应（AEFI）病例11例，其中：一般反应5例，一般性异常反应6例，无发生不良反应和投诉。4月1日至5月30日，区疾控中心对全区各小学、托幼机构预防接种证查验工作进行督导，抽查小学、幼儿园50家，督导发现的问题及时向相关单位反映。查漏补种月期间，对全区317家小学、幼儿园进行接种情况摸底并补种，补种率均95%以上。

【应对长春长生问题疫苗事件】 7月15日，国家药监局发布长春长生生物科技有限责任公司有关问题疫苗公告后，区卫健局组织区卫计监督所和区疾控中心对问题疫苗是否流入湖里区进行核查。经查，不合格百白破疫苗未流入辖区，湖里区未采购过长春长生公司生产的人用狂犬病疫苗。针对问题疫苗事件，区卫健局向区政府常务会专题报告全区疫苗管理工作，并分别向区委办、区政府办报送问题疫苗核查和日常疫苗管理情况，通过“湖里头条”向公众普及疫苗常识。区疾控中心及各接种单位，了解国家、省、市有关情况反馈，统一公众咨询答复口径，接听群众咨询电话，解答群众相关疑问，未接到过激反应事件报告。8月，省、市食品药品监督部门及卫健部门，先后3次检查湖里区疫苗采购、冷链、接种等工作。组织全区接种单位开展问题疫苗补种的宣传引导，做好在其他省份接种过不合格百白破疫苗群众的补种工作。

【开展碘缺乏病监测】 2108年，湖里区采集210名8—10岁学生和101名孕妇的尿样和家庭盐样进行检测。监测结果显示：尿碘水平达到消除碘缺乏病技术标准；合格碘盐食用率94.76%，达到消除碘缺乏病技术标准；甲状腺肿大率0.48%，达到消除碘缺乏病技术标准；孕妇尿碘中位数135.9μg/L，略低于世界卫生组织、联合国儿童基金会及国际控制碘缺乏病理事会推荐标准150μg/L。湖里区居民户合格碘盐食用率达到90%以上，且8—10岁儿童尿碘中位数≥100μg/L，膳食中的碘满足孕妇的需求。辖区重点人群碘营养处于适宜水平。

【居民健康档案管理】 年内，全区累计建立电子健康档案749987份，建档率72.60%，其中新建合格健康档案48943份。为65岁以上老年人开展健康体检14709人，健康管理率51.42%。管理高血压患者28231例，其中规范管理21043例，规范管理率74.54%；管理糖尿病患者13147例，其中规范管理7947例，规范管理率60.54%。

【实现慢性病防控工作常态化】 2018年，湖里区结合肿瘤防治宣传周、世界无烟日、全民健康生活方式行动日、全国高血压日、联合国糖尿病日等卫生日开展慢性病防治知识宣传活动。结合健康促进区创建工作，把埭辽公园、火炬公园打造成健康公园，将健康元素融入公园建设，为群众提供更多健康支持场所。建成火炬公园、吕厝和五缘湾北3个健康小屋并投入使用，扩大健康小屋覆盖范围，为群众提供健康筛查和疾病监测服务。组织辖区30家机关、单位、社区职业人群372人，组成25支队伍，参加第三届国家“万步有约”职业人群健走激励大奖赛。全区有88名参赛队员健走满分，200名队员健走满分天数在85天以上，大部分健走队员形成健走习惯，部分队员身体指标得到改善。

【居民死亡信息报告及死因统计分析】 年内，全区医疗机构网络报告死亡病例1332例，其中户籍死亡病例1070例。公安部门报告死亡病例983例，报告率108.85%，报告死亡率3.24‰。死因前五位为：恶性肿瘤、心脏病、脑血管病、呼吸系统疾病、损伤与中毒（伤害），占全部死亡数的80.2%，是威胁辖区人民身体健康和生命安全的主要原因。死于恶性肿瘤人群，前5位分别为肺癌、肝癌、结直肠癌、食道癌和胃癌。与上年相比，前五位死因基本一致，其中肺癌、肝癌、结直肠癌死亡率略有下降，食道癌和胃癌死亡率则有小幅上升。是年，全区人均期望寿命82.96岁，其中，男性80.41岁，女性85.68岁。全区人均期望寿命比上年提高0.69岁。

【心脑血管事件报告登记和肿瘤病例登记随访】 2018年，湖里区报告急性心脑血管事件1373例次，均完成报告信息审核。累计报告肿瘤新发病例1106例。随访2017年之前病例3941例，其中：本省外市病例850例，外省户籍病例343例，本市其他区367例；本区病例存活1953例，死亡131例，失访297例。

【产品伤害监测】 年内，湖里区报告产品伤害病例63486例。其中：中医院报告52541例，儿童医院报告10945例，报告典型案例66例。

【精神障碍患者管理】 2018年，湖里区多渠道筛查疑似精神障碍患者，联系厦门市仙岳医院，组织专科医生联合社区居委会、社区卫生服务中心和派出所等部门，对发现的疑似严重精神障碍人员进行筛查，明确诊断。邀请市仙岳医院科研部副主任、福建中医药大学硕士研究生导师、国家二级心理咨询师徐秀瑛分片区对全区各街道办、派出所、社区居委会相关人员260人进行专项培训，提高基层工作人员在疑似患者识别、患者医学管理和日常监管工作中的能力，促进疑似患者线索搜集、规范医学管理和部门协同监管等工作的开展。结合世界卫生日、世界精神卫生日开展主题宣传，向广大群众普及心理健康知识。开设学校精神卫生健康教育课堂，促进儿童青少年心理健康成长。在江头街道社区卫生服务中心建设的心理健康驿站。开设了临床心理门诊，实施心理健康促进项目，开展常规个案咨询、专家值班门诊、团体辅导和心理健康讲座。通过沙盘疗法、音乐疗法、催眠疗法等干预措施，为居民、单亲母亲、失独家庭、精神障碍患者等特殊群体，开展心理健康筛查、心理评价、心理干预。是年，全区患者报告率3.12‰，登记在册严重精神障碍患者3247例，其中属于6种严重精神障碍疾病3214例，年在管患者规范管理率、面访率、居家稳定率分别为67.92%、64.93%、99.24%，在册患者服药率、规律服药率分别为72.09%、51.9%。

2018年，区疾控中心在学校开展食物消费量调查（区疾控中心供图）

【卫生监测与检验检测】 年内，区疾控中心开展食品类、公共场所类、生活饮用水、病原微生物等检测，出具检测报告1688份。开展3岁及以上人群含油、盐、糖加工食品为主的各类食物消费状况调查。通过前期抽样，湖里区的禾山、金山、湖里等3个街道的12个居委会及金尚中学初中学生参与调查。居民户的调查以入户问卷面访为主，辅以身高体重等指标的测量，调查内容涉及居民食物消费的种类、数量及日常饮食习惯。完成126户365人的体检、问卷调查。完成183名初一学生的2次问卷调查，250名16周岁以上居民的公众食品安全认知问卷调查。

（罗尚芬 柯素容）

北京中医药大学厦门医院（厦门市中医院）

【概况】 2018年，北京中医药大学厦门医院（厦门市中医院）（以下简称市中医院）门诊量294.27万人次，其中，急诊48.23万人次，社区门诊90.42万人次，出院4.19万人次。固定资产总值8.24亿元，其中，医疗设备总值4.39亿元，配置了DSA、64排螺旋CT、1.5T核磁共振、DR、三维彩超、日本OLYMPUS内窥镜系统、贝克曼自动生化分析仪、实验室流水线信息系统等大型精密设备。设有32个重点专科学科，有职工1813名，其中，享受国务院特殊津贴专家3名，全国名老中医药专家学术继承指导老师5名，省级名老中医药专家学术继承指导老师8名，博士生导师3名，硕士生导师41名，博士26人、硕士323人，高级专业技术人员312人。有8个专科入选香港艾力彼医院管理研究中心评选的“2018中国中医医院·最佳临床型专科”，最佳临床型专科数量居全国中医院第2位。

5月25日上午，灸疗中心、热敏灸临床科研基地揭牌仪式在市中医院举行（市中医院供图）

【通过三级甲等中院复评】 3月26日，根据闽卫办中医函〔2018〕23号文“福建省卫生计生委办公室关于公布2017年度三级中医医院评审结果的通知”，市中医院通过三级甲等中医医院专家组的评审。

【北京中医药大学厦门医院灸疗中心、热敏灸临床科研基地揭牌成立】 5月25日上午，厦门市中医院灸疗中心、热敏灸临床科研基地揭牌仪式在市中医院举行。厦门市卫生计生委副主任王挹青与热敏灸创始人、江西热敏灸医院院长陈日新揭牌并致辞。厦门市卫生计生委中医药管理处处长陈洪涛、江西中医药大学附属医院党委书记刘中勇、北京中医药大学厦门医院院长耿学斯、党委书记周文等院领导以及医院相关职能部门负责人和临床科室医护代表参加了揭牌仪式。

【俄罗斯卡累利阿自治共和国行政长官帕尔芬奇科一行到市中医院参观交流】 9月9日上午，俄罗斯卡累利阿自治共和国行政长官帕尔芬奇科夫率领的代表团一行15人到市中医院参观交流。在厦门市卫生计生委和医院领导陪同下，帕尔芬奇科夫一行参观了市中医院热敏灸门诊，听取了针灸康复科专家对中医和中医外治项目的介绍，体验了针灸康复科和推拿理疗科的热敏灸、推拿、刮痧、针灸等中医外治手法。

【中医院开展精准帮扶合作工作】 10月23日，由市中医院院长耿学斯带队到宁夏中医院参加帮扶联席会议。参会的市中医院人员有副院长陈学勤、行政办公室、人力资源部、医务部、科教部和急诊科、普外科、骨科、针灸科等相关行政、临床科室负责人。会议对下阶段对口帮扶工作进行了充分沟通，明确了接收人员到厦门进修、派驻专家到宁夏工作、开展科研合作、学术交流等具体项目。

【中华中医药学会中药临床药师培训基地开班】 10月10日，中华中医药学会中药临床药师培训基地在中医院开班。中药临床药师培训是国家开展的第二项药学临床技能服务培训项目，旨在培训药师充分发挥药学专业所长服务于临床。

【市中医院获最佳临床型专科排名前三甲】 11月3日下午，“中国医院协会中医院分会第四届年会暨中医医院最佳专科榜单发布会”在广西南宁举行。市中医院党委书记、副院长周文出席会议，并在会上作为最佳临床型专科领奖代表进行经验分享。同日，公布“中国中医医院最佳临床型专科系列”榜单，市中医院位列第二，儿科、肛肠科、肝病科、骨伤科、内分泌科、脾胃病科、心血管科、针灸科8个临床型专科获奖。

【“陈日新名医工作室”揭牌】 11月19日下午，市中医院与热敏灸

11月19日下午，“陈日新名医工作室”揭牌（市中医院供图）

创始人、江西中医药大学附属医院副院长、中国针灸学会常务理事陈日新正式签订“名医工作室”协议，陈日新名医工作室同时揭牌。“陈日新名医工作室”厦门市卫生计生委已批准设立的名医工作室中，中医类专业第一个签约揭牌的名医工作室。

【获批设立省级博士后创新实践基地】 11月23日，福建省人力资源和社会保障厅下发《关于公布2018年新设立博士后科研工作站和创新实践基地单位名单的通知（闽人社文〔2018〕284号）》，市中医院成为获批设立省级博士后创新实践基地的唯一一家中医药事业单位。

【刘东晖获“2018年厦门市最美医生”称号】 12月13日晚，由厦门市委宣传部牵头组织的厦门市践行社会主义核心价值观基层“最美人物”评选发布活动在厦门电视台演播大厅举行。市中医院神经外科副主任医师、援外医疗组长刘东晖被评为“2018年厦门市最美医生”，同时被授予市青年五四奖章。

（李 沫）

厦门市湖里区湖里街道社区卫生服务中心

【概况】 2018年，厦门市湖里区湖里街道社区卫生服务中心（以下简称湖里社区卫生服务中心）设有4个服务点，分别为海天路53号海天中心、东渡路93号东渡分中心、仙洞路9号康乐社区卫生服务站、悦华路4号兴华社区卫生服务站，总业务用房5399.08平方米。其中：海天点2671.14平方米，东渡点1885平方米，康乐点518.94平方米，兴华点324平方米，服务范围为湖里街16万余居民。是年，补充编内工作人员3名，截至12月31日，湖里社区卫生服务中心设有全科医疗科、中医科、妇产科、儿科、口腔科、康复医学科等15个科室。在岗编制内人员103人，设有行政主任1人，副主任2人，副书记1人；编制外人员5名，其中3名退休返聘人员。研究生学历5人，本科学历86人，大专及以下学历17人；注册医师46人，注册护士38人，医技5人，药学9人，财务8人，其他2人。有高级职称11人，中级职称70人，初级职称27人。

【基本医疗服务】 2018年，湖里社区卫生服务中心完成门诊339699人次，比上年增长13.93%。厦门大学附属中山医院派驻专家及高年资主治医师5人下社区坐门诊，累计出诊199次，门诊2406人次，举办讲座24场。双向转诊及诊间预约及通过厦门i健康进行预约转诊3300人次，心电协同3716人次，讲课培训24次，其余辅助检查38人次；医疗收入（不含基药）2196.01万元，比上年增长22.84%。参与各项义诊活动23场，参与人员139人次；配合市、区卫计局及居委会参加社会医疗保障工作19次，配合湖里区政府的干部保健工作20次。与中山医院推进脑卒中筛查，前期对辖区第一批2000名居民进行脑卒中风险复筛，对其中300多名高危患者进行免费抽血及颈动脉彩超筛查，开展3次全科医生脑卒中诊疗培训。与中山医院神经内科建立脑卒中双向转诊绿色通道。9月，开展慢性肾脏病分级诊疗工作，接诊100余人次不同程度的肾病病人。增加开展肾病检测项目，检测水平质量结果达到三甲医院水平。分别与中山医院消化内科和血管外科，进行早癌内镜筛查分级诊疗、关于下肢静脉曲张的分级诊疗、双向转诊初步达成共识。与厦门市儿童医院签订《儿科分级诊疗合作协议》，开通双向转诊，9名儿科专家在中心坐诊。配合市卫生局参与基层中医药服务能力提升工程，为社区居民提供中医药健康管理服务及讲座；截至年底，完成老年人中医药健康保健指导4278人次，0—36月龄儿童中医药健康保健指导9078人次；开展“三伏贴”中医特色疗法，治疗650余人。

【家庭医生签约】 年内，湖里社区卫生服务中心开展“一对一”家庭签约服务，即全科医师与居民一对一签约，以“三师共管”模式的团队式服务。根据不同签约人群提供个性化服务包和体检包；在厦门I健康上为居民发送二十四节气养生知识和生日祝福短信以及健康知识等；提供24小时厦门I健康咨询回复或电话咨询；开展家庭病床评估，定期上门巡诊，提供上门巡诊服务702人次。为80岁以上老人提供上门服务体检664人次。是年，湖里社区卫生服务中心实现80%的医生可进行线上预约就诊，开展线上处方慢病续方服务；实现

2018年湖里社区卫生服务中心家庭医生签约情况表

表9

签约人数（人）	签约率（%）	65以上老人签约人数（人）	签约率（%）	高血压签约人数（人）	签约率（%）	糖尿病签约人数（人）	签约率（%）	厦门I健康绑定率（%）
30635	31.95%	5200	70.79%	5030	85.5%	2364	103.46%	47.51%

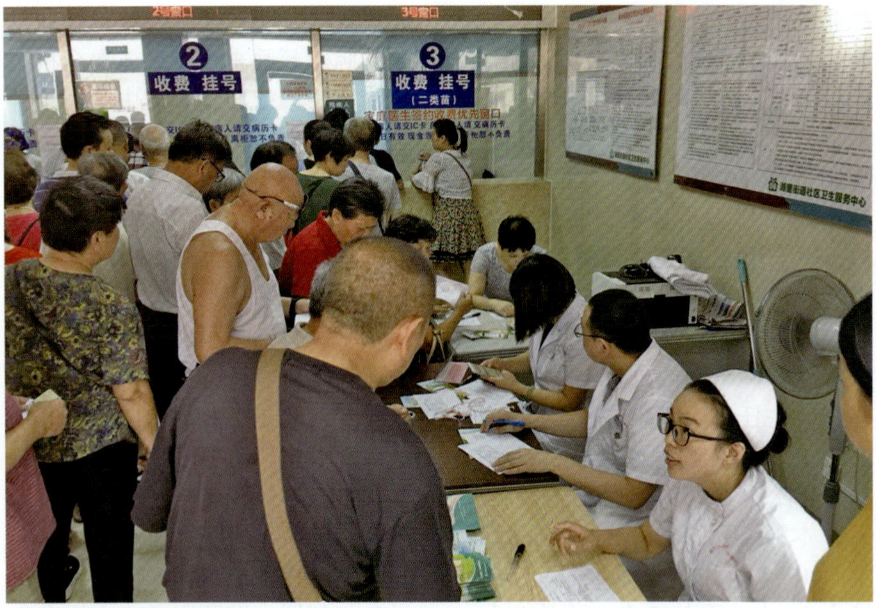

2018 年，湖里社区卫生服务中心开展家庭医生签约工作（湖里社区卫生服务中心供图）

机构自助综合服务机的使用；实现居民电子健康卡的就诊服务；实现居民就诊移动支付和诊间结算功能。

【健康教育】 2018 年，湖里社区卫生服务中心更新教育宣传板报 138 版；制作 25 种健康教育处方、折页、小册 5 万册（张），健康教育音像视频 22 种，累计播放 792 小时。结合卫生宣传日，与社区居委会及辖区单位配合，开展 61 场健康教育宣传和健康咨询活动，受教育人群达 8000 余人次。设立健康管理师门诊，对辖区内糖尿病、高血压患者进行精细化管理，从饮食、运动、监测、不良反应及生活干预方面对患者开展面对面的健康教育指导，教会患者学会自我管理。在社区张贴禁烟标志、禁烟条例及宣传单，对社区医护人员进行禁烟知识培训，要求医护人员对就诊患者进行禁烟知识宣传。

【完成居民健康素养调查】 4—5 月，湖里社区卫生服务中心对市疾控中心抽取的怡景、塘边 2 个居委会进行《居民健康素养调查问卷》的入户调查，收集抽样居委会小区住户信息情况并列表。每个样本居委会随机抽取 100 户，完成烟草流行调查各 100 份，健康素养调查各 60 份。经调查，是年，湖里街道居民健康素养水平为 39%。其中，基本知识水平为 56.1%，健康行为水平为 23.6%，健康技能水平为 46.3%。

【计划免疫】 2018 年，湖里社区卫生服务中心辖区内有 18 个社区居委会、9 所小学、2 所中学、43 所幼儿园。全年常规接种 67357 人次，详见下表。查证查卡幼儿园 8215 人，小学 7138 人。年内，办证 4594 本，建卡 4594 本。其中外来儿童建卡 2727 本，建证 2727 本，接种证卡符合率达 100%。内卡定期查阅登记，周岁儿童的建卡率 100%，建证率 100%，七苗全程接种率达 99.7%，新生儿乙肝第一针及时接种率达 99.6%。

【妇幼保健】 年内，本辖区内孕产妇分娩出生活产 2519 人，孕妇总建卡 2314 人，孕妇复诊 1251 人。其中，户籍人口产妇有 1129 人，活产 1145 人，孕产妇系统管理率 96.68%。早孕检查率 97.03%，建卡率 97.37%。产前检查率 98.51%，产后访视率 98.07%，住院分娩率 100%。高危孕妇筛查率 84.98%，高危管理率 100%。低出生体重儿发生率 5.07%。孕产期中重度贫血

2018 年，湖里社区卫生服务中心为居民开设健康教育讲座（湖里社区卫生服务中心供图）

2018 年湖里社区卫生服务中心接种情况一览表

表 10　　　　单位：人

一类苗	接种人次	二类苗	接种人次
卡介苗	2096	乙肝	2843
乙肝	6841	ACYW135 流脑	147
脊髓灰质炎	9935	甲肝灭活	88
百白破	10326	水痘	2100
麻风（8 月龄）	2627	流感	367
麻腮风（1 岁 6 月龄）	2929	23 价肺炎	132
乙脑	5541	13 价肺炎	540
流脑	10704	IPV-DTaP-HIB 五联苗流脑	741
白破二联	2775	A+C 结合	458
甲肝	2800	ACHIB	215
—	—	HIB	231
—	—	EV71 疫苗	2060
—	—	二价人乳头状病毒疫苗	125
—	—	四价人乳头状病毒疫苗	341

发生率 1.22%，孕产妇死亡率为 0，围产儿死亡率 0.87‰。建卡孕妇接受艾滋病、梅毒和乙肝咨询 2208 人，检测 2208 人，艾滋病、梅毒和乙肝的检测率 95.42%，艾滋病检出阳性 1 人，梅毒检出阳性 0 人，艾滋病阳性检出率 0.05%，梅毒阳性检出率 0；乙肝检出阳性 151 人，阳性检出率 6.84%。辖内有 7 岁以下儿童 8083 人，5 岁以下儿童 6080 人，3 岁以下儿童 4425 人。3 岁以下儿童系统管理率 96.18%，体弱儿筛查率 5.10%，体弱儿管理率 100%，5 岁以下儿童中重度贫血发生率 0.22%。6 个月母乳喂养率 93.61%，6 个月纯母乳喂养率 63.16%。新生儿访视率 97.73%。5 岁以下儿童死亡率 3.49‰，婴儿死亡率 3.49‰，新生儿死亡率 0，新生儿破伤风发生率 0。

【传染病防治】 2018 年，辖区内新增肺结核病例 61 例，其中新发涂阳 15 例；累计督导管理肺结核病例 88 例。其中新发涂阳 23 例，复治涂阳 5 例，初治涂阴 60 例，无复治涂阴病例；全年累计督导完成 39 例，仍在管理 49 例。无在管理耐多药病例。是年，新登记艾滋病病毒感染者 / 病人 16 例，累计管理艾滋病 120 例，转出 17 例，死亡 3 例。艾滋病病毒感染者 / 病人随访检测比例 100%，结核筛查率 100%，配偶 / 固定性伴 HIV 抗体检测率 100%，抗病毒治疗 98.6%。全年发现传染病 38 例。每月进行自查，无漏报、迟报现象，报告率 100%，及时报告率 100%。

【慢性非传染性疾病管理】 截至 12 月 31 日，慢性非传染性疾病累计建档 122206 份，阿瓦冻结 8609 份失管、拒管档案，新建档案 6652 份，建档管理率 75.28%。高血压规范管理 5701 人，完成随访 85949 人次；糖尿病规范管理 2637 人，完成随访 45686 人次。对原纳入管理“两病”人群进行真实性甄别，并筛查纳入新的“两病”病人。

【老年人健康管理】 2018 年，湖里街道辖区 65 岁以上老年人有 8882 人。湖里社区卫生服务中心全年完成 3267 位老年人体检，除常规体检项目外，增加肝胆胰脾超声。老年人体检率 36.78%，比上年下降 6.47%。年内，加强电子档案跟纸质档案的完善与管理。

【重症精神病管理】 截至 12 月 31 日，湖里街道辖区重性精神疾病线索调查 742 人，录入国家严重精神障碍疾病管理网络 693 人，死亡 62 人，检出率 3.89‰。社区机构对辖区内严重精神障碍病人定期随访、动态管理、督促其就医服药，加强家庭康复指导，做好评估工作，面访 402 人次。年内，联合公安，居委会等部门兼职人员及残联工作人员对本辖区在管患者进行入户随访 136 人次。与仙岳医院建立双向转诊制度，由社区精卫人员进行后续随访及管理。是年，开展疑似病例筛查 310 人。加强节日和重大活动期间对精神病患者的监护和管理，严防精神病人肇事、肇祸的发生，确保社区治安稳定。与儿童接种门诊合作发放精神卫生宣传纸册 400 余本。组织 4 次严重精神障碍患者家属的社区健康宣教康复指导，普及严重精神障碍知识。

【人员培训】 2018 年，湖里社区卫生服务中心选派 2 名中医类别医师参加福建省全科专业住院医师规范化培训，1 名中医类别医师参加福建省中医专业住院医师规范化培训。参与院外培训 50 余场，近 100 人次参加培训；组织业务知识培训 18 次，“三基”理论知识及技能培训医护人员各 4 次，医疗安全质量管理培训 2 次，参与医务人员 80 余人。年内，社区培训 5 名全科规范化培训学员、1 名全科转岗学员。截至年底，社区拥有 16 名全科师资。其中 2 名获得骨干师资资格，14 名取得省级培训证书、16 名师资通过上级医院的培训并取得证书。1 人获得“厦门大学附属中山医院住院规范化培训优秀带教老师”称号。全年完成护理专业实习生 87 人的带教工作。

（张少阳）

厦门市湖里区殿前街道社区卫生服务中心

【概况】 2018 年，厦门市湖里区殿前街道社区卫生服务中心（以下简称殿前卫生服务中心）有编制 102 个，在编在岗 98 人，到编率 96.08%。其中：高级职称 3 人，中级职称 73 人，初级职称 22 人；医生 46 人（含公卫医生 10 人），护士 36 人，其他 16 人；全科医师 20 人（含中医全科医生 7 人），检验师 4 人，药师 5 人（中药师 2 人），财务收费人员 6 人，信息工程师 1 人；研究生 7 人，本科生 83 人，大专 8 人。年内，殿前街道卫生服务中心获得“2018—2020 年度市级青年文明号”称号、“健康促进医院”称号，成为“国家心血管病中心高血压专病医联体”成员单位。全年获得锦旗 7 面，表扬信 11 封。

【基本医疗服务】 年内，殿前街道卫生服务中心门诊 221841 人次，比上年增长 20.81%，门诊收入 2687.68 万元，比上年增长 33.76%。殿前街道卫生服务中心配备西药 287 种，中成药 146 种，中草药 310 种；开出总处方 188943 张，比上年增长 19.20%，其中，中医处方 78785 张，中医处方量占 41.70%。

【家庭医生签约服务】 2018 年，殿前街道卫生服务中心组建家庭签约团队 14 支，实现责任医生分片网格化管理，完成年度签约 12912 人，签约覆盖率 32.93%。其中，高血压签约 2868 人，签约覆盖率 48.07%；糖尿病签约 1335 人，签约覆盖率 57.64%；65 岁以上老年人签约 1992 人，签约覆盖率 84.05%；绑定厦门 i 健康 5181 人。

【基本公共卫生服务】 年内，殿前街道卫生服务中心建立辖区居民健康档案 175477 份，居民建档率 78.81%，电子建档率 100%。管理的 0—6 岁儿童 14340 人，开展儿童健康管理 27364 人次；0—36 个月儿童体检 16851 人次，中医药健康管理 6176 人次；孕产妇早孕建卡 1646 人，早孕建册率 88.49%，产后访视 2124 人次，访视率 95.68%；开展 65 岁以上老年人免费体检 3991 人次，65 岁以上老年人中医药健康管理 2250 人次；管理高血压患者 5622 人，规范管理率 94.23%，血压控制率 82.72%；管理 2 型糖尿病患者 2316 人，规范管理率 100%，血糖控制率 73.80%。印刷健康教育资料 27 种，播放音像资料 15 种，更换宣传栏 26 期，举办健康教育活动及讲座 42 次，发放印刷材料约 9032 份，参加健康宣传活动及接受健康教育咨询约 3000 人次。常规免疫接种一类苗 51421 针次，二类苗 22552 针次，建卡接种率 100%。严重精神疾病患者规范管理 390 人，规范管理率 59.91%。管理肺结核患者 112 人，同期完成治疗肺结核患者 66 人，患者规则服药率 97.06%。填报传染病报告卡 40 例，报告及时率 100%。

【分级诊疗】 2018 年，殿前街道卫生服务中心构建“基层首诊、双向转诊、急慢分治、上下联动”的就医秩序。全年邀请 10 名上级医院专家定期到中心坐诊，全年累计专家下社区坐诊 411 人次，门诊 2466 人次。门诊向上转诊病人 63 人次，通过家庭医生服务进行诊间预约 1024 人次，孕产妇上转 1795 人次。协同厦门市中医院完成心电图 2122 人次，动态心电图 38 人次。

（朱萍萍）

厦门市湖里区江头街道社区卫生服务中心

【概况】 厦门市湖里区江头街道社区卫生服务中心（以下简称江头卫生服务中心）是厦门市预防接种规范化门诊，服务范围为江头街道辖区。江头卫生服务中心设有 17 个临床和医技科室，承担辖区人口的居民健康档案建立、预防接种、0—6 岁儿童健康管理、孕产妇健康管理、健康教育、老年人以及慢性病患者健康管理、重性精神疾病患者管理、传染病和突发公共卫生事件报告和处理、中医药健康管理、卫生监督协助。2018 年，江头卫生服务中心有职工 101 人。其中，卫生技术人员 93 人，研究生 14 人，副主任以上职称 2 人。江头卫生服务中心总建筑面积 4997 平方米，配备基本药品 707 种。其中，中草药 307 种，中成药 145 种，西药 255 种，包含糖尿病药品 49 种，高血压药品 61 种。开展血常规、尿常规、粪便常规、白带常规、尿 HCG 检测、尿微量蛋白检查、生化全套、乙肝两对半、糖化血红蛋白、血流变、肿瘤标志物检查、风湿三项、X 光 DR、彩超、常规心电图、动态血压、动态心电图等系列常规项目检测服务。

【医疗卫生服务】 2018年，江头卫生服务中心的社区基本用药目录的药品一律零差价，免收挂号费（包括专家挂号费），医保统筹自付比例比大医院低6—13个百分点，拥有康复理疗科、针灸推拿科等特色科室。全年医疗门诊约28.76万人次，比上年增长24.57%。园山卫生服务站全年门诊5327人次，门诊总收入82.9万元。是年，开展慢性病分级诊疗工作，通过协同平台的双向转诊及诊间预约功能进行双向转诊1043人次。其中，上转1013人次，下转30人次，通过厦门i健康APP代预约509人次，产科转出621人次。开展专家下社区活动，有10名专家到江头卫生服务中心坐诊，全年专家下社区门诊4711人次，比上年增长33.9%。

【家庭医生签约】 年内，江头卫生服务中心完成签约28008人，签约覆盖率42.73%，续签率61.28%；高血压签约5085人，签约覆盖率83.47%；糖尿病签约2501人，签约率105.71%；65岁以上老年人签约3756人，签约覆盖率75.24%。

【中医药服务】 2018年，江头卫生服务中心有中医医师12人，其中中医全科医师6人。中医师带徒专家有主任医师万文蓉、黄腾蛟2人。参加中医师带徒的有赖龙胜、陈显超、陈晓梅、曾伟、苏晓芸、施莹6人。65岁以上老年人中医药健康管理2847人，0—36个月婴幼儿中医药健康管理服务4082人，中医非药物处方9417张，中医药处方量107956张，占总处方的39.98%。

【计划免疫】 年内，江头卫生服务中心接种一类疫苗11种，应种60382人次，实种59477人次，接种率98.50%；二类疫苗接种16种19838人次。

【妇幼保健】 2018年，江头卫生服务中心免费为0—3岁儿童提供健康体检。是年，江头辖区3岁以下儿童系统管理3398人，系管率96%，6个月内母乳喂养率94.65%，体重<-2SD61人，筛查出体弱儿293人。掌握、积累、统计、分析儿童保健资料，上报有关报表，定期进行统计分析。辖区产妇在社区建卡2611人，早孕建卡2422人，产后随访2722人、2981次。产妇建卡率98.78%，早孕建卡率92.00%，系统管理率96.51%，住院分娩率100%。产后访视率96.12%。孕妇接受HIV咨询2463人，接受HIV检测2442人，无HIV检测阳性。接受梅毒检测2441人，无梅毒检测阳性。接受乙肝检测2419人，乙肝检测表抗阳性230人。开展预防艾滋病、梅毒和乙肝母婴传播健康教育活动，全年发放相关宣传材料3475份，举办孕妇班10期，普及孕期、哺乳期相关知识。

【慢性病管理】 年内，江头卫生服务中心落实35岁以上首诊病人测血压制度，首诊测血压执行率100%。是年，高血压6298人，其中65岁以上老年人有3901人，未管80人，失管0人，拒管1人，健康管理率103.38%；一年4次面访5896人，面访率93.62%；体检4727人，体检率75.06%；规范管理率74.89%；管理人群血压控制率92.73%，达到控制率45%的要求。高血压随访79729人次，其中门诊随访42340人次，健康管理师随访32090人次，随访家庭149人次。糖尿病管理2953人，其中65岁以上老年人有1934人，未管62人，失管0人，拒管0人，健康管理率124.80%；一年4次面访的2764人，面访率93.60%；体检2328人，体检率78.84%；规范管理率78.63%；管理人群血糖控制率82.09%。糖尿病随访45252人次，其中门诊随访24561人次，健康管理师随访17092人次，随访家庭82人次。是年，65岁及以上辖区老年人有6089人，参与健康管理4638人，管理率76.17%，完成健康体检2478人，体检率40.7%。接受老年人中医药健康管理服务2847人，服务率46.76%。

【传染病管理】 2018年，江头卫生服务中心未发现甲类传染病，全年报告乙类、丙类及其他传染病18例。其中，隐性梅毒8例，乙肝3例，丙肝4例，麻疹疑似病例3例，报告率100%。是年，已纳入本辖区的艾滋病人156人，转出23人，实际管理133人，转介到厦门第一医院服药124人。已接受CD4检测128人，未接受CD4检测5人。

【肺结核患者健康管理】 年内，江头卫生服务中心电话追踪疑似结核病病人，督促疑似患者去厦门市第一医院查痰。每月初向区疾控中心报告上月病人追踪情况，追踪159人，到位155人，到位率97.5%。是年，在管肺结核病人97人，新增涂阳患者33人。密接筛查45人，末次胸片报销9人，HIV筛查16人、学校密接筛查205人。发放相关宣传资料，提高群众对常见传染病的防治意识。

【健康教育】 2018年，江头卫生服务中心在候诊区、诊室、咨询台等处放置健康教育折页、健康教育处方等。更新13期健康教育宣传栏，制作宣传海报43种，制作宣传材料12种，发放宣传材料39076份。举办健康知识讲座，利用各种宣传日开展公众健康咨询活动 55 场次，覆盖辖区 9 个居委会及 6 个学校，受益 10389 人次。完成居民健康素养调查问卷 123 份。利用视频、宣传栏、宣传折页、讲座、活动等多种形式进行控烟教育宣传。

【社会心理服务体系示范点建设】 年内，江头卫生服务中心心理健康驿站，开设临床心理门诊，实施心理健康促进项目，包括个体咨询、团体咨询、心理健康主题宣传、健康讲座、沙盘疗法、音乐疗法、催眠疗法等，为社区居民以及特殊重点人群提供便捷心理服务。对需要心理疏导的单亲母亲、空巢老人、失独父母、留守儿童、残疾人等特殊群体进行干预，开展心理健康筛查、心理评价、心理干预服务。心理健康驿站陆续开展 24 个半天专家值班门诊，专家咨询确诊 93 人次，常规个案心理咨询 117 人次。开展 9 场心理健康知识讲座，心理技能团体培训，及进入社区开展心理健康建设的宣传工作。辅导医务人员和行政服务人员 329 人。

（周　凌）

厦门市湖里区金山街道社区卫生服务中心

【概况】 厦门市湖里区金山街道社区卫生服务中心（以下简称“金山社区卫生服务中心”）总建筑面积 2602 平方米。下设全科、妇科、中医理疗科、计免科、妇幼保健科、健康教育科、精神卫生科、放射科、检验科、口腔科、B 超室、心电图等科室。2018 年，金山社区卫生服务中心有职工 80 人，其中：正高职称 1 人，副高职称 3 人，中级职称 23 人，初级职称 53 人；研究生学历 8 人，本科学历 69 人，大专学历 2 人、中专学历 1 人。固定资产总值 1049.82 万元，仪器设备总值 888.18 万元，拥有数字化 DR 机、B 超机、全自动血液分析仪、血流变测试仪、生化分析仪、全自动化学发光免疫分析仪、全自动血沉仪、连体式牙科治疗设备、光子治疗仪、红外线乳腺治疗仪、十二道自动分析心电图机、24 小时动态血压记录仪、动态心电记录仪、超声骨密度检查仪、碳 13 呼气试验测试仪等现代检测设备。

【医疗业务】 2018 年，金山社区卫生服务中心总门诊量 224558 人次，比上年增长 13.7%。有 13 名专家下社区坐诊，专家门诊量达 7739 人次，社区居民在家门口享受到三甲医院知名中医专家的诊疗。社区中医药处方量达到 114586 人次，比上年增长 24.26%。

【家庭医生签约】 金山社区卫生服务中心全年完成签约 17142 例，签约率 32.93%。手机 I 健康绑定率接近 45%，线上咨询 558 例，代预约 198 例，健康教育 3750 人次，随访 3596 人次。金山社区卫生服务中心制定 10 余项家签服务包服务签约居民，给家庭医生签约对象免费推送增值服务项目。年内，完成家庭医生签约体检近 700 例。开展不同主题健康教育近 30 场次，结合 24 节气等推送健康信息给家签对象。加强家签团队入户，为残疾人、老年人等行动不便人员送医送药，解决群众困难。

【老年人体检】 2018 年，金山社区卫生服务中心免费为辖区内 65 岁及以上老年人提供免费体检。辖区 9 个居委会有 65 岁以上老人 4741 名，完成体检 1849 名，体检率 39%。

【居民健康档案建立及管理】 年内，金山社区卫生服务中心管理电子健康档案 108378 份，居民建档率 69.93%。动态管理 24738 份，使用率 22.82%。金山社区卫生服务中心针对辖区外来流动人口较多的特点，新增和更新非户籍人口健康档案信息，提高健康档案完善率及真实性。

【慢性病管理】 2018 年，辖区高血压已管理 4847 人，规范管理 3298 人，规范管理率 68.04%，达标

2018 年，金山街道社区卫生服务中心医务人员为居民提供家庭医生签约服务（吴艺凌　摄）

2018 年，在金安小学举办溺水急救健康教育讲座（吴艺凌 摄）

3991 人，达标率 82.34%；糖尿病管理 2393 人，规范管理 1601 人，规范管理率 66.90%，达标 1600 人，达标率 66.86%。

【预防接种】 年内，中心应种一类疫苗 55319 人次，实种 54213 人次，接种率 98%；二类疫苗本着“谁接种，谁受益”和“自主、自愿、自费”的原则，接种疫苗 14 种 19439 人次。

【健康教育】 2018 年，金山社区卫生服务中心编印健康教育宣传折页、传单、小册子等健康资料 16 种 29500 份。定期更新健康教育宣传栏 6 期。针对老年人、妇女、儿童、慢性病患者等重点人群，开展各类健康知识讲座 41 场，受益 3336 人次。结合卫生日开展公众健康咨询活动 18 次，2180 人次受益。

【妇幼保健】 年内，辖区户籍人口有产妇 825 人，活产 837 人，孕产妇系统管理率 96.00%，早孕检查率 96.58%，建卡率 100%，产前检查率 100%，产后访视率 96.35%，住院分娩率 100%；高危孕妇筛查率 86.76%，高危管理率 100%，低出生体重儿比例 2.96%；孕产期中重度贫血发生率 1.14%，孕产妇死亡率 0，其中社区建卡 1732 人。7 岁以下儿童有 5364 人，3 岁以下儿童 2565 人，3 岁以下儿童系统管理率 97.86%；高危儿筛查率 5.53%，高危儿管理率 100%；5 岁以下儿童低体重的患病率 1.57%，6 个月母乳喂养率 94.6%，6 个月纯母乳喂养率 78.62%，新生儿访视率 99.64%。

【重性精神疾病管理】 2018 年，辖区在册严重精神病障碍患者有 529 人，发现率 3.4‰。对纳入管理的患者，每年至少随访 4 次，指导患者服药，防止复发，及时发现疾病复发或加重的征兆，将病情不稳定患者评估信息报送公安部门，进行危机干预，并给予相应处置或转诊，预防肇事肇祸事件发生。全年处理 2 例应急医疗处置。开展患者入户面访、逐人访查定级，达到面访率 50% 的考核指标要求。

【艾滋病管理】 2018 年，金山社区卫生服务中心共管理艾滋病病人 86 人，其中已完成首次 CD 检测 83 人，完成率 96.51%；符合抗病毒治疗病人 83 人，其中已进行抗病毒治疗 77 人，完成率 92.77%；有配偶 14 人，全部完成配偶艾滋病病毒检测，完成率 100%。

【结核病管理】 年内，金山社区卫生服务中心共管理肺结核病人 102 名，其中：本地初治涂阳病人 9 人，本地初治涂阴病人 17 人，本地复治病人 4 人（本地复治涂阳病人 4 人，本地复治涂阴病人 0 人）；外来初治涂阳病人 15 人，外来初治涂阴 53 人，外来复治病人 4 人（外来复治涂阳、阴病人各 2 人）。

【金湖社区卫生服务站开业】 2 月 1 日，金山社区卫生服务中心金湖社区卫生服务站建成开业。该站位于龙湫二里 2426–28 号，其业务用房面积 274.34 平方米，配备有工作人员 5 名，设有全科、中医理疗科等科室。

（吴艺凌）

社会事务管理

劳动和社会保障

劳动就业

【概况】 2018年9月起，湖里区社保中心的医疗保险及生育保险工作划归厦门市医保中心。年内，区人社局局属事业单位接收军转干部9名，事业单位工作人员调出4名（由区社保中心划转到市医保中心）。年末全局有行政编制9个，在编8人；有事业编制107个，在编107人。是年，湖里区人社局制作政府信息103件，其中：主动公开41件，不予公开62件；网上答复群众咨询16件；答复来信来访19件；处理“12345”便民服务热线网上信访件160件。全年完成失业人员再就业17149人，城镇困难对象再就业2863人，分别完成厦门市下达目标任务的271.1%和178.9%；完成职业技能培训4057人。其中，本地失业人员培训918人，农村劳动力技能提升培训2157人（区自行组织657人）。开展重点企业“一企一策”职工技能培训2482人，分别完成厦门市目标任务的122.4%、239.7%和496.4%；开发公益性岗位353个，向市人社局创业资源库报送创业项目52个。

【就业服务】 2018年，湖里区继续加强精准就业服务，督促落实“112”服务，各社区走访服务对象26247人次，进行精准人岗匹配，推荐就业10043人次，就业1797人。开展针对辖区154名低收入群体的专项就业援助工作，促进有就业能力的人员多渠道就业增收，截至年底，促进80人增加收入渠道，提高收入水平。湖里街道投入资金，启动针对辖区贫困户开展的定向手工艺品培训。加大针对户籍离校未就业应届高校毕业生的就业服务力度，是年，接收离校未就业应届高校毕业生167人，开展精准就业服务82人次，促使毕业生尽早就业。年内，启动“112”系统二期开发，建设企业信息库、离职人员信息库等模块，提升数据化、信息化管理水平。

【兑现促进就业优惠政策】 湖里区全年兑现各项促进就业优惠政策资金4879.28万元，其中，审核办理7871家次用人单位惠企政策补贴46258人次3744.78万元；支付东乡县扶贫优惠政策276.75万元；兑现职业技能培训补贴47.1万元，发放高技能人才政府津贴101人次19.74万元，兑现技能等级提升奖励147人次15.4万元；发放居民创业奖励政策354人次196.24万元；兑现1420人次就业困难对象就业工资性补贴579.27万元。新增认定灵活就业人员2175人，为37557人次发放灵活就业人员社保补贴7822.96万元（此部分资金由厦门市失业保险基金支付）。

【劳动力技能培训】 年内，湖里区依据市场需求开发业务员、安全员等结业培训工种，整理可供开展的鉴定、结业培训工种清单发放给基层，供学员选择。开设化妆师、网店经营与管理、烘焙等贴近学员和市场需求的培训班41期，培训学员1575人。其中：本区失业人员918人，外来农村劳动力657人。增加上报第二批辖区重点企业名册，组织195家重点企业开展政策讲解培训班，加大宣传发动力度，开设重点企业“一企一策”职工技能培训班17期，培训学员2482人。

【企业用工服务】 2018年，湖里区从摸底调研、招聘培训、政策扶持等方面强化企业用工服务。加强春节前后企业用工调研，对辖区40家规上企业进行每周一报，500人以上重点用工企业进行每月一报，把握人力资源市场变动趋势。春节后，在全区举办20场招聘会，服务企业1064家次，促成对接4562

3 月 24 日，湖里区联合高新技术园举办春季招聘会（区人社局供图）

人。其中，联合高新园区管委会举办 1 场园区企业专场招聘会，帮助园区企业与岭下失地农民供需对接；江头人力资源市场按需、灵活举办小型招聘会 14 场，服务企业 272 家次，促成对接 1214 人。组织 20 家企业携 568 个岗位参加华侨大学校企对接活动，引进专业人才。

【对口扶贫】 2018 年，湖里区分 5 批组织华联电子、睿和电子、立达信集团等 12 家次企业赴东乡县开展招聘活动，引进东乡籍务工人员 342 人，企业开展“老带新”输转 129 人，是年，完成输转 655 人，其中贫困户 350 人。联合开展电焊工、装载机、挖掘机、农用车驾驶等扶贫技能培训 21 期，培训学员 944 人，其中建档立卡贫困户 612 人。兑现到湖里区务工东乡籍员工的食宿补贴、生活补助 276.75 万元。

劳动关系

【概况】 2018 年，湖里区加强用工巡查，严格查处用工违法案件，全年主动监察用人单位 2163 家次，排查化解劳资纠纷隐患 10 起，受理劳动纠纷举报投诉 1156 件，办结 1109 件。其中，涉及工资纠纷案件 731 起，员工 1099 人，金额 587.89 万元，案件办结率 100%；处置“110”联动警情 156 起，其中，建筑工地 136 起，约占 87.18%。立案受理劳动争议案件 538 件，其中，10 人以上集体案件 51 件，已结案 526 件，其中调解及撤回仲裁申请结案 279 件，调撤率 53.04%。认定工伤 785 件。

【用工联合专项整治】 2018 年，湖里区开展保障农民工工资支付专项执法检查，组织 1410 家用人单位开展工资支付情况自查自纠，涉及劳动者 3.01 万人，出动检查人员 310 人次，车辆 82 驾次，检查企业 164 家，涉及农民工 4879 人；检查在建工地 25 个（含政府投资项目 8 个），均无拖欠工资行为；是年，在符合条件的 33 个项目开展“无欠薪项目部”创建活动，并将创建情况纳入政府工作责任目标考核。开展联合清理整顿人力资源市场秩序专项行动，出动检查人员 306 人次，车辆 68 驾次，检查用人单位 161 户次，对辖区 101 家劳务派遣公司及区属 1 家职介机构进行重点检查，清退占地招工摊点 15 个。开展用人单位遵守劳动用工和社会保障法律法规情况专项检查，成立 9 个专项检查小组，深入用人单位集中开展实地执法检查，处理各类劳动用工和工资类纠纷 84 起，督促补签劳动合同 150 份，补办未成年工登记证 11 本。开展落实高温津贴规定情况专项检查，组织宣传活动 5 场，检查各用人单位 284 家，检查在建工地 15 个。

9 月 25 日，湖里区为辖区企业提供上门集中书面审查服务（区人社局供图）

【基层宣传平台建设】 年内，湖里区开展每季一主题的劳动保障法律法规专场宣传活动，联合市人社局、建设局和区直有关部门、工会及各街道、各社区举办劳动保障法律法规专题宣传36场，发放《致辖区用人单位一封信》、《劳动者维权提示》、劳动保障法律法规等宣传材料3.97万份；组织对全区33家在建工地创建“无欠薪项目部”工作人员开展创建培训3场。优化仲裁微信公众号，坚持每2周发布典型案例，平均每月阅读、咨询量达到1034人次，累计关注2495人次。

【基层劳资纠纷调处机制建设】 2018年，湖里区通过持续完善立体调解体系、一线工作模式，开展基层调解员培训等，实现集体涉薪案件仲裁阶段零信访，基层组织调解成功率73.37%。在江头驻街庭配置全省首套集成化庭审演示设备，实现驻街庭设备升级。建立调解员培训线上平台，实行线上线下培训相结合的培训机制，实现调解员培训平台升级。推动集装箱运输行业劳动争议调解委员会挂牌，落地行业调解室，实现调解组织建设升级。

社会保障

【概况】 截至2018年底，湖里区经办的“五险”人数均突破40万人。其中，养老保险40.88万人、医疗保险42.24万人、失业保险41.09万人、工伤保险41.46万人、生育保险40.49万人。被征地人员基本养老保险累计参保14175人，比上年增长16.6%；城乡居民养老保险累计参保9936人，46周岁以上人员保持100%参保，100%享受待遇；城乡居民医疗保险参保190036人，比上年增长9.06%，实现100%参保。社保待遇审核支付办结率保持100%。全区社会化管理退休人员36953人，比上年增长27.8%，社会化管理率在99%以上。

【社保待遇支付】 2018年，湖里区简化社保待遇办事流程，提升待遇兑现效率，全年审核支付养老、工伤、失业保险待遇约13721.06万元，各项待遇的审核支付办结率均达100%。全年办结各类养老退休、退养2563人，继承、退保495人次；办理社保关系转入、转出11470人次；审核企业申报稳岗补贴14415家，补贴金额2352.68万元；1—8月办结医疗、生育保险待遇支付业务13411件，9月起，该业务由市医保中心办理；全年办结工伤、失业保险待遇支付业务4956件；支付城乡居民医疗保险补助74300人1143.84万余元；受理社会保障卡制作72724张，审核企业参保职工申领提升职业技能补贴77人次，补贴金额11.64万元。

【提供便捷的社保办理方式】 2018年，湖里区推行周末窗口轮班，方便群众周末办理；推进“15分钟便民服务圈”，方便群众就近办理；推进“一窗通办”经办模式，充分利用窗口资源；拓展自助服务终端功能，新增1台社保卡自助补卡机、在自助终端上新增港澳台通行证阅读器。人社官网、微信公众号、自助服务终端等多渠道业务经办模式便捷高效、方便群众。注重抓好福建省网上办事大厅、厦门市权责清单系统信息维护更新。是年，中心新增本市户口失业人员的继承人申领丧葬补助金和抚恤金、本市户口女性失业人员申领生育补助金和失业保险支持企业参保职工申领提升职业技能补贴6个事项。

【企业离退休人员服务】 年内，湖里区继续坚持“两节有慰问、每月有讲座、每季有活动、住院有探望、困难有帮扶”等退休人员管理服务举措。建立健康讲堂“可点播”制度，先后在8个社区举办“春季养生”等讲座8场。投入慰问费、活动费等约962.45万元，慰问退休人员约6.19万人次。发动街道、社区举办健步行、健身舞等小型多样的活动221场，参加人员约1.48万人次；举办讲座、座谈会等273场，参加人员约1.2万人次。开展退休人员领取养老金资格认证381人次，协查认证912人次。从

3月1日，湖里区组织部分退休人员参加厦门市新春健步行活动（区人社局供图）

8月至12月，率先在全市首家开展退休人员人脸识别认证试点工作，认证30062人，认证率99.54%。把所管理的8093卷退休人员档案进行电子扫描，存入市退管中心档案管理信息化系统，通过网络平台可实现退休人员档案远程查询、打印等功能。

（高颖玲）

民　政

救灾救济

【概况】 2018年，湖里区健全完善社会救助体系，提高低保对象和特困人员救助供养标准，城市低保实现应保尽保。发放残疾人补贴，开展慈善活动，实现低保、临时救助、慈善救助等的互补衔接，保障困难群众基本生活。把困难群众帮扶工作作为重要政治任务和民生工程，落实各级惠民政策，加大对困难人群的帮扶力度，做到精准施策、精准帮扶，确保困难群众共享改革发展成果。全年开展低保救助、特困人员供养、临时救助、关爱救助等多项专门救助，发放各类社会救助金1391.86万元，帮扶困难群众16720人（户）次。提升防灾减灾能力，开展“5·12”防灾减灾宣传，加强救灾仓库和避灾点管理，东渡社区、后埔社区和五缘湾北社区创建“全国综合减灾示范社区”。

【完善救助工作机制】 2018年，湖里区落实《湖里区困难群众基本生活保障工作联席会议制度的通知》，形成区政府领导、区民政部门牵头、有关部门配合、社会力量参与的社会救助工作协调机制。采取入户走访的方式排查困难群众，重点对特困供养人员、最低生活保障对象、低收入家庭、生活困难的重点优抚对象、重度残疾人和生活困难残疾人、未享受社会救助的政策边缘人员等困难群众进行摸排，为符合低保条件的贫困户办理低保手续，纳入低保范围，切实为困难群众撑起“保护伞”。全年累计走访困难群众4536户11221人，建立挂钩帮扶对子。设置社区便民窗口开设救助申请，确保困难群众“求助有门”“受助及时”。定期开展低保、特困人员复核，做到公平、公正，精准识别。是年，通过复核新增166人，退出203人。

【开展精准救助】 年内，湖里区制定下发《中共湖里区委办公室　湖里区人民政府办公室关于进一步加强困难群众精准帮扶工作的通知》，明确对帮扶对象家庭重点开展送温暖、送思想、送政策、送服务、送信息、送慈善“六送”活动，推动湖里区精准帮扶工作有序推进，实现帮扶对象“两不愁、三保障”（不愁吃、不愁穿，义务教育、基本医疗和住房安全有保障）的目标。下发《湖里区民政局湖里区财政局转发市民政局财政局关于进一步加强社会救助兜底保障工作的通知》，加强社会救助兜底保障工作，采取“家庭收入豁免、刚性支出扣除、重病重残单人保、延保渐退”等举措，强化对老弱病残等特殊困难群体的兜底保障。对家庭经济状况难以认定且有特殊困难的边缘群体，适当从宽把握，扩大低保覆盖面。是年，对低保对象实施动态管理，实现应保尽保，为5784户8881人次发放低保金590.07万元；对特困人员实施应养尽养，为特困供养人员1112人次发放175.62万元扶助金；为98户255人次困难群众发放临时救助金76.91万元；开展关爱专项救助，重大节日走访慰问帮扶困难群众，为624户困难群众发放关爱救助金349.9万元。

【防灾减灾】 2018年，湖里区设防灾减灾年预算救灾储备金180万元。为辖区101万居民投保厦门市巨灾保险，保费160万元。湖里区与五缘湾北社区联合举办“5·12防灾减灾宣传日”宣传。做好全区66个避灾点改造和日常维护、检测工作，确保救灾物资充足。东渡社区、后埔社区和五缘湾北社区被评

5月9日，湖里区在湾悦城举办防灾减灾宣传活动（心元社工机构供图）

为“全国综合减灾示范社区”。

社区治理与服务

【概况】 2018 年，全区社区服务中心用房平均面积超 1000 平方米，有 19 个社区服务中心用房面积超 1500 平方米，53 个社区全部建成社区“一站式”服务大厅。率先在全市完成社区党组织换届选举一次性成功率和居委会换届选举一次性成功率 2 个 100% 目标。规范政府购买社工服务，全年投入 1673 万元购买 81 个专业社工服务项目，有社工师 801 名，多名社工人才获评国家级、省级荣誉。承接“第五届海峡两岸社区治理论坛”接待任务，28 名社区干部赴台交流学习。

【社区换届选举】 2018 年，湖里区有 52 个社区进行换届选举，其中 37 个城市社区，15 个“村改居”社区。选举产生新一届社区主干 84 名、其他委员 330 名，共 414 人。其中，社区党组织书记和居委会主任“一肩挑”占 38.46%；大专以上学历有 377 人，占 91.06%。

【小区治理】 年内，湖里区在 11 个社区开展小区治理试点工作，设置外勤小区秘书等工作岗位，出台小区建设“1+4”配套文件；推进社区管理体制改革，推行扁平化管理模式，创新层级分工制度。加快小区党支部与业委会的深度融合，形成“小区党支部—楼道党小组—党员中心户”的小区党建网络，并抓好典型培育，按照不同小区类型，以典型引领、巩固提升为思路，着力推出系列精品小区。破解小区物业服务难题，加强对小区物业服务企业的日常监管，加大对小区秘书、小区医生、小区调解员、小区律师、小区警察、小区教师等小区专业队伍的建设力度，通过小区专业队伍，协助小区党支部、业委会处理事务。

【社区管理体制改革】 2018 年，湖里区制定《湖里区进一步改进和规范社区考评工作的通知》《湖里区“小区秘书”管理暂行办法》《关于进一步转变作风、切实为社区减负的若干规定》等系列改革配套文件，社区管理体制改革在全区范围铺开。深化社区人事改革，推动社区工作力量下沉一线，理清区直部门、街道、社区职责权限，明确社区和社区工作人员日常履职事项，推动落实社区工作人员“六统一”，完善社区工作者管理体系。落实社区事项准入制度，为基层减负，让社区回归抓小区治理、服务居民的主业。

7 月 14 日，金山社区选民投票选举社区主干（金山社区供图）

【海峡两岸社区基层交流】 6 月，在第五届海峡两岸社区治理论坛上，江头街道祥店社区和新北市中和区寿德里举行现场签约仪式，签署两岸社区共建协议。在论坛的“社区会客厅”环节中，殿前街道兴隆社区和与其共建的台湾同名社区太平区兴隆社区发展协会以“相融共生　同建两岸‘兴隆’家园”为主题，分享共建经验。

【发展社工服务】 湖里区全年投入 1673 万元购买 81 个专业社工服务项目。制定针对资深型社会工作人才、领军型社会工作人才、高层次社会工作人才等三类社会工作人才的奖励扶持措施，对在湖里区从事专职社会工作服务满一定年限的资深社工给予 3—5 万元一次性工作补贴和 1000 元 / 月人才公寓租金补贴，对入选区社会工作领军人才的给予 4 万元奖励金，对引进的高层次社会工作人才给予每年 5 万元政府薪酬补贴和 20 万元一次性安家补贴。是年，全区有 662 名社区工作者取得全国社会工作职业水平证书。林军链、姚天妹、林玉瑞等 6 人被评为市专业社会工作领军人才。

社会组织建设管理

【概况】 湖里区全年新增登记成立社会组织 22 家，截至年底，全区有社会组织 309 家。其中，社团 56 家，民办非企业单位 253 家，备案社区社会组织 303 家。完成 220 家社会组织年检，完成 49 家社会组织等级评估。成立社会组织党建服务中心，全区已成立社会组织党支部 113 家，覆盖社会组织 177 家，党建工作 100% 覆盖。

【推进社会组织审批制度改革】 2018年，湖里区强化区行政服务中心民政窗口建设，实施社会组织直接登记制度，贯彻落实《湖里区社区社会组织登记与备案管理暂行办法》，完善社会组织随机抽查机制，完善社会组织年检及评估制度，规范社会组织事中事后监管。推动减证便民，梳理涉及企业、群众办事的各种证照、循环证明，取消证照证明材料10种。

【社会组织党建】 年内，湖里区成立区社会组织综合党委。全区组建党组织的社会组织113家，社会组织党员421人。先后投入97万元打造区社会组织党建服务中心，举办2届公益创投活动，对接31个公益项目，累计筹集公益资金80余万元，涉及投资企事业单位28家，中标社会组织15家，服务内容涵盖助老、助残、救助帮困等多个公益领域。是年，综合党委组织党员参加厦门市社会组织“新时代、新思想、新作为”理论宣讲比赛，获组织奖。

双拥优抚

【概况】 2018年，辖区内现有驻军部队团级单位6个，营、连级单位6个，各类优抚对象7585人。年内，湖里区投入320万元支持部队建设，帮助解决驻军部队官兵子女就学、家属就业等实际困难。落实优抚安置政策，发放优抚对象各类补助金、医疗补贴、慰问金715.76万元，全年发放就业补贴、奖励金669.97万元，军政军民关系良好，全年无一例违规上访。湖里区获福建省双拥模范区称号。

【双拥共建】 年内，湖里区领导走访慰问部队，支持部队建设，支持资金400余万元。参加海警某号舰艇命名“湖里号”仪式并送去慰问金10万元。“八一”建军节期间，分别慰问驻军（武警）部队、边防连队、基层武警官兵等单位，送去慰问金及慰问品77万元。区、街投入320万元支持部队训练、文化、生活等基础设施建设。

2018年，湖里区召开符合政府安排工作条件退役士兵选岗会（吕志豪　摄）

【优抚安置】 2018年，湖里区落实各项优抚安置政策，节日慰问优抚对象553人次，送去慰问金122.32万元，发放优抚对象各类补助金、医疗补贴等588.98万元；接收退役士兵71名，发放就业补贴、奖励金381.47万元；符合政府安排工作条件的6名转业士官全部安置到位；推动退役士兵就业培训工作，多途径发布用工企业相关信息，5人参加政府免费职业教育和技能培训，做到有意愿培训的退役士兵参训率达100%。安置工作实现军队、地方、对象三满意。

社会公共服务

【概况】 2018年，区婚姻登记处完善内部管理制度，全年办理婚姻登记4694对，登记合格率100%。全年办理收养登记1例。劝导流浪人员25人次，护送2人到市救助站。减免火化费用0.88万元。全年发放保障性租赁房租金补助2353户1046万元。辖区有二维码门牌86万块，广告式路名牌1000座，单杆式路名牌570根。

【婚姻登记】 2018年，湖里区规范开展婚姻登记服务，全年办理国内公民结婚登记3587对、离婚登记1107对；补领结婚证书313对、补领离婚证书96人，登记合格率100%。

【收养、殡葬及流浪救助】 年内，湖里区依法开展收养登记工作，做好收养政策宣传解读，办理收养登记1例；为4名困难群众办理火化费减免，累计减免费用0.88万元；劝导流浪人员25人次，护送2名流浪人员到市救助站。

【地名管理】 2018，湖里区规范开展路名牌工作，全年安装二维码门牌79万余块，新命名道路17条。有广告式路名牌1000座，单杆式路名牌570根。制作湖里区小区电子地图。

【保障性住房服务】 2018年，湖里区加强保障性住房政策宣传、咨询、申请、受理与审核等各项工作。全年受理保障性住房变更申请224户，审批保障性租赁房499户。指导街道做好保障性住房的日常监管和“三年一审”工作。

【慈善救助】 2018年，湖里区开展“情暖湖里迎新春”“雨露育青苗”“关爱环卫天使”等慈善帮扶活动，做好济困、救病、助学、帮残、安老、扶孤工作，发放慈善款物近1198.71万元，帮扶各类困难群众逾20万人次。

（陈　琴）

名词解释

六统一：统一身份、统一编配、统一招聘、统一管理、统一考核、统一待遇。

老龄事业

【概况】 2018年，湖里区落实《湖里区关于加快养老服务业发展的实施意见》，构建“居家社区养老基础服务、机构养老多样化服务和高端养老医养结合服务”三大服务平台，补齐养老服务业短板。推进养老基础设施建设，区社会福利服务中心完成主体封顶；建设完成湖里街道（金鼎）老年人日间照料中心。养老服务事业全面发展，全年购买居家社区养老社工服务1325万元，购买社区助老员项目585万元。全区有养老机构6家，核定床位1670张。老年人福利待遇水平不断提高，落实各项老年人福利政策。开展“适老化”试点改造，为5.3万名高龄老人发放固定生活补贴640万元；拨付资金195万元，为全区41618名60岁以上户籍老年人购买厦门市老年人幸福安康险。建立重大节日走访慰问制度，组织开展老年节系列活动，丰富老年人的精神文化生活。

【养老基础设施建设】 年内，湖里区将居家社区养老服务站统一更名为居家社区养老服务中心，推进中心改造升级。总建筑面积5.53余万平方米的湖里区社会福利服务中心以机构养老服务为主，约提供700个养老床位。截至年底，中心完成主体封顶，项目进展顺利。

【深化居家社区养老服务】 2018年，湖里区全年支出1325万元购买居家社区养老服务；以400名老年人配备1名“助老员”为标准，通过政府购买服务方式为每个社区配备1—2名助老员，提升居家社区养老服务的专业化水平。是年，支出585万元购买社区助老员项目。支出100万元，购买“低偿、无偿”助老服务。

【建设养老服务机构】 年内，湖里区鼓励社会力量兴办养老机构。推进5个街道老年人日间照料中心建设，是年，建设完成湖里街道（金鼎）老年人日间照料中心。截至年底，全区有6家养老机构，提供床位1670个；建成街道日间照料中心2家，在建1家。

【开展适老化改造】 2018年，湖里区推进老年家居环境适老化改造。在殿前街道嘉福社区，湖里街道金鼎、康乐、康晖社区，江头街道江头社区，金山街道金山社区开展试点。改造的项目内容包括帮助高龄以及行动不便的老人安装床边、卫生间扶手、楼梯休息椅，安防卫生间防滑垫，建造敬老凉亭、休息椅等，以适应老年人居家生活的便利与安全。9月底，6个试点全面完成适老化改造。

【关爱老年人】 年内，开展空巢老人关爱行动，全年为5.3万名空巢老人发放固定生活补贴640万元；为41618名老人购买60岁以上户籍老人幸福安康险，支付保费195万元；发放节日慰问金142万元；开展“新春健步行”、重阳节系列活动、老年人书画展等适合老年人的文体活动，丰富老年人精神文化生活。

（陈　琴）

5月31日，老年人在区老年活动中心活动（徐雅玲　摄）

民族与宗教事务

【概况】 2018年，辖区经政府主管部门正式登记的宗教活动场所有8个，其中：属于区管的宗教场所有6个（基督教场所3个、佛教场所3个），属于市管的宗教场所有2个（基督教场所1个、佛教场所1个）；全区经政府主管部门登记造册的民间信仰活动场所134个，其中，区级以上联系点10个，按照全国信教群众的比例估算，全区信教群众约6万余人。全区5个街道，53个社区，配有街道分管领导5名、民宗专管干部6名，配有社区民宗协管干部53名。

【落实民族帮扶政策】 2018年，春节期间，湖里区对辖区3户高山族贫困户、10户钟宅畲族社区贫困户进行慰问，送去慰问金2.5万元。按照上级挂钩帮扶民族乡工作要求，落实100万元扶助资金，帮助隆教畲族乡综合运输服务站工程项目建设。

【在省少数民族传统体育运动会上创佳绩】 11月，钟宅畲族社区代表厦门市参加在三明举行的福建省第九届少数民族传统体育运动会。代表队参与蹴球、陀螺、射弩3个体育项目的角逐，21名运动员取得1金2银5铜、4个第四名、1个第五名、2个第六名的成绩，另有3名运动员获得运动会道德风尚奖。

【推进钟宅民族文化的传承建设】 5月，区人大科教文卫侨工委的代表一行前往钟宅社区考察民族文化建设情况。走访钟宅民族小学和钟宅民族幼儿园，指导钟宅社区做好“少数民族特色村寨”保护与发展试点工作，利用钟宅畲族旧村整体

5月11日，湖里区人大代表一行到钟宅民族小学走访调研（区民宗局供图）

改造工作的实施，推动钟宅经济社会事业发展；是年，区民宗局分别投入30万元和10万元支持钟宅民族小学和幼儿园建设；投入20万元支持钟宅社区开展体育训练，在钟宅社区举办“第十一个民族团结进步宣传月”活动，支持钟宅民族小学举办第三届民族嘉年华。

【引领宗教界坚持中国化方向】 2018年，湖里区组织辖区宗教界人士学习中共十九大精神和习近平新时代中国特色社会主义思想，学习以《中华人民共和国宪法》为核心的中国特色社会主义法律体系，向辖区宗教场所发放《习近平新时代中国特色社会主义思想三十讲》《习近平谈治国理政（第一、二卷）》《宗教工作读本》等书籍18套，引领宗教界人士和信教群众坚持爱国爱教，坚持中国化方向。

【举办新修订的《宗教事务条例》培训班】 4月，湖里区举办新修订的《宗教事务条例》培训班，邀请市民宗局副局长苏人登为区宗教工作领导小组成员单位、街道、社区民宗干部和区属宗教场所负责人100余人，解读新修订《宗教事务条例》，增强宗教界人士的法律意识和宗教工作者的法治思维。

【民族宗教法律法规宣传】 2018年，区民宗局将新修订的《宗教事务条例》《城市民族工作条例》和省、市《关于依法治理民族事务促进民族团结的实施意见的通知》等民族宗教法律、法规的学习宣传纳入“七五”普法教育，通过社区法制宣传栏、宣传小折页、微信有奖知识竞答、短信推送等形式开展民族宗教法律法规“六进”活动，喷绘社区宣传栏53版，制作宣传折页1.5万份，送出有奖宗教法律法规竞答红包1500份，推送手机短信1.4万条，推动民族宗教法律知识进机关、进社区、进宗教场所，提高民族宗教政策法律法规的社会知晓率。

【基督教专项执法】 5月，区民宗局联合湖里公安分局、区文体、区工商等相关执法部门，进行专项综合执法，对辖区2处非法宗教活动场所予以取缔，没收非法宗教书籍232本。形成依法高效打击取缔非法宗教活动的“湖里模式”，得到时任市委常委、统战部长张灿民的肯定。

7 月 27 日，区民宗局在天竺岩寺举办 2018 年度宗教和民间信仰场所消防演练（区民宗局供图）

【宗教（民间信仰）场所消防安全能力建设】 4 月 11 日和 7 月 27 日，湖里区举办 2018 年度湖里区宗教和民间信仰场所消防安全培训班，开展消防演练活动。5 个街道的民宗分管领导及民宗工作人员、53 个社区民宗分管领导、8 个辖区宗教场所负责人及消防安全员、12 家区级以上民间信仰场所负责人、宫庙志愿消防队队员及周边群众 100 余人参加培训和消防演练。6 月，区民宗局投入 3 万元，为 3 家佛教场所配备微型消防站。

【宗教场所垃圾分类】 年内，辖区宗教场所开展垃圾分类，向广大信众宣传普及生活垃圾分类知识。湖里区佛协在天竺岩寺、万福寺、觉性院、龙湫亭增配 8 套分类垃圾箱，提高寺庙僧众对垃圾分类的认识理解，改善环境质量。

【宗教界献爱心】 宗教界举办“慈善一日捐”“爱心年夜饭”“迎新春送温暖献爱心”“同心圆 · 冬至情”等慈善活动。全年帮扶 320 人，发放慰问金（物）27.2 万元。

【举办第 11 届福德文化节】 10 月，第 11 届福德文化节在仙岳山土地公庙举办。来自马来西亚、新加坡、台湾等国家和地区的 1000 余名信众、专家学者齐聚湖里仙岳山，共同祈福祭祀，探讨民间传统文化遗产的传承保护，参加两岸姓氏宗亲座谈会、海峡两岸民俗文化节、“福德文化”摄影展等系列活动。

（吴伊宁）

计划生育

【概况】 截至 2018 年 9 月 30 日（计生统计年），全区总人口 102.4 万人，其中：常住人口 33.2 万人，流动人口 69.2 万人；新出生人口 19961 人，其中：常住人口出生 5809 人，流动人口出生 14152 人；常住出生人口政策符合率 97.30%，出生性别比 116.19；人口信息统计准确率 95% 以上；计划生育奖励兑现率 100%。

【落实各项独生子女家庭奖励扶助政策】 2018 年，湖里区奖励独生子女家庭 200 户 19.4 万元；计生低保户增发低保金 182 户 17.69 万元；特扶扶助金 594 万，截至 12 月底，获得特扶金的有独生子女死亡家庭 106 户 158 人；伤残母亲 49 周岁以上 122 户 287 人，母亲 49 周岁以下 91 户 237 人；特扶中，母亲 49 周岁以上伤残独生子女经济扶助 135 户 59.4 万元；特扶中的低保增发计生低保金 25 户 7.5 万元；兑现特殊扶助家庭紧急救助 39 户 80.5 万元；兑现特殊扶助家庭紧急救助 2 户 3 万元。是年，兑现城镇部分计划生育家庭奖励扶助 12078 人，兑现金额 2177.16 万元。1—9 月，奖励扶助独生子女家庭 586 人 415.13 万元。

【开展流动人口动态监测】 年内，湖里区组织开展流动人口动态监测业务培训。街道卫计办做好样本点抽样及核查工作，涉及 5 个街道、20 个社区居委会、32 个样本点，完成调查问卷 680 份。

（连凌琳）

残疾人事业

【概况】 2018 年，区残联协助审核 705 名残疾人困难生活补贴和 1487 名残疾人护理补贴；为全区 3937 名残疾人购买最高赔付金额为 10 万元的意外伤害保险；在春节、全国助残日、“六一”儿童节等节日期间，各级走访慰问残疾人，发放慰问金 50 万元；全年有 268 人得到助学补助，发放助学补助金 48.88 万元；为全区 267 辆轮椅代步车发放燃油补贴 6.76 万元。帮助 500 多名精神残疾人申请服药补助，有141名残疾儿童少年享受市“四残儿童”抢救性康复补助，补助金额92.98万元，有71名残疾儿童少年享受区“四残儿童”康复护理补助，补助金额31万元；为符合条件的60名残疾人个体工商户发放“两险”补助金50余万元；扶持20名残疾人自主创业，发放一次性创业补贴和经营性补贴8.8万元，促进残疾人的康复、就业。

【更新残疾人基本服务状况和需求信息数据动态】 6月底，湖里区展开残疾人基本服务状况和需求信息数据动态更新工作。区残联跟踪入户调查、数据录入等各个阶段的工作情况，做好基层指导工作，用2个月的时间完成残疾人基本服务状况和需求信息数据动态的更新工作。对全区4179名持证残疾人展开专项调查，入户调查率98.01%，APP采集率100%，摸清持证残疾人在生活救助、社会保障、康复服务、教育服务、就业扶持、托养服务、扶贫开发、住房保障、无障碍改造、法律服务等方面的基本服务现状与服务需求。

【推进助残模式多样化】 2018年，湖里区采用由政府向社会组织购买社工服务的方式，为辖区残疾人及其家庭提供心理辅导，康复服务，基础数据的调查、建档，志愿者发展等服务。是年，区、街两级投入购买助残社工服务经费105万元。面向社会开展扶残、助残宣传。年内，民革厦门组委、民进湖里支部、农工党湖里支部、万利达电子有限公司、福源达科技公司以及湖里爱心车队等爱心社团、爱心企业和爱心人士，与禾山、江头等残疾人职业援助中心联系，建立帮扶对子，为残疾人捐款、捐物，扶贫救急，呈现出全社会踊跃关爱帮扶残疾人的良好局面。

【开展有益残疾人身心的活动】 年内，湖里区举办了以“全面建成小康社会，残疾人一个也不能少”为主题的活动，教育残疾人与人相处要互相尊重、互相关心、互相包容，提倡做有爱心、有道德、讲文明的好公民；开展“游玩坂头水库”等活动，让残疾人接触大自然，融入社会，开阔视野，丰富其精神文化生活。开展“残疾人文化进家庭‘五个一’”活动试点工作。采取政府购买服务方式，落实残疾人文化进家庭“五个一项目”。以“特奥五十年　辉煌新时代”为主题，开展“全国第十二次特奥日”，以“康复健身、展示风采、促进融合、共奔小康”为活动主题，开展残疾人健身月活动。组织区里的残疾人参加福建省第八届残疾人运动会。发动残疾人参与“第四届全国残障少儿世界和平海报作品征集活动”，全区征集5幅作品参与福建省残联、福建省教育厅举办的2018年“追梦·自强”全省残疾人书画、文创集市公益联展的征集活动。

【政府购买残疾人服务】 12月，区政府购买6个社工服务项目。社会组织通过开展个案、小组和社区工作等方法，秉持社会、社区、社团“三社”一体，社工、义工“两工”联动的服务方式，为辖区残疾人及其家庭提供心理辅导、康复服务、就业就学服务、社交训练、家属互助支持、康复员支持、志愿者发展等服务，以保障重度残疾人居家康复、养护、生活的基本条件，改善重度残疾人的居家生活质量，满足重度残疾人及其家庭对居家安养服务的需求。由5个街道分别与服务机构签订了服务协议，有200名残疾人得到每人每月200元的居家安养服务。

【提升残疾人的就业能力】 2018年，湖里区为残疾人开展职业培训。实施市残联下达的残疾人职业技术培训任务，本着项目实用、自主创业有效、就业安置有利的培训原则，输送了199人次残疾人参加由市、区两级残联举办灯笼制作、手绘T恤、盆栽制作等培训。全年通过日常推荐和举办残疾人专场招聘会的方式，推荐70余名残疾人前往企业应聘，帮助53名有劳动能力的残疾人实现就业。

名词解释

“四残儿童”：是指7周岁（含）以下脑瘫、听障儿童，7（含）至10周岁（含）的语后聋儿童，14周岁（含）以下智障、自闭症儿童。

“五个一项目”：帮助困难残疾人读一本书、看一次电影、游一次园、参观一次展览、参加一次文化活动。

街道

湖里街道

【概况】 2018年，湖里街道辖区面积12平方公里，下辖18个社区。总人口21.9万人。其中，户籍人口9.9万人，外来人口12万人。实现财政总收入34.84亿元，完成全年任务的115.55%，比上年增长26.3%；街道本级收入2.42亿元，完成全年任务的128.25%，比上年增长39.8%。规上工业总产值73.54亿元，其他营利性服务业7.65亿元，限上批发零售业销售405亿元，固定资产投资11.64亿元。招商引资引进内资105亿元，完成全年任务的105%，合同利用外资8016.49万美元，完成全年任务的178.1%，实际利用外资5271万美元，完成全年任务的131.8%。是年，湖里街道被授予福建省“十县百乡千村无邪教创建示范工程”活动创建无邪教示范街道。

【拓展税源】 2018年，湖里区建立总部企业、纳税大户、上市企业和上市后备企业及区域外企业清单。实行专人联系制度，稳定税源，落实税收增长点。紧盯企业不动产和股权重组项目，落实信宏大厦写字楼第一期转让和圣元环保股权重组税收入库。推进邮轮母港、五矿大厦、名鞋库鼎兴商务楼和住宅集团总部等项目建设。是年，湖里区认定的245家“2017年度纳税先进企业”中，湖里街道有69家，占全区的28.16%。

【湖里街道招商引资】 年内，湖里街道引进大桦服装（安踏代工企业）、松霖家居、大洲新燕和正御实业、福建普惠金科技、福建悦木源品牌管理、飞飞网络公司、欣贺股权投资、福建九九文化传播有限公司（盼盼集团下属企业）等一批重点项目；与杭州西泠印社、富士康、盒马鲜生（阿里巴巴线下超市）、上海长江软件园等优质项目对接。

【发展创意产业】 2018年，湖里街道制定《湖里创意产业园改造项目初审申报程序》《“特区 · 1980”湖里创意产业园产业发展正负面清单》。提前介入碧桂园、印华地砖收储项目立项的商谈；推动安联厂房、海西二期、联发“18.19”、灿坤等18.9万平方米厂房计划改造项目生成。提升“特区 · 1980”品牌知名度和园区整体形象。

【承办2017厦门文化产业年度风云榜颁奖仪式】 3月30日，由厦门

3月30日，“2017厦门文化产业年度风云榜”颁奖仪式在华美空间时尚馆举行（湖里街道供图）

市文化改革发展工作领导小组办公室、《厦门日报》社主办，厦门报业传媒集团、湖里街道办事处承办的2017厦门文化产业年度风云榜颁奖仪式暨风云榜5周年文创发展论坛在联发华美空间时尚馆举行。现场颁发了五大类39个厦门文化产业的年度奖项。湖里创意产业园内有千树创意、延谈桔子创始人李延、D.HOUSE设计生活体验馆、“凤凰木·梦空间”湖里街道城市基层党建服务中心、口岸潮玩节等9个企业、人物、空间、品牌活动获奖。

【主办2018厦门国际时尚周湖里会场活动】 11月24日至12月3日，由区文体出版旅游局、湖里街道办事处主办，厦门市纺织服装同业商会承办的2018厦门国际时尚周湖里会场活动在“特区·1980”湖里创意产业园华美空间和东南天地文创园举办。活动以“湖里·时尚”为主题，由时尚大秀、时尚互动体验、品牌服装展、助力时尚文化企业发展行4大板块构成。以湖里区服装设计师及品牌为主，举办1场媒体见面会、11个品牌服装发布秀、3场配套活动、3场助力企业发展行和1场本土品牌服装展系列活动。

【重点项目建设】 年内，湖里街道完成轨道3号线工程（湖里街道段）房屋征收92984平方米。联发37号厂房约2.5万平方米完成拆除；厦门市筼筜湖第二排涝泵站及西堤闸房屋征收过半。第二西通道疏解用地完成交地；轨道1号线（湖里街道段）新增用地征收完成。

【开展第四次全国经济普查】 2018年，湖里街道开展第四次全国经济普查工作。街道18个社区，87个普查小区，完成上报普查单位8878个，个体5131户。

【平安创建】 年内，湖里街道下发《2018年湖里街道各社区党政领导综治（平安建设）责任书》。通过微信公众号、设置平安创建语音彩铃、发送综治平安短信等形式，提升平安创建工作知晓率。深化平安企业、家庭、校园、医院、交通、景区、文化市场等行业系统创建活动。累计有平安家庭40121户，平安家庭覆盖率97%，平安单位、平安校园达标率100%。是年，辖区内刑事报警579起，比上年下降33.98%；全年有80天零发案。其中有连续5天零发案。全年受理并成功调处矛盾纠纷311起。

【“无邪教”创建示范工程建设】 2018年，在街道设立反邪教警示展厅，并设有警示教育室，组织街道、社区干部及辖区居民接受反邪教教育，各社区利用社区书院、电教室等开展反邪教的教育宣传。参加市、区反邪教工作交流培训，参观学习先进街道、社区的创建经验。湖里街道被授予福建省“十县百乡千村无邪教创建示范工程”活动创建无邪教示范街道，康泰、村里、兴华3个社区被授予无邪教示范社区。

【信访办理】 湖里街道全年办理人民网交办信访件3件，国家信访局转办件4件，福建省信访局转办件7件，厦门市信访局转办件25件，湖里区信访局转办信访件23件。向街道直接反映问题信访件5件，党政办OA转办件19件；市长专线1028件。领导干部参与接访60人次。

【开展扫黑除恶专项斗争】 2018年，湖里街道组织街道、社区党员干部签订《湖里区党员干部扫黑除恶承诺书》304份。安排20万元专项经费用于举报奖励和宣传工作。是年，街道辖内九类涉恶案件立案24起、破23起，抓获犯罪嫌疑人41人，打击九类涉恶犯罪团伙5个。

【安全生产】 湖里街道全年组织安全生产大检查280余次，出动检查人员860余人次，检查单位和场所2480多家，发现存在安全生产隐患2056处，限期责令整改。检查生产性企业494家，发现存在安全生产隐患1268处，整改1268处。开展创建国家食品安全示范城市建设，加大食品安全宣传。加大对危险化学品、涉有毒气体企业、电梯安全和燃气安全等专项整治和检查。完成辖区4个地质灾害点的治理。落实森林防火责任，加大森林防火宣传和巡查，坚持24小时值班备勤制度。

【保障民生】 2018年，湖里街道制定街道精准帮扶资金使用双五条，规范扶贫资金申请和发放。做好社会救助和关爱服务工作，全年累计核发各类定期救助补贴、优抚金和关爱资金及慰问金1068.68万元。举办企业招聘会2场，参加企业139家，提供岗位2829个。就业困难人员认定522人，开展农民工技能提升培训499人，失业人员再就业培训200人。参与辖区劳动争议案件调解62件，调解成功38件，涉及金额20.37万元。将塘边社区办公用房和主楼整体规划改造成街道老年人综合服务场所。完成街道（金鼎）老年人日间照料中心、金鼎老年人活动中心和街道残疾人援助中心建设。制定下发《湖里街道关于政府购买社会工作服务暂行办法》，完成街道18个社区政府购买社会工作服务项目的评审和申报。

【社会事业发展】 年内，湖里街道协助3户流动家庭申请第13批“幸福工程”救助贫困母亲项目，获得救助金6万元。组织居民签约家庭医生30073人，签约总数位列湖里区各街道首位。完成和通半山林海小区卫生服务站和南山小区等8个小区医生工作室建设，均投入使用。是年，辖区新出生1509人。其中，常住出生820人，流动出生689人，政策符合率98.9%。在街道4个市级青少年科学工作室举办船模、建筑搭建、陶艺、机器人竞技等科普夏令营。建设和通社区“校外科普编程课堂”和怡景社区“草根创客驿站”等科普示范点。为12名因身体原因不能入学的适龄儿童办理缓学手续。开展非物质文化遗产普查和文化市场整治工作。做好新港、金鼎、濠头、塘边、怡景5个社区基层综合文化服务中心创建。选送2个节目参加湖里区纪念改革开放40周年厦门（湖里）第十届城市诵读节暨湖里区第十届社区文化艺术节开幕式。组队参加区第四届运动会，举办街道第二届1980杯气排球比赛。

【社区建设】 2018年，怡景、塘边社区租赁新办公综合服务用房4600平方米。怡景、和通、村里、金鼎等社区完成社区用房装修布局、装修设计和价格审核。兴华、康乐2个社区开展管理体制改革试点工作，建立前台办事员3+1，后台协调员5+N，外勤网格员1+2+N的岗位模式。制定社区人员学习培训换岗轮训机制和网格员错时上下班制度。

【老旧小区改造】 年内，湖里街道实施13个小区整治改造项目，均已完工。完成怡景花园、南山新村2个小区水改工作。组织南山新村、和通新村半山临海小区、牛头山小区3个新项目改造。

【第二轮环境提升】 2018年，湖里街道组织开展嘉禾路地铁口周边整治提升和南山、东荣、金鼎、东渡、新港片区第五立面整治提升。涉及改造建筑210栋93765平方米，拆除违建9232平方米。完成和通片区夏商地块环境整治，拆除违建4979平方米。完成塘边兴隆路北侧篮球场周边“两违”整治，与45户、122间店面、108家个体工商户签约，拆除违建5990平方米。全年发现违建347处，拆除“两违”40746平方米。

【垃圾分类及门前三包】 年内，湖里街道举办垃圾分类宣传暨表彰大会，与辖区内152家小区物业、9个业委会、46家酒店、5家农贸市场、1220家企业签订垃圾分类管理责任书。采取以租代购的方式，投入193台太阳能垃圾分类智能语音提示机。街道垃圾分类知晓率100%，参与率90%，准确率80%。对“门前三包”实施精细化管理。8月，厦门市市容考评委对“门前三包”实行专项考评，湖里街道获得全市第一名。

【生态环境保护】 2018年，湖里街道落实党政领导生态文明建设和环境保护目标责任。推进餐饮项目环保备案，清理整顿违规建设项目，加大环境保护宣传教育，协助完成第二次全国污染源普查。做好湖里中学周边空气质量监测站维护，加强周边环保网格巡查。起草《湖里街道推行“河长制”实施方案》，配合协调辖区内黑臭水体的整治。

【小区治理】 2018年，湖里街道组织召开5场街道小区治理现场推进会。辖区18个社区成立129个小区党支部，实现党组织在辖区小区的全覆盖。推进博士山庄小区、东渡三航小区治理示范小区建设，打造小区党建品牌。推动治理力量下沉小区，下派小区秘书105名，落实小区警察44名、小区城管44名、小区律师47名、小区教师77名、小区调解员281名、小区医生50名。

【法治街道建设】 年内，湖里街道开展“七五”普法教育宣传，通过区“七五”普法中期督导检查验

2018年，湖里街道班子成员和各社区书记、主任深入小区调研小区治理工作（湖里街道供图）

收，以“法治讲堂”为平台，组织形式多样的法治文化活动。组织工作人员关注中国普法、福建司法等微信公众号。街道16名公务员全部通过国家工作人员统一学法考试。是年，街道聘任福建天衡律师事务所、上海段和段（厦门）律师事务所和福建联合信实律师事务所等3家组成街道律师顾问团。

【街道基层党建】 2018年，街道4102名党员全部通过厦门党建e家平台管理，全年通过平台接转党员922名。是年，培养入党积极分子106名，吸收预备党员33名，40名预备党员按期转正，成立党组织56个。截至年底，街道党工委下属党组织347个。其中，党委18个，党总支7个，党支部322个，有党员4116名。

【社区组织换届】 年内，湖里街道完成4个全民直选社区、4个户派代表直选社区和10个居民代表选举社区的换届选举任务。选举产生社区党组织成员90名、居委会成员107名。其中交叉任职66名。

【非公党建】 2018年，全街有非公企业党组织177个，覆盖企业392家，覆盖率75%；社会组织有党组织19个，覆盖社会组织19家，覆盖率78.6%。抓好互联网党建示范点丝柏科技和国宇党支部党组织示范点建设，完成丝柏科技“特区先锋”党建品牌建设。丝柏科技党支部和国宇党支部被市委组织部授予“厦门市城市党建学院实训基地”。

【开展文明宣传】 年内，湖里街道开展移风易俗系列活动。通过沙龙、培训等多种方式向村改居社区居民群众传播文明风尚。在新华网、搜狐网、台海网等网络媒体宣传特区发祥地的巨大变化和成果。

7月6日，“特区·1980”新媒体创意联盟成立（湖里街道供图）

街道全年微信公众号推出微信报道115篇，各社区推出微信报道2000余篇。康乐、金鼎2个社区被评为“2015—2017年度省级文明社区”，汪如全家庭被授予“第十一届全国五好家庭”“第一届福建省文明家庭”称号。

【“特区·1980”新媒体创意联盟成立】 7月6日，“特区·1980新媒体创意联盟”在联发华美空间成立。该联盟是20家国内知名自媒体、本地大V自愿发起成立的新媒体交流和资源互享平台。联盟通过组建线上媒体群、举办线下交流活动等方式，促进成员资源共享，帮助自媒体解决发展中遇到的困难和问题。

【全面从严治党】 2018年，湖里街道制定落实全面从严治党主体责任清单，并向社区延伸。解决区委第三检查组在2017年落实全面从严治党主体责任实地检查中发现的4大类22个问题。完成对区委第一巡察组向街道党工委反馈的六个方面15项28个问题的整改，党内警告处分1名党员，谈话函询13人。出台《街道帮扶资金使用管理“双五条”措施》。是年，街道督查辖内酒店、宾馆、公园等娱乐场所21次。严控“三公经费”支出，街道全年会议费支出0元，因公出国（境）人员0人，公务招待费支出0元，公车运行费支出约15.09万元，“三公经费”支出比上年下降52.84%。是年，立案1件1人，通报批评1人，谈话函询35件35人，全年受理市区上级转办的信访件7件，街道自收件3件，均已办结并在规定时限内上报。

【工会工作开展】 年内，湖里街道开展3年（2017—2019）工会基层组织建设提升活动，参与达标创优的企业310家，参与率85%。组建劳动法律监督委员会260家，有31家企业签订了工资集体合同。办理工会会员卡38740张，为21250名职工办理医疗互助，报销企业职工春节返厦车票33.64万元。确定康乐社区为“省级劳模工作室”创建示范点。

【团工委工作】 2018年，湖里街道组建非公团组织150余家。做好数字化团建工作，录入基层团组织103个。打造湖里青年“服务网”，构建社区、高校和共建单位的服务网络。举办“纪念‘五四’运动

99 周年”主题日活动，启动“特区 · 1980”青年文创季。

【妇联工作】 年内，湖里街道完成街道和社区妇联组织换届。慰问辖区处于困境中的妇女儿童家庭 63 户，发放慰问款 5.11 万元。“六一”儿童节慰问 32 户儿童家庭，发放慰问款 1.6 万元。做好 2018 年“情系春蕾”助学活动，资助困难学生 30 人 2.44 万元。开展“春风送岗”活动，组织专场招聘 2 场，提供 1767 个工作岗位，介绍 81 名女性就业。加大“巾帼文明岗”的创建，陈美珍被评为市“三八”红旗手、东荣社区妇联被授予市“三八”红旗集体。

（刘爱军）

殿前街道

【概况】 2018 年，殿前街道辖区面积 29.82 平方公里，涵盖厦门空港、海港及象屿保税区、火炬高新区（俗称“两港两区”），下辖高殿、马垅、兴隆、兴园、长乐、北站、神山 7 个社区和嘉福、翔鹭 2 个筹备组，常住人口 22.02 万人。其中户籍人口约 3.28 万人。街道整体情况可以概括为“四多”：外来人口多，辖区外来人口占全部人口约 85.1%，且多居住于高殿、马垅等村改居社区，对街道民生发展、治安维稳等各项工作提出了较高的要求。市属园区多，涵盖厦门航空港、象屿保税区（自贸区）、火炬高新区以及航空工业等市级重点园区和产业，是湖里区产业发展的重要区域。规模以上工业企业有 54 家（含区属企业），年产值 208.68 亿元，占全区年产值的 60.5%。重点项目多，街道承担了金砖筹备的坡屋顶改造，立面整治以及环岛路，轨道交通 1、3 号线，第二西通道等市级重点工程，征地拆迁，“两违”拆除，返迁安置等各项工作，任务较为繁重。老旧小区多，辖区内除高殿、马垅两个村改居外，其余 7 个社区的 31 个小区中，有 14 个建成于 2000 年以前，城区基础薄弱，历史遗留问题多，是街道全面发展需要突破的一大难点。

【招商引资及工商发展】 2018 年，殿前街道引进内资 118.87 亿元，完成年度任务的 118%。引进母行圣（厦门）实业有限公司（注册资本 5 亿欧元）等一批优质企业落户街道，实际利用外资 695 万美元，完成年度任务的 20%。其中，500 万以上项目 492 家 62 亿元；5000 万以上项目 29 家 22.16 亿元。是年，街道招商注册到自贸区内的企业有 1600 多家，完成市、区下达任务的 200%。其中协助自贸委引进世界五百强企业 3 家。年内，殿前街道规模以上工业总产值完成 208.68 亿元，比上年增长 8.4%，限额以上批发零售贸易销售额完成 1180 亿，比上年增长 28%；财政总收入 53.41 亿元，比上年增长 8.72%。

【完成重点工程征地拆迁】 年内，殿前街道推进福厦铁路等 3 个项目的返迁工作，完成 558 套安置房确权；完成环岛路安置户 14 户 43 人返迁安置工作；轨道交通 3 号线创业桥站涉及企业的借地工作已完成并移交施工；嘉福花园安置房南侧市政道路工程已完成立项、勘测、选址等前期工作；第二西通道（殿前段）工程所有地块已交地施工；推进征迁项目扫尾工作，完成轨道交通 1 号线新增 7 幅地块、高殿集体土地和高崎海堤国有地块约 4.34 万平方米的征收工作，拨付资金 1036.1 万元，征收环岛路高殿社区集体土地、翔业地块约 8.54 万平方米，核拨征地款 3733.23 万元。

【旧村改造】 2018 年，殿前街道落实西部旧村整村更新提升战略，以马垅社区的小东山、古塘垅自然村为试点，完成基础信息采集和设计规划方案等前期工作，已签约房屋 3 栋，建筑面积 1900 平方米。推动云创智谷科创小镇建设，形成旧村改造和特色小镇建设双轮驱动、互促发展新格局。截至年底，完成云创智谷科创小镇二期设计方案，并将汤志义艺术馆投入改造，影视小镇已接洽设计公司完成商业策划书。

【发展文教事业】 10 月 8 日，国贸殿前幼儿园正式招生，为辖区提供 355 个学前教育学位。6 月，马垅阳光幼儿园通过湖里区级示范园评估。结合“腾飞殿前　以文化人”“殿前梦工场”社区巡演 2 个街道级文化品牌开展文化活动 20 余场，提升公共文化服务水平。打造“一居一品”社区文体活动，社区开展文体活动 120 余场。

【劳动就业】 2018 年，殿前街道举办企业用工专场招聘会 2 场，吸引企业 144 家，提供 5600 多个岗位，2200 多名失业人员应聘，663 名达成就业意向；办理就业困难人员认定 179 人、灵活就业人员认定 285 人、灵活就业社保补贴建账 1256 人，补贴 276.73 万元。打造兴隆路和谐劳动关系一条街。街道劳动争议调解委员会全年累计处置劳动争议案件 197 起，调解成功 137 起，调解成功率 69.5%，调解金额达 175 万余元。

【帮困救助】 殿前街道全年为 408 户次 630 人次发放低保金 45.76 万元；为 101 人次发放特困补助金和

护理费17.27万元；为25户发放临时救助金13.54万元；发放慈善救助款项60万元。为辖区70位符合条件的困难残疾人、162位重度残疾人发放补助金110.39万元。

【卫生医疗】 2018年，殿前街道持续为居民提供家庭医生签约服务，街道家庭医生签约总覆盖率32.93%，其中，高血压续签92.04%，糖尿病续签86.67%，老年人签约覆盖率86.52%。殿前街道社区卫生服务中心暨北站社区服务中心项目正在进行室内外装修。完成嘉福花园小区卫生服务站建设。完成兴隆新村、加州花园、大唐七期、翔鹭三期、翔鹭二期、三航小区、三航大院、铁路家园、长乐二期、盐业小区10个小区医生工作室建设。

【小区治理】 年内，殿前街道完成10个试点小区打造工作，开展小区秘书、小区医生、小区调解员、小区律师、小区警察等服务工作，打通基层治理最后“一百米”。推进兴隆、兴园社区管理体制改革试点工作。加强小区党支部建设，截至年底，辖区31个小区，党组织覆盖率100%。配齐配强小区党支部书记，其中党支部书记和居委会主任一肩挑的5人，通过全面摸排，在10个有处级以上干部居住的小区中，100%由处级干部担任小区支部书记，带领小区自治、发展。神山三航、翔鹭三期、兴隆新村等小区已打造成为全国、全省小区治理参观示范点。是年，民政部公布的全国100个优秀社区工作法中，兴隆社区上榜。6月，兴隆社区党委书记张丽华参加全国政协港澳台侨委员会和福建省政协主办的首届海峡两岸基层治理论坛，作为厦门市唯一代表发言。

【社会治安综合治理】 2018年，殿前街道与公安、城管、司法等部门实现联动共享，对近3年发生的1108起黄赌毒案件、7797起各类矛盾纠纷警情、110起涉恶案件梳理分析，对可能存在的影响社会治安稳定的各类带黑恶性质的组织团伙和黑恶势力进行摸排打击。签订《殿前街道党员扫黑除恶承诺书》850多份。强制拆除强占市政道路等公共资源私设停车场3处，取缔长乐“车友会”，整治高殿、马垅涉老组织，涉黑案件移送司法机关1起，铲除黑恶势力生存土壤。

【矛盾纠纷调解】 殿前街道全年排查化解矛盾纠纷858起，调处成功858起，重特大群体性纠纷29起，涉及当事人1100余人，调解金额达947万余元，纠纷调处率100%，调处成功率100%。2月，芬兰代表团一行莅临殿前司法所，考察街道调解和社区矫正工作。

【安全生产】 2018年，殿前街道开展燃气安全专项整治，设立24小时燃气安全隐患举报电话，联合公安派出所、城管等部门对辖区餐饮场所和燃气供应点进行拉网式排查，每周对辖区的“三合一”“多合一”场所及群租房、高层建筑、人员密集场所等开展综合治理，出动相关人员1861人次，检查各类场所2116处，发现“三合一”场所1427处、违规电动车充电点206处；辖区9个社区建成电动车集中充电点30个、智能充电桩291个、可停放电动车720辆；高殿义务消防队获“2017年感动厦门十大人物”“福建好人榜”“中国好人榜”称号；每天安排2名巡查队员进行海域巡察，配合海洋渔业部门开展辖区海域水产养殖回潮监管；打造以中埔水果批发市场食用农产品一体化可追述体系的创城亮点。

【“七·五”普法】 年内，殿前街道深入开展法治宣传教育，大力推进依法治理，辖区7个社区均已挂牌成立社区律师工作室，为社区居民提供法律服务咨询126起。开展法治讲堂36场，参与各类矛盾纠纷排查调处77件。发放法治宣传册2万余份，发放宣传品2千余份。

【环境整治提升】 2018年，殿前街道开展综合整治158场，拆除违章

3月21日，湖里区委书记林建（左二）、区长林重阳（右二）带队到殿前街道检查“路长制”工作（张幼君　摄）

建筑物 8.89 万平方米，完成年度拆违任务目标的 149.61%。“路长”着力发现和解决突出街容环境问题，全年辖区有 66 条路在全市市容环境排名中取得第一名。嘉禾路（石鼓山立交—吕岭路段）沿线地铁口周边街区立面整治提升项目完成施工，殿前一路和殿前五路街区立面综合整治提升工程收尾并进行相关整改，殿前二路至殿前六路街区立面综合整治提升工程完成终验资料准备；铁路沿线景观提升项目涉及的 9 栋房屋改造，完成 3 栋样板房建设。

【推进垃圾分类】 年内，殿前街道推进“村改居”社区、沿街店面、农贸市场、酒店等区域的垃圾分类工作，打造 10 个垃圾分类典型点。是年，辖区设有垃圾分类投放点 336 个，覆盖率 100%，平均居民参与率 95%，投放准确率 92.5%；在全市各街道垃圾分类工作暗访中，殿前街道取得了 6 次第一名，3 次第二名。

【门前三包】 2018 年，殿前街道开展新一轮“门前三包”活动，以长虹路为试点，建立“门前三包”大数据，实行一店一档一码，将长虹路打造成为全市首条“生态环境”及“门前三包”标准街。陆续打造了埭辽路、翔云一路、翔云三路 3 条标准街，采取成熟一条移交一条的做法，12 月底前，完成 6 条示范街的提升整治工作。

【社区组织换届选举】 年内，殿前街道派驻 7 个指导组挂钩联系各社区，聘请 27 名社区观察员，对换届选举工作监督指导；先后召开 3 场专题培训会，通过选举情景模拟演示，对选举每个阶段和重点难点环节进行指导培训；是年，完成 7 个社区党组织和居委会换届选举，均一次性选举成功。

【党风廉政建设】 2018 年，殿前街道完成党工委班子、第一责任人、班子其他成员主体责人清单落实情况录入区信息监管平台。与各社区党组织签订《落实全面从严治党主体责任书》，每季度听取社区党组织书记落实全面从严治党主体责任情况汇报，推动全面从严治党向基层延伸。抓好巡察反馈意见和建议，以及市、区全面从严治党主体责任检查反馈问题的整改，开展主体责任约谈 34 次。完善各项制度，将街道相关制度汇编成册，促进各项工作的规范化、制度化。开展群众反映强烈问题专项整治，制定专项整治方案，对“文山会海”等 11 个重点问题进行任务细化和责任明确，开展自查自纠，加强线索管理，强化执纪问责，确保作风建设落到实处。

【抓好意识形态领域工作】 年内，殿前街道制定下发《殿前街道意识形态工作责任制相关制度》，建立健全意识形态落实制度、管理制度、意识形态领域情况分析研判制度、理论中心组学习制度等 9 项制度。开展“大学习”“大宣讲”等基层理论宣讲活动 73 场，参与群众近 3600 人次。建成兴隆、兴园社区及部分小区社会主义核心价值观示范点。及时处置网络舆情 23 件，处置率 100%。

【文明创建】 2018 年，殿前街道把街道机关 118 名干部职工、社区 65 名“两委”成员分配到 49 个网格中，直接包片包网格开展文明创建工作。制作公益广告、文明创建宣传栏 140 多版，利用 LED 显示屏滚动播放垃圾分类、扫黑除恶、食品安全等公益广告标语 5 万多条次。将长虹路核心价值观示范墙重新彩绘，打造兴隆路核心价值观主题街，设置“社会主义核心价值观”主题景观、宣传栏、公益广告宣传牌。组织社区工作人员、网格员入户分发垃圾分类、扫黑除恶、移风易俗、文明骑行等内容倡议书 10 多万份。辖区党员、居民群众、小区物业 4600 人次加入到洁净家园活动中，形成人人参与文明创建的良好氛围。制定《殿前街道创建文明小区实施方案》，围绕 8 个方面内容推进实施文明小区创建。以神山三航小区、翔鹭花城三期、加州

6 月 24 日，殿前街道高殿社区进行居民委员会选举（林静　摄）

花园为试点，推行由党支部牵头，业委会、物业公司、共建单位、社会组织、专业社工、志愿者共同参与协商的“1+6”小区管理服务机制。

【社区书院工作开展】 年内，殿前街道7个社区书院和2个筹备中的书院开设课程195门，上课1638次，开展活动217场，形成“课堂+活动”模式，满足群众精神文化需求和贯彻社会主义核心价值观有机统一。全年开展群众议事活动55场，培育社区群众组织36个，形成常态化的运作模式。

【旅游餐饮场所检查】 对辖区自贸区、高崎北片区、机场、夏商水果批发中心等场所，酒店及其周边大排档等进行全面监督检查，出动检查人员63人次、车辆25辆次，检查商家21户次，发放宣传材料325余份，将检查中发现的问题企业列入旅游领域最新黑名单，并在殿前街道微信公众号曝光。更换餐饮企业文明餐桌宣传贴纸1.5万份，保障辖区所有餐饮店都有文明餐桌宣传标识；联合市场监督管理所，推进“明厨亮灶”工程。对辖区的学校食堂、配餐企业实行闭环监管模式，让市民群众吃得安全又放心。

【志愿服务】 年内，殿前街道机关注册志愿者43人，占党团员的2/3，各社区志愿服务工作站有志愿者队伍40多支，注册志愿者2890人。其中，高殿义务消防志愿服务队、翔鹭绿翔妈妈志愿服务队、兴隆台胞志愿服务队、神山爱家园老人督导队已成为社区特色志愿服务队伍。建立完善《志愿者登记注册制度》，通过微信、QQ群、宣传栏等发布志愿者招募公告，招募居民加入志愿服务队伍。开展关爱他人、关爱社会、关爱自然的“三关爱”活动，开展关爱孤困老人、儿童、残障人士志愿服务活动，每逢节日组织志愿者上门看望困难家庭，为困难人员提供志愿服务；在辖区6个繁忙交通路口常年开展文明交通秩序劝导活动；开展洁净家园志愿服务400多场，清理卫生死角4000多处，清洗道路900条次。

（毛语漩）

10月17日，殿前街道志愿者开展洁净家园活动（张幼君　摄）

江头街道

【概况】 2018年，江头街道建成面积10.41平方公里，下辖10个社区。有人口20.25万人。其中，常住人口6.97万人，流动人口13.28万人。是年，街道财政收入21.2亿元，完成年度任务的100.7%，比上年增长4.16%；本级财政收入1.68亿元，完成全年任务的118.88%，比上年增长24.35%。固定资产投资完成9.63亿元；规模以上工业总产值14.67亿元；限额以上批零销售额84.61亿元。

【招商引资】 全年街道引进内资84.49亿元，完成全年任务的120.65%；合同利用外资895万美元。新增落户亿元以上项目10个。其中，具有影响力的项目有厦门吉相股权投资有限公司吉比特子公司，增资4亿元，厦门天地城区建设有限公司，注册资金2亿元，厦门来来影视产业有限公司，注册资金1亿元，易吉成（福建）护理集团有限公司，注册资金1亿元。推进重点项目吉比特、雷霆互动总部迁移项目。

【重点项目建设】 2018年，江头街道7个在建跟踪固投项目建设稳步推进，全年街道固投完成9.63亿元。其中，万科湖心岛六、七期项目已封顶，SM三、四期进行土石方及桩基工程，总包工程已定标；薛岭安置房项目进行地下室底板施工，乌石浦安置房一期建设项目进行桩基施工，乌石浦安置房二期进行地下室施工建设。

【征地拆迁及项目改造】 年内，街道联合拆迁单位和相关社区加强重点项目工程改造的宣传教育，做好

2018年，区领导调研蔡塘片区旧村整村改造工作（江头街道供图）

个别重点被拆迁户的思想疏导，完成蔡岭路湖里段项目征收和江头警务室改造、江头执法中队办公楼装修、嘉城花园北侧边坡地质灾害治理等项目工程的改造。推进禾山中学教学用地建设，启动忠仑公园项目工程，签订后埔旧村改造更新提升项目框架协议。全年完成土地房屋签约28461平方米，完成年度任务的125%。

【小区治理】 2018年，江头街道选拔已退休的原处（团）级以上领导、在职党员和担任小区业委会主任的党员任小区党支部书记。派出社区党员、社区工作人员到小区兼任组委或秘书。将在小区居住的"能人"组建成127支小区党员志愿服务队。党支部主导成立小区业委会或自管小组79个，推进小区党支部、业委会、物业公司深度融合。社区大党委组织1032名在职党员认领77个小区服务岗位，实现区域共建深度融合。搭建党务居务听评会、百姓论坛等平台，发动辖区组织和群众参与社区事务，实现多元共治深度融合。探索小区清单式治理办法，制定完善《小区居民公约》《小区议事规则》，引入社工机构进入小区开展活动，推动社工+党员志愿服务常态化。

【城区管理】 年内，江头街道落实"路长制"长效管理机制。开展环境卫生大清理，开展"城中村"和居住小区综合秩序整治，清理整治店招、广告牌和背街小巷及居住区的"脏乱差"等问题，重点加强台湾街、禾山路、仙岳路、金尚路等路段及周边环境卫生的清理整治。在辖区138个小区和蔡塘、后埔"城中村"全面推广垃圾分类，辖区垃圾分类工作覆盖率100%、准确率90%。强化"两违"专项治理。全年，处置"两违"4.8万平方米，完成年度任务的159.76%。推进第二批立面改造。完成台湾街、禾山路、祥店路、嘉禾路4条线路的改造提升，总线长5公里，涉及提升改造的建筑68栋，景观9处，总面积131106平方米，改造店面800余家。

【专项整治】 2018年，江头街道组织机关、社区和综治成员单位的党员干部签订《党员干部扫黑除恶承诺书》500余份。开展扫黑除恶专项斗争宣传，发动居民群众举报线索，摸排和整治"沙霸""渣霸""套路贷""电信诈骗""黑救护车""太平间"和校园欺凌等问题。打造"家安"工程，万科·湖心岛创建无入室盗窃案小区；打造"路安"工程，全年辖区发生道路交通事故1起死亡1人，比上年下降50%；打造"食安"工程，联合江头市场监督管理所，创建食品安全"快检室"，推进食品安全网格化建设，打造首批"无假冒伪劣产品"示范点；打造"业安"工程，街道安监站牵头，在辖区内开展"平安校园""平安医院""平安景区"等行业系统平安创建活动，保障从业人员生命财产安全；打造"心安"工程，推进江头街道社会心理服务中心建设，做好辖区37名精神病患者的心理疏导和社会管控工作，加大反诈骗宣传教育力度，全年辖区发生诈骗案比上年下降14.4%。联合公安等相关单位开展为期3年的"五个专项行动"，化解博士花园业主委员会选举案、联发太微花园红线占用案、源泉山庄停车秩序案等3起矛盾纠纷积案。全年街道辖区接受交通警情报警8140起，处罚各类交通违法126721起、清理路面僵尸车101台。

【社会治安综合治理】 江头街道全年排查民间纠纷856起，调处852起，调处成功率99.5%。受理群众反映信访问题793件，信访案办结率100%，街道"12345"便民服务平台满意率位列全区第一名。街道有在册涉邪人员67人。在册本地吸毒人员145人、在册社区服刑人员97名、在册安置帮教对象195人，安置率与帮教率均为100%。协助公安派出所加快二类视频监控建设步伐，建设家庭智能安防系统，分别在裕兴大厦、冠宏花园进行人脸识别采集系统试点工作，依托蔡塘、后埔和祥店等"雪亮社区”建设，实现视频监控“围村”“围楼”。

【安全生产】 2018年，江头街道采用政府购买服务方式深化安全监管工作，联合各职能部门开展联合执法，强化辖区单位消防安全培训和竞赛，组织街道全体安全监管人员集中学习培训。开展“三合一”场所、居住房屋和电动车消防安全专项整治工作”、电动车规范停放充电等行动，推进国际安全社区创建和消防示范社区建设。开展安全生产月各项活动，辖区安全生产形势持续稳定。全年街道检查企业30331余家次，发出整改通知书5591余份，整改隐患13978余项，隐患整治率100%、整改率99.9%。是年，辖区未发生安全生产责任事故，各项指标均控制在区下达的指标范围内。

【社区建设】 年内，江头街道下拨885万元用于社区办公用房改造及基础设施建设，完成对蔡塘、后埔、江村3个“村改居”社区的清产核资工作。推动社区管理体制改革，街道10个社区和忠仑筹备组均已按新体制进行运行，设网格104个、格长73人、服务站站长9人、网格员237人。投入245.71万元，推动老年人服务、亲子关系提升、流动儿童社区融入等11个社工服务项目落地。依托蔡塘金厝边养老院设立街道日间照料中心，采取“基本+点单”的服务模式，为街道60岁以上老人提供日间服务。完成9个居家社区养老服务项目续约工作。为后埔社区配置健康一体机，完善社区居家养老服务站建设。建立小区秘书、小区医生、小区城管等6支专业化服务队，解决居民群众反映的重难点问题220个。

2018年，区委书记林建（前排右一）带队调研江头街道生态、养老等民生工作（江头街道供图）

【社会保障及矛盾纠纷化解】 江头街道全年累计发放低保金87.10余万元、特困供养对象生活补贴及护理费36.88余万元、困难对象临时救助金16.17余万元、残疾人各项补贴及慰问金约367万元、80周岁以上高龄老人固定生活补贴165.84万元、全民医保参保补助金、被征地人员奖励金283.52万元。发动各级党员干部群众及辖区企业捐款220余万元，发放慈善慰问（救助）金165.6万元。落实惠企惠民政策，举办3场大型企业招聘会，149家企业提供6000多个岗位，700多个工种，吸引2000多求职者入场，现场达成意向915人。完成失业人员再就业2908人，其中就业困难人员再就业544人，分别完成区下达任务的162%和127%；完成失业人员培训170人，农民工技能培训158人，分别完成区下达任务的100%、112.86%。投入50万元，建设数字化、标准化仲裁庭和调解室，受理劳资纠纷159件，调解127件，引导维权32件，结案率100%，涉及金额300余万元，街道被评为全国乡镇（街道）劳动争议调解综合示范单位。全年完成保障性住房登记556户。其中，摇中租赁房125户、商品房199户。

【发展科教文体事业】 江头街道全年投入700余万元用于教育事业经费。年初街道“两项督导”和教育强区工作接受省评估工作组考核评估获得好评，吕厝社区获得省“第三批省级社区教育品牌”称号。指导外来务工子女积分入学，协调拆迁户子女照顾入学、入园。协同工商、消防、综治等职能部门对辖区校园及周边开展食品安全、消防安全等自查和专项联合检查。组织辖区学校、幼儿园负责人、食品安全员进行培训和考核。整治无证幼儿园，关闭辖区内6所无证幼儿园。通过市考评组对街道综合文化站和吕厝、蔡塘2个社区的第三批基层综合性文化服务中心建设检查验收，均已达标。先后组织湖里区第十届社区文化艺术节开幕式文艺演出、“书香家庭建设论坛”等活动，组织象棋、扑克、乒乓球等比赛，派出240名运动员成立江头街道代表团参加湖里区第四届运动会18个项目的比赛。

【卫计服务】 2018年，江头街道巩固提升蔡塘万科湖心岛人口文化主题广场等宣传阵地，推动蔡塘、后埔等5个社区创建区级流动人口均等化和社会融合示范点。街道跨省婚育信息核验率99.9%，居全区各街道第一。街道机关、社区“妈妈小屋”建成投用，实现辖区母婴设施建设全覆盖。落实分级诊疗制度，推动蔡塘社区卫生服务分中心建设，启动江头小区卫生服务站选址建设，完成“家庭医生”签约26667人。建立健全“社区卫生服务中心、小区卫生服务站、家庭医生”三级基本公共卫生服务网络，畅通服务群众“最后一公里”。开展第30个爱国卫生月、省级卫生社区创建等爱国卫生活动，打造金尚、吕厝、后埔、吕岭4个健康试点社区及20户健康家庭，街道健康促进机关、健康社区创建工作在省级中期督导中获得上级的一致好评。

【意识形态领域建设】 年内，江头街道制定《2018年江头街道落实党委意识形态工作责任制实施方案》等4个规范性文件。实现意识形态工作与中心工作同部署、同落实、同检查、同考核。开展理论学习培训，制定年度学习教育计划，领导干部全年集中学习22次，专题研讨5次。街道理论宣讲团深入一线宣讲121场。组织党员干部观看电影《厉害了，我的国》、裴金佳书记党课录像，开展各类学习实践活动等。

【基层党建】 2018年，江头街道推进“责任制+清单制+项目制+督导制”四位一体党建责任落实机制，6个“基层党建办实事项目”全部办结。新组建非公党组织9个，实现非公党组织覆盖93.3%，工作覆盖100%。打造非公党建典型3个。建立健全党员管理制度，用好“厦门党建e家”平台，规范党员因私出国（境）办理手续，整改提升党支部2个，提高党员教育管理服务信息化、精准化水平。

【文明宣传】 年内，江头街道加强与《光明日报》《福建日报》等中央、省、市级主要媒体对接，全年在《光明日报》等重点党报、党刊刊登报道62篇。开展网上正面宣传，街道微信公众号每周推出2条。推进社会主义核心价值观宣传教育阵地建设，各社区因地制宜打造“一社区一主题”宣传阵地，立足实际，为基层干部群众学习、传播新思想提供稳定的学习活动场所。围绕《全国文明城市测评体系》和《福建省文明城区测评体系》，分解任务、落实责任，常态化抓好落实。金尚社区被评为全国志愿服务先进社区，祥店路被评为省首批诚信经营示范街区，吕岭社区“敬老爱老·弘扬孝道——敬老餐厅”项目获由省慈善总会和省民政厅举办的“善行八闽——海峡公益慈善项目大赛”的“最佳服务项目奖”，吕岭、金尚社区书院被评为厦门市典范书院。

2018年，区委书记林建（中）带队调研江头街道社区基层党建（江头街道供图）

【从严治党】 2018年，江头街道学习贯彻习近平系列重要讲话精神，贯彻十九届中央纪委二次会议精神，开展党纪条例的学习和案例警示教育，增强宗旨意识、廉洁从政意识和纪律观念。开展廉政风险点排查及防控工作，建立廉政风险台账，强化主体责任，制定主体责任清单和完成时限，签订《党风廉政建设工作责任书》，修订完善街道各项制度，建立健全廉政档案。抓好“一站两员”工作，设立10个社区党风廉政建设工作站，配备廉情信息员13人和小区党支部纪检监督员112人，将纪检组织触角延伸到最基层，将纪检干部派到群众身边去，突破“最后一公里”监督瓶颈。

（廖建淳）

名词解释

“五创”：创建无桶收运模式，创立物业考评办法，创新语音宣传系统，创新厨余冰冻样式，创立房东垃圾分类责任制。

一站两员：“一站”是廉政建设工作站，“两员”指廉情信息员、纪检监督员。

禾山街道

【概况】2018年，禾山街道总人口约34.2万。其中，户籍人口7.1万人，流动人口27.1万人。下辖5个“村改居”社区和5个城市社区。街道党工委下属党组织172个。其中，党委8个、党总支6个、党支部158个，党员2233名。全年，街道规模以上工业总产值22.04亿元，完成年度计划的76.79%；限上批发零售销售额116.57亿元，完成年度计划的81.31%；固定资产投资15.07亿元，完成年度计划的46.43%；合同外资10.6亿美元，完成年度计划的424%；实际利用外资1584万美元，完成年度计划的39.6%；引进内资321.37亿元，完成年度计划的247%。实现财政总收入26.95亿元，完成年度计划的114.69%，本级收入2.18亿元，完成年度计划的137.35%。

【社区换届完成】2018年，禾山街道完成9个社区的换届选举，社区组织换届选举一次性成功率100%。换届后，社区两委班子结构得到优化，党组织班子大专以上学历54人，占社区两委总人数的84.13%，比上年增长39%；居委会班子大专以上学历39人，占社区居委会两委总人数的93%，比上年增长50%。

【小区治理提升】年内，禾山街道开展小区党建问诊行，收集问题40个，解决38个。改造提升阳光公寓二期，试点创建4个文明小区、3个小区医生工作室、2个公共文体服务小区，下派32名小区警察、36名小区秘书、22名小区律师、37名小区教师、113名小区调解员、46名小区医生为民服务。引导492家驻区单位与小区党支部签订共建协议，形成党员同管、活动同力、资源同享的小区大党建格局。

【机关党建】年内，禾山街道科学设置街道机关党组织，按照“党政融合”的方式配强、配齐机关党组织班子建设，在机关党总支下设6个党支部，量化机关党建基础清单、负面清单，实行清单月通报制度，以机关党建抓机关效能，以机关党建抓机关作风，街道、社区效能建设明显好转。

【非公党建】2018年，禾山街道成立6家非公党支部，撤销7家，整建制转出1家党总支、11家党支部，转入1家党支部。召开非公党建务虚会，开通互联网企业党建“红色服务通道”，打造青瓦众创、诺斯蒂、安居慧云等非公企业党建典型。以“简洁简便、实用好用”为核心理念，量身定制“红色套餐”，指导非公企业党组织提高政治水平和党务能力。套餐内含《换届选举》《不合格党员处置流程》《党员大会接收预备党员》和红色拓展等课程，涉及党务实操及红色教育，非公组织可自行选择套餐项目演练。

【召开领导班子民主生活会】2月3日，禾山街道召开2017年度领导班子民主生活会，会议通报了《禾山街道2016年度民主生活会整改措施落实情况》《禾山街道2017年度民主生活会准备工作情况》《禾山街道2017年度民主生活会征求意见建议情况》，朱绍峰代表街道班子对照检查，班子成员逐一作个人对照检查，开展批评与自我批评。

【召开党建述责述廉评议会】1月6日，街道召开2017年度党工委领导班子成员述责述廉评议会。各党工委领导班子成员从执行政治纪律和政治规矩、履行管党治党责任、推进党风廉政建设和反腐败工作、执行廉洁纪律等4方面汇报自身工作，并指出存在的问题和下一步打算。

【持续开展“一站两员”工作】截至2018年年底，禾山街道配备5名社区党风廉政建设工作站站长，选任82名纪检委员，聘任13名社区廉情信息员。是年，介入社区重大事项监督37次，累计接待群众来访321人次，发现疑似问题线索11条，经调查核实后立案查处5件5人。其中，党内警告2人，留党察看1人，开除党籍2人。

【开展全面从严治党自我专项巡检】年内，禾山街道开展全面从严治党自我专项巡检，收到党员干部群众反映的意见建议58条，梳理问题清单27条、问题线索4条，谈话提醒12人次。

【开展日常监督】2018年，禾山街道紧盯大操大办、涉黑涉恶、社区换届选举等群众关心、关注的重点问题开展专项检查。开展扶贫资金专项督查，到低保户和残疾人帮扶对象家中开展入户访查6次。完善街道机关副科级以上干部廉政档案20份，建立社区“两委”“廉政活页夹”73份。对38名干部进行谈话提醒教育。接待群众来电、来访5批7人，受理信访件17件，已办结16件，受理问题线索15件，党纪处分9件9人，受理并办结区纪委转办的移送函3件和督办单2件。

【开展理论学习】年内，禾山街道制定《禾山街道党工委理论学习中心组学习实施办法》《禾山街道2018年党工委理论中心组学习安排计划》。是年，组织中心组集中学习 20 次、开展新思想专题学习讨论 3 次、中心组调研 1 次，街道班子成员上党课 15 场。开展中共党的十九大精神和习近平新时代中国特色社会主义宣讲 50 余次。社区书院开展“改革开放 40 周年”、扫黑除恶等主题宣讲近 100 场。街道班子成员提交《关于深化社区体制改革的若干建议》等 7 篇调研文章。开展“党建筑梦新钟宅，红色引领大未来”理论宣讲轻骑兵促旧村改造活动，签订钟宅加油站征收补偿协议，钟宅社区累计入户 1857 户，占总户数的 99.68%。

【文明创建】 2018 年，禾山街道成立文明创建领导小组，街道创建办制定工作方案，确立资料员、联络员，每月召开部署会、点评会，对标、对表分解任务，确保各项工作有效落地。发放“创建文明城市应知应会”宣传折页 3 万余份。组织“党员突击队”、社区网格员下小区、进楼道张贴应知应会 4000 余份，分发并张贴“文明餐桌”公益广告 400 余张，更新宣传版 30 块。利用 LED 电子显示屏，滚动播放文明标语、“讲文明树新风”公益广告等。从解决脏、乱、差入手，加强日常保洁管理，清理乱贴乱画 600 余处，清除多处垃圾死角 90 余处，清理垃圾杂物 80 余车。

【清缴国有土地资产】 年内，禾山街道依法强制收回被个人非法占用的已征国有土地约 8.4 万平方米，收回已签未拆房屋 17 处约 4000 平方米。督促社区收回老人协会管理的集体资产 6 处，历年结余资金 930 万元上缴社区居委会统一管理，追缴 24 处历年所欠租金约 334 万元。

【推进“双千亿”工作开展】 2018 年，禾山街道梳理出写字楼、工业用地、可供招拍挂地块等招商空间载体 70 万平方米。签约中建材交银基金、玛汰汶、兆淳置业、中铁科建等一批优质项目，新增注册企业 4650 家，内外资引资均提前超额完成年度计划。推动 28 个总投资 206.71 亿元的“双千亿”项目，推进禹洲大酒店、凯悦温泉酒店、五缘湾地下商业街等重点项目建设，促进太古可乐、虹泰光学等传统工业企业改造升级。

10 月 16 日，禾盛社区开展“洁净家园共促文明”创建活动（蔡灿贤　摄）

【乐群广场建成】 2018 年，乐群广场建成。该项目位于云顶北路以东，金湖路以南，总投资约 8.1 亿元，用地面积约 43253.72 平方米，建筑面积约 255777.28 平方米，拥有停车位 1314 个。项目用南北、东南等 2 个方向的景观步行街将整个地块划分为购物中心、酒店、办公、精装公寓 4 个功能区。其中，购物中心 7.5 万平方米，酒店 3.1 万平方米，办公楼 3.8 万平方米，精装公寓 5.2 万平方米。12 月 22 日，天虹购物中心开业，办公、精装公寓已投入使用。

【完成轨道 3 号线征迁】 年内，禾山街道通过群发短信、悬挂标语、召开动员会等方式全方位宣传征迁政策。协调区法院、市土总，及时征求区征收部门、财审部门意见，通过主动对接商户，解决他们的实际困难。征迁项目组坚持“一天一碰头、一周一小结、一月一报告”，量化每段时间工作任务，促成商户从观望怀疑转化为主动配合，实现轨道 3 号线禾山段的集中签约、集中搬迁、集中拆除。禾山段签订企业搬迁协议 832 家、拆迁协议 38 户 19.18 万平方米，完成房屋拆除 17.08 万平方米，完成上级交办任务。

【整治提升湖里环卫处北侧地块】 2018 年，禾山街道用 2 个月时间整治提升湖里环卫处北侧地块，完成拆违任务 1.6 万平方米，消除各类隐患 38 处。街道主要领导第一时间召开任务部署会，明确任务和标准，8 次到现场检查工作进展，实地解决整治难题 62 项，协调处理个案问题 7 户；人员编组到位，抽调 30 名精干力量成立专项工作小组，逐级签定责任书，确保责任到位、分工明确。宣讲商谈到位，着力开展政策宣传，深入每家每户，通过群发短信、悬挂标语、贴告知书，全方位宣传整治提升工作；3名党员骨干不仅自己带头拆迁，主动清退自家的承租商户，自行拆除1000多平方米的铁皮棚，还说服亲戚朋友们带头拆除。帮助21家商户找场地、找搬迁公司，高效推动搬迁工作。协调公安、消防、安监、城管和市场监督等部门，开展3次综合执法，开具100余份执法整改通知书，拆除抢搭建300多平方米，为整治工作创建了安全稳定的社会环境。

【铁路沿线综合整治】 年内，通过对铁路沿线整治范围内进行摸底排查，清理房顶杂物3处，拆除违章搭盖120平方米。完成枋湖工业区67号、禾山路3012号商邦集团立面整治。

【禾山路（仙岳路北段）街区立面整治提升】 2018年，禾山路（仙岳路北段）街区立面整治提升工程长约1.3公里，涉及提升改造建筑26栋，改造立面面积超过1.3万平方米。

【推行“河长制”】 年内，禾山街道成立“河长制”领导小组，编制埭辽湖“一湖一档一策”。清理钟宅明渠。协助推进五缘大桥北侧排放口污水直接入海问题，推进五缘湾截流系统二期改造工程，清理五缘湾内湾20余艘泡沫筏、小木船，拆除新增养殖违法竹吊砺。

【道路交通安全整治】 2018年，禾山街道多渠道开展道路交通安全宣传活动，提醒广大驾驶人树立“生命至上”的理念。创建双十中学站至市政服务中心站“无扒BRT”站点。完善道路交通设施5处，清理“僵尸车”113辆。协调交警中队、执法中队、市政园林等单位，开展

3月14日，湖里区区委书记林建（前排左二）调研钟宅垃圾分类工作（禾山街道供图）

违章停车、摩的运营、电动车超速等治理，全年处理违章案件70512起，查处酒驾79起，查扣违规摩托车、电动车1206辆。

【继续推广垃圾分类】 年内，禾山街道打造联发欣悦园、新景龙郡、国贸新天地等11个生活垃圾分类示范点。在联发欣悦园投用美城驿站，省去垃圾回收的中间环节。实施“红色引领，绿色发展”垃圾分类活动，实施“一称四考，以称促分”，立案处罚46起垃圾未分类的违规行为，垃圾分类知晓率、参与率、准确率分别达100%、83%和76%。

【深入开展门前“三包”】 2018年，禾山街道累计投入资金51.6万元，开展集中整治行动22次，签订1203份责任书。将辖区金湖路、樱花大道、环五缘湾湾区道路打造成“门前三包”示范街。经过多轮宣传整治，辖区道路环境卫生得到有效提升。

【社区管理体制改革】 年内，禾山街道推动禾山、五缘湾北2个试点社区的社区管理体制改革，梯次推进禾盛、禾缘、禾欣3个社区试点改革。结合“便民服务窗口”的改造，将社区管理体制改革推行至5个“村改居”社区。8月，完成5个城市型社区管理体制改革，11月，完成所有社区管理体制改革。

【优化便民服务窗口】 2018年，禾山街道改造街道与社区便民服务中心窗口，在街道与各社区设立综合服务窗口，把便民服务事项、人员力量下沉到社区工作站。街道按照“行政权力”“公共服务”和“三定规定的其他事项”进行梳理。社区按照“服务”“审批”“社区自治”和“购买服务”进行梳理。推行窗口前后台工作法，初步实现“一号一窗一网”建设，确保窗口人员为群众提供高效服务。梳理“最多跑一趟、一趟不用跑”即办事项和全程网办事项63项，“一站式”行政服务大厅事项即办率96.9%。

【文化科技卫生“三下乡”活动】 2月2日，全区文化科技卫生“三

下乡”活动在钟宅澜海宫广场拉开序幕，通过送文化、送欢乐、送健康、送温暖，为广大居民与外来务工人员带来新春佳节的关怀与祝福，受益群众6000人次。

【举办禾山欢乐季】 2018年，“禾山欢乐季”以“新时代、新征程、新风采”为主题，进行全新改版。举办企业职工风采、校园青少年风采、党建党员风采、小区居民风采等4个专场综合文艺汇演。举办拔河、气排球、足球、乒乓球、羽毛球等体育活动。通过“欢乐课堂”开展了140个场次的公益培训，覆盖老中青各个年龄层，课程包括舞蹈、瑜伽、古筝、太极、声乐、美术等，3000多人受益。

【整治“两违”建设】 2018年，禾山街道成立“两违”综合治理工作领导小组，完善“两违”综合治理三级网格责任，采用昼夜巡查，轮班交叉等形式，确保立体联动、及时发现、快速处置，保证“两违”零增长。全面推行“路长制”，构建“社区＋路长＋路巡员＋楼（梯）长”的责任体系。区直部门、街道、城建集团、中队、社区共784人包干10个社区进行巡查，按照“现场处置、迅速报告、指挥调度、落实整改、结果反馈”五步曲紧盯114条主次干道和58条背街小巷，拆除“两违”9.84万平方米，完成年度任务的164%。

【发展教育】 年内，禾山街道推荐湾北社区“你成长·我成长”亲职教育能力提升项目和岭下社区祈乐早教中心、“小记者”成长计划等3个项目参评2018年省级终身教育重点建设项目。开展幼儿园园长、教师和保育员等教职工综合素质提升培训。摸底、整治、提升校外学科培训，对辖区29所校外培训机构每月巡查2次，并向社会公布黑白名单。

【开办龙湖花园小区卫生服务站】 2018年，禾山街道试点开办龙湖花园卫生服务站。实现居民医疗保健咨询、常见病诊疗和双向转诊等医疗服务足不出户。是年，龙湖花园小区卫生服务站服务居民就医近1000余人次，接待居民咨询600余人次，为失能老人上门服务40余次，组织免费义诊3次，居民反应良好。

9月21日，禾山街道举办“禾山欢乐季”之校园文化青少年风采专场（许冬葛 摄）

【安全生产宣传及检查】 年内，禾山街道开展“3·15”食品安全、安全生产月等一系列安全宣传活动67场，发放安全宣传折页5万余份。投入安全生产专项经费304万元，组织检查各类生产经营企业15969家次，个体户7931家、燃气使用餐饮重点场所2063家、瓶装燃气供应点5个、危险化学品涉及企业20家、涉粉尘企业5家、有限空间作业场所6处。制作现场检查记录14931份，签订安全生产责任书11289份。

【消防基础设施建设】 2018年，禾山街道开展城中村消防设施技术改造，新增技改场所8处，已完成施工并验收的场所17处，兑现“以奖代补”金额95万元。抓好社区微型消防站建设工作，扑灭初起火灾59起。

（钟凯文）

金山街道

【概况】 2018年，金山街道辖区总面积13.8平方公里。总人口19.1万人。其中，户籍人口5.3万人，流动人口13.8万人。街道党工委下属党组织154个，其中党委9个，党总支4个，党支部141个，党员2058名。下辖9个社区。其中，3个纯城市社区、3个混合型社区和3个“村改居”社区。全年固定资产投资55.8亿元，规上工业完成14.38亿元，限上批零销售额完成150.74亿元。财政总收入33.38亿元，其中街道本级财政收入2.11亿元。固定资产投资47.08亿元，完成区下达任务的114.3%；引进内资469.97亿元，完成区下达指标的469.98%。

【金融产业集聚】 截至2018年底，金山街道引进中国人寿、鼎辉基金等金融企业704家，注册资本183亿元，特别是香港工商银行、九盛投资等企业投资实体规模达320亿元。园区五大商圈快速拓展，国贸集团、路桥集团总部分别入驻五通金融商务区和五缘湾营运中心，赣州银行厦门金融大厦、环球财富中心项目建设进展顺利。

【拓展新兴产业】 年内，金山街道大力拓展新兴产业，“9·8”国际贸易投资洽谈会期间，街道力推8大签约项目，占全区2/3，签约的8个项目涵盖新兴金融、总部经济、创新创意、教育医疗等产业。其中，中金基金认缴超过500亿元，实缴366亿元。推动中金集团资本注册19家企业，总注册金额达1.17亿元。新签约鼎丰资产管理平台中心等4个项目，总投资13.24亿元。

【重点产业培育】 2018年，金山街道针对互联网、医疗健康、文化娱乐、智能制造等重点产业加大培育力度。完善《湖里区促进两岸金融中心招商引资和产业引导的实施办法》，推动清科金圆母基金投入20亿元，加大销售型等企业培育力度。

【征迁安置】 年内，金山街道完成征地约27.55万平方米，拆迁41.96万平方米，征地完成区下达任务的77.89%，拆迁完成任务的118.53%。辖区5个片区指挥部正式挂牌成立，街道成立旧村整村改造工作领导小组及5个片区工作组。

【社区和城区管理】 年内，金山街道实现全街33个住宅小区党支部全覆盖，推选14名处级以上领导干部担任小区党支部书记和第一书记，优选49名社区工作人员到小区担任小区秘书。创建金安和金海社区管理体制改革示范点。完善领导班子挂钩联系的“路长制”，践行“一线工作法”。在路口开展文明督导，引导全街道干部职工和辖区居民杜绝闯红灯、不礼让斑马线、不文明驾驶、车辆乱停乱放、驾乘摩托车不戴头盔、乱鸣喇叭、乱穿马路等交通陋习，促进文明习惯养成。全力推进“两违”整治，健全完善“两违”网格化管理，辖区9个社区，26个自然社（小组）成立9个二级网格，44个三级网格，有363人担任网格员。全年查处违建71处，拆除11.5万平方米，完成区年度下达任务的144%。

【平安金山建设】 2018年，金山街道扎实抓好扫黑除恶专项斗争行动，办理涉黑涉恶线索案件49起（含辖区派出所40起），辖区刑事类发案率下降约35%。完善多元纠纷化解机制，成立33个小区调委会，高林社区调解工作在省电视台综合频道《调解有一套》播出。推进安全生产标准化建设，大力开展生产安全事故隐患“清零”行动，督促1082家企业完成隐患整改，关闭取缔50余家企业。

【民生保障】 年内，金山街道深入推进居家养老服务，全街5个社区完成市级“健身康乐家园”建设，金海和金安被授予省级“健身康乐家园”称号。组织2场大型企业用工和9场小型招聘会，促进失业人员再就业1255人。投入300多万元购买15个社会工作服务项目，扩大政府购买服务范围。救助低保对象3501人次，发放各类救助金220万元。

【社会事业发展】 2018年，金山街道深化“爱尚金山·幸福生活”主题活动，举办各类文体活动100余场次。投入50多万元组织辖区31所未批办幼儿园教职工300多人参加综合素质提升培训。湖边小学、上湖洪塘安置房配套幼儿园等4所学校项目加快推进。完成金湖社区卫生服务站点建设，并投入使用。有791对夫妇网上申请办理二孩手续。联合霞辉老年社会服务中心在金山社区试点打造“关爱特殊家庭帮扶”项目。金山、湖边、金安等3个社区在创建全国健康促进区中被评为“健康社区”。

【精神文明建设】 2018年，金山街道开展“道德模范进基层巡讲”“道德故事会”巡演以及道德模范“传帮带”等道德楷模学习宣传活动。金安社区以林雷、陈丽英事迹为样板，开展“弘扬社会正能量、道德楷模故事会”文艺汇演，挖掘精神文明建设深度。开展形式多样、内容丰富的文明旅游宣传活动，张贴“八不行为规范”“文明公约”等宣传海报280余处，分发宣传材料2000余份。

【街道宣传建设成就】 2018年，推荐金安宣讲员吴秀丹加入“特区建设者宣讲团”。知名媒体新闻报道近70篇，自有微信公众号“湖里金山”微信平台发布信息166期295条，近3000人关注，浏览阅读量达3万多人次。

【开展志愿服务】 年内，金山街道881名非在册党员加入小区志愿服务队。从培育志愿文化、创新志愿服务形式、丰富志愿服务内容三个方面将志愿服务等品牌活动持续深化。金山社区打造“点餐式”志愿品牌服务形式；金安社区打造“金哥安妹法律驿站”，下设秀丹法官服务点；金林社区打造了“情暖夕阳·关爱空巢老人”“环保接力·共创绿色社区”等。金安社区居委会获第四批“全国学雷锋活动示范点”和“全国最美志愿服务社区”称号。

【垃圾分类达新标】 2018年，金山街道全面推行垃圾分类，建立健全考评机制，全街物业小区垃圾分类知晓率和参与率96.5%以上，垃圾分类投放准确率90%以上。垃圾分类在全市考评中名列前茅。其中金海社区对“可回收物”的细化分类得到厦门市委、市政协的肯定。

【未成年人思想道德建设】 金山街道全年举办夏令营16个，各种关爱未成年人活动21场，参加活动的少年儿童达2627人次，时间跨度最长14天。举办“红色基因的传承”“万人坑前的宣誓”“感恩是对爱的回报”“垃圾分类”“避险救灾知识”“文明礼仪”等讲座28场，受教者3115人次。

【宣传阵地打造】 2018年，金山街道落实后坑社区“新市民讲堂”阵地改造、金湖社区上湖文化中心广场建设等“三下乡”项目。打造2018年社会主义核心价值观先行点，其中包含金安、金海2个示范社区和1条示范次干道（五缘湾道）。金安社区“区级理论进基层示范点”——“金哥安妹之声”通过考评。区委宣传部举行五通灯塔公园社会主义核心价值观主题雕塑揭幕及金安社区“全国学雷锋示范点”授牌仪式。

【文明旅游宣传】 年内，金山街道在五通灯塔公园、五缘湾湿地公园、万达广场等地开展文明旅游督导3场次，出动志愿者约60人次。利用辖区9个社区的宣传载体，针对社区居民的需要开展文明旅游宣传。张贴“八不行为规范”“文明公约”等宣传海报280余处，分发宣传材料2000余份。

【市容整治】 2018年，金山街道督促整改回复市长专线督办件23单、市级重点事件31起。清洗路面51.77万平方米，转运土头垃圾、大件垃圾953车；清理房前屋后、绿化带等卫生死角1860余处；清运共享单车2.3万余辆次；清除乱张贴1.9万多张。劝导“门前三包”2500多户次，完成整改800多家，整治市容违规问题2.16余万个。

【举办主题活动】 2018年，金山街道围绕春节、元宵节、清明节、端午节、七夕节、中秋节、重阳节7个传统节日，把“我们的节日”过成文化节、爱国节、仁爱节和传承节。围绕“喜乐金山·文化惠民”“三人篮球”“金山金嗓子”等主题，举办100余场次文体活动。

【金山街道微视频获奖】 2018年，金山街道《嘉人》与《城市绘画师》2个微视频在湖里区首届党员教育微视频大赛中获奖，占获奖微视频的3/5。

【五通、高林社区文化服务中心接受市验收小组验收】 1月9日下午，市验收小组在市文广新局社文处处长黄天福带领下，对五通、高林2个社区文化服务中心进行现场达标验收。验收小组成员先后实地查看了2个社区文化服务中心内设施、设备配置情况，并查验了相关纸质材料，对2个社区文化服务中心工作予以充分肯定。

【中组部刘美彦莅临金安社区调研党员教育管理工作】 1月10日上午，中组部党员教育和干部测评中心副巡视员刘美彦、省委组织部电教中心主任廖庆聪一行，莅临金安社区调研党员教育管理工作。调研组参观了“金哥安妹法律驿站”，参加调研党员教育管理座谈会。

【开展无偿献血活动】 9月18日，金山街道响应区文明办和区卫计局“学习新思想、创建当先锋、献血我先行”无偿献血号召，组织吴圣彬、林俊芳、吴呈熹等7名同志，到湖里区政府大院无偿献血。

【美仑花园和金林湾花园安置房开工奠基】 10月19日和26日，湖里区分别举行了美仑花园和金林湾花园B区安置房项目的开工典礼。

10月26日，金林湾花园B区举行开工典礼（金山街道供图）

项目的主要建筑包括住宅、幼儿园、地下车库、商业配套等。

【社区妇联换届选举完成】 截至10月18日，金山街道辖区内9个社区，陆续完成社区妇联换届选举，产生新一届社区妇联班子。有177名妇联执委、26名副主席在基层民主自治中展现巾帼风采。

【金山街道图书馆正式开馆】 12月2日，金山街道图书馆举行开馆揭牌仪式。出席揭牌仪式的领导有区人民政府副区长刘云标、区文体出版旅游局局长林秀瑜、区图书馆馆长尤艺成、街道办事处主任林长发。该图书馆设有儿童阅览区、成人阅览区、电子阅览区、书法区等功能区域，馆场藏书2万册左右。

【金山街道监察组揭牌】 12月18日，金山街道监察组正式揭牌。区纪委副书记、监委副主任高志伟等区纪委领导，金山街道党工委书记陈滨，党工委副书记、街道办事处主任林长发，人大工委主任聂保太，纪工委书记张聪敏参加揭牌仪式。

12月24日，党群活动服务中心——城市鑫客厅举行揭牌仪式（林志鹏 摄）

【党群活动服务中心投用】 12月24日上午，金山街道党群活动服务中心——城市鑫客厅正式投入使用。城市鑫客厅位于金海社区居委会办公楼一、二层，使用面积约1000平方米，是集学习、服务、教育、宣传、管理、培训于一体的党建工作综合平台。

【获得荣誉】 2018年，金山街道获国家级荣誉3个。其中，金安社区获“全国学雷锋活动示范点”，金山社区获“全国民主法制示范社区”和“2015—2017全国文明单位”。省级荣誉4个。其中，金山社区获“福建省打黄扫非进基层示范点”，金海社区获“2018年度福建消防安全示范社区”，金安社区获“2015—2017年度省级文明社区”，金林社区获“十县百乡千村无邪教创建示范工程 创建无邪教示范社区”。获市级荣誉7个。

（陈剑鸣 纪长川）

湖里区领导干部名录

中共湖里区委员会

书　记　林　建
副书记　林重阳　卢秀萍（2月任）
常　委　林充贺
　　　　庄海英（至2月）
　　　　胡鹏程（2月任）
　　　　钟伟东　陈　岚
　　　　张家伟　刘仁宇
　　　　丁红斌　黄绿青

中共厦门市湖里区纪律检查委员会

书　记　黄绿青
副书记　郑陆全（至10月）
　　　　纪华国（至3月）
　　　　张树国（3月任）
　　　　高志伟（11月任）
常　委　李文龙　许付志
　　　　洪建利

巡察办

主　任　林跃算
副处级巡察专员　方茂琴　陈仕荣

区委办公室

主　任　张家伟
副主任　曾军勇　吴丽英（兼任）
　　　　杨　晖　林剑锋

档案局（馆）

局（馆）长　曾军勇

机要局

局　长　李建军

组织部

部　长　庄海英（至2月）
　　　　胡鹏程（2月任）
副部长　曹荣宝　彭芳兰

宣传部

部　长　丁红斌
副部长　文国清

统战部

部　长　陈　岚
副部长　王华安　蔡碧月

政法委

书　记　钟伟东
副书记　肖德良　陈健成

综治办

副主任　李　斌（11月任）

台湾工作办公室

主　任　卢景锋

机构编制委员会办公室

主　任　许艺艺

区直机关工作委员会

书　记　张家伟
常务副书记　雷爱和

精神文明建设办公室

副主任　刘梓良（主持工作）

信访局

局　长　吴丽英

老干局

局　长　刘芳坤（至12月）

党　校

校　长　庄海英（至3月）
　　　　胡鹏程（3月任）
副校长　曹荣宝

湖里区人大常委会

主　任　黄　炜
副主任　戴宗垒　曾国建
　　　　梁国富　曾文生
　　　　方文群

办公室

主　任　向延琼

法制内司工作委员会

主　任　林　颖

财经工作委员会

主　任　吴智明

城建环资工作委员会

主　任　曾秋皓

科教文卫侨工作委员会

主　任　李　东

湖里区人民政府

区　长　林重阳
副区长　林充贺　刘云标
　　　　黄平南　洪耀同
　　　　李伟宏（至2月）
　　　　陈颖颖
　　　　黄锦城（2月任）
　　　　陈仲谋（2月任）

办公室

主　任　洪志伟
副主任　洪奕文　左勇涛
　　　　章兆民　魏　炜
　　　　张慧勤

发展和改革局

局　长　黄　涛
副局长　许铭松　曾以勤

经济和信息化局

局　长　林筱丽
副局长　蔡卫国

卫生和计划生育局

局　长　王　萍
副局长　向常海　邱舒艺

教育局

局长、教育工委书记　吴雪慧
副局长　李可可　贾新辉
教育工委副书记　王　玮

科技局

局　长　马竞生

民宗局

局　长　叶毓青

民政局

局　长　章再耕
副局长　林德才

司法局

局　长　傅芳槐
副局长　郑高良　余孙升

财政局

局　长　张金坪
副局长　陈永定

人力资源和社会保障局

局　长　刘秋生（至12月）
副局长　蔡筱双

建设局

局　长　郭晓平
副局长　姜海军

商务局

局　长　林　文
副局长　陈开发

文体出版旅游局

局　长　林秀瑜
副局长　陈志勇

审计局

局　长　辜琦皇
副局长　陈正清

安全生产监督管理局

局　长　黄木清

统计局

局　长　柯友升

市政园林局

副局长　孙　琦（主持工作）
　　　　王军情

城市管理行政执法局

局　长　周泽勇
副局长　陈玉艺

机关事务管理局

副局长　吴昌年（主持工作）

政协湖里区委员会

主　席　林　凡
副主席　黄向阳　林世裕
　　　　陈雄辉　谢国勇
秘书长　黄伟清

办公室

主　任　黄伟清

提案委员会办公室

主　任　吴周新

专门委员会办公室

主　任　王萍萍

研究室

主　任　阙占彪

法检机关

区人民法院

院长、党组书记　高碧青
副院长　蔡守业
　　　　郑金雄（2月任）
纪检组组长　蔡志红
政治处主任　刘凯娟
执行局局长　宋晋勇

区人民检察院

检察长、党组书记　吴华峰
副检察长　侯春盛　叶　斌
　　　　　林雪峰
纪检组组长　郑　沁
政治处主任　苏水明
反贪局局长　张天勇（至6月）

社会团体

总工会

主　席　卢秀萍（3月任）
常务副主席　黄双凤

团区委

副书记　林　佳（11月任）

妇女联合会

主　席　洪珠琴

归国华侨联合会

主　席　严志和

工商联（商会）

常务副会长　王华安

海外联谊会

荣誉会长　卢秀萍（4月任）
会　长　陈　岚

科学技术协会

主　席　吴淑真

残疾人联合会

理事长　陈文其

计划生育协会

会　长　卢秀萍（4月任）
常务副会长　王　斌

红十字会

会　长　丁红斌
常务副会长　傅伯伟

文学艺术界联合会

主　席　郭漳楚

社会科学界联合会

主　席　周福民

街　道

湖里街道

党工委书记　陈　枫
党工委副书记　朱碧蓉
　　曾朝军
党工委委员　黄年生　卢　勇
　　林家雄
　　吕宏伟（至3月）
　　陈永东（3月任）
人大工委主任　黄年生
办事处主任　朱碧蓉
办事处副主任　王小帅
　　高　翔

殿前街道

党工委书记　黄锦城（至11月）
　　颜莉莉（11月任）
党工委副书记　颜莉莉（至11月）
　　洪志彬（11月任）
　　徐山泉
党工委委员　苏春生　胡建荣
　　商建坤　陈则勇
　　张　易　陈仁忠
人大工委主任　苏春生
办事处主任　颜莉莉（至11月）
　　洪志彬（11月任）
办事处副主任　商建坤
　　施芗萍

江头街道

党工委书记　蒋晓民
党工委副书记　郑朝东
　　杨　盛
党工委委员　陈必山（至12月）
　　陈天友　汪益华
　　张健民（至3月）
　　蔡继东（3月任）
人大工委主任　陈天友
办事处主任　郑朝东
办事处副主任　汪益华
　　周天明

禾山街道

党工委书记　朱绍峰
党工委副书记　洪志彬（至11月）
　　魏　峰
党工委委员　陈慈明　林志荣
　　涂进杉
　　何福明（至3月）
　　纪燕华（3月任）
人大工委主任　林志荣
办事处主任　洪志彬（至11月）
　　魏　峰（11月任）
办事处副主任　吴首钢　刘毅鹏

金山街道

党工委书记　陈　滨
党工委副书记　林长发
　　庄　伟
党工委委员　聂保太　张聪敏
　　韩　非
　　谢源春（至3月）
　　梁秀芳（3月任）
人大工委主任　聂保太
办事处主任　林长发
办事处副主任　蔡耀明
　　吴圣彬

工业园区管委会

主　任　黄　伟
副主任　杨东捷
　　欧阳平（至1月）
　　辛向东

区属国有企业

厦门天地开发建设有限公司

董事长　蔡寿飞
副董事长　杨队赴（6月任）
监事会主席　陈新生（6月任）
副总经理　许毅军（至2月）
　　高水明
　　陈安冬（2月任）
工会主席　叶根德

湖里区国有资产投资集团有限公司

董事长　张卫兵
监事会主席　封光裕（2月任）
监事会副主席　张福全
总经理　王韶锋
副总经理　陈安冬（至2月）
　　许毅军（2月任）
　　林智鹍　廖德康

先进人物表

表 11

姓名	性别	荣誉称号	工作单位	授予单位	授予时间
洪月玲	女	福建省特级教师	金山小学	福建省人民政府	2018.8
李月芳	男	福建省特级教师	华昌小学	福建省人民政府	2018.8
傅其川	男	见义勇为好人	区教育事务服务中心	中共福建省委 精神文明建设办公室	2018.8
陈　敏	男	2015—2007 年度厦门市级精神文明建设先进工作者	区未成年人思想道德建设中心	中共厦门市委、厦门市人民政府	2018.8.24
吴清清	女	2015—2007 年度厦门市级精神文明建设先进工作者	区教育局	中共厦门市委、厦门市人民政府	2018.8.24
魏芷璇	女	厦门市“新时代好少年”	区实验小学	中共厦门市委精神文明办公室、 厦门市教育局、 共青团厦门市委员会、 厦门市妇联、厦门市关工委	2018.4
高碧华	女	厦门市“最美志愿者”	区禁毒妈妈志愿服务队	中共厦门市委精神文明办公室	2018.12
谢铮阳	女	厦门市“最美志愿者”	兴园社区学雷锋志愿服务队	中共厦门市委精神文明办公室	2018.12
陈海烽	男	福建省特级教师	五缘实验学校	福建省人民政府	2018.8
徐明华	女	2018 年教育系统创优工作业绩突出表扬	五缘实验学校	厦门市教育局	2018.9
梁　杰	男	2018 年教育系统教育教学业绩突出表扬	五缘实验学校	厦门市教育局	2018.9
林素白	女	2018 年教育系统师德奖	五缘实验学校	厦门市教育局	2018.9
钟艳新	女	2018 年厦门市中小学业绩突出班主任	五缘实验学校	厦门市教育局	2018.9
王俊斌	男	2018 年教育系统补短板增学位工作业绩突出单项奖	五缘实验学校	厦门市教育局	2018.9
陈宏镜	男	全省关心下一代工作突出贡献者	区委关心下一代工作委员会	福建省关心下一代工作委员会	2018.11
刘芳坤	男	全省关心下一代工作先进工作者	区委关心下一代工作委员会	福建省关心下一代工作委员会	2018.11
吴金水	男	全省关心下一代工作先进工作者	江头街道关心下一代工作委员会	福建省关心下一代工作委员会	2018.11
曾宝珠	女	全省关心下一代工作先进工作者	殿前街道关心下一代工作委员会	福建省关心下一代工作委员会	2018.11
陈安琪	女	全省关心下一代工作先进工作者	金山街道关心下一代工作委员会	福建省关心下一代工作委员会	2018.11
陈奎明	男	全省关心下一代工作先进工作者	区关工委宣讲报告团	福建省关心下一代工作委员会	2018.11
高至凡	男	厦门市创优工作业绩突出单项奖	厦门六中	厦门市教育局	2018.9
陈珍黎	女	厦门市师德工作业绩突出单项奖	厦门六中	厦门市教育局	2018.9
曾建明	男	厦门市教科研工作业绩突出单项奖	厦门六中	厦门市教育局	2018.9
林星星	女	厦门市教育教学业绩突出单项奖	厦门六中	厦门市教育局	2018.9
王　坚	男	厦门市信息化推进工作业绩突出单项奖	厦门六中	厦门市教育局	2018.9
邱忠鹏	男	厦门市安保工作业绩突出单项奖	厦门六中	厦门市教育局	2018.9
唐　江	男	厦门市优秀班主任	厦门六中	厦门市教育局	2018.9
张晓希	男	厦门市优秀段长	厦门六中	厦门市教育局	2018.9
简小平	女	全国归侨侨眷先进个人	区侨联	中国侨联	2018.8
赵　斌	男	2015—2017 年度厦门市文明市民标兵	厦门市中医院	中共厦门市委、厦门市人民政府	2018.9.3

续表 11

姓名	性别	荣誉称号	工作单位	授予单位	授予时间
刘东晖	男	厦门市践行社会主义核心价值观基层“最美人物”——最美医生	厦门市中医院	厦门市委宣传部	2018.12
刘东晖	男	厦门市五四青年奖章优秀个人	厦门市中医院	共青团厦门市委	2018.5
颜　晨	女	2017 年全市基层检察院建设先进个人	区人民检察院	厦门市人民检察院	2018.2.23
颜　晨	女	“新时代检察政治工作”主题调研征文优秀奖	区人民检察院	福建省人民检察院	2018.12.4
代萍竹	女	2018 年度全省优秀公诉人业务竞赛能手	区人民检察院	福建省人民检察院	2018.12.24
代萍竹	女	2018 年度全省优秀公诉人业务竞赛优秀辩论奖	区人民检察院	福建省人民检察院	2018.12.24
代萍竹	女	“厦门市未成年人检察业务标兵”	区人民检察院	厦门市人民检察院	2018.6.29
代萍竹	女	厦门市检察机关“优秀公诉人”	区人民检察院	厦门市人民检察院	2018.10.31
林　莉	女	2016—2017 年度争创三八红旗手活动优秀人员	区人民检察院	厦门妇女联合会	2018.2.28
张枥文	女	厦门市检察机关“优秀公诉人”	区人民检察院	厦门市人民检察院	2018.10.31
张枥文	女	“不忘初心　牢记使命”主题演讲比赛一等奖	区人民检察院	厦门市人民检察院	2018.5.3
王丽珍	女	“不忘初心　牢记使命”主题演讲比赛三等奖	区人民检察院	厦门市人民检察院	2018.5.3
林　莉	女	2018 年“厦门市青年五四奖章”个人	区人民检察院	共青团厦门市委员会	2018.5.4
陈婷婷	女	厦门市未成年人检察业务标兵	区人民检察院	厦门市人民检察院	2018.6.29
吴华峰	男	第九届“求实杯”党建和思政工作理论调研二等奖	区人民检察院	厦门市人民检察机关委员会	2018.8.16
林惠嫔	女	第九届“求实杯”党建和思政工作理论调研三等奖	区人民检察院	厦门市人民检察机关委员会	2018.8.16
林丽玉	女	2015—2017 年度文明家庭	区人民检察院	中共厦门市委、厦门市人民政府	2018.8
张光旭	男	“社会治理与最具安全感城市建设理论与实践”研讨会征文三等奖	区人民检察院	厦门市法学会、福建省犯罪学研究会、厦门大学法学院	2018.11.24
陈美珍	女	2016—2017 年度厦门市三八红旗手	湖里街道办事处	厦门市妇联	2018.2.28
陈玉慧	女	2016—2017 年度厦门市三八红旗手	区靓妈成长中心	厦门市妇联	2018.2.28
吕巧俐	女	2016—2017 年度厦门市三八红旗手	金山街道办事处	厦门市妇联	2018.2.28
吕巧俐	女	2016—2017 年度争创三八红旗手活动表现优秀人员	金山街道办事处	厦门市妇联	2018.2.28
刘　芳	女	2016—2017 年度厦门市三八红旗手	区直机关党工委	厦门市妇联	2018.2.28
陈幼梅	女	2016—2017 年度厦门市三八红旗手	珍膳美酒店有限公司	厦门市妇联	2018.2.28
林　莉	女	2016—2017 年度厦门市三八红旗手	区人民检察院法律政策研究室	厦门市妇联	2018.2.28
陈　纪	女	2016—2017 年度厦门市三八红旗手	蔡塘学校	厦门市妇联	2018.2.28
夏江平	女	2016—2017 年度厦门市三八红旗手	厦门市江平生物基质技术公司	厦门市妇联	2018.2.28
张俊强	男	2015—2017 年度市级文明市民标兵	高殿社区	中共厦门市委、厦门市人民政府	2018.9.3
黄双吉	男	2015—2017 年度市级文明市民标兵	马垅社区	中共厦门市委、厦门市人民政府	2018.9.9
陈浴娟	女	2015—2017 年度市级文明市民标兵	殿前街道	中共厦门市委、厦门市人民政府	2018.9.3
曾宝珠	女	福建省关心下一代工作先进工作者	殿前街道	福建省关心下一代工作委员会	2018.11

续表 11

姓名	性别	荣誉称号	工作单位	授予单位	授予时间
黄文颖	女	福建省优秀共青团员	金山街道办事处	共青团福建省委	2018.4.28
李　英	女	2017 年度“厦门市优秀共青团员”	金山街道办事处	共青团厦门市委员会	2018.5.4
李　英	女	2017 年度“优秀管理员”	金山街道办事处	中共厦门市委组织部	2018.3.1
纪青华	女	全国人民调解工作先进个人	金山司法所	司法部	2018.5.9
傅建成	男	优秀环卫职工	金山环卫所	厦门市市政园林局	2018.11.1
陈丽铭	女	厦门市五一劳动奖章	金山社区	厦门市总工会	2018.4.1
陈丽铭	女	2016—2017 年度厦门市优秀社会工作者	金山社区	厦门市社会工作协会	2018.3.1
黄玲钰	女	2015—2017 年度厦门市文明市民标兵	金山社区	中共厦门市委、厦门市人民政府	2018.9.3
吴丽敏	女	首批厦门市专业社会工作领军人才	金安社区	中共厦门市委 人才工作领导小组办公室、 厦门市民政局	2018.11.1
米　林	男	2015—2017 年度厦门市文明市民标兵	金安社区	中共厦门市委、厦门市人民政府	2018.9.3
谢露娜	女	福建省第四届村级文化协管员技能大赛——手机摄影大赛三等奖	金林社区	福建省艺术馆	2018.10
陈美珍	女	全省优秀基层妇联主席	湖里街道	福建省妇联	2018.12
陈美珍	女	2016—2017 年度争创三八红旗手活动表现优秀人员	湖里街道	厦门市妇女联合会	2018.2
谭和平	男	福建省见义勇为先进个人	湖里街道塘边社区	福建省见义勇为人员奖励和 保护工作委员会	2018.12
卢　勇	男	厦门市精神文明建设先进工作者	湖里街道	中共厦门市委、厦门市人民政府	2018.9
苏蓉晖	女	2015—2017 年度厦门市文明市民标兵	湖里街道康乐社区	中共厦门市委、厦门市人民政府	2018.9.3
黄宪章	男	2015—2017 年度厦门市文明市民标兵	湖里街道南山社区	中共厦门市委、厦门市人民政府	2018.9.3
罗建平	男	2015—2017 年度厦门市文明市民标兵	湖里街道怡景社区	中共厦门市委、厦门市人民政府	2018.9.3
林文慧	女	2015—2017 年度厦门市文明市民标兵	仙岳山艺术团	中共厦门市委、厦门市人民政府	2018.9.3
何坤平	男	2015—2017 年度厦门市文明市民标兵	湖里街道村里社区	中共厦门市委、厦门市人民政府	2018.9.3
陈　婷	女	2015—2017 年度厦门市文明市民标兵	湖里街道兴华社区	中共厦门市委、厦门市人民政府	2018.9.3
倪　娴	女	2015—2017 年度厦门市文明市民标兵	厦门凤凰明珠贸易有限公司	中共厦门市委、厦门市人民政府	2018.9.3
杨再发	男	2015—2017 年度厦门市文明市民标兵	湖里街道东荣社区	中共厦门市委、厦门市人民政府	2018.9.3
邓光友	男	2015—2017 年度厦门市文明市民标兵	湖里街道和通社区	中共厦门市委、厦门市人民政府	2018.9.3
郑炎煌	男	厦门市五一劳动奖章	厦门汉航集团有限责任公司	厦门市总工会	2018.4
苏丽珍	女	厦门市五一劳动奖章	湖里街道徐厝社区	厦门市总工会	2018.4
赖先发	男	厦门市五一劳动奖章	湖里保安服务有限公司	厦门市总工会	2018.4
叶燕玲	女	个人三等功	区市容环境卫生管理处	中共厦门市委、厦门市人民政府	2018.7
熊新福	男	2015—2017 年度厦门市文明市民标兵	区市容环境卫生管理处	中共厦门市委、厦门市人民政府	2018.9.3
张梦夏	女	2015—2017 年度厦门市文明市民标兵	区农业水利防洪事务中心	中共厦门市委、厦门市人民政府	2018.9.3

续表 11

姓名	性别	荣誉称号	工作单位	授予单位	授予时间
黄如生	男	第五届创建全国文明城市工作个人三等功	区建设局	中共厦门市委、厦门市人民政府	2018.8.24
郭顺强	男	全国法院先进个人	湖里法院研究室	最高人民法院	2018.1.17
陈婧怡	女	全市法院办案标兵	湖里法院民二庭	厦门市中级人民法院	2018.2
林　娜	女	全市法院办案标兵	自贸区法庭	厦门市中级人民法院	2018.2
苏镧浠	女	全市法院办案标兵	湖里速裁庭	厦门市中级人民法院	2018.2
尹胜虎	男	全市法院办案标兵	湖里法院执行局	厦门市中级人民法院	2018.2
庄剑斌	男	全市法院审判辅助能手	湖里法院刑庭	厦门市中级人民法院	2018.2
刘路英	女	全市法院审判辅助能手	湖里法院民二庭	厦门市中级人民法院	2018.2
肖安定	男	全市法院审判辅助能手	湖里法院殿前法庭	厦门市中级人民法院	2018.2
陈长江	男	全市法院审判辅助能手	湖里法院审判辅助中心	厦门市中级人民法院	2018.2
孙琳凤	女	全市法院审判辅助能手	湖里法院速裁庭	厦门市中级人民法院	2018.2
黄雅珠	女	调研工作先进个人	自贸区法庭	厦门市中级人民法院	2018.2
肖安定	男	调研工作先进个人	湖里法院殿前法庭	厦门市中级人民法院	2018.2
丁雅萍	女	信息工作先进个人	湖里法院速裁庭	厦门市中级人民法院	2018.2
龚晓星	男	信息工作先进个人	湖里法院刑庭	厦门市中级人民法院	2018.2
陈万颖	女	宣传工作先进个人	湖里法院政治处	厦门市中级人民法院	2018.2
李福清	男	宣传工作先进个人	湖里法院民二庭	厦门市中级人民法院	2018.2
陈国树	男	全市法院“比办案、赛业绩”活动办案标兵	湖里法院刑庭	厦门市中级人民法院	2018.2
苏天胜	男	全市法院“比办案、赛业绩”活动办案标兵	湖里法院民一庭	厦门市中级人民法院	2018.2
邱　烨	女	全市法院“比办案、赛业绩”活动办案标兵	湖里法院民一庭	厦门市中级人民法院	2018.2
王　芳	女	全市法院“比办案、赛业绩”活动办案标兵	自贸区法庭	厦门市中级人民法院	2018.2
王　蕊	女	全市法院“比办案、赛业绩”活动办案标兵	湖里法院速裁庭	厦门市中级人民法院	2018.2
陈慧琳	女	全市法院“比办案、赛业绩”活动办案标兵	湖里法院速裁庭	厦门市中级人民法院	2018.2
唐雪阳	男	全市法院“比办案、赛业绩”活动办案标兵	湖里法院执行局	厦门市中级人民法院	2018.2
曾莉侠	女	全市法院“比办案、赛业绩”活动办案标兵	湖里法院执行局	厦门市中级人民法院	2018.2
谢源成	男	全市法院“比办案、赛业绩”活动办案标兵	湖里法院执行局	厦门市中级人民法院	2018.2
林轶琳	女	全市法院“比办案、赛业绩”活动优胜法官助理	湖里法院刑庭	厦门市中级人民法院	2018.2
郑弦扬	女	全市法院“比办案、赛业绩”活动优胜法官助理	湖里法院刑庭	厦门市中级人民法院	2018.2
陈盛鑫	男	全市法院“比办案、赛业绩”活动优胜法官助理	湖里法院民一庭	厦门市中级人民法院	2018.2
林丽玉	女	全市法院“比办案、赛业绩”活动优胜法官助理	湖里法院民一庭	厦门市中级人民法院	2018.2
许扬洋	男	全市法院“比办案、赛业绩”活动优胜法官助理	禾山法庭	厦门市中级人民法院	2018.2
黄雅珠	女	全市法院“比办案、赛业绩”活动优胜法官助理	自贸区法庭	厦门市中级人民法院	2018.2
林超特	男	全市法院“比办案、赛业绩”活动优胜法官助理	湖里法院速裁庭	厦门市中级人民法院	2018.2

续表 11

姓名	性别	荣誉称号	工作单位	授予单位	授予时间
熊志平	男	全市法院“比办案、赛业绩”活动优胜书记员	湖里法院行政庭	厦门市中级人民法院	2018.2
林逸财	男	全市法院“比办案、赛业绩”活动优胜书记员	湖里法院民一庭	厦门市中级人民法院	2018.2
陈瑜玲	女	全市法院“比办案、赛业绩”活动优胜书记员	湖里法院民二庭	厦门市中级人民法院	2018.2
洪艺玲	女	全市法院“比办案、赛业绩”活动优胜书记员	湖里法院民二庭	厦门市中级人民法院	2018.2
庄丽玲	女	全市法院“比办案、赛业绩”活动优胜书记员	湖里法院殿前法庭	厦门市中级人民法院	2018.2
陈　怡	女	全市法院“比办案、赛业绩”活动优胜书记员	自贸区法庭	厦门市中级人民法院	2018.2
彭媚媚	女	“比办案、赛业绩”活动优胜书记员	自贸区法庭	厦门市中级人民法院	2018.2
罗迪青	女	全市法院“比办案、赛业绩”活动优胜书记员	湖里法院审辅中心	厦门市中级人民法院	2018.2
林昕颖	女	全市法院“比办案、赛业绩”活动优胜书记员	湖里法院速裁庭	厦门市中级人民法院	2018.2
郭祉希	女	全市法院“比办案、赛业绩”活动优胜书记员	湖里法院速裁庭	厦门市中级人民法院	2018.2
洪福裕	男	全市法院“比办案、赛业绩”活动优胜书记员	湖里法院执行员	厦门市中级人民法院	2018.2
陈泽雄	男	“比办案、赛业绩”活动优胜书记员	湖里法院执行局	厦门市中级人民法院	2018.2
陈敏伟	男	全市法院“比办案、赛业绩”活动优胜书记员	湖里法院执行局	厦门市中级人民法院	2018.2
叶家财	男	全市法院“比办案、赛业绩”活动优胜书记员	湖里法院审辅中心	厦门市中级人民法院	2018.2
谢丽娜	女	全市法院“比办案、赛业绩”活动优胜书记员	湖里法院审辅中心	厦门市中级人民法院	2018.2
廖辉勤	女	全市法院“比办案、赛业绩”活动优胜书记员	湖里法院刑庭	厦门市中级人民法院	2018.2
尹胜虎	男	厦门市五一劳动奖章	湖里法院执行局	厦门市总工会	2018.4
龚晓星	男	2017 年度“厦门市优秀共青团干部”	湖里法院刑庭	共青团厦门市委员会	2018.6
陈　茉	女	2017 年“厦门市优秀共青团员”	湖里法院执行局	共青团厦门市委员会	2018.6
陈　茉	女	全市法院审判辅助能手	湖里法院执行局	厦门市中级人民法院	2018.2
林燕平	女	2018 年第十一届海峡两岸文博会组织工作先进个人奖	区文体出版旅游局	厦门市海峡两岸文博会组委会	2018.12
林　芊	女	厦门市五一劳动奖章	区税务局	厦门市总工会	2018.4
王守波	男	对口帮扶劳务协作专项工作突出个人	区就业中心	厦门市人力资源和社会保障局	2018.3.15
谢尉达	男	对口帮扶劳务协作专项工作突出个人	区就业中心	厦门市人力资源和社会保障局	2018.3.15
陈黎明	男	窗口服务专项工作突出个人	区社保中心	厦门市人力资源和社会保障局	2018.3.15
蒋亚琼	女	窗口服务专项工作突出个人	区人社局	厦门市人力资源和社会保障局	2018.3.15
邵永吉	男	处理宸鸿科技群体性事件表现突出通报表扬	区人社局	厦门市人力资源和社会保障局	2018.12
曾一凡	男	处理宸鸿科技群体性事件表现突出通报表扬	区劳动保障监察大队	厦门市人力资源和社会保障局	2018.12
黄家金	男	处理宸鸿科技群体性事件表现突出通报表扬	区劳动保障监察大队	厦门市人力资源和社会保障局	2018.12
周桂军	男	处理宸鸿科技群体性事件表现突出通报表扬	区劳动保障监察大队	厦门市人力资源和社会保障局	2018.12
唐建生	男	2018 年教育系统管理工作业绩突出表扬	金尚中学	厦门市教育局	2018.9
叶泽军	男	2018 年教育系统管理工作业绩突出表扬	第三中学	厦门市教育局	2018.9
李丽真	女	2018 年教育系统管理工作业绩突出表扬	吕岭幼儿园	厦门市教育局	2018.9

续表 11

姓名	性别	荣誉称号	工作单位	授予单位	授予时间
钟荔燕	女	2018 年教育系统创优工作业绩突出表扬	江头第三小学	厦门市教育局	2018.9
张　媛	女	2018 年教育系统创优工作业绩突出表扬	康乐小学	厦门市教育局	2018.9
蔡颖艳	女	2018 年教育系统创优工作业绩突出表扬	第三中学	厦门市教育局	2018.9
蔡婷婷	女	2018 年教育系统创优工作业绩突出表扬	湖里中学	厦门市教育局	2018.9
陈雅妍	女	2018 年教育系统创优工作业绩突出表扬	蔡塘学校	厦门市教育局	2018.9
杨腊翠	女	厦门市师德工作业绩突出奖	区教师进修学校第二附属小学	厦门市教育局	2018.9
钟丰丰	女	厦门市师德工作业绩突出奖	乐安小学	厦门市教育局	2018.9
邱凤娟	女	厦门市师德工作业绩突出奖	钟宅民族小学	厦门市教育局	2018.9
谢毅勇	男	厦门市师德工作业绩突出奖	寨上小学	厦门市教育局	2018.9
肖钰烨	女	厦门市师德工作业绩突出奖	嘉福花园幼儿园	厦门市教育局	2018.9
温金兰	女	厦门市师德工作业绩突出奖	金福缘幼儿园	厦门市教育局	2018.9
叶　宁	男	厦门市安保工作业绩突出奖	区教育事务服务中心	厦门市教育局	2018.9
陈晓琦	女	厦门市服务工作业绩突出奖	区教育局	厦门市教育局	2018.9
杨小菊	女	厦门市服务工作业绩突出奖	厦门外国语学校湖里分校	厦门市教育局	2018.9
林传忠	男	厦门市教科研工作业绩突出奖	区教师进修学校	厦门市教育局	2018.9
李春霞	女	厦门市教科研工作业绩突出奖	康乐第二小学	厦门市教育局	2018.9
方毅芬	女	西部支教工作业绩突出单项奖	禾山中学	厦门市教育局	2018.9
刘　宁	男	西部支教工作业绩突出单项奖	第三中学	厦门市教育局	2018.9
陈　凌	女	校际交流工作业绩突出单项奖	康乐小学	厦门市教育局	2018.9
陈冰萍	女	校际交流工作业绩突出单项奖	金尚小学	厦门市教育局	2018.9
樊英霞	女	校际交流工作业绩突出单项奖	高崎小学	厦门市教育局	2018.9
胡　逸	女	教育教学业绩突出单项奖	第三中学	厦门市教育局	2018.9
朱卉娟	女	教育教学业绩突出单项奖	第三中学	厦门市教育局	2018.9
丁长福	男	教育教学业绩突出单项奖	厦门外国语学校湖里分校	厦门市教育局	2018.9
汤凌玲	女	教育教学业绩突出单项奖	湖里实验小学	厦门市教育局	2018.9
郑昊楠	男	教育教学业绩突出单项奖	湖里实验小学	厦门市教育局	2018.9
杨钟志	男	教育教学业绩突出单项奖	湖里第二实验小学	厦门市教育局	2018.9
张晓闽	女	教育教学业绩突出单项奖	金山小学	厦门市教育局	2018.9
周群力	男	教育教学业绩突出单项奖	湖里中心小学	厦门市教育局	2018.9
陈晶晶	女	教育教学业绩突出单项奖	东渡第二小学	厦门市教育局	2018.9
周妍妍	女	教育教学业绩突出单项奖	高殿中心小学	厦门市教育局	2018.9
胡秋娜	女	教育教学业绩突出单项奖	区教师进修学校附属小学	厦门市教育局	2018.9
原　诗	女	教育教学业绩突出单项奖	华昌小学	厦门市教育局	2018.9

续表 11

姓名	性别	荣誉称号	工作单位	授予单位	授予时间
邓国招	女	教育教学业绩突出单项奖	都市港湾幼儿园	厦门市教育局	2018.9
张　舒	男	信息化推进工作业绩突出单项奖	金安小学	厦门市教育局	2018.9
陈　钡	男	信息化推进工作业绩突出单项奖	康乐第二小学	厦门市教育局	2018.9
潘　舒	男	2018 厦门教育系统补短板增学位工作业绩突出单项奖	区教育事务服务中心	厦门市教育局	2018.9
何俊钦	男	2018 厦门教育系统补短板增学位工作业绩突出单项奖	区教育局	厦门市教育局	2018.9
吴建忠	男	2018 厦门教育系统补短板增学位工作业绩突出单项奖	区教育局	厦门市教育局	2018.9
王锡文	男	厦门市老有所为业绩突出奖	区教育局	厦门市教育局	2018.9

先进集体表

表 12

单位名称	荣誉称号	授予单位	授予时间
厦门市高殿社区义务消防队	中国好人榜“敬业奉献”好人	中共中央宣传部、中央文明网	2018.3
厦门市高殿社区义务消防队	2018 年“最美志愿服务组织”	中共厦门市委文明办	2018.12
厦门市高殿社区义务消防队	2017 年度感动厦门十大人物（集体）	中共厦门市委文明办、厦门日报社	2018.3
江头街道金尚社区	全国最美志愿服务社区	中共中央中宣部、中央文明委	2018.4
久久爱心社会服务中心	福建省首批百家优秀志愿服务组织	中共福建省委文明办	2018.9
禾山街道禾山社区	福建省 2018 年全省“最美志愿服务社区”	中共福建省委宣传部、省委文明办等 11 部门	2018.11
区文明办	2018 年“弘扬时代新风”公益广告征集推广活动“最佳组织奖”	中共厦门市委宣传部、厦门市委文明办	2018.7
左邻右里志愿服务中心	2018 年“最美志愿服务组织”	中共厦门市委文明办	2018.12
湖里街道和通社区	2018 年“最美志愿服务社区”	中共厦门市委文明办	2018.12
殿前街道兴隆社区	2018 年“最美志愿服务社区”	中共厦门市委文明办	2018.12
殿前街道兴隆社区	2015—2017 年度文明社区	中共福建省委、福建省人民政府	2018.8
江头街道吕岭社区	2018 年“最美志愿服务社区”	中共厦门市委文明办	2018.12
金山街道金安社区书院	厦门市典范社区书院	中共厦门市委文明办	2018.4
金山街道金山社区书院	厦门市典范社区书院	中共厦门市委文明办	2018.4
江头街道金尚社区书院	厦门市典范社区书院	中共厦门市委文明办	2018.4
禾山街道禾欣社区书院	厦门市典范社区书院	中共厦门市委文明办	2018.4
湖里街道东荣社区书院	厦门市典范社区书院	中共厦门市委文明办	2018.4
殿前街道兴园社区书院	厦门市典范社区书院	中共厦门市委文明办	2018.4
江头街道吕岭社区书院	厦门市典范社区书院	中共厦门市委文明办	2018.4
殿前街道兴隆社区书院	厦门市典范社区书院	中共厦门市委文明办	2018.4

续表 12

单位名称	荣誉称号	授予单位	授予时间
湖里街道兴华社区书院	厦门市典范社区书院	中共厦门市委文明办	2018.4
厦门五缘实验学校五（7）中队	全国优秀少先队中队	共青团中央、教育部、全国少工委	2018.12.28
厦门五缘实验学校中学英语组	2018 年厦门市级工人先锋号	厦门市总工会	2018.11.6
厦门五缘实验学校	福建省中小学心理健康教育特色学校	福建省教育厅	2018.8.3
厦门五缘实验学校	厦门市首批“宪法”教育基地学校	厦门市教育局	2018.11.23
厦门五缘实验学校	首批厦门市生活垃圾分类示范校园	厦门市教育局	2018.12.21
厦门五缘实验学校	全国国际象棋特色学校	中国国际象棋协会、中国中学生体育协会棋类分会	2018.6
厦门五缘实验学校	厦门市第一届（2015—2017 年度）文明校园	中共厦门市委、厦门市人民政府	2018.8
厦门五缘实验学校	5A 级平安校园	厦门市社会管理综合治理委员会办公室、厦门市教育局、厦门市公安局	2018.3
厦门五缘实验学校	厦门市 2017 年学校综治安全目标管理先进单位	厦门市教育局、厦门市公安局	2018.3
区教育关工委	第二十一届全国青少年五好小公民主题教育读书活动先进集体	教育部关心下一代工作委员会	2018.8
区关心下代工作委员会	全省关心下一代工作先进集体	福建省关心下一代工作委员会	2018.11
金山街道关工委	全省关心下一代工作先进集体	福建省关心下一代工作委员会	2018.11
区工商联关工委	全省关心下一代工作先进集体	福建省关心下一代工作委员会	2018.11
厦门六中	厦门市 2017 年学校综治安全目标管理先进单位	厦门市教育局	2018.3
厦门六中	5A 级平安校园（2018）	厦门市社会管理综合治理委员会办公室、厦门市教育局、厦门市公安局	2018.3
厦门六中	2018 年度“全国青少年人工智能活动特色单位”	中国科学技术协会	2018.7
厦门六中	第一届省级文明校园（2015—2017 年度）	中共福建省委、福建省人民政府	2018.7
厦门六中	绿海鸥行动示范校	厦门市教育局、厦门市垃圾分类管理中心	2018.9
厦门六中	2018 年厦门市级工人先锋号	厦门市总工会	2018.11.6
厦门六中	老年人健身康乐家园	厦门市体育局、厦门市文明办、厦门市民政局、厦门市老龄办、厦门市老体协	2018.12
厦门市中医院急诊科	福建省 2018—2020 年省级（金砖）青年文明号	共青团福建省委员会	2018.5
厦门市中医院急诊科	厦门市 2018—2020 年青年文明号	共青团厦门市委员会	2018.6
厦门市中医院西药房	厦门市 2018—2020 年青年文明号	共青团厦门市委员会	2018.6
中医院殿前社区卫生服务中心	厦门市 2018—2020 年青年文明号	共青团厦门市委员会	2018.6
区人民检察院	2017 年度“全国检察文化建设示范院”	最高人民检察院	2018.2.28
区人民检察院	2015—2017 年度文明单位	中共福建省委、福建省人民政府	2018.6.25
区人民检察院派驻中国（福建）自由贸易试验区厦门片区检察室	全省检察机关先进集体	福建省人力资源和社会保障厅、福建省人民检察院	2018.12.21

续表 12

单位名称	荣誉称号	授予单位	授予时间
区人民检察院派驻中国（福建）自由贸易试验区厦门片区检察室	2018 年厦门市级“工人先锋号”	厦门市总工会	2018.11.6
东荣社区居委会	2016—2017 年度厦门市三八红旗集体	厦门市妇联	2018.2.28
兴园社区居委会	2016—2017 年度厦门市三八红旗集体	厦门市妇联	2018.2.28
吕厝社区居委会	2016—2017 年度厦门市三八红旗集体	厦门市妇联	2018.2.28
区流动人口计划生育管理站	2016—2017 年度厦门市三八红旗集体	厦门市妇联	2018.2.28
厦门知本家科技公司	2016—2017 年度厦门市三八红旗集体	厦门市妇联	2018.2.28
区工业园区管委会	2015—2017 年度文明单位	中共厦门市委、厦门市人民政府	2018.8
殿前街道办事处	厦门市 2015—2017 年度军民共建先进单位	中共厦门市委、厦门市人民政府	2018.8
长乐社区	厦门市 2015—2017 年度文明社区	中共厦门市委、厦门市人民政府	2018.8
神山社区	厦门市 2015—2017 年度文明社区	中共厦门市委、厦门市人民政府	2018.8
殿前街道便民服务中心	2018 年厦门市级“工人先锋号”	厦门市总工会	2018.11.6
王明治家庭	厦门市 2015—2017 年度文明家庭	中共厦门市委、厦门市人民政府	2018.8
高殿社区	第二届福建省广场舞蹈大赛厦门赛区二等奖	福建省广场舞大赛组委会	2018.10
高殿社区	2017 厦门文化产业年度风云榜“年度创意品牌活动”	厦门市文化改革发展工作领导小组办公室、厦门日报社	2018.3
高殿社区	厦门市 2015—2017 年度文明社区	中共厦门市委、厦门市人民政府	2018.8
高殿社区	福建省消防安全示范社区	福建省公安厅、福建省社会管理综合治理委员会办公室、福建省民政厅	2018.4
高殿社区	2018 年福建省社区教育示范基地 A 类培育项目	福建省教育厅	2018.9
殿前街道	2015—2017 年度文明单位	中共福建省委、福建省人民政府	2018.9
殿前街道	“十县百乡千村无邪教示范工程”活动——创建无邪教示范街道	福建省人民政府防范和处理邪教问题办公室	2018.8
高殿社区书院	2018 ·“西山杯”第三届海峡两岸武术文化节“发展全球武术运动贡献奖”	福建省体育局、福建省武术协会、福州市体育局、福州市晋安区人民政府	2018.7
殿前街道社区戒毒社区康复管理工作站	全省社区戒毒社区康复示范点	福建省禁毒委员会办公室	2018.7
殿前街道长乐社区	“十县百乡千村无邪教示范工程”活动——创建无邪教示范社区	福建省人民政府防范和处理邪教问题办公室	2018.8
殿前街道北站社区	“十县百乡千村无邪教示范工程”活动——创建无邪教示范社区	福建省人民政府防范和处理邪教问题办公室	2018.8
	2018 年福建省社区教育特色品牌	福建省教育厅	2018.9
殿前街道北站社区	2018 年福建省社区教育示范基地 A 类培育项目	福建省教育厅	2018.9
兴园社区	“十县百乡千村无邪教示范工程”活动——创建无邪教示范社区	福建省人民政府防范和处理邪教问题办公室	2018.8

续表 12

单位名称	荣誉称号	授予单位	授予时间
兴园社区	2018 年福建省社区教育特色品牌	福建省教育厅	2018.9
兴园社区	厦门市 2015—2017 年度文明社区	中共厦门市委、厦门市人民政府	2018.8
殿前街道马垅社区	2018 年福建省社区教育特色品牌	福建省教育厅	2018.9
殿前街道马垅社区	2015—2017 全国文明单位	中共中央文明委	2018.8.1
金山街道金海社区	2018 年度福建消防安全示范社区	福建省公安厅、综治办、民政厅	2018.4.28
金山街道金安社区	2015—2017 年度省级文明社区	中共福建省委、福建省人民政府	2018.8
金山街道金安社区	全国学雷锋活动示范点	中共中央宣传部	2018.3.1
金山街道金林社区	十县百乡千村无邪教创建示范工程创建无邪教示范社区	福建省人民政府防范和处理邪教问题办公室	2018.8.1
金山街道金山社区	健康促进社区	湖里区创建全国健康促进区工作领导小组	2018.8.1
金山街道金山社区	全国民主法制示范社区	司法部	2018.3.1
金山街道办事处	“爱尚金山”文化品牌活动获评 2017 年厦门文化产业年度风云榜年度创意品牌活动	厦门市文化改革发展工作领导小组办公室、厦门日报社	2018.3.1
金山街道办事处	2015—2017 年市级文明单位	中共厦门市委、厦门市人民政府	2018.8
金山街道五通社区	厦门市五一劳动奖	厦门市总工会	2018.4.1
金山街道五通社区	2015—2017 年度文明社区	中共厦门市委、厦门市人民政府	2018.8
金山街道高林社区	2015—2017 年度文明社区	中共厦门市委、厦门市人民政府	2018.8
金山街道金林社区	2015—2017 年度文明社区	中共厦门市委、厦门市人民政府	2018.8
金山街道金海社区	2015—2017 年度文明社区	中共厦门市委、厦门市人民政府	2018.8
汪如全家庭	第十一届全国五好家庭	中华全国妇女联合会	2018.5
汪如全家庭	第一届福建省文明家庭	中共福建省委、福建省人民政府	2018.7
陈曦家庭	2015—2017 年度市级文明家庭	中共厦门市委、厦门市人民政府	2018.8
林丽玉家庭	2015—2017 年度市级文明家庭	中共厦门市委、厦门市人民政府	2018.8
林洲辉家庭	2015—2017 年度市级文明家庭	中共厦门市委、厦门市人民政府	2018.8
徐振忠家庭	2015—2017 年度市级文明家庭	中共厦门市委、厦门市人民政府	2018.8
黄如璟家庭	2015—2017 年度市级文明家庭	中共厦门市委、厦门市人民政府	2018.8
张朝麟家庭	2015—2017 年度市级文明家庭	中共厦门市委、厦门市人民政府	2018.8
林芊家庭	2015—2017 年度市级文明家庭	中共厦门市委、厦门市人民政府	2018.8
华悦学校	流动人口健康促进示范学校	国家卫计委流动人口计划生育管理司	2018.9
湖里街道办事处	“十县百乡千村无邪教创建示范工程”活动创建无邪教示范街道	中共福建省委防范和处理邪教问题领导小组办公室	2018.8
湖里街道康泰社区	“十县百乡千村无邪教创建示范工程”活动创建无邪教示范社区	中共福建省委防范和处理邪教问题领导小组办公室	2018.8

续表 12

单位名称	荣誉称号	授予单位	授予时间
湖里街道村里社区	“十县百乡千村无邪教创建示范工程”活动创建无邪教示范社区	中共福建省委防范和处理邪教问题领导小组办公室	2018.8
湖里街道兴华社区	“十县百乡千村无邪教创建示范工程”活动创建无邪教示范社区	中共福建省委防范和处理邪教问题领导小组办公室	2018.8
湖里街道兴华社区	2015—2017 年度文明社区	中共厦门市委、厦门市人民政府	2018.8
湖里街道金鼎社区	2015—2017 年度文明社区	中共福建省委、福建省人民政府	2018.8
湖里街道康乐社区	2015—2017 年度文明社区	中共福建省委、福建省人民政府	2018.8
湖里街道康晖社区	充分就业星级社区	福建省人力资源与社会保障厅	2018.3
国宇门诊部党支部	厦门市城市基层党建实训基地	厦门市委组织部	2018.9
厦门丝柏科技有限公司党支部	厦门市城市基层党建实训基地	厦门市委组织部	2018.9
厦门市凤凰明珠贸易有限公司	企业流动人口示范点	厦门市计生协会	2018.7
湖里街道村里社区	权益维护示范点	厦门市计生协会	2018.7
湖里街道村里社区	老年人健身康乐家园	厦门市体育局、市文明办、市老龄办、市老体协	2018.1
湖里街道村里社区	群众自治“六好”示范村居	厦门市计生协会	2018.7
湖里街道徐厝社区	2015—2017 年度文明社区	中共厦门市委、厦门市人民政府	2018.8
湖里街道徐厝社区	青春健康示范点	厦门市计生协会	2018.7
湖里街道徐厝社区	厦门市 2018 年度流动人口卫生计生基本公共服务均等化示范点	厦门市卫生和计划生育委员会	2018.8
湖里街道徐厝社区工会	五星职工之家	厦门市总工会	2018.4
湖里街道怡景社区	2015—2017 年度文明社区	中共厦门市委、厦门市人民政府	2018.8
湖里街道东荣社区	2015—2017 年度文明社区	中共厦门市委、厦门市人民政府	2018.8
湖里街道濠头社区	2015—2017 年度文明社区	中共厦门市委、厦门市人民政府	2018.8
湖里街道康晖社区	2015—2017 年度文明社区	中共厦门市委、厦门市人民政府	2018.8
湖里街道海天社区	2015—2017 年度文明社区	中共厦门市委、厦门市人民政府	2018.8
湖里街道塘边社区	2015—2017 年度文明社区	中共厦门市委、厦门市人民政府	2018.8
湖里街道南山社区	2015—2017 年度文明社区	中共厦门市委、厦门市人民政府	2018.8
湖里街道康泰社区	2015—2017 年度文明社区	中共厦门市委、厦门市人民政府	2018.8
湖里街道东渡社区	2015—2017 年度文明社区	中共厦门市委、厦门市人民政府	2018.8
湖里街道濠头社区	福建省基层对台交流示范点	中共福建省委台港澳工作办公室、福建省人民政府台港澳事务办公室	2018.12
湖里街道新港社区居民委员会	2018 年厦门市级“工人先锋号”	厦门市总工会	2018.11.6
湖里街道湖里社区居民委员会	2018 年厦门市级“工人先锋号”	厦门市总工会	2018.11.6
厦门市湖里区康乐社区居民委员会	2018 年厦门市级“工人先锋号”	厦门市总工会	2018.11.6

续表 12

单位名称	荣誉称号	授予单位	授予时间
湖里街道康泰社区居民委员会	2018 年厦门市级“工人先锋号”	厦门市总工会	2018.11.6
湖里街道塘边社区居民委员会	2018 年厦门市级“工人先锋号”	厦门市总工会	2018.11.6
厦门市厦煌物业服务有限公司	2018 年厦门市级“工人先锋号”	厦门市总工会	2018.11.6
福建中影票务通电子商务有限公司厦门分公司	2018 年厦门市级“工人先锋号”	厦门市总工会	2018.11.6
厦门宝象红星美凯龙家居生活广场有限公司	2018 年厦门市级“工人先锋号”	厦门市总工会	2018.11.6
厦门温泉戴斯酒店有限公司	2018 年厦门市级“工人先锋号”	厦门市总工会	2018.11.6
厦门立起鞋业有限公司	2018 年厦门市级“工人先锋号”	厦门市总工会	2018.11.6
厦门市绿百合食品有限公司	2018 年厦门市级“工人先锋号”	厦门市总工会	2018.11.6
厦门湖里国宇门诊部	2018 年厦门市级“工人先锋号”	厦门市总工会	2018.11.6
区工商联	2018 年度民营企业调查点工作先进基层单位	中华全国工商业联合会办公厅	2018.12
区国投公司轨道交通 2 号线湖里段土地房屋征迁工作组	2018 年厦门市级“工人先锋号”	厦门市总工会	2018.11.6
湖里保安公司厦门金龙旅行车有限公司保安中队	2018 年厦门市级“工人先锋号”	厦门市总工会	2018.11.6
区建设局	厦门市 2015—2017 年度群众性精神文明创建活动先进集体	中共厦门市委、厦门市人民政府	2018.8.24
区经济和信息化局	2015—2017 年度市级文明单位	中共厦门市委、厦门市人民政府	2018.8
湖里区人民政府	2017 年度全省脱贫攻坚帮扶工作先进单位	甘肃省脱贫攻坚帮扶工作协调领导小组	2018.6
湖里区人民法院	厦门市基层法院院长抓司法公信责任状“优胜单位”	厦门市中级人民法院	2018.2
湖里区人民法院	调研工作先进集体	厦门市中级人民法院	2018.2
湖里区人民法院速裁团队	全市法院“比办案、赛业绩”活动优胜集体	厦门市中级人民法院	2018.2
湖里区人民法院执行局	全市法院“比办案、赛业绩”活动优胜集体	厦门市中级人民法院	2018.2
湖里区人民法院	2015—2017 年度省级文明单位	中共福建省委、福建省人民政府	2018.7
湖里区人民法院立案庭	2018 年厦门市级“工人先锋号”	厦门市总工会	2018.11.6
区文体出版旅游局	2013—2016 年全省文化系统先进集体	福建省人力资源和社会保障厅、福建省文化厅	2018.1
区文体出版旅游局	创建第五届全国文明城市突出贡献单位	中共厦门市委、厦门市人民政府	2018.8
区文化市场综合执法大队	厦门市第二届文化市场综合执法岗位练兵技能竞赛团体二等奖	厦门市文化广电新闻出版局	2018.9
区税务局工会	厦门市五星职工之家	厦门市总工会	2018.4
区税务局	厦门市军民共建先进单位	中共厦门市委、厦门市人民政府	2018.8
区税务局	福建省文明单位	中共福建省委文明办	2018.7

续表 12

单位名称	荣誉称号	授予单位	授予时间
区人才服务中心	2015—2016 年度厦门市人力资源诚信服务示范机构	厦门市人力资源和社会保障局	2018.1
区人力资源和社会保障局	2015—2017 年度省级文明单位	中共福建省委、福建省人民政府	2018.7
区劳动人事争议仲裁院	2016—2017 年度“青少年维权岗”	共青团福建省委、福建省人力资源和社会保障厅	2018.7
区人力资源和社会保障局	2017—2018 年度《中国劳动保障报》新闻宣传工作做得好的单位	人力资源和社会保障部办公厅	2018.8
区编办	2018 年厦门市文明单位	中共厦门市委、厦门市人民政府	2018.8.24
区教育局	全国青少年五好小公民主题教育读书活动“红旗飘飘　引我成长”先进集体	教育部关心下一代工作委员会	2018.8.8
区教育局	县级优秀组织单位	教育部基础教育质量监测中心	2018
湖里区	第二批全国中小学校责任督学挂牌督导创新县（市、区）	国务院教育委员会办公室	2018.2
湖里区	2017 年度福建省教育工作先进县（市、区）	福建省人民政府教育督导委员会	2018.9
湖里区	福建省首批“教育强县（市、区）”	福建省人民政府教育督导委员会	2018.9
区教育局	创建第五届全国文明城市工作突出贡献单位	中共厦门市委、厦门市人民政府	2018.9.3
湖里中学林洲辉家庭	2015—2017 年度市级文明家庭	中共厦门市委、厦门市人民政府	2018.8

统计公报

湖里区
2018 年国民经济和社会发展统计公报

厦门市湖里区统计局

2019 年 4 月 10 日

2018 年，我们以习近平新时代中国特色社会主义思想为指导，在区委、区政府的坚强领导下，扎实推进“双千亿”工作，深入实施“2+4+N”发展战略，有效应对外部环境深刻变化，实现经济社会平稳健康发展。这一年，是改革开放 40 周年，也是我区迎难而上、拼搏奋进的一年。我们主动谋划东部旧村整村改造，得到市委、市政府的全力支持，上升为全市“双千亿”重点工程，掀开湖里建设高素质高颜值现代化中心城区的新篇章。

一、综合

初步核算，2018 年，全年地区生产总值（GDP）1035.84 亿元，同比增长 8.0%。三次产业的比重为 0：43.7：56.3，其中第二、第三产业增加值为 452.90 亿元、582.94 亿元，分别增长 9.7% 和 6.6%，拉动 GDP 增长 4.3 个和 3.6 个百分点，对经济增长的贡献率依次为 54.2% 和 45.8%。其中增长较快的行业分别是运输仓储邮政业、建筑业、工业，同比分别增长 10.5%、10.0%、9.7%。按常住人口计算，人均 GDP 达 10.04 万元，同比增长 8.2%，折合 1.52 万美元 / 人。

二、工业和建筑业

2018 年末，全区规模以上工业企业 225 家，全年实现增加值 395.79 亿元，同比增长 10.0%，完成现价工业总产值 1809.28 亿元，同比增长 12.5%。亿元以上企业 94 家，实现工业总产值 1742.19 亿元，同比增长 12.8%。其中十亿元以上企业 23 家，实现产值 1536.37 亿元，同比增长 13.9%，占全区规模以上工业比重达 84.9%，支撑作用明显。前三大行业：计算机、通信和其他电子设备制造业实现产值 1267.2 亿元，同比增长 16.7%；电气机械和器材制造业实现产值 163.88 亿元，同比下降 5.6%；航空航天器修理业实现产值 141.47 亿元，同比增长 8.0%。

全区规模以上工业企业实现销售产值 1724.91 亿元，产销率为 95.3%。出口交货值 831.44 亿元，同比增长 13.0%，出口交货值率 48.2%。

建筑业增加值 59.40 亿元，同比增长 10.0%。2018 年，全区具有资质等级的 269 家建筑业企业完成建筑业总产值 531.56 亿元，增长 26.8%。其中，建筑工程产值 497.76 亿元，同比增长 23.1%；安装工程产值 32.31 亿元，同比增长 161.7%。全年房屋建筑施工面积 2183.43 万平方米，同比增长 24.8%。建筑企业当年新签合同价款 583.17 亿元，同比增长 15.0%。

三、固定资产投资

全区固定资产投资同比增长 20.1%，位居全市第三位。计划总投资 5000 万以上项目（含火炬）累计完成投资 262.83 亿元。分行业看（5000 万以上）：航空运输业发展迅猛，全年累计完成投资 124.99 亿元，占比 47.56%，同比增长 65.3%。制造业投资增速有所加快，累计投资 20.60 亿元。公共设施管理业（市政基础设施）投入持续增加，累计投资 73.17 亿元。

房地产开发投资 49.07 亿元，同比下降 4.3%。全区房屋施工面积 680.38 万平方米，同比增长 6.7%；房屋新开工面积 36.67 万平方米，同比下降 17.7%。商品房销售面积 49.20 万平方米，同比增长 5.8%。

四、国内贸易

2018 年，社会消费品零售总额 333.28 亿元，同比下降 4.8%。限额以上企业零售额 217.08 亿元，同比下降 11.4%，占全区社会消费品零售总额的 65.1%；限额以下单位实现零售额 116.20 亿元，同比增长 10.6%。全年零售额超亿元的批发零售贸易企业 54 家，合计零售额 177.85 亿元，减少 21.91 亿元，同比下降 11.0%；零售额超千万元的住宿餐饮企业 19 家，合计零售额 7.08 亿元，增加 0.61 亿元，同比增长 9.5%。

在限额以上企业商品零售额中，汽车类零售额 96.56 亿元，同比下降 16.6%；服装鞋帽针纺织品类零售额 23.88 亿元，同比增长 22.5%；粮油食品类零售额 13.53 亿元，同比增长 3.7%；日用品类零售额 9.18 亿元，同比下降 2.6%；文化办公用品类零售额 8.14 亿元，同比增长 7.3%；家用电器和音像制品类零售额 7.00 亿元，同比下降 21.5%。

五、服务业

2018 年末，全区重点服务业企业 294 家，实现营业收入 540.58 亿元，同比增长 1.9%。其中，亿元以上企业 66 家，较上年增加 10 家，实现营业收入 465.16 亿元。辖内企业分布在 9 个行业，其中，交通运输、仓储和邮政业企业有 153 家，2018 年实现营业收入 441.57 亿元，占服务业总营业收入 81.7%。其他营利性服务业分布在 4 个行业，有 76 家，分别是信息传输、软件和信息技术服务业（29 家）、租赁和商务服务业（38 家）、居民服务、修理和其他服务业（6 家）、文化体育和娱乐业（3 家），分别实现营业收入 21.95 亿元、39.13 亿元、2.92 亿元和 3.05 亿元。

六、对外经济

全年外贸进出口总额 2648.36 亿元，同比增长 4.1%，其中，出口 1333.50 亿元，同比增长 2.7%；进口 1314.85 亿元，同比增长 5.6%。

全年新批外资项目 225 个，合同利用外资 120.75 亿元，同比增长 136.1%；实际利用外资 10.34 亿元，同比下降 54.1%。

七、财税和金融

全区实现财政总收入 201.36 亿元，同比增长 4.8%；地方级财政收入 116.07 亿元，同比增长 8.4%；区级收入 47.48 亿元，增长 8.3%。在区级收入中，税收收入完成 45.80 亿元，同比增长 8.6%，其中，个人所得税、城镇土地使用税和土地增值税增幅较高，分别增长 47.2%、30.3% 和 28.6%。

全年区级财政支出 63.11 亿元，同比下降 3.7%。其中教育支出 12.92 亿元，同比增长 6.7%；城乡社区事务支出 25.76 亿元，同比下降 17.11%；社会保障和就业支出 6.37 亿元，同比增长 5.7%。

金融保险业实现增加值 66.87 亿元，同比增长 5.3%。

八、教育和科学技术

教育

2018 年，全区拥有各级学校 164 所，学年初招生 28801 人，在校学生 109561 人。其中，普通高中 2 所，学年初招生 537 人，在校学生 2498 人；普通初中 11 所，学年初招生 6587 人，在校学生 18305 人；小学 39 所，学年初招生 10288 人，在校学生 59305 人；幼儿园 112 所，学年初招生 11389 人，在园人数 29420 人；特殊教育辅读班 1 个，在校学生 33 人。在各级各类学校中任职的专任教师 6495 人。

科学技术

2018年，全区累计专利申请6234件，专利授权4422件，有效发明2072件，区高新技术企业283家（含湖里火炬园114家）。规上工业高新技术产业实现增加值345.11亿元，同比增长12.9%，占规模以上工业增加值比重为87.2%。

九、文化、体育和卫生

文化

2018年，辖区有文化馆1个，图书馆1个，街道文化站5个，社区综合文化服务中心53个，营业网吧经营单位40家，“24小时街区自助图书机”53台。图书馆每周开放75.5小时，全年365天无休开放，为群众免费提供图书借阅、资料查询等服务，馆藏文献资源总量达53万册，全年借阅图书46万册次，其中：主馆借阅17万册次，分馆借阅15万册次，24小时自助图书馆借阅14万册次，全年接待读者44万人次，完成读者活动268场次，参加人数14万人次。

2018年，举办全区性文化活动378场，全区基层文体活动1227场；第十一届海峡文博会上，辖区有75个文创产业展位申报参展；另外，我区有8家文化企业获评2018—2019年度厦门市重点文化企业，1家文化企业获评创新成长型企业。

体育

成功举办了第十四届中国俱乐部杯帆船挑战赛，有来自全国的45支代表队参加比赛，创下参赛队伍数量新高，成为目前国内大帆船单一级别规模最大的帆船比赛，本届赛事活动被列入CCTV-5年度播出计划，央视体育连续播出比赛的每日新闻及专题，播出天数达到8天，也得到中国网、腾讯网、新华网等媒体争相报道。

卫生

2018年，全区有各类医疗卫生机构407家，其中医院（含市属10个）16家、社区卫生服务中心5家、分中心1家、服务站6家、门诊部103家、二级妇幼保健机构1家、疾病预防控制中心1家、诊所201家、村卫生所21家、企事业单位内设医疗机构53家。专业卫生技术人员6656人，其中执业医师（含执业助理医师）3261人、注册护士3395人。医疗机构核定床位4244张。

十、人民生活和社会保障

人口

全区户籍人口33.92万人，常住人口103.1万人。人口出生率11.2‰，人口死亡率3.2‰，人口自然增长率8.0‰，比上年下降0.8个千分点。户籍人口中，男性人口和女性人口分别为169225人和169974人。

民生

2018年，城镇居民人均可支配收入53661元，同比增长9.0%。城镇居民人均消费性支出33181元，增长9.4%。

就业

全年促进失业人员再就业17149人，完成市下达年度目标任务的271.1%；促进就业困难对象再就业2863人，完成市下达年度目标任务的178.9%；开展劳动力职业技能培训4057人，其中本地失业人员培训918人、农村劳动力技能提升培训2157人（区自行组织657人），开展重点企业“一企一策”职工技能培训2482人。我区经办的基本养老、基本医疗、失业、工伤和生育保险参保人数分别为40.88万人、42.24万人、41.09万人、41.46万人和40.49万人。

社会保障

全区累计有城镇低保家庭5784户、8881人次，领取最低生活保障692万元。全年双救、双拥、老龄、残联等民政救济口累计发放救助41097(户)次，发放各类补助慰问款3573.56万元（含低保金）。2018年度，湖里区慈善、老年福利协会共接收捐赠款1311.8万元，为辖区累计约2万人次计各类困难群众发放救助款、物1056.8万元。

工会

2018年，全区有106186人次参加职工医疗互助保障，参保金额为601.62万元，其中由区财政补助职工参保金额147万元，由区总工会经费支出补助参保金额454.62万元。全年有2496名患病参保职工申请职工医疗互助保障救济，金额488.09万元。

十一、环境保护和安全生产

环境保护

2018年，湖里区环境空气质量优良率97.5%，空气质量综合指数3.36，综合指数同比下降2.6%，优良率上升1.1个百分点。六项主要污染物浓度均达到国家二级标准，其中，二氧化硫（SO_2：0.008mg/m^3）同比下降20.0%、二氧化氮（NO_2：0.033mg/m^3）同比下降2.9%、细颗粒物（PM2.5：0.024mg/m^3）同比下降7.7%。

湖边水库水质达标率100%，达到Ⅲ类水质标准。

安全生产

2018年，我区发生生产安全事故61起，死亡11人，同比分别增长64.8%、37.5%，未发生较大及以上生产安全事故。

十二、各街道经济

工业

2018 年，各街道规模以上工业总产值分别为：湖里街道 80.71 亿元，现价同比增长 1.6%；殿前街道 489.33 亿元，增长 3.4%；江头街道 14.67 亿元，增长 0.3%；禾山街道 1181.89 亿元，增长 17.9%；金山街道 32.42 亿元，增长 7.3%。

社会消费品零售总额

2018 年，各街道社会消费品零售总额分别为：湖里街道 44.27 亿元，同比增长 0.5%；殿前街道 169.40 亿元，下降 8.2%；江头街道 39.44 亿元，增长 0.7%；禾山街道 47.58 亿元，下降 10.6%；金山街道 32.59 亿元，增长 12.4%。

财政总收入

2018 年，各街道实现财政总收入分别为：湖里街道 34.84 亿元，殿前街道 53.41 亿元，江头街道 21.20 亿元，禾山街道 26.95 亿元，金山街道 33.38 亿元。

文件选录

湖里区独生子女家庭奖励扶持办法

为深入贯彻党的十九大精神，适应国家计划生育政策调整，根据《中华人民共和国人口与计划生育法》《中共中央　国务院关于实施全面两孩政策改革完善计划生育服务管理的决定（中发〔2015〕40号）》《福建省人口与计划生育条例》和《中共厦门市委　厦门市人民政府关于实施全面两孩政策改革完善计划生育服务管理的意见（厦委发〔2017〕6号）》精神，结合我区实际，制定本办法。

一、奖励扶持对象应同时符合以下条件

（一）在国家提倡一对夫妻生育一个子女期间，自愿终身只生育一个子女的家庭。

（二）奖励扶持对象本人户籍在湖里区。

户籍从区外迁入的，从户籍迁入的次年度起适用本办法。

因接受高等或中等教育户籍从湖里区迁到外地的独生子女视同湖里区户籍人口。

符合上述条件的独生子女父母，因丧偶或离婚后再婚，再婚后未再生育的适用本办法。再婚后再生育子女的，终止奖励扶持。

二、奖励扶持内容

（一）就学扶持

1. 在义务教育期间，每年给予独生子女孤儿3000元扶持。

2. 在高中或中专学习期间，每年给予特困或低保家庭中的独生子女3000元扶持，其中孤儿每年给予5000元扶持。

3. 在全日制本科或专科学习期间，每年给予特困或低保家庭中的独生子女6000元扶持，其中孤儿每年给予8000元扶持。

如在校期间退出特困、低保，或退学、辍学，从次年度开始终止该项扶持。

（二）养老扶持

4. 养老补助。对独生子女户籍、工作、生活均不在本市的年满60周岁的父母，自愿到养老机构居住、生活的，每人每月补助1000元；属于特困或低保户的，每人每月补助2000元。

5. 奖励扶助。对年满60周岁、未纳入省制定的扶助政策扶助的独生子女父母每年给予1800元的奖励扶助。

6. 高龄补贴。对独生子女父母年满80周岁、90周岁、100周岁的，每人每月分别发给100元、200元、500元的高龄补贴，直至亡故为止。高龄补贴与其他补助、救助、扶助金可叠加发放。

（三）一次性慰问

7. 独生子女父母死亡的，给予亡故者的配偶或独生子女一次性慰问5000元。

三、经费来源

每年区财政安排专项资金保障本办法规定的所需经费支出。

四、奖励扶持的申请和审批

符合条件的奖励扶持对象持户口本、本人身份证、《独生子女父母光荣证》或《独生子女证》及其他有关证明材料向户籍地所在社区提出申请，经公示无异议，报街道卫计办复核公示后发放。

尚未领取《独生子女父母光荣证》或《独生子女证》；《独生子女父母光荣证》或《独生子女证》遗失，通过核实确属独生子女的，经本人声明，可向原发证部门或乡（镇）人民政府、街道办事处开具证明。

（一）申请就学扶持。须当年提出申请，填写《湖里区特困（低保）家庭独生子女就学扶持申请表》或《湖里区独生子女孤儿就学扶持申请表》，提供申请人的银行卡、入学通知书原件及复印件、特困或低保证明

（是孤儿的提供户籍地社区居委会证明）。次年起续发的提供学生证或其他在校有效证明、上学年成绩单原件及复印件、特困或低保证明。

（二）申请养老补助。须当年提出申请，填写《湖里区独生子女父母养老补助登记表》，提供独生子女户口本、工作合同或协议，入住养老机构的缴费票据、当事人的银行卡原件及复印件。养老补助每半年发放一次。

（三）申请奖励扶助。参照《福建省部分计划生育家庭奖励扶助制度实施细则（闽卫家庭〔2014〕68号）》执行。

（四）申请高龄补贴。须在年满当年提出申请，填写《湖里区独生子女父母高龄补贴申请表》，提供申请人的银行卡原件及复印件。高龄补贴按月计算，每半年发放一次，发放前由社区工作人员入户核实，对已故人员要复印户口注销证明，从亡故的次月起停止发放。

（五）申请一次性慰问。填写《湖里区独生子女父母死亡一次性慰问申请表》，提供申请人的银行卡原件及复印件、死亡成员的户口注销证明。

五、其他事项

（一）国家、省、市卫计部门牵头出台的同类奖励扶持政策，按照就高标准的原则享受，不得重复。

（二）计划生育特殊家庭（独生子女死亡、伤病残家庭）的特别扶助按国家、省、市、区有关规定执行，不适用本办法。本奖励扶持办法之外的其他奖扶政策，依照相关文件继续执行。

（三）本办法由湖里区卫生和计划生育局负责解释。

（四）本办法自2018年10月1日起正式实施。厦湖府〔2015〕69号文件同时废止。

湖里区食品安全举报奖励办法

第一章 总 则

第一条 目的依据

为鼓励人民群众积极举报食品安全违法犯罪行为，及时发现、控制和消除食品安全隐患，严厉打击食品安全犯罪行为，根据《中华人民共和国食品安全法》《中华人民共和国农产品质量安全法》等法律法规和《国务院食品安全委员会办公室关于建立食品安全有奖举报制度的指导意见（食安办〔2011〕25号）》《福建省人民政府办公厅关于印发福建省食品安全有奖举报实施方案的通知（闽政办〔2011〕230号）》《厦门市人民政府办公厅关于印发厦门市食品安全举报奖励办法的通知（厦府办〔2017〕112号）》等规定和精神，结合湖里区实际，制定本办法。

第二条 适用范围

本办法适用于本区区级食品安全监管部门对举报属于其监管职责范围内的食品安全违法犯罪行为或违法犯罪线索，经查证属实并立案查处后，予以奖金奖励的行为。

本办法所称"食品安全监管部门"，是指湖里区范围内依法承担食品安全监管职责的行政机关和食品安全委员会其他行使食品安全监管职责的成员单位。

第三条 职责分工

区食品安全委员会办公室负责举报专项奖励资金的日常管理工作。具体负责全区食品安全举报奖励的政策制定、区级食品安全举报专项奖励资金使用的协调指导、管理监督、审批拨付等工作。

区级食品安全监管部门依据各自职责，负责食品安全举报的受理和查处工作，负责本单位食品安全举报奖励实施细则制定，负责举报奖励受理、提出奖励初步认定审核意见及资金发放等工作。

区级食品安全监管部门应当公布举报投诉电话，明确举报的受理范围，制定食品安全举报受理、查处有关规定和操作守则，明确岗位职责。

第四条 资金来源

区政府设立食品安全举报奖励专项资金，列入区食安办（区市场监督管理局）年度预算，单独核算，专款专用，并接受审计、纪检监察等部门的监督。

区食品安全委员会办公室应当定期检查举报奖励资金的使用情况，并通报区财政部门。

第五条 举报途径

食品安全违法案件举报途径包括：

（一）来人举报；

（二）电话、传真、电子邮件举报；

（三）信函举报；

（四）行政执法部门或司法部门移交的由个人举报立案查处的案件；

（五）其他途径。

第六条　食品安全举报定义

本办法所指的食品安全举报，是指自然人、法人和其他组织通过电话、信函、传真、电子邮件、走访等形式，向本区区级食品安全监管部门反映（或者向其他相关部门反映后被转交、移送）属于本区食品安全监管部门监管职责范围内的食品安全违法犯罪行为或违法犯罪线索的行为。

第七条　食品安全举报分类

本办法所指的食品安全举报，分为实名、隐名、匿名三种。

实名举报：是指举报人以提供真实姓名或名称以及真实有效联系方式的形式反映食品安全违法犯罪行为或违法犯罪线索。

隐名举报：是指举报人以不提供真实姓名或名称，但提供了其他能够辨别其身份的代码（如身份证缩略号、电话号码、网络联系方式、约定密码等），使食品安全监管部门能够与之取得联系的形式反映食品安全违法犯罪行为或违法犯罪线索。

匿名举报：是指举报人以不署名或不提供其真实姓名或名称，并且也未提供其他能够辨别其身份的信息和联系方式，使食品安全监管部门无法与之取得联系的形式反映食品安全违法犯罪行为或违法犯罪线索。

第八条　食品安全举报受理

各街道办事处、各食品安全监管部门、应当公布举报电话，按照“首问负责制”原则，负责受理属于其监管职责范围内的食品安全违法犯罪行为或违法犯罪线索，并依法调查处理。

各食品安全监管部门对食品安全违法行为的举报不得推诿拒绝，对属于本部门监管职责范围内的，应当详细记录举报相关情况，并对举报人的所有信息予以保密。对不属于本部门监管职责范围内的举报，应当按照法律法规及相关规定，及时移送有关部门，并告知举报人。

各街道办事处接到举报后，应当按照法律法规及相关规定，及时移送有关部门，并告知举报人。

第九条　食品安全举报受理记录

食品安全监管部门受理举报或接转的案件线索应形成受理记录。受理记录应含举报受理编号、时间、举报人姓名及有效身份证件号、联系电话、举报事由、处理意见等内容，由初次受理单位保留存档。举报受理编号规则：1—2 位由本部门简称各取中文拼音第一个字母组成，3—4 位为当年年份后两位组成，5—8 位为当年本部门受理流水号。

第二章　奖励范围和条件

第十条　奖励范围

下列食品安全违法犯罪行为或违法犯罪线索的举报，经核实的，属于奖励范围：

（一）在食用农产品种植、养殖、收获、捕捞、加工、收购、运输过程中，使用违禁药物或者其他可能危害人体健康物质的；

（二）未经获准定点屠宰而进行生猪私屠滥宰的；

（三）未取得食品生产经营许可从事食品生产经营活动，或者未取得食品添加剂生产许可从事食品添加剂生产活动的；

（四）用非食品原料生产食品、在食品中添加食品添加剂以外的化学物质和其他可能危害人体健康的物质，或者用回收食品作为原料生产食品，或者经营上述食品的；

（五）生产经营营养成分不符合食品安全标准的专供婴幼儿和其他特定人群的主辅食品的；

（六）经营病死、毒死或者死因不明的禽、畜、兽、水产动物肉类，或者生产经营其制品的；

（七）经营未按规定进行检疫或者检疫不合格的肉类，或者生产经营未经检验或者检验不合格的肉类制品的；

（八）生产经营国家为防病等特殊需要明令禁止生产经营的食品的；

（九）生产经营添加药品的食品的；

（十）生产经营致病性微生物，农药残留、兽药残留、生物毒素、重金属等污染物质以及其他危害人体健康的物质含量超过食品安全标准限量的食品、食品添加剂的；

（十一）用超过保质期的食品原料、食品添加剂生产食品、食品添加剂，或者经营上述食品、食品添加剂的；

（十二）生产经营超范围、超限量使用食品添加剂的食品的；

（十三）生产经营腐败变质、油脂酸败、霉变生虫、污秽不洁、混有异物、掺假掺杂或者感官性状异常的食品、食品添加剂的；

（十四）生产经营标注虚假生产日期、保质期或者超过保质期的食品、食品添加剂的；

（十五）生产经营未按规定注册的保健食品、特殊医学用途配方食品、婴幼儿配方乳粉，或者未按注册的产品配方、生产工艺等技术要求组织生产的；

（十六）以分装方式生产婴幼儿配方乳粉，或者同一企业以同一配方生产不同品牌的婴幼儿配方乳粉的；

（十七）利用新的食品原料生产食品，或者生产食品添加剂新品种，未通过安全性评估的；

（十八）生产不符合食品安全标准的食品相关产品的；

（十九）生产经营被包装材料、容器、运输工具等污染的食品、食品添加剂的；

（二十）生产经营无标签的预包装食品、食品添加剂的；

（二十一）生产经营未按照规定显著标示的转基因食品的；

（二十二）食品生产经营者采购或者使用不符合食品安全标准的食品原料、食品添加剂、食品相关产品的；

（二十三）食品、食品添加剂生产者未按规定对采购的食品原料和生产的食品、食品添加剂进行检验的；

（二十四）学校、托幼机构、养老机构、建筑工地等集中用餐单位未按照规定履行食品安全管理责任的；

（二十五）提供虚假材料，进口不符合我国食品安全国家标准的食品、食品添加剂、食品相关产品的；

（二十六）集中交易市场的开办者、柜台出租者、展销会的举办者允许未依法取得许可的食品经营者进入市场销售食品，或者食用农产品批发市场未履行检验义务或发现不符合食品安全标准后未履行相关义务的；

（二十七）仿冒他人注册商标生产经营食品、伪造食品产地或者冒用他人厂名、厂址，伪造或者冒用食品生产许可标志或者其他产品标志生产经营食品的；

（二十八）生产食品相关产品新品种，未通过安全性评估，或者生产不符合食品安全标准的食品相关产品的；

（二十九）食品相关产品生产者未按照规定对生产的食品相关产品进行检验的；

（三十）餐具、饮具集中消毒服务单位违反《中华人民共和国食品安全法》相关规定用水，使用洗涤剂、消毒剂，或者出厂的餐具、饮具未按规定检验合格并随附消毒合格证明，或者未按规定在独立包装上标注相关内容的；

（三十一）其他违反食品安全相关法律法规规定，涉及食用农产品、食品和食品相关产品安全的违法行为，经食品安全监管部门认定需要予以奖励的情形。

第十一条　奖励条件

食品安全举报奖励，应当同时符合下列条件：

（一）所举报的食品安全违法犯罪案件发生于本区行政区域内；

（二）举报人实名举报或者食品安全监管部门能够核实举报人有效身份的隐名举报；

（三）有明确、具体的被举报对象和主要违法犯罪事实或者违法犯罪线索；

（四）违法犯罪行为或者线索事先未被食品安全监管部门掌握或媒体公开披露；

（五）同一举报内容未获得其他（经济）奖励；

（六）举报的情况经食品安全监管部门立案调查，查证属实并作出行政处罚决定或经司法机关作出刑事判决的；

特殊情况下，举报的违法事实确实存在，违法行为证据确凿，因当事人逃逸或其他原因无法作出行政处罚决定，但违法行为确已得到有效制止的，经区级食品安全监管部门认定审核、区食品安全委员会办公室审批后，可以按照本办法对举报人予以奖励。

第十二条　不予奖励情形

下列举报案件不适用本办法：

（一）与食品安全工作有关的国家机关及其工作人员的举报；

（二）负有食品安全管理职责的部门工作人员的配偶、直系亲属或者其授意他人的举报；

（三）假冒伪劣产品的被假冒方或其代表、委托人的举报；

（四）属申诉案件的举报；

（五）举报人以不署名或不提供其真实姓名或名称，并且未提供其他能够辨别其身份的信息和联系方式，使食品安全监管部门无法与之取得联系的匿名举报；

（六）不涉及食品安全问题的举报；

（七）采取利诱、欺骗、胁迫、暴力等不正当方式，使有关生产经营者与其达成书面或者口头协议，致使生产经营者违法并对其进行举报的；

（八）举报人以引诱方式或其他违法手段取得生产经营者违法犯罪相关证据并对其进行举报的；

（九）不符合本办法第十一条规定条件的。

（十）法律法规规定的其他不适用的情形。

第十三条　奖励原则

公民、法人和社会组织均有权对涉及食品安全的违法行为进行举报、获得奖励，并按照以下方式确认：

（一）举报人以书面、电话、传真、电子邮件等形式实名举报食品安全违法行为，经查证属实，给予相应奖励；

（二）对隐名举报食品安全违法案件的线索，查证属实并能够确定举报人真实身份的，也应当给予奖励；

（三）重大案件的匿名举报人也可以作为举报奖励对象。匿名举报人可选择使用6位密码，在违法案件或举报线索调查处理完毕后凭密码和有效身份证明领取奖金；

（四）举报人向本级行政机关匿名举报但向上一级有关部门实名举报，上一级有关部门又将其实名举报转至本级的举报案件，经查证属同一举报人的，给予相应奖励；

（五）同一违法犯罪案件被不同举报人举报且内容相同的，对第一举报人进行举报奖励，举报顺序以相关食品安全监管部门受理举报时间为准；其他举报人提供的证据对案件查处起直接、重大作用的，可以给予适当奖励；

（六）两个或两个以上举报人联名举报同一线索的，按一案进行奖励，并由第一署名人办理领取奖励手续，奖金分配比例由举报人自行协商；

（七）一个举报中所涉及的违法犯罪行为，相关食品安全监管部门予以分案查处的，可分别计算奖励金额，奖金可合并发放；

（八）最终认定的违法犯罪事实与举报事项不一致的，不予奖励；

（九）最终认定的违法犯罪事实与举报事项部分一致的，相一致的部分为有效举报，不一致的部分为无效举报，无效部分不计算奖励金额；

（十）除举报事项外，办案机构还认定了其他违法犯罪事实的，对其他违法犯罪事实做出的处罚决定或刑事判决部分不计算奖励金额，奖励金额以违法犯罪事实与举报事项相一致的部分计算；

（十一）同一举报内容本部门或其他部门已经受理举报奖励申请（包括使用市级或区级食品安全举报专项奖励资金），有关食品安全监管部门不再告知举报人申请该举报奖励的权利，举报人申请后也不再受理；

（十二）对同一案件的举报奖励不得重复发放，上级部门已经奖励的，区级不再给予奖励；

举报人所举报的食品安全违法行为涉嫌构成刑事犯罪，已经依法移送司法部门追究刑事责任，司法部门未给予奖励的，经举报人申请，负责移送的食品安全监管部门可以按照本办法的规定，根据判决书中确认的货值金额给予奖励。

第三章　奖励标准

第十四条　奖励等级

根据举报人提供的线索与调查处理的事实结论相符合的程度，举报分为下列三个等级。

一级：提供被举报方的详细违法事实、食品安全事故及隐患线索和主要证据，协助现场查处工作，举报内容与违法事实完全相符。

二级：提供被举报方的违法事实、食品安全事故及隐患线索和部分证据，不直接协助查处工作，举报内容与违法事实相符。

三级：提供被举报方的违法事实、食品安全事故及隐患线索，不能提供相关证据或协助查处工作，举报内容与违法事实基本相符。

第十五条　奖励标准

依据举报人举报的具体情况和本办法第十四条规定的举报奖励等级，并参照涉案货值金额大小以及案件性质等因素，给予举报人相应的货币奖励。

（一）货值金额在100万元以上的，给予举报人一次性5万元的货币奖励；

（二）货值金额在100万元（含）以下，5万元以上的，具体奖励标准如下：

1. 属于一级举报奖励的，按案件货值金额的4%给予奖励；

2. 属于二级举报奖励的，按案件货值金额的2%给予奖励；

3. 属于三级举报奖励的，按案件货值金额的1%给予奖励；

（三）货值金额不足5万元或者案值金额无法计算的，一次性给予500元的奖励。违法行为存在严重危害或者对社会造成严重后果的，一次性给予1000元的奖励；

（四）对突发食品安全事件或者其他涉及人体健康、生命安全，对社会影响较大的食品安全问题及时进行举报，对事件处理提供有效帮助的，可视情况参照上述规定给予1000元的奖励；

（五）对执法机关查处后无涉案货物，但证实被举报者存在违法事实的，给予举报人员300元奖励；

（六）属于以下特殊情况的，由区食品安全委员会研究通过后给予相应的奖励。

1. 特殊情况下，举报的违法事实确实存在，违法行为证据确凿，因当事人逃逸或其他原因无法作出行政处罚决定，但违法行为确已得到有效制止的，经区食品安全委员会研究批准后，可以按照本办法对举报人予以奖励。

2. 在重大专项整治期间或者涉及社会公众、新闻媒体重点关注的食品安全舆情事件的案件线索举报，一经查实，可报区食品安全委员会研究批准，一次性给予不超过1万元的奖励。

3. 违法食品生产经营单位内部人员举报本企业违法

添加非食用物质及滥用食品添加剂的，一经查实，按照举报等级结合货值数额经区食品安全委员会研究批准可给予举报人不超过10万元的一次性奖励。

4.举报人有特别重大贡献的，奖励额度可以不受上述限制，经食品安全委员会研究批准可适当增加奖励金额，但最高奖励金额不超过人民币30万元。

新闻媒体在公开披露食品安全违法案件前主动与区食品安全委员会办公室或其他有关部门协作，提供案件线索或者协助调查处理，经查证属实的，可按照本办法予以奖励。

第四章 奖励程序

第十六条 权利告知

对符合本办法规定奖励情形的案件，举报奖励部门应在作出行政处罚决定（刑事判决生效）之日起15个工作日内，告知举报人举报奖励的申请权利和申请途径。举报奖励部门应当制作《湖里区食品安全举报奖励申请告知书》，告知日期以告知书发出的邮戳日期为准。

隐名举报人有奖励诉求的，应当在举报同时向举报受理部门提供有效联系方式（电话、手机、网络联系方式等），并约定能够辨识其身份的代码（如身份证缩略号、约定密码等）。

因举报人原因无法取得联系或匿名举报人未约定身份识别代码的，视为放弃奖励权利。

第十七条 申请时限

举报人应当在被告知享有奖励申请权之日起30个工作日内通过书面方式提供奖励申请，无正当理由逾期未提出申请的，视为放弃奖励。

实名举报人申请奖励，应当提供身份证明文件，委托他人代为申请的，还应当提供授权委托书、举报人和受托人身份证明文件。

隐名举报人申请奖励，应当提供举报时约定的举报密码和联系方式。

举报人可以书面形式，表明放弃申请奖励的权利。

第十八条 奖励申请

举报人申请奖励的，应当向告知其申请奖励权利的食品安全监管部门提交《湖里区食品安全举报奖励申请表》和有效身份证件。举报人委托他人代为申领奖金的，应当提供授权委托证明、举报人和受委托人的身份证或者其他有效证件。

未提供相关的证明材料，或提供的信息与举报时所约定内容不符的，不予奖励。

第十九条 奖励审批

有关食品安全监管部门应当在收到举报奖励申请之日起30个工作日内，对举报事实、奖励条件和标准予以认定，提出奖励意见，填写《湖里区食品安全举报奖励审核表》，连同《湖里区食品安全举报奖励申请表》和举报原始记录复印件、举报受理记录复印件、处罚决定书或刑事判决书复印件、奖励申请告知书及送达证明等材料，报区食品安全委员会办公室审批。

符合本办法第十一条第二款之情形，无法提供处罚决定书或刑事判决书复印件的，应当提供违法行为相关证据、制止违法行为的相关证据、案件结案审批文书等材料。

在收到案件承办单位举报奖励申请后，区食品安全委员会办公室应当在30个工作日内对举报奖励意见进行认定审批。特殊情况可延长举报奖励决定期限，但延长期限不得超过10个工作日。区食品安全委员会办公室按规定程序审批同意后，将资金拨付给申请部门，由申请部门发放给举报人。

案件承办单位在区食品安全委员会办公室作出审批决定后10个工作日内通知举报人，不予奖励的，应同时说明理由。

第二十条 奖金领取

举报人应当在接到领奖通知之日后30个工作日内携带本人身份证或其他有效证件（举报时选择密码的，还应提供密码）到案件承办单位领取举报奖励，并填写《湖里区食品安全举报奖励发放登记表》；隐名举报的，按事先约定方式核验身份识别信息；因故不能现场领取的，也可提供有效银行帐户，通过银行划转；委托他人代领的，应提供委托证明、委托人和受委托人的身份证或其他有效证件。举报人为单位的，可指定员工代领，奖金领取人需持有有效身份证明、单位委托函和单位资质证明文件。无正当理由逾期不申领的，视为自动放弃。未提供相关的证明材料，或提供的证明材料与举报时所提供的信息不符的，不予奖励。逾期未领取的奖励，由食品安全监管部门退回区食品安全委员会办公室。

第五章 监督管理

第二十一条 举报档案

食品安全监管部门应建立健全举报奖励档案，包括举报受理记录、立案和查处情况、奖励申请、奖励通知、举报奖励标准认定核算、奖励决定、奖励领取记录、资金发放凭证等，并做好汇总统计工作。已办结的举报奖励案件应当在10个工作日内报送区食品安全委员会办公室备案。

第二十二条　保密要求

食品安全监管部门应当建立并严格执行举报保密制度，按照国家保密规定管理举报材料和记录，未经举报人同意，任何人不得以任何方式公开或泄露举报人姓名、身份、居住地、举报内容、奖励情况、工作单位或其他身份资料，切实保护举报人利益和人身安全。

新闻媒体对食品安全案件进行宣传报道时，不得泄露举报人个人相关信息。

第二十三条　监管部门法律责任

食品安全监管部门及其工作人员在办理食品安全举报案件工作中有下列情形之一的，由任免机关或者纪检监察机关按照管理权限，对直接负责的主管人员和其他直接责任人给予行政处分；构成犯罪的，依法追究相应的法律责任：

（一）伪造举报材料或捏造案件事实，冒领举报奖金的或者为他人冒领举报奖金提供条件的；

（二）对举报人或举报情况敷衍了事，未认真核实查处，不作为的；

（三）向被举报人报信，或向不该知情的人泄露情况的；

（四）因工作失职造成泄密的；

（五）帮助被查处对象逃避查处的。

第二十四条　举报人法律责任

举报人应对所举报内容的真实性负责。对借举报之名故意捏造事实诬告他人或者伪造举报材料骗取或者冒领奖金的不予奖励，交由有关机关追究相应法律责任，对已发放的奖金予以追回。

被举报人对举报人实施打击报复，违反治安管理处罚规定的，由公安机关依法予以处理；构成犯罪的，依法追究刑事责任。

第六章　附　则

第二十五条　本办法由区食品安全委员会办公室负责解释。

第二十六条　本办法自 2019 年 1 月 1 日起正式施行，有效期 5 年，2018 年 8 月 23 日至 2018 年 12 月 31 日期间，受理的食品安全举报奖励申请，参照本办法执行。食品安全监管部门执行本办法以受理举报的立案时间为准。

湖里区统筹推进
区域内义务教育优质均衡发展实施方案

为深入推进我区义务教育均衡发展，根据《国务院关于统筹推进县域内城乡义务教育一体化改革发展的若干意见（国发〔2016〕40 号）》《福建省人民政府关于统筹推进县域内城乡义务教育一体化改革发展的实施意见（闽政〔2017〕47 号）》和《厦门市统筹推进城乡义务教育一体化改革发展的实施方案》，结合我区实际，制定如下实施方案。

一、总体要求

认真贯彻落实中共十九大精神，以习近平新时代中国特色社会主义思想为指导，坚持“优先发展、统筹规划、改革创新、提高质量、共享公平，分类指导、有序推进”的原则，把均衡优质作为区域内义务教育一体化发展的重要内涵，聚焦薄弱环节和热点难点问题，强化政府职责，加大统筹力度，加快补齐发展短板，努力实现学校布局更加合理、“大班额”基本消除，学校标准化建设水平、标准化管理水平进一步提升，教师资源配置更加均衡、教师队伍结构素质进一步优化，学校内涵建设得到加强、薄弱学校教育质量明显改善，优质教育资源覆盖面进一步扩大、教育差距进一步缩小，力争到 2020 年达到国家优质均衡发展要求，为我区建设现代化中心城区奠定坚实基础。

二、工作措施

（一）优化学校建设规划

1. 统筹学校布局规划。认真贯彻落实《福建省教育厅关于制定实施“十三五”中小学布局规划的指导意见（闽教基〔2017〕45 号）》，根据我区常住人口、学龄人口变化趋势，统筹考虑人口流动等因素，坚持规划优先、适度超前的原则，推动教育规划与区战略发展规划、人口规划等多规合一，重新修订完善中小学布局规划。

责任单位：区发改局、区教育局、各街道办

2. 严格落实学校建设保障机制。严格执行《厦门经济特区学校用地保护规定》，促进教育事业优先发展，学校布局规划确定预留的学校用地，任何部门和单位不得擅自侵占或者改变其使用性质。规划配套建设的中小学，应按照国家和省市的有关建设标准、抗震设计规范、验收标准等要求进行设计、建设、验收，确保配套幼儿园的建筑质量，并确保教育主管部门的参与，确保学校与建设项目同时规划、同时设计、同时交付使用。

责任单位：区发改局、区教育局、区征收办、区建设局

3. 优化区域内义务教育资源配置。根据省市教育补短板清单，持续实施学校建设，规划梳理出一批义务教育学校，缓解区域学位紧张问题。在学位拥挤的城区实施学校“改扩建”工程，充分利用校园及周边的土地资源进行改扩建，最大限度提供学位。

责任单位：区发改局、区教育局、区建设局、区财政局、各街道办

4. 实施办学结构调整战略。将禾山中学改制转型为初中，缓解义务教育学位紧张的压力。

责任单位：区教育局、区发改局、区财政局

（二）提升学校标准化建设和管理水平

5. 提高学校标准化建设水平。实施中小学美育设施设备补缺提质工程，提高学校教育教学设施设备配置水平。实施义务教育标准化学校建设再提升工程，落实省定新标准和国家优质均衡建设标准，确保到 2019 年义务教育学校资源配置综合差异系数基本达到国家“义务教育发展优质均衡县”认定要求。

责任单位：区教育局、区发改局、区财政局

6. 加快义务教育管理标准化创建工作，力争在 2019 年完成全部公办学校“义务教育管理标准化学校”创建工作，提升学校管理水平。加强对民办学校的管理与指导，努力推进全部民办普惠性义务教育学校管理评估均达到三级以上水平。

责任单位：区教育局、区财政局

7. 完善招生管理。积极控制办学规模，按照小学、初中办学规模不超过 2000 人，九年一贯制学校、十二年一贯制学校义务教育阶段规模不超过 2500 人做好招生工作。积极挖掘办学潜力，适当增加班级数，严格控制班生额，小学班生额一般不超过 45 人，初中班生额一般不超过 50 人。严格执行免试就近入学、划片招生、阳光招生等政策，积极推行在线招生，按照有关要求规范民办学校招生，加强计划管理，落实免试入学规定。完善随迁子女小学积分入学制度，按照量力而行、尽力而为原则，做好随迁子女入学工作。

责任单位：区教育局

8. 贯彻落实国务院办公厅《关于加强中小学幼儿园安全风险防控体系建设的意见》和教育部《中小学校岗位安全工作指南》，落实“党政同责、一岗双责、齐抓共管、失职追责”要求，强化学校的安全主体责任、教育局的行政主管责任、相关部门的职能监管责任，街道的属地管辖责任。深入开展“平安校园”等级创建和学校安全标准化建设工作，抓好校园人防、物防和技防建设管理，开展以“防火、防毒、防骗、防欺凌、防踩踏、防暴恐、防溺水、防邪教、防交通事故”为重点的安全宣传，开展专题教育和应急演练。密切家校联系，依法依规处置校园欺凌和暴力事件，加强学校食品卫生安全、传染病防控，保障学生身体健康。强化校园及周边治安综合治理，严控涉校涉生违法犯罪，与公安、交警、消防、卫计、市场监督、城管等部门联手整治，帮助校园有效解决周边隐患问题。

责任单位：各街道办、区教育局、区综治办、湖里公安分局、区卫计局、区市场监督管理局

（三）统筹教师队伍建设

9. 完善编制管理机制。根据义务教育学校教职工编制标准，充分考虑教育教学的实际需要，合理核定义务教育学校教职工编制。编外聘用教师实行人员总额管理，工资总额核定参照在编教师，所需经费纳入同级财政预算，保障配足配齐师资。

责任单位：区编办、区教育局、区财政局、区人社局

10. 落实教师“区管校聘”改革，认真贯彻落实省教育厅、省委编办、省财政厅、省人社厅《关于深入推进中小学教师“县管校聘”管理体制改革的实施意见（闽教师〔2017〕85 号）》，在各学校不超编（控制数）的前提下加强区域内中小学教师统筹管理，合理分配各校教职工编制数，细化岗位结构比例，着力解决教师结构性缺编、教师配备不足、编制与岗位不相适应等问题。全面推进校长教师交流轮岗制度，推进区域内优质学校教师每学年交流轮岗到薄弱学校的比例不低于符合交流条件教师总数的 10%。

责任单位：区编办、区教育局、区财政局、区人社局

11. 完善教师职称评聘机制。进一步完善以师德和业绩能力为导向的职称岗位评聘体系，完善按岗聘用制度，建立健全竞争择优、能上能下的用人机制。建立优

师特聘制度，拓宽优秀教师职称晋升通道，充分发挥职称评聘在促进教师专业发展、提高师德水平、提高教育教学质量的导向作用。

责任单位：区教育局、区人社局

12. 加强校长队伍建设。健全校长选聘制度和后备人才选拔机制，按照《义务教育学校校长专业标准》，加强校长队伍的专业培训。探索校长职级制改革，健全激励机制，促进校长专业发展。

责任单位：区教育局、区财政局、区人社局

13. 实施教师素质提升工程。深入开展教师岗位大练兵、师德建设和百名校长万名教师进社区、进家庭三项主题活动，开展师德评议，增强教师爱岗敬业、为人师表的事业心和责任感。完善市、区、校三级联动的分岗分类分层培训体系，全面开展课程改革新理念、新课程标准、专业素养、学科技能等培训活动，努力于2018年年底前实现中学教师全员轮训、2020年小学教师全员轮训，大力提升教师教育业务能力。加强骨干教师培养，着力培养一批年轻的优秀教师。

责任单位：区教育局、区财政局

14. 完善教师待遇保障机制。健全教师工资保障机制，完善绩效工资制度，健全激励机制，改进考核办法，使绩效工资充分体现学校、教师的工作量和实际业绩，做到多劳多得、优绩优酬，进一步提高教师待遇。

责任单位：区人社局、区教育局、区财政局

（四）进一步提升教育质量

15. 深化课程改革。加强课程实施管理，采取措施统筹解决体育、美育师资不足问题，开齐开足开好国家规定的课程。加强综合实践活动课程建设，加强科技创新教育，促进科学、技术、工程和数学知识的融合，培养学生综合解决问题的能力。健全以学生发展为本的教学关系，注重因材施材，在初中试行分层走班教学。健全学习指导机制，推行课后服务，实行校本作业，提高学生自主学习质量。

责任单位：区教育局

16. 加快健全德育工作系统化落实机制。认真落实教育部颁发的《中小学德育工作指南》，健全以社会主义核心价值观为引领的一体化德育体系，针对不同年龄段学生合理设计德育内容、途径、方法，推进社会主义核心价值观进课堂、进活动、进头脑。从促进学生身心健康、全面发展出发推进素质教育，健全德育抓方向、智育重能力、体育推普及、美育多形式、劳动教育重习惯的体制机制，使德育、智育、体育、美育和劳动教育相互渗透，协调发展。从培养支撑学生终身发展、适应时代要求的关键能力出发，在培养学生基础知识和基本技能过程中，着重培养学生提升自我的认知能力、与人交往的合作能力。积极营造健康的教育生态，促进学校教育、家庭教育、社会教育有机融合，形成全员育人、全社会育人、全方位育人、全社会育人的强大合力，培养德智体美全面发展的社会主义建设者和接班人。

责任单位：区教育局

17. 加强教科研工作。推进区教师进修学校标准化建设，推进中小学教师与专业发展示范校建设，支持有条件的学校创建教师专业发展基地校，提高教师研训基础能力。进一步完善进修学校、片区、学校三级教研网络。加强教研活动的组织领导，全面推进集体教研制度，强化教研活动规划设计，健全针对教学实际问题的教研训体系，提高教研针对性和实效性。

责任单位：区编办，区教育局、区人社局

18. 实施“互联网＋教育”计划。加强学校信息化建设，逐步实现全区中小学无线网络全覆盖，到2020年，“一校带多校”的教学、教研网络基本实现全覆盖，切实完成两所智慧校园试点校试点工作。构建全区教师在线备课共享、教学质量分析等系统，提高教育教学管理信息化水平。整合全区优质授课资源、在线课堂、同步课堂等远程教育资源，搭建跨校、跨区域教育共享平台，实现优质教育资源快速投送。探索微课推送学习资料等方式，引导学生进行移动式学习。

责任单位：区政府办、区发改局、区教育局、区财政局

19. 提高民办学校教育质量。鼓励和支持民办学校高水平有特色发展。继续开展民办中小学办学绩效评估工作，加大对民办普惠性义务教育学校的扶持力度，促进民办学校提高教育信息化水平。健全小片区管理、委托管理等机制，加强优质教育资源向民办薄弱学校辐射，缩小公民办义务教育质量差距。

责任单位：区教育局、区财政局

20. 推进学段衔接教学体制改革试点。加强小学与初中的衔接教育与指导工作，帮助小学生尽快适应初中学习。鼓励和支持九年一贯制学校开展“五四”学制改革实践。

责任单位：区教育局、区人社局

21. 深化考试评价制度改革。改革各学段考试评价内容和方式，建立健全初中学生综合素质评价制度，强化育人方式与国家考试招生制度改革的衔接。健全质量监测机制，定期开展义务教育质量监测评价、诊断反馈等工作。健全发展性评价机制，加强对经费核拨、评先评优等工作的统筹协调，对教学质量进步明显的学校给予倾斜。

责任单位：区教育局、区财政局

（五）精准关爱特殊群体

22. 做好随迁子女义务教育工作。切实将随迁子女义务教育纳入城镇发展规划和财政保障范围，对通过积分入学派入民办普惠义务教育学校，且入学期间父（母）持有我区居住证的随迁子女，免除其学杂费、课本费和簿籍费。落实好随迁子女接受义务教育后在厦门参加升学考试的配套政策。

责任单位：区教育局、区发改委、区财政局

23. 提升残疾儿童义务教育水平。实施特殊教育第二期提升计划，建设标准化特殊教育学校，加快普通学校随班就读资源教室建设，强化随班就读和送教上门工作的指导管理，开展“医教结合”实验，完善特殊教育服务体系。提高特殊教育教职工津贴标准，补足配齐特殊教育教职工，加强特教师资培养培训。健全特殊教育质量监测机制，落实“一人一案”全纳教育，全面普及残疾少年儿童 15 年免费教育。

责任单位：各街道办、区教育局、区残联、区卫计局、区财政局

24. 完善经济困难学生资助体系。为贯彻落实中央扶贫开发工作会议提出的“精准扶贫、精准脱贫”和厦门市教育局、厦门市财政局、厦门市民政局、厦门市人力资源和社会保障局、厦门市残疾人联合会《关于进一步加强和完善学生资助工作及资金管理有关事项的通知（厦教办〔2017〕61 号）》等有关文件精神，我区学生资助管理中心在全面实施“两免一补”的基础上，全面开展城市义务教育阶段家庭经济困难学生资助工作。从 2018 年春季开始，我区对所有公、民办中小学家庭经济困难学生进行营养餐补助，在学校食堂寄午餐的家庭经济困难学生，每生每年按 1200 元标准进行营养餐补助。其中，对在公办学校食堂寄午餐的家庭经济困难学生，营养餐补助所需经费由区财政承担；在民办义务教育学校食堂寄午餐的家庭经济困难学生，营养餐补助所需经费从民办学校事业收入中足额提取 3% 经费作为资助工作经费中列支。其次，各义务教育阶段学校加大校内资助力度，各校制定学校资助制度，并落实到位。各义务教育阶段学校加强对建档立卡、低保、残疾等家庭经济困难学生以及家庭突发变故、遭遇自然灾害等导致家庭经济困难学生的资助力度。公办学校从当年的公用经费中据实列支。民办义务教育学校所需要经费从学校事业收入中计提 3% 比例的资金列支。

责任单位：区教育局、区财政局、区属学校

三、保障措施

（一）强化组织保障。各级党组织要加强党的领导，认真落实党委全面从严治党主体责任，进一步加强新形势下党对城乡义务教育一体化改革发展工作的领导，强化义务教育学校党建工作，实现党组织全覆盖，充分发挥学校党组织的战斗堡垒和党员教师的先锋模范作用，提高办学质量。区教育局要高度重视义务教育城乡一体改革发展工作，认真开展“义务教育发展优质均衡县”创建工作，切实加强组织领导、统筹落实。各相关部门要加强协作，各司其职，密切配合，在项目审批、土地供应、资金投入、职称评定、教师编制、人才流动等方面制定出台政策措施，着力破除体制机制障碍，协同促进义务教育均衡发展。

（二）强化经费保障。切实履行政府主体责任，构建城乡一体化资源均衡配置、保障水平稳步提升、管理规范的新型义务教育经费保障机制，坚持把教育作为财政支出重点领域给予优先保障，经费投入重点向农村义务教育倾斜。逐步提高义务教育学校生均公用经费标准，适当提高寄宿制学校、规模较小学校公用经费补助水平。健全义务教育经费综合奖补机制，调整优化义务教育经费支出结构，从重点投硬件到软硬件并重转变，逐步加大学校内涵建设投入。

2018 年湖里区治理“餐桌污染”建设“食品放心工程”工作方案

为贯彻落实省委、省政府和市委、市政府关于保障人民群众食品安全的决策部署，深入实施食品安全战略，做好今年治理“餐桌污染”、建设“食品放心工程”工作，争创国家食品安全示范城市，制定本方案。

一、总体要求

以习近平新时代中国特色社会主义思想为指导，全面贯彻中共十九大精神，认真落实习近平关于食品安全系列重要指示精神，按照省委、省政府和市委、市政府食品安全工作的决策部署，牢固树立以人民为中心的发展思想，持续推进治理“餐桌污染”、建设“食品放心工程”工作，重点加强源头综合治理，强化监督管理和专项整治，健全体制机制，全面完成工作目标任务，进一步提高食品和食用农产品质量安全水平，防范发生区域性、系统性食品安全事故，切实保障人民群众食品安全。

二、目标任务

（一）种植养殖环节

1. 治理指标

本地产蔬菜、水果、茶叶、畜禽等主要食用农产品质量安全抽检总体合格率稳定在 97% 以上，原粮卫生抽检合格率 90% 以上。

2. 工作任务

（1）加强产地环境保护

①做好产地环境基础工作。严格落实农产品产地环境监测制度，在市级主管部门指导和部署下，做好定位监测点的年度例行抽样检测工作，加强产地环境监控。全面推进我区农用地土壤污染状况详查工作，摸清全区农用地土壤污染分布、面积及其对农产品质量的影响，在此基础上，开展农用地土壤环境质量类别划定工作，切实加强农用地保护与安全利用。（责任单位：湖里环保局、区市政园林局、市国土房产局直属分局）

②开展专项治理。实施农产品产地土壤污染防治、畜禽养殖污染防治、化肥使用零增长减量化、农药使用零增长减量化四个专项行动。推广测土配方施肥、绿色防控、科学用药和统防统治，配合做好全市示范推广及辐射带动商品有机肥 2 万亩，农作物病虫害统防统治服务面积 10 万亩次。（责任单位：区市政园林局、湖里环保局）

（2）推进农业标准化生产。加强示范园（场）建设。在市级主管部门指导和部署下，创建省级以上种植业标准化示范区、省级以上畜禽养殖标准化示范场，大力示范推广农业标准化生产技术，带动农业标准化生产基地建设，提高农业标准化生产水平。大力发展无公害、绿色、有机和农产品地理标志产品，强化证后监督管理。（责任单位：区市政园林局）

（3）加强农业投入品监管

①推进农资监管信息平台建设与应用。在市级主管部门指导和部署下，推动符合平台监管的农药兽药肥料经营企业纳入平台管理，实施全程动态监管。（责任单位：区市政园林局）

②强化监督管理。加强农业投入品市场监督检查，严格农药、兽药、饲料及饲料添加剂规范管理，落实农业投入品诚信档案及购销台账规定，严格执行限制使用农药定点经营制度，实行专柜销售、实名购买和溯源管理。开展农药、兽药、饲料及饲料添加剂等农业投入品质量常态化监测，对区域内主要生产基地、交易市场的投入品实施定期监督抽查，严厉打击制售假劣农业投入品和不按规定使用农业投入品等违法行为。（责任单位：区市政园林局）

（4）加强种植养殖监管

①强化执法检查。加大执法检查力度，重点针对巡查检查、监督抽查、群众举报等发现的违法违规行为，坚持“零容忍”，发现一起，查处一起。加强行政执法与刑事司法衔接，采取挂牌督办、集中办案等形式，查办一批大案要案，曝光一批典型案例，严惩一批违法犯罪分子。（责任单位：区市政园林局、湖里公安分局）

②开展突出问题专项整治。

农药专项整治。以蔬菜、水果、食用菌、茶叶种植为重点领域，加强农药管理、规范农药使用。在市级主管部门指导和部署下，加大农药专项监督检查，深入农药生产销售单位，严厉查处无证（假证）生产经营农药、生产经营假劣农药的行为、非法添加隐性农药成分等违法行为，对农药中非法添加氟虫腈等禁限用农药成分的行为进行重点打击。公开曝光不合格农药及其生产经营单位，将违法情节严重的单位列入“重点监控名单”。（责任单位：区市政园林局）

“瘦肉精”专项整治。在市级主管部门指导和部署下，重点打击饲料生产等环节违法使用“瘦肉精”的行为。（责任单位：区市政园林局）

兽用抗菌药专项整治。在市级主管部门指导和部署下，集中清缴非法兽药（含渔药，下同）产品，集中力量对兽药经营、使用环节实施督导检查，依法严惩相关非法生产、经营和使用行为。（责任单位：区市政园林局）

牲畜私屠滥宰专项整治。开展牲畜私屠滥宰专项整治行动，加大执法力度，严厉打击私屠滥宰等违法行为，依法取缔私屠滥宰窝点。（责任单位：区市政园林局、区市场监管局、区行政执法局、湖里公安分局）

茶叶农残超标专项治理。以禁限用农药的违法违规使用为治理重点，配合开展专项抽查，重点打击违法违规使用三氯杀螨醇、氰戊菊酯等禁限用农药的行为。（责任单位：区市政园林局）

③推进农产品质量安全“一品一码”追溯体系建设。在市级主管部门指导和部署下，大力推动在市场监督管理登记注册的农产品生产主体纳入备案管理，并建立信用档案。按照全市食品安全“一品一码”全过程追溯体系建设工作总体进度要求，做好“一品一码”全过程追溯试点工作，并做到全面、及时、准确上传质量追溯信息。指导和推动相关生产主体积极应用平台资源，实行源头赋码，一品一码，贴码销售。（责任单位：区市政园林局、区市场监管局）

④加强农产品质量安全监测。严格落实快检预警制度，扩大快检范围，增加检测样品数量和频次。加大监督抽查力度，积极部署开展农产品质量安全监测，根据市农业局的部署，我区全年快速检测 200 份蔬菜样品。（责任单位：区市政园林局）

⑤加强粮食质量安全管理

强化监管。在市级主管部门指导和部署下，督促粮食经营主体落实质量安全主体责任，重点督促粮食收购者、经营者、承储企业和政策用粮经营企业严格执行相关质量安全制度；加强粮食收购、储存和政策用粮购销活动各环节的质量安全监管，定期对粮食收购、储存活动和政策用粮购销中的粮食质量和原粮卫生进行抽查与监测；组织开展收获粮食质量安全监测。（责任单位：区商务局）

B. 加快推进粮食质量安全“一品一码”追溯体系建设。在市级主管部门指导和部署下，在已建成的“粮食质量安全信息追溯系统”仓储、加工测试版的基础上，加快推进后期项目开发建设，力争 2018 年底全面开通运行。（责任单位：区商务局）

（二）水产养殖环节

1. 治理指标

主要水产品养殖环节药物残留抽检合格率达 97% 以上，水产品药物残留超标案件查处率达 100%。

2. 工作任务

（1）推进渔业标准化生产。在市级主管部门指导和部署下，鼓励高校、科研院所、水产技术推广部门、相关协会和水产企业参与水产行业国家标准、行业标准和地方标准制（修）订。重点围绕海洋生态保护、水产种业、水产品质量安全等重点领域，开展标准制（修）订和推广应用。（区市政园林局）

（2）推进水产养殖精准减量规范用药行动。在市级主管部门指导和部署下，结合湖里区实际情况，开展以鳗鲡、对虾、石斑鱼、罗非鱼等养殖品种为重点，发挥水产技术推广机构和渔技员队伍的力量，建立水产养殖统防统治机制，推广绿色生态养殖技术，加强水产养殖病害综合防控，推广精准用药技术。（区市政园林局）

（3）推进水产品质量安全“一品一码”追溯体系建设。接入水产品追溯监管平台，做好与市级追溯管理平台的对接和数据推送。做好水产养殖单位摸底登记工作，督促养殖单位做好水产品源头赋码和追溯信息的生成、采集、上传等工作。配合市级建立以合格证为核心，产地证明、可追溯二维码标识、禁用药物残留检测结果等为载体的产地准出机制。（责任单位：区市政园林局）

（4）强化执法监管

①加强日常监督检查。组织摸排辖区养殖生产单位户数，根据摸排的情况，指导养殖生产者科学养殖，合理用药，严格执行休药期制度，推进水产标准化生产。督促养殖生产单位落实质量安全主体责任，建立健全生产日志、用药和销售三项记录。加强养殖生产单位诚信体系建设，落实水产品质量安全黑名单制度。（责任单位：区市政园林局）

②开展专项整治行动。围绕我市主产的对虾、石斑鱼、罗非鱼、鳗鲡等品种，开展水产品质量安全专项整治行动，严厉打击使用硝基呋喃、孔雀石绿、氯霉素等禁用药物的违法行为。加大监督抽查、日常监管和执法检查力度，清缴禁用药物，对违法用药的育苗、养殖单位开展治理整顿，发现一起、查处一起。（责任单位：区市政园林局）

③加强水产品质量安全执法。加大执法力度，强化检打联动、联合执法和案件督办的机制，在市级主管部门指导和部署下，开展水产养殖执法专项行动。推进水产品质量安全违法案件的行政执法与刑事司法衔接工作，杜绝有案不移、以罚代刑，严厉打击养殖过程违法用药行为。（责任单位：区市政园林局、湖里公安分局）

（5）加强监督抽查和风险监测

①监督抽查。在市级主管部门指导和部署下，做好全年产地水产品质量安全监督抽检工作，检测项目为孔雀石绿、氯霉素、硝基呋喃类代谢物等，同时产地水产品检测项目新增限用药物（磺胺类、恩诺沙星、环丙沙星、甲砜霉素和氟苯尼考），监督抽查的程序按照《产地水产品质量安全监督抽查暂行规定》执行。对于水产品中限用药物超标的，予以告知超标情况，并督促受检单位严格遵守限用药物休药期，在起捕上市前再次组织抽查，抽查结果合格后才准予上市。若未按要求执行休药期制度，起捕上市且限用药物检测超标的，将按相关法律规定进行严肃处理。（责任单位：区市政园林局）

②风险监测。在市级主管部门指导和部署下，开展海水贝类卫生风险监测，监测项目为腹泻性贝类毒素（DSP）、麻痹性贝类毒素（PSP）、大肠杆菌（N）、石油烃、汞、砷、铜、铅、镉、多氯联苯等指标。配合农业农村部做好2018年四次水产品质量安全市场例行监测工作。（责任单位：区市政园林局）

③快速检测。在市级主管部门指导和部署下，根据全年计划安排，做好水产品质量安全快速检测，并将工作进展情况按季度上报市海洋与渔业局和区食安办。（责任单位：区市政园林局）

（三）饮用水环节

1. 治理指标

市、区市政供水管网末梢水合格率达95%以上，瓶（桶装水质量安全评价性抽检不合格样品检出率稳定在5%以下。

2. 工作任务

（1）加强饮用水水源保护。组织开展城市水源环境状况评估以及镇（街）级集中式饮用水水源环境基础信息调查工作，定期开展区级以上集中式饮用水水源环境监测，组织开展饮用水源地专项排查整治工作，保障饮用水安全。（责任单位：湖里环保局）

（2）加强市政供水安全管理

①加强城市供水企业安全生产管理，继续开展供水企业运行评估考核，持续规范供水企业生产管理。（责任单位：区市政园林局）

②开展水质督查，在市级主管部门指导和部署下，对辖区内公共供水企业水厂水质进行抽查。（责任单位：区市政园林局）

③开展生活饮用水水质卫生监测。组织开展城乡集中式供水、管网末梢水、二次供水水质卫生监测，及时通报水质监测结果。（责任单位：区卫计局）

④加强瓶（桶）装饮用水生产企业监管。组织开展瓶（桶）装饮用水质量安全监督抽查，严厉查处非法添加行为，提高瓶（桶）装饮用水安全卫生水平。（责任单位：区市场监管局）

（四）食品生产环节

1. 治理指标

全市加工食品质量安全评价性抽检总体合格率稳定在97.5%以上，成品粮、食用油、调味品、肉制品、蛋制品、酒类、乳制品、腐竹等不合格样品检出率稳定在3%以下。

2. 工作任务

（1）严格食品生产许可。在市级主管部门指导和部署下，严格保健食品生产许可审查，做好许可现场核查，把好准入关。全面落实许可相关制度规范，优化许可工作流程，严格许可审批把关，提升许可服务效能。（责任单位：区市场监管局）

（2）完善食品生产监督检查体系。着力构建以风险分级管理为基础、企业自查为前提、日常监督检查为重点、飞行检查和体系检查为补充的监督检查工作体系。推进风险分级管理制度落实，按照风险分级确定的频次，科学制定监督检查计划，全面完成全年日常检查任务。加大飞行检查力度，坚持问题导向，深化有因检查，加强飞行检查人员队伍建设，强化对检查发现问题的跟踪督查督办，提升飞行检查实效。（责任单位：区市场监管局）

（3）加强重点企业监管。重点抓好大型食品生产企业、食品生产加工小作坊“一大一小”生产主体的监管。充分发挥大型食品生产企业引领示范作用，督促大型企业带头落实食品安全法定义务和制度要求，提升大型企业食品安全风险防范水平。做好小作坊基本情况摸底调查，建立监管台账，实行动态管理，继续开展2018年食品加工小作坊示范点创建活动，以点带面，示范带动。（责任单位：区市场监管局）

（4）加强重点产品监管。重点加强对高风险食品、特殊食品、特殊人群消费食品等“一高两特”食品的监管，重点整治掺杂掺假、滥用食品添加剂、虚假宣传、篡改生产日期和保质期、产品不合格、标签标识不规范等突出问题，着力防控风险隐患。（责任单位：区市场监管局）

（5）提升信息化管理工作实效。在市级主管部门指导和部署下，推进食品生产许可、食品召回、风险分级管理、监督检查、追溯管理等系统的运用推广，做好现有数据的整合、分析，构建上下左右贯通高效的数据网络，为监管工作提供数据支撑。（责任单位：区市场监管局）

（五）食品流通环节

1. 治理指标

通过规范市场流通行为和专项治理，进一步提高食品经营单位主体责任意识，促进食品经营单位自觉遵守食品安全法律法规。

2. 工作任务

（1）规范食品经营许可。完善食品经营许可（食品流通环节）各子项目办事指南。梳理经营许可情况，摸清底数，完善行政许可主体数据库。（责任单位：区市场监管局）

（2）加强入市食用农产品安全监管。在市级主管部门指导和部署下，加强与农业、海洋渔业等部门沟通，推进建立食用农产品产地准出与市场准入衔接机制，督促集中交易市场开办者和销售者落实主体责任，依法规范食用农产品经营。（责任单位：区市场监管局）

（3）加大食品安全日常监督检查力度。落实《福建省食品药品生产经营风险分级管理办法（试行）》，组织进行风险等级评定，并制定实施年度食品安全监管工作计划，进一步规范和加强日常监督检查，落实检查结果公示制度。继续开展“双随机”检查，坚持问题导向，突出重点，按照“双随机、一公开”检查要求，加大重点对象、重点问题检查力度，并跟踪督查相关问题的整改落实。（责任单位：区市场监管局）

（4）整治食品经营突出问题。加强风险信息收集，重点排查违法添加行为，严厉打击违法行为，规范酒类产品销售，加大对酒类产品监管力度。（责任单位：区市场监管局）

（5）加强网络食品经营监管

①规范网络食品经营主体资质。在市级主管部门指导和部署下，多渠道开展网络食品经营主体摸排，完善全区经营主体数据库。落实第三方平台责任，督促平台提供者履行法定义务，推进与第三方平台的沟通合作机制。（责任单位：区市场监管局）

②严惩网络食品安全违法行为。在市级主管部门指导和部署下，开展网络食品安全专项整治，加强执法力度，努力查办一批警示作用较强、影响力较大的典型案件。加强网络食品安全监测抽检，在网络集中促销时段，以市内第三方平台入网经营者及国内大型第三方平台我市入网食品生产经营者为重点开展定向监测和监督抽检。（责任单位：区市场监管局）

③构建网络食品安全监管技术支撑。在市级主管部门指导和部署下，推进厦门市网络商品交易监管平台建设。主动介入、规范指导、鼓励支持我市区域性、特色化第三方平台的发展。（责任单位：区市场监管局）

（6）支持冷链物流项目建设。根据市相关牵头部门的工作部署，配合做好建设改造冷库设施、批发市场建设低温物流专区、零售企业建设终端低温设施，提升冷链物流技术与装备水平，降低食品（农产品）损耗率，保证食品（农产品）新鲜度。（责任单位：区商务局）

（7）推进农产品批发市场标准化建设改造。配合市商务局督促夏商农产品集团在2018年底前按要求做好辖区内2家农产品批发市场（夏商农产品集团下属）的标准化建设改造工作，力争2019年全部完成农产品批发市场标准化建设的验收总结工作。（责任单位：区商务局）

（8）推动食品物流设施升级改造。根据市相关牵头部门的工作部署，依照各自职责，做好省级示范物流园区创建工作，支持农产品冷链物流园区列入省级示范物流园；加大资金扶持力度，对符合条件的冷链物流中心、冷链信息化建设项目给予扶持。（责任单位：区经信局、区商务局）

（六）餐饮服务环节

1. 治理指标

通过强化监管、示范创建、专项治理等多种手段，督促餐饮服务提供者进一步落实食品安全主体责任，自觉遵守食品安全法律法规，推进餐饮业质量安全提升。

2. 工作任务

（1）加强餐饮服务食品安全日常监管。将日常监管与风险分级、量化分级、信用等级“四位一体”有机结合起来，增加对高风险餐饮服务单位日常监督检查频次；持续推进量化分级管理，深入开展餐饮服务食品安全监管提档升级行动，力争80%的大型餐饮企业、学校（托幼机构）食堂的量化等级达到良好以上。（责任单位：区市场监管局、区教育局）

（2）督促餐饮服务单位落实主体责任。严格按照《福建省餐饮服务单位食品安全主体责任自查自评管理规定》要求，督促指导餐饮服务单位严格履行食品安全自查自评法定职责，强化风险隐患排查，依法落实食品原辅料采购索证索票和进货查验等制度要求，强化人员管理、设施设备维护、环境卫生管理、餐饮具清洗消毒、食品添加剂使用、餐厨废弃物处理等食品安全过程风险管控，自觉规范餐饮服务经营行为。（责任单位：区市场监管局）

（3）推进“明厨亮灶”建设提质扩面。以繁华商业街区、A级旅游景区等为重点区域，以学校幼儿园食堂、大型餐饮服务单位和连锁餐饮企业、中央厨房、集

体用餐配送单位等为重点单位，进一步扩大“明厨亮灶”建设的数量和覆盖面。（责任单位：区市场监管局、区教育局）

（4）持续开展餐饮食品安全示范创建。根据国家食品药品监管总局和省食品药品监督管理局部署开展餐饮质量安全示范街（区）创建；围绕食品安全放心省和国家食品安全示范城市创建工作，组织开展推进“放心餐厅”“放心食堂”建设；实施示范街、示范单位动态管理，着力巩固示范创建成果。（责任单位：区市场监管局）

（5）全面推进“小餐饮”登记管理。在市级主管部门指导和部署下，持续推进“放管服”改革，深入贯彻落实《福建省食品安全条例》及《福建省小餐饮登记办法》以及《厦门市食品安全委员会办公室关于贯彻落实福建省小餐饮登记办法（试行）的通知》要求，逐步建立健全小餐饮由镇（街）登记管理，由监管部门强化事中事后监管的长效管理机制。（责任单位：各街道办，区市场监管局）

（6）强化城中村餐饮食品安全治理。充分发挥基层食品安全协管员、网格员的作用，积极探索建立城中村集体聚餐食品安全网格化管理模式，切实加强城中村集体聚餐食品安全管理和指导，落实城中村“流动厨师”管理培训制度，支持鼓励发展城中村集体聚餐餐饮服务公司和城中村家宴中心。（责任单位：各街道办，区市场监管局）

（7）强化学校及周边食品安全监管。持续开展春秋两季和中高考期间等重要时段学校及周边食品安全专项检查和整治行动；督促学校及托幼机构强化食堂管理，全面落实食品安全第一责任人责任；在学校食堂深入开展“明厨亮灶”建设和“放心食堂”创建；积极探索和建立“小饭桌”登记管理和公示制度，做好校外学生托管机构餐饮服务提供者食品安全评分评级工作。（责任单位：各街道办，区市场监管局、区教育局）

（8）加强餐厨垃圾的收运管理。做好餐厨垃圾的收集和运输工作，不断提高城市餐厨垃圾的处理水平。（责任单位：区市政园林局）

（七）食品安全风险监测工作

1. 开展食品污染及有害因素监测。在市级主管部门指导和部署下，在全区开展食品污染及有害因素监测，并逐步向街道延伸；覆盖种植、养殖、生产、流通、餐饮、原粮、食品相关产品等环节。根据社会热点，加强对网络购物、学校周边、流动摊点等食品的监测。（责任单位：区卫计局、区市政园林局、区市场监管局、市质监局第一分局、区商务局）

2. 开展食源性疾病监测。依托医疗机构和疾病预防控制机构建立完善食源性疾病监测网络和报告体系，将所有开展食源性疾病诊疗的医疗机构纳入食源性疾病监测网络，按照上级部署，做好二级以上监测医院年病例信息报告工作。在区疾控中心开展食源性疾病暴发事件监测。在食源性疾病监测医院推进 HIS 系统改造。（责任单位：区卫计局）

（八）相关工作

1. 做好食品安全“一品一码”全过程追溯体系建设工作。在市级主管部门指导和部署下开展本部门追溯管理子体系的推进工作，实现对各有关监管部门追溯平台数据对接，实现企业追溯数据的上传和管理，做好平台运营支撑、市场宣传等运营推广工作。建立完善食用农产品准入准出制度，进一步明晰各有关部门工作职责。指导督促已完成标准化建设的农产品批发市场，按照规定查验食用农产品产地证明或者购货凭证、合格证明文件，指导监督在其市场内经营的销售者按照要求上传食品安全追溯信息。各有关监管部门做好本部门追溯管理子系统的推进使用，督促推动有关食品生产经营者落实主体责任，依法上传追溯数据，扩大使用管理系统的生产经营者覆盖面。按照“源头可溯、去向可追、风险可控、公众参与”的基本要求，力争在 2020 年底前，实现全区范围内食品和食用农产品“一品一码”全过程可追溯。（责任单位：区市场监管局、区市政园林局、区商务局、市质监局第一分局、区卫计局）

2. 继续做好国家食品安全示范城市创建工作。做好第二批国家食品安全示范城市的考核验收。（责任单位：区创建国家食品安全示范城市领导小组）

3. 组织开展打击食品安全犯罪行动。根据季节特点、重要时间节点，紧紧围绕“肉制品、水产品、农产品、豆面制品、酒类、保健食品”等重点领域，组织开展专项打击整治行动，集中侦破一批食品犯罪大要案，强化刑事责任追究，严厉打击制售假劣食品违法犯罪活动，严惩重处违法犯罪分子。（责任单位：湖里公安分局）

4. 根据省卫计委部署，协助开展执行食品安全国家标准跟踪评价。根据国家、省卫计委食品安全企业卫生标准备案公示制的要求，做好与全省食品安全企业标准备案平台接口的对接。（责任单位：区卫计局）

5. 加强食品安全监管网格化建设工作。建立健全网格员食品药品监管业务培训机制，全面落实网格员奖励相关制度，切实提高网格员队伍协助食品安全监管水平，充分发挥好网格员在食品安全监督的作用，深化已取得的基层食品安全网格化监管工作成效，进一步推动网格化监管工作。力争到 2018 年底实现基层食品安全监管融入当地综治网格化平台。（责任单位：区市场监

管局）

6. 做好食品相关产品监管工作。不断完善食品相关产品监管工作机制，在市级主管部门指导和部署下，配合做好生产许可证核发、企业现场检查、实物质量抽查、实施风险监测等工作。围绕食品用塑料包装、食品用纸包装、餐具洗涤剂、工业和商用电热食品加工设备、压力锅五类列入发证目录的食品相关产品，严格施行市场准入制度。按照上级部门的要求，对列入生产许可证目录管理的食品相关产品获证企业进行产品质量监督抽查，提高食品相关产品质量，防止出现食品相关产品质量安全事故。（责任单位：市质监局第一分局）

7. 做好食品安全应急管理工作。依据国务院《突发事件应急预案管理办法》、《福建省食品安全突发事件应急预案》、《厦门市食品安全突发事件应急预案》及《湖里区食品安全突发事件应急预案》的规定，适时组织开展培训及食品安全应急演练，依托省、市食品药品监管局“舆情监测”平台，坚持24小时不间断监测，及时、稳妥处置各类舆情。（责任单位：区市场监管局）

配合市经信局进一步加强市级医药储备管理工作，确保食品安全突发事件等突发公共卫生事件发生时储备药品有效供应。（责任单位：区经信局）

8. 加强师生食品安全教育培训。将食品安全、学生营养和节约食物纳入健康教育内容，每学年开展食品安全知识教育不少于10课时，充分利用“全国学校安全教育平台”“学生安全知识竞赛平台”等网络平台，落实师生食品安全在线教育；组织专题培训，全年组织全区中小学校校长、新任安全管理干部和幼儿园园长安全管理1期培训班，把食品安全管理纳入培训计划，邀请有关专家开展学校食品安全管理专题讲座；配合推进“市级学校安全教育示范区”创建工作，构建“各级政府统筹、教育部门主管、相关部门配合、学校全面负责、家长积极参与”的安全教育工作机制，把食品安全纳入创建工作重点之一，推动安全教育规范化、制度化、常态化。（责任单位：区教育局）

9. 推进食品安全信用体系建设。强化食品生产经营企业行政许可、行政处罚、抽查检查结果等信用相关信息的记录归集，不断健全食品安全信用记录档案；加大信用信息公开力度，在落实许可、处罚“双公示”工作基础上，推进行政处罚决定书全文公开；强化食品安全失信约束与惩戒，对存在严重失信违法行为的企业及个人，依法认定食品安全严重失信“黑名单”，并将其纳入社会信用体系联合惩戒范围；加大食品安全诚信宣传力度，提高食品安全信用工作的社会知晓度和影响面，促进食品生产经营者诚信意识提升。（责任单位：区市场监管局）

根据省关于食品工业质量品牌提升的有关文件要求，配合市食品行业协会继续组织开展企业诚信体系标准宣贯培训，推动食品工业企业诚信管理体系建设和评价，增强食品工业企业质量诚信和责任意识，倡导企业诚信经营。（责任单位：区经信局）

三、保障措施

（一）加强组织领导。各街道办、各有关部门要按照本方案的工作目标任务要求，结合实际，制定本部门年度治理“餐桌污染”工作实施方案，实化细化目标任务，周密组织部署，严格落实责任，科学安排工作进度，按时保质保量完成工作目标任务。

（二）加强经费保障。区级财政要安排专项资金用于食品安全监管能力建设、执法检查、检验检测、风险防控、宣传培训等工作。各有关部门要及时调整预算支出结构，保障工作经费。各街道办要将食品安全工作经费纳入本街道的财政预算安排，加大资金投入，保障治理“餐桌污染”工作的开展。

（三）加强协调配合。各街道办、各有关部门要认真履行职责，加强支持配合，形成上下联动、部门联动、地区联动的工作机制，提高工作合力。区食安办要充分发挥综合协调作用，及时协调明确监管职责分工，消除监管盲区死角，防止推诿扯皮。

（四）加强监督检查。将治理“餐桌污染”、建设“食品放心工程”工作成效纳入对各街道办的绩效考核，加强监督检查，促进工作落实。加大行政问责力度，严格责任制和责任追究，坚决查处监管工作中的失职渎职行为。

（五）加强宣传教育。各街道办、各有关部门要开展食品安全法制宣传、诚信自律教育，普及食品安全知识，营造良好社会氛围。支持新闻媒体开展舆论监督，及时核查食品安全问题，及时回应社会关切，及时释疑解惑，防止虚假信息炒作。

索　引

说　明

1. 本索引为条目索引，按主题词首字音序排列；
2. 凡类目、分目的主题词用蓝色字体标示；
3. 凡类目、分目下概况不做索引；
4. 主题词后的阿拉伯数字表示内容所在的页码；
5. 涉及本区名称的主题词，在不会引起歧义的情况下，一般去掉“区”“湖里”和“湖里区”；
6. 索引词相同的后面用括号加注以便区分；
7. 特载、大事记、附录不做索引。

E

F

G

H

J

K

L

M

N

P

Q

Z

图书在版编目(CIP)数据

湖里年鉴.2019/湖里区地方志编纂委员会办公室编.
—北京:方志出版社,2020.3
ISBN 978-7-5144-4137-6

Ⅰ.①湖… Ⅱ.①湖… Ⅲ.①区(城市)—厦门—2019—年鉴 Ⅳ.①Z525.74

中国版本图书馆CIP数据核字(2020)第041441号

湖里年鉴(2019)

编　　者:湖里区地方志编纂委员会办公室
责任编辑:刘方圆

出 版 者:方志出版社
地址　北京市朝阳区潘家园东里9号(国家方志馆4层)
邮编　100021
网址　http://www.fzph.org
发　　行:方志出版社发行中心
电话(010)67110500
经　　销:各地新华书店
印　　刷:福州力人彩印有限公司

开　　本:889×1194　1/16
印　　张:18　插页:4
字　　数:616千字
版　　次:2020年3月第1版　2020年3月第1次印刷
印　　数:0001～1000册

ISBN 978-7-5144-4137-6　**定价**:280.00元

【尽心·竞作·精品】

弟子規聖人訓首孝弟次謹信泛愛衆而親仁有餘力則學文父母呼應勿緩父母命行勿懶父母教須敬聽父母責
須順承冬則溫夏則凊晨則省昏則定出必告反必面居有常業無變事雖小勿擅爲苟擅爲子道虧物雖小勿私藏
苟私藏親心傷親所好力爲具親所惡謹爲去身有[illegible]德有傷貽親羞親愛我孝何難親憎我孝方賢親有過
諫使更怡吾色柔吾聲諫不入悅復諫號泣[illegible]不離床喪三年常悲咽居處變酒肉絶
喪盡禮祭盡誠事死者如事生兄道友弟道恭兄[illegible]忿自泯或飲食或坐走長者先
幼者後長呼人即代叫人不在己即到稱尊長勿呼[illegible]長無言退恭立騎下馬乘下車
過猶待百步餘長者立幼勿坐長者坐命乃坐尊長[illegible]卻非宜近必趨退必遲問起對視勿移事諸父
如事父事諸兄如事兄朝起早夜眠遲老易至惜此[illegible]便溺回輒淨手冠必正紐必結襪與履俱緊切

友情提示

以真心周到服务
以实力精心制作
以精美完现创意

精装书籍前后均夹有衬纸，一年内不要扔掉，以防止封面中的水分渗透到内页，引起内页皱褶。新出厂的精装书籍，不要竖放，请平放，并在上方叠加其它书籍，以防止精装本外壳的变形。

力人彩印 LIREN PRINTING CO., LTD.
本书如有质量问题，请致电：13905926296